무역학 개론

한상현 저

Incoterms® 2020 반영

도서출판 두남

P·R·E·F·A·C·E

머리말

이 시대 지성인들이 사용하는 좋은 교재를 만든다는 것은 무척이나 두려운 일이며 막대한 책임감을 가져야 하는 힘든 작업인 것 같다.

더욱이 훌륭하신 교수님들이나 전공자들이 집필한 교재들이 이미 동일 이름이나 유사한 이름으로 시중에 많이 나와 있는 현실에서 기존 교재들과 차별되는 좋은 교재를 만든다는 것 자체는 거의 불가능한 일인 것 같다.

본서는 본인이 20년 이상 동안 대학에서 무역학을 강의하고 연구한 것을 책으로 엮어 보고 싶다는 생각과 기존 교재들이 매우 훌륭하지만 일부 순서나 내용들이 나의 생각과 다른 부분이 많아 나름대로 강의하고 싶은 순서와 내용들을 교재에 담아보고 싶은 생각에서 집필하게 되었다.

또한 본서는 그 동안 본인이 출간한 여러 교재들과 강의노트, 연구논문, 그리고 국내외 관련 교재 등을 토대로 일반인이나 무역학을 전공하는 학생들이 무역학에 관한 기본적인 내용을 체계적으로 이해하는 데 필요한 지식들을 알기 쉽게 정리한 무역학 입문서를 세상에 내놓고자 한 저자의 의지도 담겨 있다.

이러한 생각으로 탄생한 본 교재가 무역학이나 국제통상학을 처음으로 공부하는 학생들과 무역업무에 관심이 있는 분들이 무역에 대한 전반적인 지식을 쉽게 이해하는 데 조금이나마 도움이 되는 유용한 참고자료가 될 수 있기를 간절히 기원해 본다.

본서는 무역학을 보다 쉽고 체계적으로 이해하는데 도움이 되도록 무역이론, 무역상무, 무역경영 세 부분을 각각 1부로 하여 총 4부로 구성하였다.

제1부는 무역학의 기초로 무역의 기본개념과 무역학의 체계를 다루었다.

제2부는 국제경제학적 학문 분야로 무역의 성립 원인을 규명하는 무역이론, 관세와 비관세를 근간으로 하는 무역정책, 경제통합과 국제무역환경, 환율과 화폐를 연구하는 외환과 국제금융, 그리고 한국무역과 FTA를 다루었다.

제3부는 무역상무론적 학문 분야로 수출입현상을 계약관계로 인식하여 무역거래를 무역계약의 성립과 이행 및 종료로 구분하여 그 법리와 업무 절차를 다루었다.

제4부는 국제경영학적 학문 분야로 기업의 국제화와 국제경영, 다국적기업과 해외직접투자, 국제마케팅과 전략 등을 수출입기업이 수행하는 경영의 관점에서 다루었다.

본서는 다음과 같은 특징을 가지고 있다.

첫째, 무역학은 국제경제학적, 무역상무론적 그리고 국제경영학적 학문 분야로 구성되어 있다. 이중에서 무역학의 정체성은 무역상무 혹은 무역실무 부분에 있음은 부인할 수 없는 사실이다. 그러나 무역학에 대한 연구는 어느 한 학문 분야만으로 체계화될 수는 없기 때문에 본서에서는 무역학의 어느 한 분야에만 크게 치중하지 않고 무역학 전반을 균형감 있게 다루었다. 또한 최신 통계와 다양한 실무사례를 제시함으로써 독자들이 최신 감각을 유지하며 이해력을 높일 수 있도록 하였다.

둘째, 본서는 각 장 마지막에 '학습정리'를 두어 본문 내용 중에서 가장 핵심이 되는 사항들을 선별하여 기술해 놓음으로써 학습자들이 핵심내용을 선별하고 용어들을 올바로 정의할 수 있는 능력을 키울 수 있도록 하였다. 또한 '생각해보기' 란을 만들어 학생들 스스로 묻고 답할 수 있는 논술 능력을 배양할 수 있도록 하였다.

그리고 '평가문제' 란에서는 4지 선다형의 객관식, 단답형의 주관식, 논술식과 설명식 문제를 각각 제시하여 학습자들로 하여금 문제를 유형화할 수 있는 능력과 각종 국가관련 시험문제의 출제 경향에 대응할 수 있는 능력을 키울 수 있도록 하였다.

본 교재의 집필 과정에는 이미 동일 혹은 유사제목으로 시중에 출판되어 있는 교수님들이나 전공자들이 집필한 여러 교재나 자료들을 참조하거나 내용의 일부를 수정 내지 보완하여 관련 부분에 인용하였음을 밝혀둔다.

저자는 토박이 무역학과 출신이지만 무역이론이나 무역경영 분야는 무역상무 분야에 비해 덜 연구해 왔기 때문에 특히 이 부분들의 내용들을 많이 참조하였다.

각 부분마다 반복적인 수정을 거쳐 고치고 다듬었음에도 불구하고 막상 원고를 정리해 놓고 보니 아직도 구성, 체제, 서술 방식 등에 있어 미비한 부분이 참으로 많다는 것을 느꼈다. 이것은 오로지 저자의 능력 부족에 기인한 것임을 자인한다.

부족한 부분은 학계 선후배들과 동료 및 독자들의 질책과 고견을 토대로 향후 계속적인 연구를 통해 수정과 보완을 해 나아갈 예정이다.

끝으로 어려운 출판 환경임에도 불구하고 부족한 원고를 기꺼이 출간해 주신 도서출판 두남의 전두표 사장님에게 깊은 감사를 드린다.

2024년 2월

저 자

C・O・N・T・E・N・T・S

차 례

제 I 부 무역학의 기초

제 II 부 무역이론

제Ⅲ부 무역상무

제 I 부

무역학의 기초

제1장

무역의 기초

제1절 무역의 의의와 유사개념

1. 무역의 의의

무역(trade, 貿易)이란 상이한 국가에 존재하는 개인, 기업, 국가 등의 경제주체들이 상품(재화)이나 서비스(용역)를 서로 교환(exchange)하거나 매매(sale)할 목적으로 이루어지는 국제적인 상거래활동을 말한다.

무역거래는 한쪽 당사자인 매도인(수출자)이 상품이나 서비스의 제공을 약속하고 매수인(수입자)이 그 대가로 대금을 지불할 것을 약속하는 것이 핵심을 이룬다.

2. 무역의 유사개념

무역과 유사한 개념으로는 국제무역, 외국무역, 대외무역, 국제통상 등이 사용되고 있다. 우선 국제무역(international trade)은 물품의 이동을 국제간의 현상으로 본 개념으로 주로 상품 위주의 유형재화의 수출입에 중점을 둔 것이다.

외국무역(foreign trade)은 물품의 국제 간 거래현상을 주관적인 입장에서 파악한 개념으로 자국을 중심으로 한 자국과 타국과의 무역을 의미한다. 상대방 국가와의 거래관계를 나타낼 때 '대일무역' 혹은 '대미무역' 등으로 표시하는 것이 외국무역이다.

대외무역(overseas trade)은 헌법과 무역관계 법규에 규정된 개념이다. 우리나라 상법이나 대외무역법 등에서는 주로 대외무역이라는 표현을 사용하고 있다.

국제통상(international commerce, international trade)은 국가 간에 이루어지는 경제활동들을 외교와 정치적인 측면도 포함하여 고려한 개념이다. 국제통상은 상품 이외에 자본, 서비스, 지적재산권 등 무형재화도 포괄하는 넓은 개념이다.

제2절 무역의 대상과 특징

1. 무역의 대상

좁은 의미에서 무역은 상품의 수출입만을 의미한다. 그러나 넓은 의미에서 무역은 상품 이외에 용역, 기술, 자본 등의 생산요소가 국제적으로 이동하는 거래를 의미한다.

1) 상품

상품(goods)은 오늘날 무역거래의 대부분을 차지하는 것으로 눈에 보이는 무역 또는 유형무역(visible trade)이라고도 부른다. 전통적인 무역에서는 유형재화(상품)의 수출입이 주종을 이루었으나 최근에는 음악, 영화, 소프트웨어와 같은 무형재화도 디지털 제품(digital goods)의 형태로 수출입이 이루어지고 있다.

2) 용역

용역(services)은 유형재화인 상품과는 달리 상대방에 대한 노무나 서비스의 제공을 말한다. 상품수출에 수반하여 발생하는 운송과 보험 및 금융서비스 거래가 대표적인 용역이다. 용역을 무형무역(invisible trade) 또는 무역외거래라고도 부르며 최근 비중이 크게 증가되고 있다.

3) 기술

기술(technologies)은 과학이론을 실제로 적용하여 사물을 인간생활에 유용하도록 가공하는 수단 혹은 사물을 잘 다룰 수 있는 방법이나 능력을 말한다.

무역의 대상이 되는 기술은 주로 이를 도입하고자 하는 자와 이를 이전시키고자 하는 자 사이에서 매매, 교환, 임대차 등을 통해 이루어지는 기술계약, 라이센스 계약, 노하우(know-how), 특허권(patent license), 상표권(design license), 기술용역계약, 저작권(copyright) 등을 의미한다.

4) 자본

자본(capitals)은 상품이나 서비스의 생산에 사용되는 자산을 말한다. 외국에 자본을 대여하거나 투자하는 것 등이 주된 자본거래의 내용이다.

2. 무역의 특성

무역거래는 국가간의 경제거래이기 때문에 국내거래와 다른 특성을 가지고 있다.

1) 거래절차의 복잡성과 위험발생

무역거래는 언어와 제도 등 제반환경이 상이한 당사자 사이에 이루어지기 때문에 거래절차가 복잡하고 다음과 같은 위험들이 발생할 가능성이 높다.

(1) 운송위험

운송위험(transport risks)은 수출지에서 수입지까지 운송 중에 발생하는 물품의 손상 등의 위험을 말한다. 운송위험은 해상보험을 통해 어느 정도 극복될 수 있다.

(2) 신용위험

신용위험(credit risks)은 거래상대방에 대한 신용상태의 불확실성으로 인하여 수출자가 수출대금을 회수할 수 없게 되는 위험을 말한다.

신용위험은 수입자가 고의로 발생시키는 경우도 있지만 시장상황에 따른 불가피한 사정에 의해 발생하는 경우도 있다. 특히 수입지 시장상황이 계약을 체결할 때와 다르게 되면 수입자가 대금의 지급을 회피하게 된다. 신용위험은 신용장(Letter of Credit, L/C)과 무역보험제도 등을 통해 어느 정도 극복될 수 있다.

(3) 상업위험

상업위험(mercantile risks)은 수입자가 계약물품을 정확히 수취할 수 있는 가에 대한 위험을 말한다. 수입대금은 사전에 모두 송금했으나 수출자가 물품을 선적하지 않게 되어 손해를 볼 수 있는 수입자의 상품인수 불능위험이 대표적인 상업위험이다.

상업위험도 신용장과 무역보험을 통해 어느 정도 극복될 수 있다.

(4) 환위험

환위험(exchange risks)은 환율(exchange rate)이 변동함에 따라 발생하게 되는 위험을 말하며 '환 리스크'라고도 부른다.

환율은 여러 경제변수의 변동뿐 아니라 외환시장에서의 투기적 행동에 따라서도 변동하기 때문에 무역거래 당사자들이 이것을 통제한다는 것은 불가능한 일이다. 그럼에도 환위험은 환예약 즉, 선물환 제도를 이용하게 되면 어느 정도 극복될 수 있다.

(5) 비상위험

비상위험(contingency risks)은 수입국에서 전쟁, 내란, 혁명, 폭동과 같은 비상사태가 발생하여 수입국 정부가 외환의 유출을 제한하거나 지급금지 조치를 내림으로써 수출자가 대금을 회수하지 못하게 되는 위험을 말한다. 비상위험은 무역보험에 가입하게 되면 어느 정도 극복될 수 있다.

2) 정형화된 상거래관습이 사용

무역거래는 상이한 주권국가에 속하는 당사자간에 일어나는 현상이므로 분쟁의 발생시 준거법의 적용 문제가 발생하게 된다. 따라서 당사자들은 명시조건을 보완하기 위해 상거래관습을 정형화한 무역조건(INCOTERMS)을 묵시조건으로 사용하고 있다.

인코텀즈는 1936년 국제상업회의소(ICC)가 제정한 무역조건의 해석에 관한 국제규칙(International Rules for the Interpretation of the Trade Terms)을 말한다.

인코텀즈는 정형화된 거래조건별로 매도인과 매수인이 각각 무엇을 해야 하는지, 위험과 비용부담을 포함하여 상대방은 다른 당사자에게 어떠한 의무를 어디까지 부담하는지 등을 상세하게 규정하고 있다.

인코텀즈를 제정한 목적은 무역거래 당사자들 사이의 분쟁과 오해를 없애는 한편 국제무역조건과 관습을 통일하고자 한 것이다.

3) 선물매매가 대부분 차지

무역상품은 계약을 체결할 때 이미 존재하는 현물(spot goods)과 계약체결 후에 제조하거나 획득되는 선물(future goods)이 있으나 선물이 대부분을 차지하고 있다.

4) 해상운송이 주종

무역거래는 공간적으로 멀리 떨어져 있는 당사자 사이의 거래이기 때문에 계약상품의 이동을 위해서는 국제운송이 반드시 필요하다.

국제운송에는 해상, 육상, 항공운송, 복합운송이 있다. 그러나 무역거래는 옛날부터 주로 해상운송을 매개로 발전되어 왔기 때문에 현재에도 전 세계 교역량의 80% 이상이 바다를 통한 선박으로 운송되고 있다. 삼면이 바다로 둘러싸인 우리나라의 경우도 수출입화물의 대부분을 해상으로 운송하고 있다.

국제운송은 국내운송보다 장거리이기 때문에 운송비용이 많이 소요되며 운송 도중의 여러 위험들로 물품의 손상(damage)이나 멸실(loss)의 위험이 발생할 가능성이 높다.

5) 다수복합계약의 체결

한 건의 무역거래가 이행되기 위해서는 매도인과 매수인이 품질, 수량, 가격, 결제 등에 관하여 체결한 매매계약(main contract, 주계약) 외에도, 운송, 보험, 결제 등 다수의 종속적인 매매계약이 필연적으로 체결되어야 한다.

6) 많은 당사자들의 개입

무역거래는 핵심 당사자인 수출자와 수입자 이외에 제조업자, 은행 등의 금융업자·운송업자·창고업자·보험업자 등 민간 당사자들과 세관이나 검역기관 등 정부기관 당사자들이 필연적으로 개입되어 이루어지게 된다.

7) 서로 상이한 환경과 규제

무역거래는 한 국가와 다른 국가에 거주하는 경제주체들의 상거래활동이기 때문에 서로 상이한 법률, 제도, 관습, 통화, 언어 및 정책 등의 규제를 받게 된다.

8) 법과 제도나 기구를 통한 무역행위에 개입

무역은 국민경제에 미치는 영향이 매우 크기 때문에 대부분의 국가들은 수요와 공급의 조절, 국내산업의 보호, 고용증대와 국제수지의 개선 등을 목적으로 법과 제도나 기구 등을 통해 무역행위에 적극적으로 개입하고 있다.

9) 관세국경의 통과와 관세부과

국제거래인 무역과 국내거래의 중요한 차이점 중의 하나는 무역은 국내거래와 달리 상품이 국경을 통과할 때 국가가 관세라는 세금을 부과한다는 점이다.

최근에는 자유로운 무역의 확대를 위해 국가 간의 협상을 통해 관세를 낮추거나 면제하는 추세에 있는데, 그 대표적인 것이 자유무역협정(FTA)의 체결이다.

10) 세계시장에서 경쟁

무역은 세계시장에서 거래하는 것이기 때문에 세계의 기업들과 경쟁해야 한다. 세계시장에는 비슷한 제품을 수출하고 수입하는 많은 기업들이 있다. 그러므로 낮은 가격으로 더 좋은 품질의 제품을 수출입하지 않으면 살아남을 수 없게 된다.

세계시장에서 이루어지는 치열한 기업들의 경쟁을 '무역전쟁'이라 표현하기도 한다.

제3절 무역의 성격과 형태

1. 무역의 성격

1) 개별경제적 측면

무역거래는 한 국가와 다른 국가 사이에 거주하는 경제주체들의 거래이므로 개인과 기업 사이의 접촉이나 교섭을 통하여 이루어지는 사적인 영업활동이다.

또한 수출 행위와 수입 행위로 구분되는 무역거래는 수출자나 수입자가 스스로의 책임과 판단에 따라 자기의 영리를 목적으로 영위하는 사업활동이다.

이러한 의미에서 무역은 개별경제적 성격을 가지고 있다. 이것은 동일국내에서 영리를 목적으로 개별 경제주체들이 거래활동을 수행하는 국내 상거래와 같은 성격이다.

2) 국민경제적 측면

무역거래는 개인, 기업, 국가 등 개별 경제주체들이 수행하는 사적인 영업활동이다.

그러나 수출 행위나 수입 행위는 국경을 가로질러 이루어질 뿐 아니라 수출입행위 자체는 한 국가의 국민경제에 매우 큰 영향을 미치기 때문에 무역거래에서는 국가의 이익도 함께 고려되어야 한다는 점에서 무역은 국민경제적 성격을 가지고 있다.

이러한 국민경제적 성격으로 인하여 개별 무역업체의 사적 거래들도 해당 국가의 국민경제적 공익이라는 테두리 안에서 정책상의 제약을 받게 되는 것이다.

따라서 오늘날 대부분의 국가들은 재정수입의 확대와 국내산업의 보호 등 다양한 목적으로 법과 제도나 기구 등을 통해 수출입행위를 정책적으로 관리하고 있다.

3) 세계경제적 측면

국가마다 기후, 자원의 부존량, 기술수준, 인구수, 소득수준, 기호 등에 차이가 있기 때문에 그 국가가 필요로 하는 재화를 자체적으로 모두 생산한다는 것은 불가능한 일이다. 따라서 그 국가가 보유하지 않거나 생산하지 않는 재화는 다른 국가로부터 반입해 올 수밖에 없다.

무역거래는 국가 사이의 시간과 공간의 거리적 장애를 극복하고 재화나 물자를 국제적으로 이전시킴으로써 국가들의 경제발전을 촉진하는 동시에, 국가 간 경제의 상호의존성을 확대시켜 세계자원의 효율적 배분과 경제후생을 극대화시킨다. 이러한 점에서 무역은 세계경제적 성격을 가지고 있다.

2. 무역의 형태

1) 물품의 이동방향에 따라

(1) 수출무역

수출무역(export trade)은 물자가 자국으로부터 외국으로 반출되는 것을 말하며 간단히 '수출'이라고 부른다. 일반적으로 수출무역에는 관세를 부과하지 않는다.

(2) 수입무역

수입무역(import trade)은 국내에 필요한 물자를 외국으로부터 자국으로 반입하는 것을 말하며 간단히 '수입'이라고 부른다. 수입무역에는 일반적으로 관세를 부과한다.

수입은 자국에서 생산되지 않는 경우, 생산은 되지만 수입품의 값이 더 싸고 품질이 좋은 경우, 국내수요가 많으나 물자가 부족한 경우에 주로 이루어진다.

2) 무역의 주체에 따라

(1) 사무역

사무역(private trade)은 양국의 무역회사들이 무역거래의 주체자가 되는 것을 말한다. 이것은 민간무역이라고도 부르며 무역거래의 주종을 이루고 있다.

(2) 공무역

공무역(public trade)은 정부나 지자체 등이 출자하거나 설립한 공공기관들이 무역거래의 주체자가 되는 것을 말한다. 이것은 공공기관이 주체가 되는 무역형태이기 때문에 공공기관무역 또는 공공무역이라고도 부른다.

3) 정치적 독립성에 따라

(1) 외국무역

외국무역(foreign trade)은 무역의 상대국이 정치적으로 독립된 국가와의 무역거래를 말한다. 오늘날 무역거래의 대부분 형태는 외국무역이다.

(2) 식민지무역

식민지무역(colonial trade)은 본국과 식민지 사이에 이루어지는 무역을 말한다. 이것은 과거 식민지 쟁탈전 시대에 존재했던 일방적인 불공정무역의 형태이다.

4) 물품의 형태에 따라

(1) 유형무역

유형무역(visible trade)은 무역거래의 주요 대상인 상품의 수출과 수입을 말한다. 이를 재화무역 또는 상품무역(merchandise trade)이라고도 부른다. 우리가 일반적으로 무역이라고 부르는 것은 이 유형무역을 의미한다.

유형무역은 눈으로 볼 수도 있고 상품의 형태를 취하기 때문에 수출입이 이루어질 때는 통관절차를 거쳐야 되며 무역수지라는 형태로 무역통계에 표시된다.

(2) 무형무역

무형무역(invisible trade)은 상품거래가 아니라 용역, 즉 서비스거래의 수출과 수입을 말한다. 여기에는 생산요소(자본이나 노동)나 운임(freight), 보험료(premium), 관광·운송·통신서비스 등이 포함된다. 이를 서비스 무역이라고도 부른다.

서비스를 제공한 대가(service fee)로 운임이나 보험료 및 기타 수수료 등을 수취하게 되면 유형무역에서와 같이 한 국가의 국제수지를 개선시키는 효과가 있다.

무형무역은 눈에 보이지 않는 무역이기 때문에 보통 통관절차가 수반되지 않으며 무역외수지라는 형태로 무역통계에 표시된다.

5) 거래당사국의 관계에 따라

(1) 남북무역

남북무역(south-north trade)은 선진국(북반구의 북미와 유럽 등)과 후진국(남반구의 남미와 아프리카 등) 사이의 무역거래를 말한다.

지리적으로 선진국들은 주로 북반구의 적도 이북에 위치하고 남미나 동남아시아, 아프리카 등 개발도상국이나 후진국들은 적도 이남에 위치한 점을 고려한 개념이다.

(2) 동서무역

동서무역(east-west trade)은 자본주의 국가(서유럽 등)와 공산주의 국가(동유럽의 러시아 등)의 무역거래를 말한다. 유럽을 중심으로 동쪽에 공산권 국가들이 위치하고 있고 서쪽에 자본주의 국가들이 위치하고 있음에서 비롯된 개념이다.

공산 진영은 목재, 광물성 연료 등 1차 산물을 주로 수출하였고, 자본 진영은 주로 철강, 기계 등의 공업제품을 수출하였다. 이와 같이 동서무역은 상품의 가공단계가 서로 상이한 상품들을 교역하는 수직무역의 특징을 가지고 있다.

6) 무역행위에 대한 국가의 간섭 여부에 따라

(1) 자유무역

자유무역(free trade)은 국가가 무역업자의 수출입행위에 대해 일체 간섭하지 않고 무역업자의 자유에 맡겨두는 무역정책기조를 말한다. 즉, 무역정책상 어떠한 통제나 간섭을 하지 않고 재화나 서비스의 자유로운 수출입을 보장하는 형태이다.

현재 지구상에는 완전한 형태의 자유무역정책을 취하는 국가는 존재하지 않는다.

왜냐하면 대부분의 국가들은 국내산업의 보호 등의 정책목적을 달성하기 위해 법과 제도를 통해 기업의 수출입행위에 적극적으로 개입하고 있기 때문이다.

(2) 보호무역

보호무역(protective trade)은 국가가 자국의 유치산업 보호, 국제수지의 개선이나 군사 및 외교상의 이유로 관세나 비관세 정책수단을 중심으로 수출촉진이나 수입억제를 위해 수출입거래에 적극적으로 개입하는 무역정책기조를 말한다.

이와 유사한 목적으로 운용되고 있는 형태로는 관리무역과 협정무역이 있다.

관리무역(government-managed trade)은 국가에 의해 직접 관리되고 통제되는 무역을 말한다. 무역을 관리하는 수단에는 수입금지, 수입허가제, 수입할당제, 바터제 등이 이용된다. 관리무역은 세계 각국들이 1930년대 세계경제의 불황을 타개하기 위해 채택했지만 최근에는 무역자유화의 확산으로 그 영역이 좁아지고 있다.

협정무역(trade by agreement)은 두 국가나 다수의 국가들이 통상협정을 체결하고 이것에 의해 무역을 수행하는 것을 말한다. 이 협정에는 상품의 종류나 수량에 대한 협정과 대금결제에 대한 협정 및 이 양자를 포괄하는 통상협정 등이 있다.

7) 수출입의 국가별 균형에 따라

(1) 구상무역

구상무역(compensation trade)은 두 국가의 수출입균형을 유지하기 위해 수출입에 따른 물품대금을 그에 상응하는 수입이나 수출로 상계시키는 수출입형태를 말한다.

(2) 삼각무역

삼각무역(triangular trade)은 두 국가 사이의 수출이나 수입이 불균형을 이루는 편무역이 발생한 경우에 반대관계나 특수 관계에 있는 제3국을 무역거래에 개입시킴으로써 세 국가 사이의 국제수지균형을 도모하려는 수출입형태를 말한다.

8) 수송경로 및 운송방법에 따라

(1) 육상무역

육상무역(overland trade)은 철도(railway)나 자동차를 운송수단으로 하여 육로로 국제간에 화물을 운송하는 무역을 말한다. 철도운송은 여타 운송수단에 비해 운임이 저렴하여 대량화물의 원거리 운송에 적합하며 안전하다.

자동차운송은 운송의 시작과 도착을 마감하는 운송수단으로 자체 완결성에 의한 문전 처리능력이 매우 우수하며 모든 운송의 보조적인 수단으로 이용되고 있다.

(2) 해상무역

해상무역(maritime trade)은 선박을 운송수단으로 하여 운송되는 무역을 말한다. 오래 전부터 존재해 왔던 무역이며 오늘날에도 주종을 이루는 무역형태이다.

해상무역은 육상무역이나 항공무역에 비해 대량운송, 저렴한 운송비, 장거리 운송의 장점을 가지고 있다.

(3) 항공무역

항공무역(flight trade)은 항공기를 운송수단으로 하여 공로를 통해 화물을 국제적으로 운송하는 무역을 말한다. 항공의 단일 운송수단만은 거의 이용하지 않고 육상 및 해상운송 등과 병행하여 운송되며 신속성과 고비용의 특징을 가지고 있다.

항공무역은 제2차 세계대전 때 군용기로 군수품이 운송되면서 국제운송의 개념으로 정립되었고 1960년대에 들어 본격화되었다. 항공무역은 긴급물품, 소량화물, 고부가가치의 전자제품, 신선도가 필요한 활어나 어패류, 꽃 등을 주로 운송하고 있다.

9) 상품의 생산단계에 따라

(1) 수평무역

수평무역(horizontal trade)은 생산단계가 같거나 유사한 상품간의 무역을 말한다. 이것은 주로 선진공업국들이 각기 자본량, 노동력, 기술수준 등의 생산요소나 생활양식 등에 따라 생산한 동일 종류의 공업제품을 상호간에 수출입하는 형식의 무역이다.

(2) 수직무역

수직무역(vertical trade)은 교역국간 생산단계가 서로 상이한 상품간의 무역을 말한다. 이것은 선진국과 후진국 사이에서 이루어지는 공산품과 1차 산물의 무역이다.

10) 물품의 매매가 직접이냐 간접이냐에 따라

(1) 직접무역

직접무역(direct trade)은 수출자와 수입자가 중개인 등 제3자를 통하지 않고 직접 매매계약을 통해 직접 수출하거나 수입하는 무역을 말한다.

(2) 간접무역

간접무역(indirect trade)은 당사자간의 직접적인 거래가 이루어지지 않고 다음과 같이 제3국에 소재하는 중개인 등 간접적으로 이루어지는 무역을 말한다.

① 통과무역

통과무역(transit trade)은 수출상품이 수출국에서 수입국으로 직행되지 않고 제3국을 통과하여 수입국에 전달되는 경우에 제3국의 입장에서 본 무역거래의 형태이다.

② 중개무역

중개무역(merchandising trade)은 수출국과 수입국의 중간에서 제3국의 상인이 중개나 알선을 통해 거래가 이루어지는 경우 제3국 중개인 입장에서 본 무역거래의 형태이다. 제3국의 중개인은 중개수수료를 받을 목적으로 수출입거래에 개입한다.

③ 중계무역

중계무역(intermediate trade)은 중계인이 자기책임과 비용부담으로 수출할 것을 목적으로 상품을 수입한 후 이를 다시 외국(제3국)에 수출하는 거래를 말한다.

이 방식에서 수입계약과 수출계약은 완전히 별개의 것이고 중계업자는 수입액(지급액)과 수출액(수취액)의 차액인 중계수수료를 수취하게 된다.

④ 스위치무역

스위치무역(switch trade)은 무역계약은 수출자와 수입자 사이에 체결되고 상품도 수출국에서 수입국가로 직행하지만, 대금결제만 제3국의 업자가 개입하거나 제3국의 결제통화 및 계정을 통해 이루어지는 거래형태를 말한다.

⑤ 우회무역

우회무역(round-about trade)은 상대국과의 직접적인 수출입 형태를 취하지 않고 우선 제3국에 반입하였다가 그곳에서 다시 상대국으로 상품을 보내는 무역거래를 말한다. 특정 국가에 대해 수량제한 등을 심하게 하는 경우 이를 회피할 목적으로 통제를 받지 않는 제3국을 경유하여 수출입하는 방식이다.

11) 기타의 무역형태

(1) 링크제 무역

링크제 무역은 수출입을 수량이나 금액으로 연결시키는 무역거래형태를 말한다.

대표적인 형태로는 수출의무제와 수입권리제가 있다. 수출의무제는 원료 등의 수입을 허가하고 일정기간 내에 그 원료를 사용하여 만든 제품의 수출을 의무화시키는 방식이며 수입권리제는 상품의 수출실적에 따라 수입할 수 있는 권리를 부여하는 방식이다. 이외에도 지역별 수출입 링크제와 상품별 수출입 링크제가 있다.

(2) 녹다운방식의 수출

녹다운(knock-down)방식의 수출은 완제품을 수출입하는 것이 아니라 조립할 수 있는 설비와 능력을 가지고 있는 거래처에 상품을 부품이나 반제품의 형태로 수출하고 실수요지에서 제품으로 완성하도록 하는 방식을 말한다.

이 방식은 '현지조립방식의 수출입'이라고도 부르며 상대국이 완제품의 수입을 규제할 때 이를 피해 시장에 침투하는 전략으로 활용하거나 선진국이 고임금이나 공해문제 등을 회피하기 위해 개발도상국 등에 현지법인을 설립하는 형태로 이루어진다.

이 방식은 CKD(complete knock-down)과 SKD(semi knock-down)로 구분된다. 전자는 부품을 그대로 수출하여 목적지에서 조립되어 완성품으로 판매되는 방식이다. 후자는 부품을 제외한 일부 구성품이나 결합체가 조립된 상태로 운반되어 현지공장에서 전체적으로 조립이 이루어지는 방식이다.

(3) OEM방식의 수출

OEM(original equipment manufacturing)방식의 수출은 수입자로부터 제품의 생산을 의뢰받아 생산한 주문 상품에 상대방이 요구하는 상표를 부착하여 수출하는 거래형태를 말한다. 이를 주문자 상표부착방식에 의한 수출이라고도 한다.

(4) 산업설비수출

산업설비수출은 제품을 생산하기 위한 기계, 장치 등 하드웨어와 그 설치에 필요한 엔지니어링과 노하우 등 소프트웨어가 결합된 종합수출을 말한다. 공장이나 사업장 전체를 건설하는 경우에 사용되며 플랜트(plant) 수출이라고도 한다.

이 수출의 특징은 ① 거래규모의 거액 ② 수출이행기간과 대금회수기간의 장기 ③ 주대상이 지식집약형이며 고부가가치 산업 ④ 금융기관에서 연불수출금융의 지원 ⑤ 수입국가에 대한 경제협력의 수단으로 활용 ⑥ 선진국 중심의 수출형태라는 점이다.

학습정리

1. 무역(trade, 貿易)은 서로 다른 국가에 존재하는 기업 등의 경제주체 사이에서 재화나 용역이 교환되거나 매매를 목적으로 하여 이루어지는 국제적인 상거래활동이다.
2. 무역과 유사한 개념은 국제무역, 외국무역, 대외무역, 국제통상 등이 있다.
3. 좁은 의미에서 무역이란 국가간 물품거래, 즉 상품(goods)의 수출입을 말한다.
4. 넓은 의미에서 무역이란 상품의 수출입 이외에 용역, 기술, 자본 등이 국제적으로 이동하는 경제거래를 말한다.
5. 무역거래의 특성은 거래절차의 복잡성과 위험발생, 정형화된 국제상거래관습이 사용, 선물매매가 대부분 차지, 해상운송이 주종, 다수복합계약의 체결, 많은 당사자들이 개입, 서로 상이한 환경과 규제, 법과 제도나 기구를 통한 무역행위에 개입, 관세국경의 통과와 관세부과, 그리고 세계시장에서 경쟁 등이다.
6. 무역거래는 제반환경이 상이한 당사자 사이에 이루어지므로 거래절차가 복잡하고 운송위험, 신용위험, 상업위험, 환위험, 비상위험이 발생할 가능성이 높다.
7. 무역은 개별경제 측면, 국민경제 측면 및 세계경제 측면의 성격을 가지고 있다.
8. 무역은 물품의 이동방향에 따라 수출무역(수출)과 수입무역(수입)으로 구분되며, 주체에 따라서는 사무역과 공무역으로 구분된다.
9. 무역은 정치적 독립성에 따라 외국무역과 식민지무역으로 구분되며, 물품의 형태에 따라서는 유형무역(visible trade)과 무형무역(invisible trade)으로 구분된다.
10. 무역은 거래당사국의 관계에 따라 남북무역과 동서무역으로 구분되며, 무역행위에 대한 국가의 간섭 여부에 따라서는 자유무역과 보호무역으로 구분된다.
11. 무역은 수출입의 국가별 균형에 따라 구상무역과 삼각무역으로 구분되며 수송경로 및 운송방법에 따라 육상무역, 해상무역, 그리고 항공무역으로 구분된다.
12. 무역은 상품의 생산단계에 따라 수평무역과 수직무역으로 구분되며 물품의 매매가 직접이냐 간접이냐에 따라 직접무역과 간접무역으로 구분된다.
13. 간접무역이란 거래당사자간의 직접적인 매매거래가 이루어지지 않고 제3국에 소재하는 중개인이나 대리인 등 제3자를 통하여 이루어지는 무역을 말한다.
14. 중계무역(intermediate trade)이란 중계인이 자기책임과 비용부담으로 수출할 것을 목적으로 상품을 수입한 후 이를 다시 외국(제3국)에 수출하는 거래를 말한다. 중계무역은 수입계약과 수출계약이 완전히 별개의 것이다.

■ 생각해보기

주제	무역거래는 그 성격상 언어, 제도 및 제반환경이 상이한 당사자 사이에 이루어지므로 국내거래와는 달리 당사자 사이의 거래절차가 매우 복잡하고 어려울 뿐 아니라 이행과정상 수많은 위험들이 발생한다. 주로 어떠한 위험들이 발생하며 그 대책들로는 어떠한 제도들이 있는지 생각해 봅시다.
전문가 의견	무역거래에는 운송위험과 신용위험, 상업위험, 환위험 및 비상위험 등이 발생하는데 이들 위험들은 신용장 결제방식의 이용이나 환예약(선물환 제도), 무역보험, 해상보험 등을 통하여 어느 정도는 극복될 수 있다.

■ 평가문제

문항	유형	문제
1	객관식	다음 중 좁은 의미의 무역대상에 해당하는 것은? ① 상품(goods) ② 자본(capitals) ③ 기술(technologies) ④ 용역(services) 정답 ① 해설 무역은 좁은 의미로는 단순한 물품거래, 즉 상품의 수출입을 말하며, 넓은 의미로는 상품의 수출과 수입 외에 자본(capitals), 기술(technology), 용역(services) 및 노동 등 생산요소의 국제적 이동을 수반하는 국가들의 경제거래를 포함한다.
2	주관식	수출국과 수입국의 거래당사자가 제3자, 즉 제3국의 상인을 통하지 않고 직접적인 매매계약에 의해 직접수출 및 직접수입을 하여 이루어지는 무역의 방식을 무엇이라고 하는가? 정답 직접무역(direct trade) 해설 직접무역(direct trade)은 수출국과 수입국가의 거래당사자가 제3자, 즉 제3국의 상인을 통하지 않고 직접적인 매매계약에 의하여 직접수출 및 직접수입을 하여 이루어지는 무역이며 간접무역의 대응어이다.
3	논술식	① 무역거래가 국내거래와 다른 특성을 설명하시오. ② 직접무역과 간접무역을 비교하고 간접무역의 종류를 상세히 설명하시오. ③ 무역거래에서 발생하는 여러 가지 위험들과 그 대처방안들에 대해 설명하시오. ④ OEM방식에 의한 수출의 장단점을 설명하시오. ⑤ 일명 플랜트수출인 산업설비수출의 특징을 설명하시오.
4	설명식	① 신용위험(credit risks) ② 비상위험(contingency risks) ③ 중개무역(merchandising trade) ④ 플랜트수출 ⑤ 중계무역(intermediate trade)

제 2 장

무역학의 체계와 비전

제1절 무역학의 의의와 발전

1. 무역학의 의의

무역학(貿易學)이란 국가 사이에 이루어지는 거래와 그에 따른 여러 경제활동들을 연구하는 학문을 말한다. 또한 무역학은 한 국가가 다른 국가와 재화, 용역 및 생산요소 등을 국제적으로 거래하는 활동이나 행위를 연구하는 실천적 학문분야이다.

2. 무역학의 발전

1) 1960년대 전후

우리나라에서 무역에 관한 이론과 실무, 그리고 이와 관련된 여러 연구들을 묶어서 무역학이라고 부르게 된 지는 얼마 되지 않는다. 더욱이 한국무역에 관한 연구까지를 포괄하여 '무역학'이라고 칭하면서 학문적 체계를 세워 연구하기 시작한 것은 우리나라 각 대학에 무역학과가 설치되기 시작한 1960년 전후부터이다.

우리나라 대학에 무역학과가 처음 설치된 것은 1946년 목포 상과대학이었고 그것이 각 대학으로 확대된 것은 1959년 서울대학교에 무역학과가 설치되면서 부터이다.

1960년대에 들어 무역학에 관한 연구가 시동을 걸게 된 데에는 경제개발계획이 입안되어 무역을 통한 경제성장이 제일의 목표가 된 것에 힘입은 바가 크다.

1962년부터 경제개발계획이 추진되면서부터 각 대학에 무역학과가 설치되었고 무역진흥을 위한 정부와 공공기관 및 민간단체의 설립도 가속화되었다.

이때부터 정부의 경제관계 부처, 한국무역협회, 대한상공회의소, 대한무역진흥공사 등의 기관과 각 대학 상경계 교수들이 무역학에 대한 연구를 시작하였다. 그 결과로서 1960년대 초부터 무역학과 한국무역에 대한 연구 저작물들이 발표되기 시작하였다.

2) 1970년대

1970년대에 들어서면서 무역학과 한국 무역학 분야의 연구들이 본격화되었는데 주요 연구들은 무역이론과 정책, 무역실무와 관련된 것들이었다.

전국 각 대학 무역학과 교수들의 연구 활동을 비롯하여 각 대학의 상경계열 연구소의 설립, 무역대학원의 설립, 사)한국무역학회를 비롯한 각종 학회 및 연구기관의 설립과 활동들이 그러한 연구들을 뒷받침하였다. 특히, 1971년에 설립된 한국개발연구원(KDI)과 1977년에 창설된 산업연구원(창설 당시는 국제경제연구원)은 경제와 무역에 관한 종합적인 전문연구기관으로서 한국 무역학의 발전에 큰 보탬이 되었다.

1950년대부터 1970년까지 상경 계열의 학회 수는 5개 내외였고 연구소도 약 20개 안팎이었다. 그러던 것이 1970년부터 1980년까지 10년 동안에 사)한국무역학회를 비롯하여 5개 정도의 학회가 더 생겨났고 대학부설 연구소도 50여개로 증가하였다.

연구기관 수의 양적 확대와 더불어, 무역에 관한 학술단체의 간행물 수도 1970년 이전까지는 약 7~8종에 불과하였으나 1980년에 이르러서는 약 30여 종으로 크게 증가되었다. 그 밖에 전공교재의 개발도 1970년대 이후부터 본격화되었다.

3) 1980년대 이후

1980년대에 들어서면서 한국의 무역학은 정상 궤도에 진입하였다. 무역학에 관한 본격적인 연구는 비록 다른 상경계의 학문들보다 늦게 출발하였지만 무역이 우리나라의 경제성장 과정에서 큰 역할을 담당하게 되면서 급속히 진척되었다.

그리하여 오늘날 전국 대학의 전공학과별 학생 수의 규모를 보더라도 무역학과가 상위를 차지할 정도로 그 비중이 크게 확대되었다. 여기에 무역학 연구와 관련된 연구기관과 학자의 수를 합치면 더욱 많은 수가 무역학 분야에 종사하고 있다.

이때에는 이전의 무역이론과 정책 및 실무라는 기초 분야에 한정되지 않고, 좀 더 다양한 분야로 세분화되어 연구되었다.

4) 1990년대 이후

1990년대 이후 급격한 세계화 추세와 세계무역기구(WTO) 출범에 따른 자유무역확산, 신보호무역주의의 강화, 21세기 지식정보화 사회의 정착 및 최근 제4차 산업혁명 시대의 도래는 과거보다는 한 차원 높은 무역질서와 선제적 대응을 요구하고 있다.

따라서 현재 우리나라 무역학과들은 이러한 문제들을 선도적으로 해결해 나아가야 하는 막중한 과제들을 안고 있다.

제2절 무역학의 학문적 성격과 연구분야

1. 무역학의 학문적 성격과 체계

1) 학문적 성격

첫째, 무역학은 무역현상을 분석하고 그 원리를 연구하는 사회과학의 한 분야이다. 또한 무역학은 경제학과 경영학의 학문적 성격도 동시에 지니고 있다.

즉, 원래 무역에 대한 연구는 경제학이나 경영학의 일부로 다루어져 왔지만 학문의 전문화 경향에 따라 무역학은 그로부터 독자적인 학문체계를 갖추어 파생되었다.

이에 따라 무역학은 1980년대 이후에나 독립된 학문영역으로서 존재가치를 인정받으며 경상계열 사회과학의 전문 학문분야로 발전되었다.

그러나 무역학에 있어서 정체성의 본질은 무역상무 부문에 있다. 학계나 업계에서는 무역상무를 무역실무, 무역상무 또는 국제상학이라고도 부르고 있다.

둘째, 무역학은 이론적인 측면만 강조할 수 없을 뿐 아니라 그렇다고 하여 실무적인 측면만을 강조할 수도 없기 때문에 이론과 실무적인 측면의 연구가 병행되어야 하는 복합적인 학문의 성격을 가지고 있다.

즉, 무역거래는 개별 기업의 거래를 근간으로 하면서도 다른 한편으로는 공적 · 국가적 거래로서의 성격도 동시에 지니고 있기 때문에, 무역학에 대한 연구도 어느 한 측면만으로 체계화될 수는 없는 것이다. 따라서 무역학의 연구는 경제학 및 경영학적 측면의 연구와 더불어 상학적 연구의 접근방법이 동시에 고려되어야 한다.

2) 학문적 체계

무역학은 무역거래의 성격과 관점에 따라 국제경제학, 국제상무론, 그리고 국제경영학적 학문분야로 구성되어 하나의 독자적인 학문체계를 형성하고 있다.

이중에서 국제경제학적 학문분야는 무역의 이론과 정책을, 무역상무론적 학문분야는 무역실무를, 국제경영학적 학문분야는 무역의 경영을 근간으로 하고 있다.

여기에서 무역이론이나 정책에 관한 연구는 공적 · 국가적 견지에서 무역의 발생원인과 결과 및 그 성립양태를 살피는 분야이다. 무역실무에 관한 연구는 개별 기업의 입장에서 무역행위를 성공적으로 실천하기 위한 실무이론을 습득하고 실거래에 적용하는 분야이다. 무역경영에 관한 연구는 개별 기업의 입장에서 무역업의 경영을 수행하는 방법이나 전략 및 기술 등을 익히는 분야이다.

2. 무역학의 연구대상 분야

1) 국제경제학적 학문분야

국제경제학적 학문분야는 크게 무역의 성립원인을 규명하는 국제무역이론, 관세와 비관세를 근간으로 하는 무역정책, 지역적 경제협력과 국제경제기구들의 활동을 연구하는 경제통합과 국제무역환경, 그리고 외환과 국제금융으로 구분할 수 있다.

(1) 국제무역이론

국제무역이론(international trade theory)은 1776년 영국의 경제학자인 애덤 스미스(Adam Smith)에 의해 최초로 이론화가 이루어진 이후, 리카르도(Ricardo)와 밀(Mill), 헥셔(Heckscher)와 오린(Ohlin) 등에 의해 체계화 되었다.

국제무역이론은 크게 순수무역이론과 무역정책으로 구분된다. 순수무역이론은 무역의 발생원인과 무역의 경제적 효과 등을 연구하는 분야이다.

무역정책은 관세정책, 비관세정책, 경제통합, 남북문제, 경제협력, FTA, 보호무역과 자유무역 등 각종 무역장벽과 그들이 후생에 미치는 효과 등을 연구하는 분야이다.

(2) 무역정책

무역정책은 한 국가가 타국과의 무역에 대하여 어떠한 시대적 상황에서 어떠한 시각과 정책수단 및 태도를 취할 것인가를 정부 차원에서 대응하는 전략 내지 시책을 연구하는 분야이다.

무역정책의 목표는 대내적으로는 국내경제의 안정과 산업간 균형발전을 도모하는 것이고 대외적으로는 국제경제 환경변화에 대한 적절한 대응을 통해 자국의 이익을 극대화시키는 것이다. 무역정책은 수출확대 정책과 수입규제 정책으로 구분되며 수입규제의 정책수단으로는 관세와 비관세장벽이 널리 사용되고 있다.

(3) 경제통합과 국제무역환경

경제통합은 공동의 경제적 이해관계를 가진 국가들 사이에 상품이나 노동, 자본과 같은 생산요소 등이 이동할 때 관세 등 인위적 장벽을 제거함으로써 공동체 전체의 후생을 증진시키려는 지역적 경제협력체를 연구하는 분야이다.

국제무역환경은 국가 사이에서 이루어지는 모든 경제관계와 이에 따르는 협력과제들이 노출되어 있는 무역환경을 다루는 분야이며 GATT와 WTO를 중심으로 국제경제기구들의 활동을 연구하는 분야이다.

(4) 외환과 국제금융

외환과 국제금융이론은 외환시장에서 환율의 결정요인과 환율제도, 국제수지 및 국제금융의 국가간 이전 양상을 연구하는 분야이다.

세부적으로는 외국환, 환율제도, 국제통화제도, 외환시장과 국제수지를 주요 대상으로 통화의 교환관계, 국제수지 균형과 불균형 문제 및 국제금융거래 등을 연구한다.

2) 무역상무론적 학문분야

무역상무론적 학문분야는 수출입관리를 토대로 무역거래 현상을 무역계약의 성립과 이행 및 종료로 구분하여 그의 법리와 업무절차를 연구하는 실용분야이다.

(1) 수출입관리

수출입관리는 자국의 경제적 이익을 도모하기 위해 국가가 무역거래의 전부나 일부를 간섭하거나 통제하는 제도나 수단을 연구하는 분야이다. 주요 연구내용은 수출입을 규제하거나 지원하기 위한 각종법규나 제도적 장치, 무역관리기구들이다.

(2) 무역계약의 성립

무역계약의 성립은 무역계약이 성립되는 과정과 절차 및 그 내용들을 법리적 및 상학적으로 연구하는 분야이다.

그 핵심내용은 청약과 승낙 및 무역계약서가 되며, 품질, 수량, 가격, 포장, 선적, 보험, 결제 등 실제 매매거래와 관련된 모든 합의된 조건들이 연구대상들이다.

이 분야에 필요한 연구과목으로는 무역계약의 성립과 이행 및 종료를 종합적으로 분석하는 무역계약론, 인코텀즈, 무역관습론, 무역관계법규 등이 있다.

(3) 무역계약의 이행

무역계약의 이행은 매매당사자간에 체결된 무역계약의 내용을 법과 제도와 절차에 따라 실제적으로 이행하는 실무적인 측면을 연구하는 분야이다.

이 분야에 필요한 연구과목으로는 무역결제론, 신용장론과 신용장통일규칙(UCP), 물품의 확보와 수출입승인을 연구하는 무역관계법규(대외무역법), 물품의 국제적 이동과 운송서류를 연구하는 무역운송론, 운송중의 위험을 커버하는 해상보험론, 물품의 국제간 이동 중에 발생하는 공적절차를 연구하는 수출입통관과 관세, 수출입업무 수행에 필요한 통신문이나 영문서류의 작성과 적응능력을 배양하기 위한 무역영어, 그리고 최근 등장한 무역의 전자화를 위한 전자무역업무 등이 있다.

(4) 무역계약의 종료

무역계약의 종료는 매매당사자의 의무를 토대로 계약위반과 무역클레임의 내용을 법과 제도와 국제상관습의 측면에서 연구하는 분야이다.

이 분야에 필요한 연구과목으로는 무역클레임론과 국제상사중재론 등이 있다.

3) 국제경영학적 학문분야

국제경영학적 학문분야는 기업의 국제화와 국제경영, 다국적기업과 해외직접투자, 해외시장 진출과 국제마케팅 및 전략 등을 중심으로 수출입기업들의 경영관점을 연구대상으로 하는 분야이다.

(1) 기업의 국제화와 국제경영

기업의 국제화(internationalization)는 전 세계시장을 하나의 시장으로 보고 통합된 전략을 수립하는 연구분야로 경제적 국경이 존재하는 상황에서 한 국가에서 다른 국가로의 효율적 진출방안을 모색하는 것이 핵심을 이룬다.

국제경영은 기업이 국경을 넘는 사업 활동을 경영목표로 전개하는 것을 학문적 연구대상으로 하는 분야이다.

(2) 다국적기업과 해외직접투자

다국적기업은 2개국 이상에서 국제적으로 경영활동을 전개하는 기업을 의미하는데, 주요 연구대상 분야는 국내기업이 다국적으로 발전하는 단계와 요인, 그리고 관련 국가들에게 미치는 경제적 효과 등이다. 해외직접투자는 수출입기업이 해외로 진출하는 동기와 투자형태 및 전략 등을 종합적으로 연구하는 분야이다.

(3) 해외시장 진출과 국제마케팅

해외시장 진출은 국내시장에서 축적된 경험을 바탕으로 글로벌 시장기회를 고려하는 수출입기업들이 진입할 국가시장을 결정하는데 필요한 요소들과 진입방식들을 종합적으로 연구하는 분야이다.

국제마케팅은 해외시장 진출에 필요한 마케팅 전략과 전술수립에 필요한 정보의 획득 및 분석, 그리고 사례를 이용하여 해외시장 진출기법을 연구하는 분야이다.

주요 연구내용은 해외시장 진입을 위한 해외시장조사와 수출판매촉진, 기술제휴 전략, 국제마케팅의 특성과 환경 이외에도 국제제품전략, 국제가격전략, 국제촉진전략, 국제유통전략 등에 대한 이론과 방법론 등을 연구한다.

제3절 무역학과의 교육목표와 진출비전

1. 무역학과의 본질과 교육목표

1) 무역학과의 본질

천연자원이 부족하고 국토가 좁은 우리나라가 단기간 내에 세계가 부러워하는 국가로 경제가 급성장한 원인은 어디에 있을까. 그것은 바로 '무역'의 힘에 있다.

무역학은 경제발전에 꼭 필요한 무역에 대한 이론과 실무를 배우는 종합학문이다.

따라서 무역학과는 무역이론, 무역상무, 무역경영을 핵심적인 학문체계로 하고 각 분야의 유기적이며 복합적인 학문체계의 특성을 바탕으로 국제화 시대에 대외무역을 주도하며 경제발전에 이바지할 수 있는 전문화된 고급 무역인재들을 양성하는 상경계열의 대표적인 학과이다.

2) 무역학과의 교육목표

국내의 무역학과들은 주로 '급변하는 국제무역환경에 대처할 수 있고 창의적 가치를 실현할 수 있는 글로벌 전문 무역인재양성'을 교육목표로 삼고 있다.

이를 실현하기 위해 각 대학의 무역학과는 국제경제 및 국제경영의 기본적인 지식을 바탕으로 On-Off Line 무역실무를 습득하도록 함으로써 국제무역시장에서 직면하는 문제해결 능력을 함양한 맞춤형 전문인재를 양성하려고 노력하고 있다.

최근에는 과거의 교육방식을 탈피하여 기업들이 현실적으로 요구하는 실무적 능력을 갖추도록 국가직무능력표준(National Competency Standards, NCS) 기반의 교육프로그램을 제공하려고 노력하고 있다. 또한 글로벌 무역체험과 해외인턴쉽 등을 통해 국제화가 체화될 수 있도록 각종 현장학습 프로그램들도 활발히 추진하고 있다.

2. 무역학과의 적성

전 세계를 무대로 다양한 사업을 펼쳐보고 싶다면 무역학과에 매우 적합한 적성을 가지고 있는 것이다. 다만, 전 세계를 상대로 비즈니스를 전개하기 위해서는 도전적이며 적극적인 성격과 개척 정신이 필요하다.

또한 영어와 중국어 등 외국어 능력을 갖추고 있으면서도 무역 대상국가의 시장과 수출입 상품들에 호기심이 많고 이를 다루어보고자 하는 창의와 의욕이 넘쳐야 한다.

3. 무역학과의 진출비전

1) 유사 관련학과

무역학과는 독자적인 정체성 확립이 늦게 수립됨으로 인하여 독립적인 학문체계가 상경계열의 다른 학과들보다 늦게 출발하였다. 따라서 학과의 전통이나 교수들의 구성 및 학문적 성향, 그리고 지향하는 방향에 따라 현재 그 명칭도 다양하게 불리고 있다.

그 대표적인 것들로는 무역학과, 글로벌무역학과, 국제무역학과, 국제무역경제학부, 국제무역물류학과, 무역경영학부, 무역유통학과, 무역통상학과, 물류·무역전공, 무역학전공, 무역학부, 국제무역물류학전공, 국제무역학부, 국제무역학전공, 경제무역학과군, 경상학부(무역학전공), 국제물류무역학과, 무역·유통학부, 관세물류전공, 국제무역유통학부(국제무역전공), 무역·국제학부, 물류무역학과, 전자무역학전공, 통상통역학전공(영어·일어·중어), 해운항만물류학과, 무역경제학과, 경영무역학부, 무역물류학과, 국제무역·마케팅학부(국제무역전공) 등이 있다. 이중 가장 명확한 것이 무역학과이다.

2) 관련 전문자격증

무역학은 크게 국제경제학의 학문분야, 무역상무론의 학문분야, 그리고 국제경영학의 학문분야로 구성되어 하나의 독자적인 학문체계를 형성하고 있다.

따라서 그 구성에 맞게 다양한 국가 및 민간 자격증제도들이 마련되어 있다. 그중에서 무역학의 정체성인 무역상무와 관련된 대표적인 것들로는 관세사, 무역영어 자격증, 물류관리사, 보세사, 국제무역사, 수입관리사, 원산지관리사, 원산지실무사, 유통관리사, 외환전문역, 국제공인신용장전문가(CDCS), 재경관리사, 자산관리사, 경영지도사, CFP(국제공인재무설계사), 손해사정사, 전자상거래관리사, 인터넷 정보검색사, 텔레마케팅관리사, 전자상거래운용사, 사회조사분석사 등이 있다.

3) 진출분야

과거와 같이 미래에도 우리나라 경제발전의 핵심역할은 당연히 무역이 담당할 것이다. 따라서 무역학과를 졸업하게 되면 그 진출방향은 다양할 수밖에 없다.

대표적인 분야는 정부 부처나 공공지원기관, 다국적기업과 대기업, 은행 및 금융권과 회계법인, 무역업체(수출기업과 수입기업), 물류운송업체, 포워딩업체, 해운 및 항공회사, 유통 및 물류회사, 보험회사, 관세법인과 법무법인, 해외 현지기업, 무역업 창업, 관세직 공무원과 연구소, 대학원 진학, IT와 전자상거래업체 등이 있다.

학습정리

1. 무역학(貿易學)이란 국가간에 이루어지는 상품의 수출입 및 그에 따른 여러 가지 경제활동에 관한 연구 및 학문적 체계를 말한다.
2. 우리나라에서 무역학의 학문적 체계를 세워서 연구하기 시작한 것은 우리나라 각 대학에 무역학과가 설치되기 시작한 1960년 전후의 일이다.
3. 1962년부터 경제개발계획이 추진됨에 따라 각 대학에 무역학과가 설치되었을 뿐 아니라, 무역진흥을 위한 정부 및 공공기관과 민간단체의 설립도 가속화되었다.
4. 1970년대에 들어서 비로소 무역학과 한국무역학 분야의 연구가 본격화되었다.
5. 무역학은 국제무역현상을 분석하고 그 원리를 규명하는 사회과학의 한 분야이다.
6. 무역학은 매우 실천적인 학문으로 경제학과 경영학의 학문적 성격을 지니고 있는 것은 사실이나 그 정체성의 본질은 무역상무 부문에 있는 학문이다.
7. 무역학의 체계는 국제경제학의 학문분야, 무역상무론의 학문분야, 그리고 국제경영학의 학문분야로 구성되어 하나의 독자적인 학문체계를 형성하고 있다.
8. 무역학의 국제경제학적 학문분야는 국제무역이론과 무역정책, 그리고 외환과 국제금융이론으로 구분할 수 있다.
9. 무역상무론적 학문분야는 수출입현상을 계약관계로 인식하여 무역계약의 성립과 이행 및 종료로 구분하여 법리와 제도 및 국제상관습을 연구하는 실용분야이다.
10. 국제경영학의 학문분야는 국제경영과 기업의 국제화, 다국적기업과 해외직접투자, 해외시장진입과 국제마케팅 등을 무역기업의 경영적 관점에서 연구하는 분야이다.
11. 무역학과는 무역이론, 무역상무, 무역경영의 핵심 분야를 중심으로 각 분야의 유기적 관계를 통한 복합적·융합적 학문체계의 특성을 지니고 있는 학과이다.
12. 국내의 무역학과들은 급변하는 국제무역환경에서 창의적 가치를 실현할 수 있는 전문 인력양성을 교육목표로 삼고 있다.
13. 우리나라의 무역학과는 그 학과의 전통이나 교수들의 구성 및 학문적 경향, 그리고 지향하는 방향에 따라 그 명칭도 다양하게 불리고 있다.
14. 무역학과에는 관세사, 보세사, 국제무역사, 수입관리사, 원산지관리사, 무역영어 자격증, 외환전문역, 물류관리사 등 다양한 자격증제도들이 마련되어 있다.
15. 미래에도 우리나라 경제발전의 핵심역할은 당연히 무역이 될 것이다. 따라서 무역학과를 졸업하게 되면 그 진출방향은 다양할 수밖에 없다.

■ 생각해보기

주제	과거와 같이 미래에도 우리나라 경제발전의 핵심역할은 당연히 무역이 될 것입니다. 따라서 무역학과를 졸업하게 되면 그 진출방향은 다양할 수밖에 없는데, 여러분들이 현재 알고 있는 대표적 진출업종이나 대상은 무엇입니까?
전문가 의견	무역학과의 진출업종이나 대상은 무역 관련 중앙정부나 공공지원기관, 글로벌기업과 대기업, 금융권과 회계법인, 일반무역업체, 물류운송업체, 포워딩업체, 해운 및 항공회사, 유통, 물류 및 보험회사, 관세 및 법무법인, IT와 전자상거래업체, 해외 현지기업, 무역교육 서비스업, 무역컨설팅 업체, 무역업 창업, 관세직 공무원과 연구소의 연구원, 국내외 대학원 진학 등이 있다.

■ 평가문제

문항	유형	문제
1	객관식	무역학의 국제경영학적 학문분야에 해당하지 않는 것은? ① 국제경영과 기업의 국제화 ② 다국적기업과 해외직접투자 ③ 외환 및 국제금융이론 ④ 해외시장진입과 국제마케팅 정답 ③ 해설 외환 및 금융이론은 무역학의 국제경제학적 학문분야에 해당하는 것으로 외국환, 환율제도, 국제통화제도, 외환시장과 국제수지를 주요대상으로 통화의 교환관계, 국제수지 균형과 불균형 문제 및 국제금융거래 등을 규명하는 분야이다.
2	주관식	무역학의 국제경제학적 학문분야에 해당하는 것으로 한 국가가 타국과의 무역에 대하여 어떠한 시대적 상황에서 어떠한 시각과 정책수단 및 태도를 취할 것인가를 정부 차원에서 대응하는 전략 내지 시책을 연구하는 분야를 무엇이라고 하는가? 정답 무역정책 해설 보통 한 국가의 무역정책은 수출확대정책과 수입규제정책으로 구분할 수 있고 수입규제정책을 위한 수단에는 관세와 비관세장벽이 널리 사용되고 있다.
3	논술식	① 우리나라 무역학의 발전과정을 설명하시오. ② 무역학의 연구대상 분야를 3대 체계와 연계하여 상세히 설명하시오. ③ 국제무역이론 분야를 상세히 설명하시오. ④ 무역학의 학문적 성격과 체계를 설명하시오. ⑤ 무역학과의 진출비전과 관련 전문자격증제도를 설명하시오.
4	설명식	① 국제무역이론 ② 다국적기업 ③ 국제마케팅 ④ 관세사(customs broker) ⑤ 국제무역사

제 Ⅱ 부

무역이론

제3장

무역의 효과와 이론

제1절 무역의 경제적 효과와 발생원인

1. 수출의 경제적 효과

1) 외화획득의 원천

수출대금을 어떤 수단과 방식으로 결제할 것인가는 계약을 어떻게 체결하느냐에 따라 결정된다. 그런데 물물교환과 같이 현물로 결제하는 경우가 아니면 대부분 외화로 결제되기 때문에 수출은 무엇보다도 외화를 획득하는 중요한 원천이 된다.

2) 원자재 확보자금

수출을 통해 획득한 외화는 필요한 부존자원이나 원자재, 자본재, 설비 등을 수입(확보)하는 자금으로 활용되기 때문에 경제발전의 원동력이 된다.

우리나라와 같이 부존자원이 빈약하고 국내 산업이 성숙되지 못한 상태에서 수출을 증대하려면 타국에 대한 원자재 수입의존도가 높을 수밖에 없다. 수출을 위해 필요한 원자재와 자본재 등을 수입하게 되는 것을 '수출의 수입유발 효과'라고 한다.

3) 국민소득의 증대

수출이 늘어나면 수출할 상품을 만들기 위해 공장은 더 바빠지고 상품을 만드는데 참여하는 근로자의 소득은 증가하게 된다. 소득의 증가는 근로자들의 생활안정과 삶의 질을 높여줌으로써 국민 복지후생을 향상시키게 된다. 또한 소득으로 소비를 늘리게 되면 내수가 활성화되어 국가경제와 민생경제의 위기와 침체를 극복할 수 있게 된다. 이러한 수출의 소득유발 효과는 관련 산업들에게도 영향을 미치게 된다.

4) 고용기회의 창출

수출이 늘면 수출할 상품을 만드는 공장은 더 바빠지게 되고 일감이 많아지면 고용기회가 확대되어 근로자들의 고용창출이 증가하게 된다. 고용이 증가하면 실업이 감소하며 이는 곧 사회를 안정화시키는데 공헌하게 된다.

따라서 만일 수출이 이루어지지 않으면 어떻게 될까? 일자리가 줄어들어 실업자가 늘어나고 근로자들의 소득이 줄어 쓸 돈이 줄어들게 된다. 그렇게 되면 경제가 어려워지고 실업이 증가함으로써 사회가 불안정하게 된다.

5) 투자증대

수출이 증가하여 생산 공장이 바빠지면 기업들은 보다 많은 이윤을 창출하기 위해 공장을 새로 짓고 기계를 늘리는 신규투자를 하게 된다.

공장이 새로 세워지면 또 다시 수출이 증가한다. 수출산업분야에 대한 투자증대는 생산규모의 확대를 가져오고 산업기반의 구축을 확고하게 해 준다.

이러한 의미에서 미국의 경제학자 넉시(R. Nurkse, 1907~1959)는 수출을 '경제성장의 엔진'이라고 불렀다. 그는 '빈곤의 악순환'이라는 개념을 처음 사용한 학자이다.

6) 생산유발효과

수출품 한 단위를 생산하면 그 제품을 직접적으로 생산하는 공정은 물론 그 생산물을 생산하는 과정에 참여하는 다른 생산물의 생산도 유발시키는 효과가 있다.

이러한 생산의 유발효과는 공정에 종적이나 횡적으로 관련된 산업은 물론, 관련 산업들에까지 파급효과를 미쳐 산업전반의 생산 활동을 증대시키게 된다.

예를 들어 완성 자동차 한 대를 생산하기 위해서는 3만여 개의 부품이 필요하다.

또한 자동차 1대를 생산하려면 완성차를 생산하는 회사뿐 아니라 타이어, 엔진, 시트, 볼트, 유리, 바퀴 등 수많은 부품이나 부분품 생산업체들도 참여해야만 한다.

각 과정에서 기업들의 일자리와 소득이 증가하게 된다.

7) 산업구조의 고도화 촉진

수출이 증가하면 한 국가 내에서 대량생산과 새로운 기술혁신을 촉진시키게 된다. 이는 다시 제품의 품질개선과 다양화를 촉진시킬 뿐 아니라 제품의 경쟁력을 강화시켜 수출을 증대시키게 되고 산업구조를 고도화하는데 기여하게 된다.

수출증대에 의한 산업구조의 고도화는 주로 중화학 부문에서 크게 나타난다.

2. 수입의 경제적 효과

경제가 어려운 시기에는 수출은 무조건 좋은 것이고 수입은 국가에 부정적 영향을 주는 것으로 간주하여 왔다. 따라서 각국들은 특정한 상품의 수입을 금지하거나 높은 관세를 부과함으로써 수입품이 국내에 들어오지 못하도록 하는 제도를 운용하였다.

이것은 수입은 곧 '외화의 유출'이라는 잘못된 의식에서 비롯된 것이다. 수입도 한 국가의 국민경제에 다음과 같은 긍정적인 효과를 가져다 준다.

1) 원자재 등 필요 물자의 조달창구

수입의 가장 중요한 효과는 수입이 국민경제의 운영에 필요한 필요 물자를 조달하는 창구역할을 한다는 점이다. 부존자원이 없는 우리나라는 식량과 국내에서 생산이 불가능하거나 공업화에 필수적인 원재료의 수입이 불가피하며, 경제성장과 개발을 위한 첨단산업의 기술이나 선진 자본재의 수요도 수입을 통해 충당해야만 한다.

2) 국내산업에 경쟁적 요인 제공

수입이 허용되면 외국으로부터 더 저렴하고 품질이 우수한 상품들이 국내로 유입하게 된다. 국내 산업들은 생존을 위해 수입상품에 대한 경쟁체제의 구축을 위해 생산성 향상을 통한 원가절감과 기술혁신을 통한 품질의 고급화 등을 도모하게 된다.

3) 국민의 후생복지 수준 향상

수입은 국민의 후생복지 수준을 향상시켜 준다. 소비자들은 저렴하면서도 품질이 우수한 제품을 선택하여 사용할 권리가 있다. 그런데 이러한 권리는 수입이 자유롭게 허용되어야만 향유할 수 있게 된다.

4) 국가 재정수입의 원천

대부분의 국가에서는 일부 면세품의 수입을 제외하고는 수입품에 대해 관세를 부과하는데 이러한 관세수입은 국고에 환수된다. 따라서 수입은 관세부과를 통해 국가의 재정수입을 증대시키는 중요한 원천이 된다.

5) 선진기술의 모방 창구

기술수준이 낮은 저개발국들은 수입이 선진기술을 모방할 수 있는 창구가 된다.

3. 무역의 발생원인

1) 국제분업과 무역이론

무역의 발생이론은 국제분업의 이론에서 출발한다. 국제분업이란 특수한 생산조건과 수요조건에 따라 각국이 유리한 상품생산에 전문화하거나 특화하는 것을 말한다.

여기에서 생산조건은 부존자원과 인구수 등의 차이에 의해 결정되고 수요조건은 생활수준, 취미, 기호 등의 차이에 의해 결정된다. 가령, 노동력이 풍부한 국가는 노동가격(임금)이 저렴하므로 노동집약재 생산에 특화할 수 있다. 이런 의미에서 무역의 발생원인을 국제분업의 발생원인 또는 국제분업의 성립요건이라고도 한다.

2) 무역의 발생원인

무역은 자연과 사회적 조건 및 국민들의 기호 등의 차이에 의해 발생하게 되며 어느 조건에 유리하고 불리한가에 따라 각 국가들은 각기 다른 산업이 발전하게 된다.

(1) 자연적 조건

무역은 기후, 강수량, 면적, 지형, 부존자원의 보유량 등 자연적 조건의 차이에 의해 발생한다. 예를 들어 석탄, 식량, 해양자원 등 천연자원을 어느 정도 보유하고 있는가는 무역을 발생시키는 중요한 원인이 된다. 이것은 주로 1차 산물의 경우에 적용된다.

(2) 사회적 조건

무역은 노동, 자본, 기술 및 경영능력과 같은 생산요소의 사회적 조건 차이에 의해서도 발생한다. 예를 들어 기술선진국은 기술집약적 상품을 생산하여 수출하고 노동력이 풍부한 국가는 노동집약적 제품을 특화하여 생산하여 수출하게 된다.

이것은 자연적 조건이 아무리 좋더라도 이를 활용하여 생산화하려면 기술이나 자본 등이 뒷받침 되어야 하며 자연적 조건이 미약해도 원료를 수입·가공하여 다시 수출할 수도 있다는 것을 의미한다. 자연적 조건은 거의 불변한 특성을 가지고 있는데 반해, 사회적 조건은 각국의 노력과 경제발전 단계에 따라 변화될 수 있다.

(3) 국민들의 기호나 취미 등의 차이

무역은 국민들의 기호나 취미 등의 차이에 의해서도 발생한다. 예를 들어 생선을 선호하는 국가는 자국에서 생산된 육류를 수출하고 생선은 수입할 것이며 육류를 선호하는 국가는 생선을 수출하고 육류를 수입할 것이기 때문이다.

제2절 고전적 무역이론

1. 절대생산비설

1) 개념

영국의 경제학자 아담 스미스(Adam Smith, 1729~1790)는 어떤 상품을 생산하는 데 그 생산과정을 보다 전문화함으로써 작업능률을 더욱 향상시킬 수 있다고 주장하면서, 이와 같은 분업(division of labor)의 원리를 국가간의 거래에도 적용시켜 무역의 발생원인을 규명하였다.

그는 국부론(The Wealth of Nations, 國富論)에서 국민이 생산하는 생산물을 '국부'로 간주하는 동시에 부의 원천이 되는 것은 노동이라고 주장하였다.

예를 들어 두 국가 A국과 B국이 있다고 가정했을 경우, A국이 B국에 비해 특정재화(상품)의 생산비용이 절대적으로 낮다면 A국은 이 상품의 생산에 절대우위에 있으며 반대로 B국은 A국에 비해 절대열위에 있다고 한다.

여기에서 절대우위란 한 국가가 다른 국가에 비해 어떤 상품의 생산에 소요되는 노동투입이 더 작은 경우를 말한다. 그러므로 한 국가가 같은 상품의 생산에 있어 다른 국가에 비해 노동의 투입량이 적은 경우를 절대우위에 있다고 한다.

아담 스미스는 무역에 참여하는 국가들이 각자 절대우위에 있는 상품의 생산에 완전 특화하여 수출하고 반대로 절대열위에 있는 상품은 수입한다면, 양국이 모두 이익을 얻을 수 있기 때문에 무역이 발생한다고 주장하였다.

이와 같이 무역이 절대생산비의 차이에 의해 발생한다는 이론을 '절대우위론(theory of absolute advantage)' 또는 '절대생산비설(theory of absolute cost)'이라고 한다.

이 이론은 생산물의 가치 또는 상품의 생산비는 생산에 투입되는 노동량에 따라 결정된다고 하는 노동가치설(labor theory of value)을 토대에 두고 있다.

2) 가정

절대생산비설에서는 이론의 설명을 위해 다음과 같은 가정을 전제로 하고 있다.

① 각국의 생산비에는 차이가 있다.
② 두 국가, 두 상품, 하나의 생산요소가 존재한다. 1 생산요소는 노동이 유일하다.
③ 상품의 생산비는 투하노동량에 의해 결정된다.
④ 국제간에는 생산요소의 이동이 없다.

3) 요지

절대생산비설은 두 국가가 두 상품을 생산하는 조건일 때 한 국가가 상대국보다 생산비가 절대적으로 저렴한 상품만을 생산하고 상대국도 같은 입장이라면 두 국가 사이에는 자연적으로 분업이 이루어져 생산량이 모두 증가하게 된다는 것이다.

만일 두 국가 사이에 무역이 자유롭게 허용되어 한 국가가 생산비면에서 우위에 있는 상품을 생산하여 수출하고 생산비면에서 열위에 있는 상품을 수입할 때, 상대국도 같은 입장이라면 두 국가는 서로 무역을 통해 이익을 얻을 수 있다는 것이다.

4) 절대상산비설과 무역

(1) 무역개시 이전

절대생산비설에서는 A국과 B국이 존재한다고 가정한다. 이 경우 단위당 생산비는 상품생산에 투입되는 노동자의 수에 의해 결정된다.

현재 A국은 옷감 1단위 생산에 100명, 쌀 1단위 생산에 120명의 노동력이 필요하다. B국은 옷감 1단위 생산에 110명, 쌀 1단위 생산에 80명의 노동력이 필요하다.

두 국가의 생산비 차를 비교해 보면 옷감 생산에서 A국은 B국보다 10명이 적은 노동인원으로 1단위를 생산할 수 있는 우위성이 있다. 쌀 생산에서 B국은 A국보다 40명이 적은 노동인원으로 1단위를 생산할 수 있는 우위성이 있다.

표 3-1 절대생산비의 예

국가	옷감 1단위 생산에 투입되는 노동자의 수	쌀 1단위 생산에 투입되는 노동자의 수
A국	100명	120명
B국	110명	80명

(2) 무역개시 이후

절대생산비설에서는 국가간 분업에 의해 A국은 절대우위에 있는 옷감 생산에 모든 노동력을 투입하여 특화한다. 그리고 B국은 절대우위에 있는 쌀 생산에 모든 노동력을 투입하여 특화한다. 그러면 A국은 220명의 노동력으로 옷감을 생산하여 2.2단위의 옷감을 생산할 수 있다. B국은 190명의 노동력으로 2.375단위의 쌀을 생산할 수 있다.

❙ 표 3-2 ❙ 절대생산비차에 의한 무역이익의 발생

국가	특화에 의한 옷감 총생산 단위효과	특화에 의한 쌀 총생산 단위효과
A국	220명/100명 (총생산투입/단위생산투입=2.2단위)	
B국		190명/80명 (총생산투입/단위생산투입=2.375단위)

(3) 무역의 이익

A국은 옷감 총생산량 중 자국에 필요한 1단위를 사용하고 1단위는 상대국 B국으로 수출하여도 0.2단위가 남게 된다. B국은 쌀 총생산량 중 자국에 필요한 1단위를 사용하고 1단위는 상대국 A국으로 수출하여도 0.375단위가 남게 된다.

이것이 절대우위에 따라 각국이 옷감과 쌀 생산에 특화하여 발생한 무역의 이익이다.

5) 절대상산비설의 의의와 한계

(1) 의의

절대생산비설은 국제분업의 원리를 통해 당시 유행하던 중상주의(mercantilism)를 배격하고 최초로 자유무역정책의 이론적 기초를 제공했다는 데 큰 의의가 있다.

(2) 한계

절대생산비설은 현실과 동떨어진 가정들 때문에 다음과 같은 한계를 가지고 있다.

첫째, 절대생산비설은 두 국가, 두 재화가 존재하고 한 상품은 우위에 한 상품은 열위에 있으며 노동을 유일한 생산요소로 보았다. 그리고 생산요소는 국내에서의 이동은 자유롭지만 국가간에 이동은 불가능하다는 것을 전제로 한다. 그러나 현대적인 관점에서 볼 때 이러한 모든 가정들은 잘못된 것이다.

둘째, 절대생산비설은 노동만을 유일한 생산요소로 보았고 생산비용도 투하노동량에 의하여 결정되는 것으로 가정하였다. 그러나 현실적으로 재화는 다양한 생산요소의 결합에 의해 생산되며 생산요소의 결합비율은 각 상품마다 다르기 때문에 생산비용이 단순히 투하노동량에 의해 결정된다고 보는 노동가치설의 토대는 한계가 있다.

셋째, 절대생산비설은 한 국가가 두 상품의 생산에 모두 절대우위에 있거나 반대로 두 상품의 생산에 있어 모두 절대열위(absolute disadvantage)에 놓이게 되는 경우에도 무역이 발생하는가에 대해서는 아무런 설명을 하지 못하고 있다.

2. 비교생산비설

1) 개념

영국의 경제학자 데이비드 리카르도(David Ricardo, 1772~1823)는 절대생산비설의 한계를 극복하고자 한 국가가 상품의 생산에서 모두 절대우위에 있고 다른 국가가 절대열위에 있다고 하더라도 두 국가간에 비교생산비 혹은 비교우위의 차이가 있다면 무역은 발생할 수 있다고 주장하였다.

비교생산비설의 핵심내용은 한 국가가 다른 국가에 비해 생산비에서 상대적으로 비교우위에 있는 상품의 생산에 특화하여 수출하고 반대로 상대적으로 비교열위에 있는 상품을 수입한다면 교역 당사자들 모두는 서로 이익을 얻을 수 있다는 것이다.

리카르도의 이러한 주장을 비교생산비설(theory of comparative cost) 또는 비교우위이론(theory of comparative advantage)이라고 부르고 있다. 비교생산비설은 무역의 발생원인과 무역의 경향 그리고 무역의 이익을 규명한 고전적 무역이론이다.

2) 가정

비교생산비설에서는 이론의 설명을 위해 다음과 같은 가정을 전제로 하고 있다.

① 두 국가가 두 상품을 생산한다.

② 생산요소는 노동만이 유일하며 그 질은 국내적으로나 국제적으로 동질적이다.

③ 상품의 생산비는 투하노동량에 의해 결정된다.

④ 생산요소는 국내에서의 이동이 자유롭지만 국제간에는 이동이 없다.

⑤ 국가간에 생산기술의 차이가 없다.

3) 요지

절대생산비설은 한 국가가 두 상품을 생산하는데 모두 우위에 있거나 열위에 있는 경우에도 무역이 발생할 수 있는가에 대한 설명을 하지 못하였다.

이에 비해 비교생산비설에서는 한 국가가 두 상품을 생산하는데 모두 우위에 있거나 모두 열위에 있는 경우라도 무역이 발생할 수 있다는 것을 처음으로 규명되었다.

즉, 비교생산비설에서는 국제간의 교환원리를 무역당사국의 생산비율 차이에 근거하여 설명하면서, 각국이 자국 내에서 생산비가 비교적 우위인 상품을 집중적으로 생산을 특화하여 그 잉여분을 수출하는 대신, 외국에서 보다 싸게 생산할 수 있는 상품을 수입한다면 무역당사국 모두는 서로 이익을 얻게 된다는 것을 규명하였다.

4) 비교생산비설과 무역

(1) 무역개시 이전

비교생산비설에서는 A국과 B국이 존재한다고 가정한다. 이 경우 단위당 생산비는 상품생산에 투입되는 노동자의 수에 따라 결정된다.

현재 A국은 옷감 1단위 생산에 100명, 쌀 1단위 생산에 120명의 노동력이 필요하다. B국은 옷감 1단위 생산에 90명, 쌀 1단위 생산에 80명의 노동력이 필요하다.

두 국가의 생산비 차이를 비교하면 옷감 1단위 생산에서 A국은 B국보다 10명이 더 많은 노동인원으로 1단위를 생산하여야 하는 열위에 있다. 쌀 생산에서도 A국은 B국보다 40명이 더 많은 노동인원으로 1단위를 생산하여야 하는 열위에 있다. A국은 옷감과 쌀 생산 모두에서 열위에 있고 B국은 옷감과 쌀 생산 모두에서 우위에 있다.

표 3-3 비교생산비의 예

국가	옷감 1단위 생산에 투입되는 노동자의 수	쌀 1단위 생산에 투입되는 노동자의 수
A국	100명	120명
B국	90명	80명

(2) 무역개시 이후

비교생산비설에서는 국가간 분업에 의해 A국은 비교적 우위에 있는 옷감 생산에 모든 노동력을 투입하여 특화한다. B국도 비교우위에 있는 쌀 생산에 모든 노동력을 투입하여 특화한다. 그러면 A국은 220명의 노동력으로 옷감을 생산하여 2.2단위의 옷감을 생산할 수 있다. B국은 170명의 노동력으로 2.125단위의 쌀을 생산할 수 있다.

표 3-4 비교생산비에 의한 무역이익의 발생

국가	특화에 의한 옷감 총생산 단위효과	특화에 의한 쌀 총생산 단위효과
A국	220명/100명 (총생산투입/단위생산투입=2.2단위)	
B국		170명/80명 (총생산투입/단위생산투입=2.125단위)

(3) 무역의 이익

A국은 옷감 총생산량 중 자국에 필요한 1단위를 사용하고 1단위는 상대국 B국으로 수출하여도 0.2단위가 남게 된다. B국은 쌀 총생산량 중 자국에 필요한 1단위를 사용하고 1단위는 상대국 A국으로 수출하여도 0.125단위가 남게 된다.

이것이 비교우위에 따라 각국이 옷감과 쌀 생산에 특화하여 발생한 무역의 이익이다.

5) 비교생산비설의 의의와 한계

(1) 의의

비교생산비설은 생산에 있어 절대우위가 없더라도 두 국가 사이에 상대가격이 다를 경우 상대가격이 낮은 상품에 비교우위가 있으며 비교우위에 있는 상품의 생산에 특화하여 수출하면 서로에게 무역의 이익이 발생한다는 것을 규명하였다.

즉, 비교생산비설은 무역의 발생원인과 무역의 이익을 비교우위의 개념에 입각하여 규명함으로써 무역의 필요성을 제시하였다는 데 그 가치가 인정되고 있다.

(2) 한계

비교생산비설은 비교우위의 개념에 입각하여 국제분업의 구조를 설명했으나 절대생산비설이 안고 있던 여러 가정의 문제점을 그대로 지니고 있는 한계가 있다.

첫째, 리카르도는 비교생산비차에 의해 무역발생의 원인을 설명하였다. 그러나 비교생산비의 차이가 왜 발생하는지에 대한 규명이 미흡하였고 각국에서 발생하는 무역의 이익이 두 국가에게 어떻게 배분되는가에 대해서도 설명이 부족하였다. 이것은 이후 헥셔(E. Heckscher)와 오린(B. Ohlin)의 요소부존이론에서 규명되었다.

둘째, 비교생산비설은 절대생산비설과 같이 노동가치설에 입각하여 노동이라는 단일의 생산요소만이 존재한다고 가정하고 상품의 가치는 그 상품의 생산에 투입된 노동량에 의해 결정된다고 보았다. 각 상품 마다 생산요소간의 결합비율이 서로 다를 수 있음에도 투입노동 및 투입자본에 대한 비율 등이 전혀 고려되지 않았다.

셋째, 비교생산비설은 국가간에 생산기술의 차이가 없다고 가정하고 있다. 그러나 현실 세계에서는 국가 사이에 생산기술의 차이가 분명히 존재하고 있다.

넷째, 비교생산비설은 두 상품간의 국제적 교환비율이 어떻게 결정되는가에 대해서는 정확한 해명이 없다. 리카르도가 알아낸 사실은 두 상품의 국제 교환비율은 각국에서의 국내 교환비율 사이에서 결정될 것이라는 것과 이 두 교환비율 사이에서 교역을 하면 두 국가가 모두 무역을 통해 이익을 얻을 수 있다는 것뿐이었다.

3. 상호수요설

1) 개념

리카르도의 비교생산비설은 비교우위에 따른 무역의 발생원인은 설명하고 있다. 그러나 정확히 어떠한 선에서 교역 당사자간의 구체적인 교역조건이 결정되는가에 대해서는 명확하게 설명하지 못하고 있다.

이에 영국의 경제학자 밀(J. S. Mill, 1806~1873)은 두 상품의 국내 교환비율과 국제 교환비율을 가지고 무역을 설명하면서 각국이 수출품을 얼마나 내놓으려 하는가는 수출품의 대가로 얻을 수 있는 수입품의 양에 달려 있다고 주장하였다.

즉, 각국의 수출품의 공급은 그 상품에 대한 다른 국가의 수요와 일치하여야 한다는 점을 지적하면서, 한 국가가 제공하고자 하는 수출품의 양과 다른 국가가 수입하고자 하는 양이 같아지는 선에서 구체적인 교역조건이 결정된다고 주장하였다.

교역조건(terms of trade)은 한 국가의 수출상품과 수입상품의 교환비율을 말한다. 교역조건은 상호수요가 일치하는 점에서 결정되며, 상호수요의 탄력성이 균형조건을 변동시키는 힘으로 작용한다. 즉, 외국의 수입상품에 대한 자국의 수요탄력성(가격변화에 대한 수요변화)이 크면 자국의 교역조건이 불리해지고, 반면에 자국의 수출상품에 대한 외국의 수요탄력성이 큰 경우에는 자국의 교역조건이 유리해진다.

교역조건의 개념을 규명하는데 수요의 개념을 도입한 상호수요설을 상호수요균등의 법칙 또는 상호수요이론(theory of reciprocal demand)이라고도 부른다.

2) 상호수요설의 의의와 한계

(1) 의의

상호수요설은 노동가치설로는 설명할 수 없었던 상품의 국제 교환비율의 결정을 교역조건이라는 개념을 통해 상호수요의 측면에서 설명하였고 그에 따라 교역당사국에 배분되는 무역이익을 밝혀냈다는 데에 중요한 의의가 있다.

(2) 한계

상호수요설은 수요탄력성 등 여러 요인들이 교역조건의 결정에 미치는 영향의 크기와 방식을 설명하지 못했고 비교생산비설이 가지는 비현실적인 가정도 벗어나지 못하였다. 또한 각국에서 찾아볼 수 있는 생산비 차이의 변화를 무시한 측면이 있고 수요측면에 집중한 나머지 공급측면에 대한 설명이 상대적으로 부족한 한계가 있다.

제3절 근대적 무역이론

1. 기회비용설

1) 정의

오스트리아 출신의 미국 경제학자 하벌러(G. Haberler, 1900~1995)는 기회비용이라는 새로운 개념을 사용하여 무역의 발생원인을 규명하였다.

기회비용(opportunity cost)은 한 행위의 가치를 평가할 때 실제적으로 취한 행위를 평가하는 것이 아니라 그 행위를 하기 위해 포기해야 하는 다른 행위의 가치를 가지고 평가하는 개념이다. 즉, 하나의 상품을 추가적으로 더 생산하기 위해 포기해야 되는 다른 상품의 양이 기회비용이 된다.

2) 기회비용설과 무역

기회비용설(theory of opportunity cost)의 핵심은 한 상품을 생산하는데 있어 기회비용이 보다 작은 국가를 A라고 가정한다면 그 국가는 A 상품에 대해서 비교우위를 갖는다고 보는 이론이다.

3) 기회비용설의 공적

하벌러는 리카르도를 비롯한 고전학파 무역이론의 오류를 지적하면서 노동가치적 비용의 개념과는 전혀 다른 기회비용을 무역이론에 처음으로 도입하여 비교우위이론을 전개하였다. 기회비용설에 따르면 비교우위는 생산물의 기회비용으로 결정되는데, 어느 상품의 기회비용이 낮으면 그 상품은 비교우위를 유지할 수 있지만 기회비용이 높으면 그 상품은 비교열위를 면치 못한다는 것이다.

기회비용설이 무역이론에 기여한 공적은 노동이라는 단일의 생산요소에서 벗어나 현실에 적합한 생산요소를 전제로 무역이론을 전개했다는 점이다.

4) 한계

기회비용설은 고전학파의 이론을 과감히 탈피하였다는 점에서 공적이 인정되고 있다. 그러나 국가 사이의 기회비용의 차이가 어떻게 발생하는지에 대하여는 설명하지 못하였고 수요부문을 고려하지 않고 있다는 한계가 있다.

2. 헥셔-오린 정리

1) 의의

비교생산비설은 무역의 발생원인이 생산비의 상대적 차이에 있다는 것을 밝혀냈지만, 그러한 비교생산비의 차이가 왜 존재하는지에 대해서는 설명하지 못하였다.

이에 스웨덴의 경제학자 헥셔(E. F. Heckscher)와 오린(B. Ohlin)은 국가간 무역발생의 원인을 각국의 요소부존량 비율(요소부존도)의 차이와 생산량간의 요소투입 비율(요소집약도)의 차이라고 주장하였다.

헥서-오린 정리(Heckscher-Ohlin theorem)는 한 국가는 상대적으로 풍부하게 부존되어 있는 생산요소를 집약적으로 사용하는 상품을 상대적으로 저렴하게 생산할 수 있기 때문에 이 상품의 생산에 비교우위를 갖게 되고 교역을 하게 되면 이 상품을 수출하게 된다는 것이다. 이를 요소부존이론(theory of factor endowment)이라고도 하며 헥셔가 주장하고 오린이 발전시켰기 때문에 헥셔-오린 정리라고 부르고 있다.

2) 가정

헥셔-오린 정리는 무역의 발생원인을 설명하기 위해 다음의 가정을 전제하고 있다.

① 두 국가, 두 상품(X재와 Y재), 두 생산요소(자본과 노동)가 존재한다.

② 생산요소는 국가간 이동이 불가능하지만 상품의 자유로운 이동은 가능하다.

③ 두 국가간 기술수준(노동 생산성)은 동일하지만 상품간 요소집약도는 다르다.

④ 국가간 요소부존 비율에 차이가 있으며, 두 국가의 소비조건은 동일하다.

3) 헥셔-오린 정리의 제1명제

헥셔-오린 정리의 제1명제는 국가간 상품의 상대가격 차이와 비교우위가 존재하는 기본적인 원인은 국가간의 요소부존량의 차이에 있다는 것이다.

즉, 국가간에 생산요소의 부존상태가 각각 다르고 각 상품에 투입되는 생산요소의 비율이 다르기 때문에 국가간에 비교생산비차가 발생한다는 것이다.

이 이론에서 한 국가는 그 국가가 풍부하게 보유한 생산요소를 집약적으로 사용하는 상품의 생산에 비교우위를 갖고 있으므로 이 상품을 특화하여 수출하게 된다.

예를 들어 베트남은 자본에 비해 노동이 상대적으로 풍부하므로 노동 풍부국가이며, 일본은 노동에 비해 상대적으로 자본이 풍부한 자본 풍부국가라고 가정하자. 그리고 옷은 노동집약적으로 생산되며, 자동차는 자본집약적으로 생산된다고 가정하자.

이 경우에 일본은 자본을 집약적으로 사용하는 자동차 생산에 비교우위를 나타내며, 반대로 베트남은 노동을 집약적으로 사용하는 옷 생산에 비교우위를 나타낸다.

따라서 두 국가가 무역을 하면 일본은 베트남에 비해 비교우위에 있는 자동차를 베트남에 수출하고 노동집약적인 옷은 베트남에서 수입하게 된다. 반면에 베트남은 비교우위에 있는 옷을 일본에 수출하는 대신 자본집약적인 자동차를 수입하게 된다.

이와 같이 헥셔-오린은 요소부존량과 같은 공급조건의 차이를 무역이 발생하는 원인으로 보았기 때문에 제1명제를 '요소부존이론'이라고도 부르고 있다.

4) 헥셔-오린 정리의 제2명제

헥셔-오린 정리의 제2명제는 국가간에 생산요소의 부존상태가 다르고 각 상품에 투입되는 생산요소의 비율이 달라 국가간에 비교생산비차가 발생하여 무역이 이루어지게 되면, 비록 국제간에 생산요소의 직접적인 이동이 없더라도 국가간에 생산요소의 가격은 균등화된다는 것이다. 이를 '요소가격균등화 이론'이라고 부른다.

다시 일본은 자본이 풍부한 국가이고 베트남은 노동이 풍부한 국가라고 하자. 일본은 자본가격에 비해 임금수준이 높고 베트남은 자본가격에 비해 임금수준이 낮다.

일본과 베트남이 무역을 하면 일본은 자본을 집약적으로 사용하는 자동차를 생산하여 수출하고 베트남은 노동을 집약적으로 사용하는 옷을 생산하여 수출할 것이다.

그러면 무역이 이루어지기 이전과 비교하여 일본에서는 자본의 수요가 증가하므로 자본가격이 상승하고, 베트남에서는 노동의 수요가 증가하므로 임금이 상승한다.

두 국가가 무역을 하면 무역 이전과 비교하여 자본과 임금가격이 균등화된다.

5) 헥셔-오린 정리의 공헌과 한계

(1) 공헌

헥셔-오린 정리는 비교생산비의 결정원인과 무역이 요소가격에 끼치는 영향을 요소부존도와 요소집약도를 가지고 규명하였다는 점에서 가치를 인정받고 있다.

(2) 한계

헥셔-오린 정리는 현실과 거리가 먼 다음의 가정 위에 정립되어 있기 때문에 비판을 받고 있다. 즉 두 국가, 두 재화, 두 생산요소를 전제하였고 생산요소의 질이 동일하고 국제적 이동이 불가능하다고 전제하였으나 이것은 잘못된 가정이다. 또한 수요조건이 동일한 것을 전제하고 있으나 현실적으로는 그렇지 않은 경우가 더 많다.

3. 레온티에프의 역설

1) 의의

미국 경제학자 레온티에프(W. Leontief, 1906~1999)는 1947년 미국의 무역데이터를 수집하여 헥셔-오린 정리의 제1명제의 현실 적합성을 검증하였다.

그는 전 세계에서 자본이 가장 풍부한 미국은 자본집약적 상품에 비교우위를 가질 것이기 때문에 자본집약적 상품을 집중적으로 생산하여 수출하고 반대로 노동집약적 상품은 수입한다는 헥셔-오린 정리의 제1명제를 검증하였다. 즉, 레온티에프는 헥셔-오린 정리와 정반대의 결과로 전 세계에서 자본이 가장 풍부한 미국이 오히려 노동집약적 상품을 수출하고 자본집약적 상품을 수입하고 있다는 것을 발견하였다.

이것은 헥셔-오린 정리에 의한 전통적 무역이론의 예상을 벗어난 정반대의 결과가 나왔다는 점과 이를 발견한 사람이 레온티에프라는 이름을 합성하여 레온티에프의 역설(Leontief paradox)이라고 부르고 있다.

2) 연구결과

헥셔-오린 정리에 근거해 볼 때 원래 자본량이 상대적으로 풍부하다고 생각되는 미국에서는 수출상품이 수입품에 비해 더 자본집약적이어야 한다.

그러나 레온티에프의 연구결과는 오히려 자본이 풍부하고 노동이 부족한 미국이 노동집약재(labor intensive goods)를 수출하고 자본집약재를 수입했다는 것이다.

3) 레온티에프 역설이 나온 배경

첫째, 레온티에프 역설은 미국 국민의 자본집약재에 대한 수요편향이 나타난 것이다. 즉, 두 국가의 수요패턴의 차이에서 미국의 수요는 자본집약재에 편중되어 있기 때문에 자본이 풍부함에도 불구하고 자본집약재를 더 수입하게 된 것이다.

둘째, 레온티에프 역설은 다른 국가에 비해 우수한 미국 노동자의 질을 무시했기 때문에 나타난 것이다. 즉, 미국 노동자들의 높은 교육률 등을 고려할 경우 미국 노동자의 생산성이 타국에 비해 약 3배 정도 높아 오히려 미국이 노동이 풍부한 국가이므로 노동집약적 상품을 수출한 것이다.

셋째, 레온티에프 역설은 미국의 수입상품구조 때문에 나타난 것이다. 예를 들면 천연자원은 자본집약적 생산방식을 택하고 있는데 미국의 수입에서 천연자원의 수입이 차지하는 비중이 높기 때문에 레온티에프 역설과 같은 결과가 나왔다.

4. 스톨퍼-사무엘슨 정리

1) 의의

레온티에프의 역설이 헥셔 오린 정리의 제1명제인 요소부존이론을 검증하였다면 스톨퍼-사무엘슨 정리(Stolper-Samuelson theorem)는 헥셔 오린 정리의 제2의 명제인 요소가격균등화 이론을 검증한 것이다.

1941년 스톨퍼(Stolper)와 사무엘슨(Samuelson)은 고임금 수준의 국가와 저임금 수준의 국가가 자유무역을 할 경우, 두 국가의 임금수준이 균등화된다는 주장을 하여 헥셔-오린 정리의 제2명제인 요소가격균등화 이론과 동일한 결론에 도달하였다.

2) 내용

스톨퍼-사무엘슨 정리는 두 상품과 두 생산요소로 이루어진 시장에서 국내의 각 생산요소는 한 쪽 상품의 가격이 상승하면 그 상품의 생산을 위해 집약적으로 이용된 생산요소의 가격이 상승하는 한편, 다른 요소가격이 하락한다는 이론이다.

이 정리를 통해 자유무역이 소득분배에 어떠한 영향을 미치는지를 살펴볼 수 있다.

예를 들면 생산요소로서 자본과 노동을 가정하고 노동집약적인 상품에 관세가 부과되었다고 하면 노동임금이 상승하는 것에 비해 자본 임차율(상대적 자본가격)은 저하되고 노동자의 소득은 상승하지만 역으로 자본 소득자의 소득은 저하된다.

또한 자본집약적인 상품을 수출하는 국가에서는 무역의 자유화로 자본집약적인 상품의 가격이 상승하기 때문에 자본 임차율은 상승하지만 역으로 노동임금은 저하되어 노동자는 불이익을 받게 된다. 따라서 그들은 고임금 수준의 국가에서 노동자의 임금저하를 방지하기 위해서는 보호관세의 부과가 필요하다고 주장하였다.

3) 공헌과 한계

스톨퍼-사무엘슨 정리는 미국 노동자의 소득증대와 유리한 소득배분을 위해 자유무역정책이 유리한가 아니면 보호무역정책이 유리한지를 검토한 이론이다.

이 정리는 자유무역과 보호무역이 소득배분에 미치는 영향을 명확하게 밝힘으로써 헥셔-오린 정리를 더욱 발전시키는 데 공헌을 하였고 보호무역주의가 전개되는데 필요한 이론적 뼈대가 되었다.

그러나 헥셔-오린 정리를 기초로 두 국가, 두 상품, 두 생산요소 등 비현실적이고 제한적인 가정 위에 정립된 것이었기 때문에 현실에 적용되기 어려운 한계가 있다.

제4절 현대적 무역이론

1. 대표수요이론

1) 의의

헥셔-오린은 무역이 요소부존도의 차이 즉, 공급측 요인에 의해 발생한다고 주장한 반면, 스웨덴의 린더(S. B. Linder)는 무역의 결정은 수요적 측면에 있다고 주장하였다. 즉, 1961년 린더는 어느 공산품이 싸게 생산되고 비교우위를 갖추어 수출품이 될 수 있는 전제조건은 대표적 수요가 국내에 존재하고 있어야 한다고 주장하였다.

여기에서 '대표수요'란 국내소비시장에 있는 대량의 수요 혹은 유효수요를 말한다. 국내수요가 큰 상품일수록 국내시장의 생산규모 증대로 인한 규모의 경제나 기술습득 효과로 생산비를 절감하여 비교우위를 가질 수 있다는 것이다.

예로 미국의 자동차에 대한 대표적 수요는 대형차에 있으므로 미국에서 대형차의 생산은 규모의 경제를 달성할 수 있고 그 결과 비용절감으로 비교우위를 가질 수 있다.

2) 내용

대표수요이론(theory of representative demand)은 요소부존 상태가 무역의 형태를 결정하는 것이 아니라, 공산품 부문에서 한 국가의 비교우위는 그 국가의 대표수요에 의해 결정되며 이는 다시 그 국가의 소득수준에 의해 결정된다는 것이다.

린더는 1차 농산품간의 무역은 헥셔-오린 정리인 요소부존도의 차이로 설명이 가능하지만 공산품의 무역의 패턴과 결정요인은 수요 측면에서 그 원인을 찾아야 한다고 주장하면서, 공산품 상호간의 무역형태는 수출이 이루어지기 이전에 그 상품에 대한 상당한 정도의 국내수요가 선행되어야 한다고 주장하였다.

3) 공헌과 한계

대표수요이론은 각국간의 요소부존 비율이 같지 않더라도 이들 국가간의 수요구조가 유사하면 공산품의 무역이 발생하며, 각국간의 수요구조의 유사성이 클수록 대표수요는 더 크므로 무역의 가능성은 더 크다는 것을 밝혀낸 점에 의의가 있다.

그러나 대표수요라는 것이 실증될 수 없다는 데 문제가 있으며, 수요가 비슷한 국가끼리는 생산도 비슷할 것이라는 사실을 간과하고 있는 한계가 있다.

2. 연구 · 개발요소이론

1) 의의

연구 · 개발요소이론(theory of research and development factor)은 국가간 비교생산비의 차이를 발생시키는 요인은 연구와 개발요소라는 것을 밝혀낸 이론이다. 즉, 무역의 발생요인을 기술진보와 혁신의 원동력인 연구개발 활동에서 규명한 이론이다.

이 이론은 그루버(W. Gruber), 메타(D. Mehta), 버논(R. Vernon)의 공동연구와 키싱(D. B. Keesing)의 단독연구 결과로 밝혀졌으며 'R&D 이론'이라고도 한다.

이 학자들은 무역패턴의 결정에서 연구개발 활동의 역할을 중요시하였고 미국의 연구개발 활동과 수출실적간의 관련성을 실증적으로 분석하였다.

2) 내용

연구 · 개발요소이론은 미국 등을 비롯한 선진국의 무역패턴은 연구와 개발요소에 우위를 둔 기술혁신적 상품에 의해 결정된다는 것이다.

이 학자들의 주장에 따르면 미국 제조업 중 비교우위산업은 노동집약적 산업이나 자본집약적 산업이 아니라 연구개발에 종사하고 있는 우수한 과학자나 기술자들을 많이 고용하면서 대규모의 연구개발비를 지출하고 있는 연구개발 집약적 산업이라는 것이며 연구와 개발활동이 활발한 산업일수록 수출실적도 높다는 것이다.

또한 신제품의 발명이나 새로운 생산방법의 고안은 과학수준이 높은 선진국가에서만 가능하며 이러한 연구결과를 실용화하기 위해서는 과학자, 기술자, 숙련노동자 등 질적으로 우수한 노동력을 상대적으로 풍부하게 갖추고 있어야 한다는 것이다.

따라서 이러한 조건이 충족될 때 이 국가는 기술혁신적 상품의 수출에서 비교우위를 갖게 된다는 것이다.

3) 평가

연구 · 개발요소이론은 미국을 비롯한 선진국의 무역패턴은 양질의 노동력에 의한 연구 · 개발요소에 의존하기 때문에 기술혁신적 상품수출에 비교우위가 있다는 점을 밝혀냈다는데 중요한 의의가 있다.

또한 기술이 무역구조에 미치는 효과를 수출과 연구개발에 지출된 비용, 수출과 기술인력의 구성비율 등을 실증적으로 분석함으로써 연구개발지표가 큰 기업일수록 수출비율이 높으며 해외직접투자도 적극적이라는 사실을 규명하였다는 점에서 큰 의의가 있다.

3. 기술격차론

1) 의의

기술격차론은 영국의 경제학자 포스너(M. V. Posner)가 1961년에 전개한 이론으로, 국가간 기술격차에 따라 무역의 유형이 결정되며 시간이 흐름에 따라 기술이 선진국에서 후진국으로 이전하므로 무역의 유형도 변동하게 된다는 것이다.

즉, 어떤 상품을 제조하는데 기술면에서 우위가 있는 국가가 열위에 있는 국가로 수출이 이루어지는 것은 양국간 생산기술상의 차이 때문이며 다른 국가가 이 기술을 모방할 때까지 기술면에서 우위가 있는 국가의 수출은 계속될 수 있다는 것이다.

이것을 기술갭이론(technological gap theory)이라고도 부른다. 이 이론을 좀 더 체계적으로 일반화시킨 이론이 버논(R. Vernon)의 제품수명주기론이다.

2) 내용

기술격차론은 무역이 성립되는 원인을 각국간 생산기술상의 격차에 있다고 보고 각국 상품의 비교우위의 기준은 기술수준에 따라 결정된다고 주장한 이론이다. 이 이론에 따르면 어느 상품을 생산하는데 기술면에서 우위에 있는 국가는 열위에 있는 국가에게 생산기술상의 격차를 이용하여 그 제품을 생산하여 수출할 수 있다.

즉, 기술선진국이 신제품의 창조자로서 일정기간 동안 특정이익을 가진다고 주장하는데, 이러한 특정이익은 기술후진국이 즉시 신제품을 생산할 수 없다는 이유, 즉 기술후진국이 기술선진국과 동일한 신제품을 생산하기 위해서는 모방기간이 존재한다는 근거 하에서 발생한다. 바로 이러한 모방기간이 기술선진국으로 하여금 그 기간 동안 수출을 독점할 수 있도록 한다는 것이다.

그런데 국가 사이에 존재하는 생산기술상의 격차는 시간이 경과됨에 따라 소멸되는 경향이 있기 때문에 무역은 당초 기술격차 때문에 이루어지다가 그 후에는 기술격차 이외의 다른 요인, 예컨대 임금격차 등 때문에도 이루어질 수 있다는 것이다.

3) 평가

기술격차론은 선진국과 후진국이 시간적 격차에 따라 선진국은 기술혁신을 통한 비교우위를 갖게 되며 후진국은 기술모방을 통해 비교우위를 갖게 된다는 이론이다.

이 이론은 저임금 국가가 기술을 모방함으로써 무역패턴이 곧 역전된다는 것을 밝혀냈다는 점에서 무역이론에 크게 기여한 것으로 평가되고 있다.

4. 제품수명주기론

1) 의의

제품수명주기론(Product Life Cycle theory, PLC theory)은 미국의 경제학자 버논(R. Vernon) 등이 주장한 R&D이론과 포스너(M. V. Posner)가 주장한 기술격차론을 보다 일반화시키고 확장시키는 이론이다. 이 이론을 제품라이프 사이클론(product-life cycle theory) 또는 제품사이클론(product cycle theory)이라고도 부른다.

2) 내용

제품수명주기이론은 모든 생물들이 1대에 걸쳐 출생, 성장, 성숙, 쇠퇴하는 일련의 생명순환(life cycle) 과정을 겪듯이 우리가 사용하는 상품들도 도입(introduction), 성장(growth), 성숙(maturity) 및 쇠퇴(decline)의 과정을 겪는다는 것이다.

즉, 상품들은 연구개발을 통해 신제품으로 개발되어 시장에 등장한 후 성장기와 성숙기를 거쳐 시장에서 쇠퇴해 버리는 순환과정을 겪게 된다는 것이다. 이 이론은 무역패턴의 결정요인을 시간의 경과 및 판매량과의 관련 등으로 분석한 것이다.

3) 제품의 4단계 순환과정

이 이론은 새로운 제품이 소개되어 쇠퇴하는 과정을 다음과 같이 4단계로 구분하여 각 단계에서는 어떤 유형의 국가에서 생산되어 수출되는지를 설명하고 있다.

(1) 신생기

신생기(introduction stage)는 사회적 수요와 기술개발에 따라 하나의 제품이 새로운 제품으로 소개되는 도입단계이다. 이 단계에서는 전혀 새로운, 혹은 진보적인 제품이 세상에 소규모 생산으로 탄생한다. 시장을 새롭게 만들어 가는 것이므로 이때에는 시장에 경쟁자가 없기 때문에 독점상태에 놓이게 된다.

소규모의 생산은 아직 기술적으로 불안정하고 수요에 대한 파악도 불충분하여 시장성에 대한 위험이 비교적 높다. 이 단계에서는 선도국(예컨대, 연구개발과 기술선진국)에서 공업국 및 저개발국으로 수출이 이루어진다.

(2) 성장기

성장기(growing stage)는 아이디어 차원에서 소규모로 탄생한 상품의 경제적 가치가 확인됨으로써 제품에 대한 수요가 국제적으로 증가하는 단계다.

이 단계에서는 소비자들에게 제품에 대한 인지도가 형성되면서 매출이 빠르게 증가한다. 이에 따라 대량생산을 통해 수출도 증가하며 기업들은 생산비 절감에 노력하게 된다. 고도 성장기에 이르면 대량생산과 대량판매가 이루어진다.

순수입이 급증하므로 이 산업으로 전입하려는 기업들이 발생하여 경쟁이 심하게 된다. 선도국과 선진공업국간의 수출경쟁에서 선진공업국이 우세해지기 시작한다.

(3) 성숙기

성숙기(maturity stage)는 시간적으로 가장 오래 지속되는 단계이다. 이 단계에서는 제품수요의 증가율은 성장기보다 완만하다. 또한 경쟁기업들이 많이 생겨나며, 치열한 경쟁으로 인해 가격인하가 시작되면서 기업들의 이익이 감소하기 시작한다.

제품은 표준화가 되어 미숙련 노동으로도 생산이 가능하게 되며 경쟁에서도 저임금에 비교우위를 둔 저개발국 등이 우세하게 된다.

즉, 기술이 없어 제품을 수입해오던 후진국들은 이 시기가 되면 저렴한 노동력으로 값싼 제품을 생산하여 선진국과 개발도상국에 역으로 수출하게 된다.

(4) 쇠퇴기

쇠퇴기(decline stage)는 또 다른 신제품이나 보다 좋은 대체품이 새롭게 출현함으로써 불가피하게 해당 제품이 쇠퇴하게 되는 단계이다. 이 단계에서는 기술적으로 노화가 되고 구매자들의 구매도 서서히 줄어들게 된다.

4) 평가와 한계

제품수명주기론은 경영학에서는 단계별로 변화하는 수요에 대응해 어떠한 마케팅전략을 강구할 것인가와 관련하여 많이 알려져 온 모형이지만, 버논은 국제무역의 패턴을 설명하기 위해 이 이론을 응용하였다.

이 이론은 신제품을 도입하여 생산하는 데에는 고도로 숙련된 기술과 노동이 필요하지만, 신제품이 성숙되어 가고 대중화되어 감에 따라 점차 표준화되고 대량생산 기술과 미숙련 노동에 의해 생산이 가능해지게 된다는 것이다.

제품의 비교우위는 새로운 기술이 최초로 개발된 선진국으로부터 노동임금이 비교적 저렴한 국가로 이전하게 되므로 이것은 해외직접투자의 형태를 취하기도 한다는 것이다. 따라서 제품수명주기론을 근거로 기업들이 국내시장 중심의 초기단계에서 국제시장 중심의 단계를 거쳐 해외직접투자로 발전하게 된다.

그러나 모든 제품들이 제품수명주기론의 각 단계를 반드시 거치는 것은 아니다.

학습정리

1. 수출의 경제적 효과는 외화획득, 원자재 확보의 원천, 수출산업에 대한 투자증대 및 생산증가, 고용기회의 창출, 고용증가 및 국민소득의 증대에 기여 등이다.
2. 수입의 경제적 효과는 원자재 등 필요물자의 조달창구, 국내산업에 경쟁적 요인의 제공, 국민의 후생복지 수준 향상, 국가재정수입의 원천, 모방의 창구와 투자유발 효과 등이다.
3. 무역의 발생이론은 국제분업을 근간으로 하고 있으며, 무역(국제분업)의 발생원인은 자연적 조건, 사회적 조건, 국민들의 기호나 취미 등의 차이이다.
4. 절대생산비설은 절대생산비의 차이로 인하여 무역이 이루어지고 국제분업의 이익이 발생하게 된다는 것이다.
5. 비교생산비설은 한 국가의 두 재화가 모두 우위에 있거나 열위에 있더라도 무역이 발생할 수 있다는 것이다.
6. 기회비용이란 그 행위를 위해 포기하여야 하는 다른 행위의 가치를 가지고 평가하는 개념이다.
7. 헥셔-오린이론 이론은 무역의 발생원인을 각국의 요소부존도의 차이와 각 상품간의 요소집약도의 차이로서 설명한 것이다.
8. 헥셔-오린의 제1명제인 요소부존이론은 요소부존량과 같은 공급조건의 차이를 국제무역의 결정인자로 보았다.
9. 헥셔-오린의 제2명제인 요소가격균등화이론은 생산요소의 국제적 이동이 없다고 하더라도 무역이 발생함으로써 두 생산요소의 가격이 균등화된다는 것이다.
10. 레온티에프의 역설은 1947년도 미국의 200개 산업의 투입산출표와 무역수치를 이용하여 헥셔-오린 정리의 제1명제를 검증한 것이다.
11. 스톨퍼-사뮤엘슨 정리는 헥셔-오린의 제2명제를 분석한 이론이다.
12. 대표수요이론은 공산품 상호간의 무역형태는 수요측면에서 그 원인을 찾아야 하며 수출 이전에 그 상품에 대한 국내수요가 선행되어야 한다는 것이다.
13. R&B 이론은 연구와 개발요소가 국가 간 비교생산비의 차이를 발생시키는 주요한 요인이라는 것이다.
14. 기술격차론은 기술후진국이 기술선진국과 동일한 신제품을 생산하기 위해서는 모방기간(imitation lag)이 존재한다는 근거 하에서 무역이 발생한다는 이론이다.

■ 생각해보기

주제	헥셔-오린의 정리는 비교생산비의 결정원인과 국제무역이 요소가격에 끼치는 영향을 요소부존도와 요소집약도를 상대적으로 규명하였다는 점에서 가치를 인정받고 있다. 그러나 이 이론은 오늘날의 현실에 비추어 볼 때 여러 면에서 한계가 있다는 지적을 받고 있다. 그 대표적인 것들은 어떤 것들이 있는지 생각해 봅시다.
전문가 의견	헥셔-오린 정리의 한계는 첫째, 2 국가, 2 재화, 2 생산요소를 전제로 하였으나 오늘날의 경제환경 하에서 이를 충족시킬 수 있는 국가는 없다. 둘째, 생산요소의 질이 동일하고 생산요소는 국제적 이동이 불가능하다고 전제하였으나 생산요소의 질이 같을 수는 없다. 셋째, 수요조건이 동일한 것을 전제로 하고 있으나 현실적으로는 문제가 있다.

■ 평가문제

문항	유형	문제
1	객관식	수출의 경제적 효과로 볼 수 없는 것은? ① 외화획득 및 원자재 확보의 원천 ② 국민소득의 증가 ③ 고용기회의 창출 ④ 원자재의 조달창구가 됨 정답 ④ 해설 일반적으로 수입은 원자재의 조달창구가 된다. 즉, 우리나라는 부존자원이 부족하기 때문에 주로 수입을 통해 주요 수출용 원자재를 외국으로부터 조달하고 있다.
2	주관식	현대무역이론의 하나로, 무역요소의 부존상태가 무역의 형태를 결정하는 것이 아니며 농산품간의 무역형태는 요소부존도의 차이로 설명이 가능하나 공산품간의 무역형태는 수요의 측면에서 파악해야 한다고 린더(S. B. Linder)가 주장한 이론은? 정답 대표수요이론 해설 린더(S. B. Linder)는 대표수요이론에서 농산품간의 무역형태는 요소부존도의 차이로 설명이 가능하나 공산품간의 무역형태는 수요의 측면에서 파악해야 한다는 것을 주장하였다.
3	논술식	① 수출과 수입이 한 국가의 경제에 미치는 효과를 구체적으로 설명하시오. ② 무역이 발생하는 원인을 상세히 설명하시오. ③ 절대생산비설과 국제무역의 이익을 분업개시 이전과 이후로 구분하여 그림을 그려 상세하게 설명하시오. ④ 헥셔-오린 정리의 핵심내용과 한계들을 구체적으로 설명하시오. ⑤ 대표적인 현대무역이론 3개를 선택하여 자세하게 설명하시오.
4	설명식	① 생산유발효과 ② 비교생산비설 ③ 상호수요설 ④ 기회비용설 ⑤ Technological Gap Theory

제 4 장

무역정책

제1절 무역정책의 기초

1. 무역정책의 의의와 특성

1) 무역정책의 의의

무역정책(trade policy)이란 한 국가가 대외 경제활동에서 야기되는 모순을 극복하기 위해 무역업자들의 수출입행위를 직간접적으로 규제, 억제, 조정, 촉진, 지원하려는 모든 정책적 수단을 말한다.

또한 무역정책은 한 국가가 타 국가와의 무역에 대하여 어떠한 태도를 취하는가를 정부 차원에서 규정한 것을 의미하기도 하며, 정책수단을 사용하여 수출과 수입의 경제변수에 영향을 미침으로써 자국의 이익을 증대시키고자 하는 모든 정책수단들을 의미하기도 한다. 국가가 수출입활동에 개입하는 이유는 한정된 자원의 배분을 최적화시킴으로써 자국의 경제발전과 생활수준의 향상을 도모하고자 하는 것이다.

2) 무역정책의 특성

첫째, 한 국가의 무역정책은 국내의 모든 경제정책을 포함하는 종합정책의 성격을 지니고 있고 그 국가의 경제발전과도 직결되어 있다. 따라서 대부분의 국가들은 무역정책을 중요한 국가정책으로 인식하고 있다.

둘째, 한 국가의 무역정책은 그 국가의 다른 경제정책들과도 밀접한 관련을 맺고 있다. 왜냐하면 한 국가가 추진하는 무역정책의 목표는 국내산업의 보호와 육성, 고용증대, 국제수지 개선 등을 통해 국민경제의 발전을 추구하고 있기 때문이다.

셋째, 한 국가의 무역정책은 거래상대국의 대외경제까지도 영향을 미치게 된다.

2. 무역정책의 목표와 기조

1) 무역정책의 목표

(1) 대내적 목표

국가가 무역활동을 직간접적으로 규제하거나 촉진하는 정책을 실행하는 대내적 목표는 첫째, 국내경제의 안정을 도모하고 산업 간의 균형적인 발전을 촉진하는데 있다. 이를 통해 완전고용의 추구, 물가안정, 국민복지의 향상, 자원의 효율적 배분 및 경제성장 등을 이룩하고자 한다. 둘째, 외국상품의 수입으로부터 자국의 유치산업을 보호함으로써 국내산업의 발전을 도모하고 국제경쟁력을 향상시키는데 있다.

(2) 대외적 목표

국가가 무역활동을 직간접적으로 규제하거나 촉진하는 정책을 실행하는 대외적 목표는 국제무역환경에 적절히 대응하여 국제수지의 개선 등 국제간 수출입균형을 유지하고 자국의 교역조건을 개선하여 자국의 경제적 이익을 극대화하는데 있다.

2) 무역정책의 기조

시대와 상황이 어떠하든지 무역정책의 기조는 국가의 간섭정도에 따라 크게 자유주의 무역정책(자유무역정책)과 보호주의 무역정책(보호무역정책)으로 구분된다.

자유무역정책와 보호무역정책를 구분하는 명확한 기준은 존재하지 않는다. 또한 어느 국가도 한 가지 정책만을 지속적으로 채택하는 경우도 없다.

시대적 상황이나 여건에 따라 자유무역정책과 보호무역정책은 복합적으로 혼용되고 있지만, 자유무역정책은 주로 경제발전이 지속되는 시기에 나타났으며 보호무역정책은 주로 경제가 불황이거나 경쟁이 격화되는 시기에 주로 나타났다.

그러나, 무역정책의 국제적인 흐름은 국가간 자유로운 무역의 실현이다. 무역자유화의 이익은 일찍이 아담 스미스에 의해 주장된 후 세계경제를 지배하여 온 대원칙이 되었다. 그러나 19세기에는 유치산업보호를 위한 보호무역주의가 팽배하였다.

20세기 초에는 제국주의의 영향으로 무역전쟁이 격화되었고 이는 제1와 제2차 세계대전의 원인이 되기도 하였다. 제2차 세계대전이 끝난 후 1947년 관세 및 무역에 관한 일반협정(General Agreement on Tariff and Trade, GATT)의 성립으로 무역자유화 운동이 다시 구체화되었고, 이는 1992년 우루과이 라운드 협상 타결과 1995년 세계무역기구(World Trade Organization, WTO)의 창설로 절정에 이르게 되었다.

제2절 자유무역정책

1. 이론적 배경

1) 중상주의

중상주의(mercantilism, 重商主義)란 15세기 말에서 18세기 중엽까지 중세 봉건주의가 붕괴된 이후에 유럽제국에 등장하였던 절대군주 시대의 경제 및 무역에 관한 간섭정책 내지 경제사상을 말한다.

중상주의는 무역과 상업을 중시하였던 사상으로 금이나 은과 같은 귀금속의 축적이 국가의 부(國富)를 이루는 것으로 믿었기 때문에 '중금주의 정책'이라고도 부른다.

이 시대에는 국제거래의 결제수단으로 금이나 은 등 귀금속이 사용되었으므로 수출을 많이 할수록 해외로부터 귀금속의 유입이 증가하였고 반대로 수입이 증가하면 귀금속이 해외로 유출되었다. 이에 따라 국가는 금이나 은 등의 국부를 축적하기 위해 수출을 장려하고 수입을 억제하는 보호무역정책을 실시하였다.

보호무역정책의 필요성은 절대군주와 상인의 이해관계에서 근원을 찾을 수 있다. 당시 군주들은 절대 권력을 유지하기 위해 강력한 관료조직과 군대를 두고 있었고 이들을 유지하기 위한 막대한 자금이 필요하였다.

따라서 국가는 강력한 개입으로 무역을 통한 상인들의 이익을 보장해 주는 대신 상인들은 세금을 바침으로써 공생관계를 유지하였던 수단이 바로 보호무역정책이었다.

2) 중농주의

중농주의(physiocracy, 重農主義)란 18세기 후반 케네(F. Quesney)가 중심이 되어 국가의 부(富)는 농업에 있다고 주장하였던 경제사상 내지 경제정책을 말한다.

중상주의 정책의 시행은 농업부문의 쇠퇴를 불러 왔기 때문에 케네는 농업을 중심으로 한 자유무역주의를 주창하였다.

또한 그는 국가의 부는 금과 은 등 귀금속이 아니라 농업을 중시한 농산물의 생산증가를 통해 달성된다고 보고, 자연의 질서에 따라 토지야말로 유일한 국부의 원천이며 여기에서 생산된 농산물은 거래가 자유로워야 한다고 주장하였다.

그가 자유무역정책을 주장하는 이유는 농산물이 풍작으로 공급이 과잉되면 가격은 하락하므로 수출을 통해 가격을 조정하고, 반대로 농산물이 흉작이면 수요초과가 되므로 수입을 통해 가격을 조정해야 한다고 보았기 때문이다.

2. 아담 스미스의 자유무역이론

영국의 아담 스미스(Adam Smith)는 1776년에 그가 저술한 국부론(The Wealth of Nations)에서 자유무역이론을 주장하였다. 그는 국제분업론, 자유경쟁론 및 소비자이익론의 측면에서 자유무역이론을 설명하였다.

1) 국제분업론

국제분업론은 국내분업의 원리를 무역에 적용한 것이다. 자유무역을 통해 자국에서 생산하는 것보다 저렴한 상품은 수입하고, 외국에 비해 자국이 우위에 있는 상품은 국내에서 특화 생산하여 이를 수출하게 되면 두 국가가 모두 이익이 된다는 것이다.

즉, 국제분업을 통해 비교우위 제품을 수출하고 값싼 제품을 수입하기 때문에 국가들은 교역과정에서 서로 이익을 얻을 수 있다는 것이다. 그런데 국제분업이 활성화되기 위해서는 무역에 대한 인위적인 제한과 규제가 없어야 한다고 주장하였다.

2) 자유경쟁론

자유경쟁론은 국내산업의 경영방식이나 생산기술 등은 외국과의 자유경쟁을 통해 개선된다는 것이다. 이 이론에서는 자유경쟁이야말로 기업들의 경영방법 개선과 생산기술혁신과 같은 산업발전의 활력소가 될 수 있다는 것이다.

국내에서 기업 간의 경쟁을 통해 국내경제가 발전되듯이, 외국과 무역하는 과정을 통해서도 해당 산업들을 자유경쟁에 맡기면 이것 또한 경제발전에 유익하고 경쟁에 참여한 기업들에게 이득이 된다는 것이다.

3) 소비자이익론

소비자이익론은 소비의 주체인 소비자의 이익이 제일 우선시되어야 한다는 것이다. 왜냐하면 생산활동의 최종 목적은 결국 소비에 있기 때문이다.

관세를 부과하게 되면 외국의 저렴하고 품질 좋은 제품들이 국내에 들여올 수 없으므로 국내 소비자들은 가격과 품질이 상대적으로 낙후된 국내제품을 선택할 수밖에 없게 된다. 또한 수출장려금과 같은 수출지원제도를 실행하면 국내시장에서 물가를 상승시키는 요인으로 작용하고 이러한 장려금의 출처가 대부분 국내세금이기 때문에 국내 소비자에게 부차적인 피해를 주게 된다.

그러므로 소비자이익론은 소비자들의 이익을 위해 보호관세와 수출장려금제도 등을 폐지함으로써 자유롭게 거래할 수 있도록 해야 한다는 것이다.

3. 자유무역정책의 발전과 한계

1) 자유무역정책의 발전

자유무역정책의 핵심은 비교생산비 원리를 근거로 국가가 무역행위에 대해 간섭을 하지 않는 것이 자국뿐 아니라 국제경제에도 유리하다는 것이다. 즉, 각국간의 교역을 자유롭게 하여 무역을 확대하는 것이 자유주의 경제의 기반이 된다는 것이다.

자유무역정책은 원래 중상주의에 반대하여 주장되었으나 19세기에 와서는 관세인하가 주된 내용으로 주장되었다.

이어 20세기, 특히 제2차 세계대전 이후 자유무역정책의 근간은 GATT와 IMF가 주축이 되어 진행되었다. GATT는 국제간에 물품이동의 자유화를 주장한 '관세 및 무역에 관한 일반협정'이고 IMF는 국제자금이동의 자유화를 통해 회원국간에 세계교역량을 증가시키는 것을 목적으로 한 '국제통화기금'이다.

GATT 체제가 중심이 된 무역자유화의 표방은 일부 선진공업국은 고도의 경제성장을 이룩했으나 이를 따라가지 못한 국가는 실업과 불황을 겪게 됨으로써 개발도상국과 선진국간에 소위 남북문제를 야기시키는 부작용이 발생하였다.

또한 GATT 체제는 1980년대에 들어 체약국들 사이에 보호무역주의가 확산되는 가운데 차별적인 지역주의가 대두되었음에도 이를 규율하지 못하는 한계를 나타내었다.

이에 따라 GATT의 제8차 우루과이 라운드 협상 결과 보다 강력한 다자간 무역기구인 세계무역기구(WTO)가 1995년에 출범하게 되었다.

2) 자유무역정책의 평가와 한계

어느 시대나 국가에서도 완전한 자유무역정책은 실행된 적도 없고 실행되기도 불가능하다. 그 이유는 완전한 자유무역정책의 전제조건은 생산요소의 자유로운 이전이 보장되어야 하고 각국의 교역대상과 수준 등 무역환경이 동일해야 하는데 현실 사회에서 이러한 조건들은 결코 실현될 수 없기 때문이다.

또한 자유무역이론의 한 축인 자유경쟁론은 동일수준의 경제발전 단계에 있는 국가들 사이에는 가능하지만, 선진국과 후진국과 같이 경제격차가 심한 국가와의 자유무역에서는 오히려 후진국에게 불리한 결과를 초래할 수 있다.

즉, 선진국과 후진국이 자유무역을 하게 되면 국가마다 경제발전 단계가 다르기 때문에 무역생산구조가 다르게 고착되는 경향이 나타난다. 따라서 후진국들은 항상 농산품만 생산하는 국가의 수준에서 벗어날 수 없게 됨으로써 후진국의 교역조건은 오히려 더 악화된다. 이를 '궁핍화 성장(窮乏化 成長)'이라고 한다.

제3절 보호무역정책

1. 이론적 배경

1) 해밀턴의 공업보호론

(1) 배경과 의미

해밀턴(Alexander Hamilton, 1757~1804)은 미국이 독립한 직후 초대 재무부장관을 맡으면서 '제조업의 장래 및 보호에 관한 보고서(1791)'에서 미국이 공업화를 달성하기 위해서는 농업보다 아직 유치한 수준에 머물러 있지만 영향력이 큰 공업을 적극적으로 보호·육성해야 한다고 주장하였다.

그는 공업화가 이루어지면 생산물이 증대하고 국민소득이 증가한다고 주장하면서 정부의 적극적인 보호조치를 촉구하였다.

(2) 주요 내용

해밀턴은 한 국가의 유치산업이 정부의 보호를 받아 성장하게 되면 다음과 같은 공업화의 이익이 실현된다고 주장하였다.

첫째, 공업화의 세분화에 의해 분업이 촉진되며, 다양한 상품생산을 위해 기계의 사용이 확대됨으로써 생산량이 증대될 수 있고 공업 생산시설의 확충을 통해 새로운 고용기회가 창출될 수 있다.

둘째, 공업화가 이루어지면 산업을 활성화시킴으로써 농산물의 수요도 확대시키게 되며 다양한 상품의 확대생산은 기업가의 사업범위를 확대시키는 계기가 된다.

(3) 영향과 공헌

해밀턴이 공업보호론을 주장한 근본적인 배경은 미국의 공업을 발전시켜 영국의 소비시장에서 벗어나 자립경제를 달성해야 한다는 입장에서 출발한 것이다.

당시 미국은 유럽에 공산물을 의존하고 있는 농업중심의 산업구조였고 공업은 농산물 가공업이나 수공업에 그치는 지극히 초기적 단계에 머물러 있었기 때문이다.

이후 해밀턴의 영향을 받아 각국에서도 자립경제에 입각한 보호무역정책들을 실시하였다. 특히 후발자본주의 국가인 미국과 독일 등은 국가의 경제적 독립을 확보하고 국민경제의 발전을 위해 관세 등을 통해 무역을 통제하거나 간섭하는 것이 자국에게 유리할 수 있다는 논리를 위해 보호무역정책을 강력히 추진하였다.

2) 리스트의 유치산업보호론

(1) 배경과 의미

독일의 리스트(Friedrich List, 1789~1846)는 경제성장을 위해서는 농업과 공업의 균형적 발전이 중요한데 농업생산에만 의존하면 공업부문은 외국의 영향을 받기 때문에 공업을 보호해야 한다고 주장하였다. 그는 유치산업을 보호(관세부과)하면 국민후생은 일시적으로 감소(관세부과액만큼 높은 가격으로 소비)하지만 그 산업이 성장되면 결국 국민소득은 증가하므로 적극적으로 보호할 필요가 있다고 주장하였다.

(2) 유치산업의 선정기준

리스트는 모든 유치산업을 보호의 대상으로 선정한 것이 아니라 비교열위에서 벗어나 비교우위가 확립될 산업 즉, 장래 성장가능성이 있는 산업을 선정대상으로 보았다.

유치산업의 보호기간도 일정한 제한을 가하여 그 산업이 성장하여 국제경쟁력을 가지면 보호를 철폐하고 자유경쟁을 해야 한다고 주장하였다.

(3) 공헌

유치산업보호론은 산업화 초기단계에 있는 개도국들이 보호무역정책을 정당화시키는데 가장 널리 사용해온 주장이다. 유치산업은 선진국들에게는 이미 성숙단계에 있지만 개도국은 처음 시도하는 산업이기 때문에 자유무역을 하게 되면 선진국과의 경쟁에서 살아남을 수 없게 된다. 따라서 유치산업이 국제경쟁력을 갖출 때까지 정부가 일정기간 동안 해외로부터 수입을 제한함으로써 보호해야 한다는 것이다.

우리나라를 포함한 개도국들은 산업화의 초기단계에서 자동차, 조선, 전자산업 등을 육성하기 위해 이러한 논리를 근거로 보호무역정책을 시행하였다.

(4) 한계

첫째, 유치산업으로 선정된 이후 얼마 동안 보호해 주어야 하는가의 문제가 발생한다. 보호기간은 일시적이어야 하고 그 기간이 경과하면 자립할 수 있어야 한다.

둘째, 보호를 받게 된 기업은 독점적 지위를 누리게 되어 자생적인 노력에 소극적이 되고 일정한 보호기간이 종료되더라도 계속적인 보호를 요구한다.

셋째, 어떤 산업을 유치산업으로 선정할 것인가의 문제는 매우 정책적일 수밖에 없기 때문에 보호가치가 없는 산업도 유치산업보호라는 특혜를 누릴 가능성이 있다.

넷째, 유치산업을 보호하기 위해 관세나 보조금 지급 등 어떠한 보호무역 정책수단을 사용할 것인가도 문제가 될 수 있다.

2. 보호무역정책의 목적

일반적으로 각국들이 보호무역정책을 실행하는 목적은 다음을 달성하는데 있다.

1) 국민경제자립론

국민경제자립론은 국민경제의 자급자족체계와 자립경제를 달성하고 국제경제에 대한 의존도를 경감시키기 위해서는 보호무역정책이 필요하다는 것이다.

우리나라의 경우, 자립경제의 달성은 박정희 군사 정권이 1960년대 경제개발계획을 수립하여 실행할 때 내세웠던 가장 핵심적인 목표 중의 하나였다.

2) 소득분배론

소득분배론은 자국의 노동자들에게 유리한 소득분배를 하려면 수입품에 대해 보호관세를 부과해야 한다는 것이다. 예를 들어 노동이 부족한 국가가 노동집약재의 수입에 대하여 보호관세를 부과하면 이에 종사하는 국내 근로자의 소득수준은 향상된다.

3) 국제수지개선론

국제수지개선론은 수입초과로 인한 만성적인 국제수지 적자를 해소하기 위해서는 수입규제조치가 필요하다는 것이다. 즉, 국제수지 적자를 해소하기 위해서는 수입상품에 보호관세를 부과하여 외화가 유출되는 수입을 규제해야 한다는 것이다.

4) 유치산업보호론

유치산업보호론은 자국의 유치한 산업을 보호하기 위해서는 보호무역정책이 필요하다는 것이다. 따라서 공업화가 뒤떨어진 후진국으로서는 먼저 유치산업을 보호하고 그 보호를 통해 공업부문이 성숙하면 자유무역으로 전환해야 한다는 것이다.

5) 교역조건개선론

교역조건개선론은 교역조건(교역 당사국간의 수출품과 수입품의 교환비율)의 개선을 위해서는 보호무역정책이 필요하다는 것이다.

교역조건이 불리한 국가는 관세부과로 상대국 수출자로 하여금 공급가격을 인하하게 하여 수입가격의 하락을 유도하며, 수출자도 상대국에서 관세를 부과하면 수출시장의 확보를 위해 수출가격을 인하하게 됨으로써 교역조건이 개선된다는 것이다.

3. 보호무역정책의 발전

보호무역정책의 핵심은 경제개발이 뒤늦은 국가들이 자유롭게 무역을 하게 되면 국내의 기존 산업이나 장래 발전가능성이 있는 산업들이 외국과의 자유경쟁에 의해 크게 위협을 받거나 발전기회를 상실하기 때문에 국내산업의 보호를 위해서는 수입을 적극적으로 제한해야 한다는 것이다.

이러한 보호무역정책의 흐름은 19세기 후반 해밀턴의 공업보호론과 리스트의 유치산업보호론에서 출발하여 1930년대에 와서는 관리무역으로 발전하였다.

관리무역은 국가에 의해 직접 관리되는 무역의 형태로 세계 각국들이 1930년대 세계경제의 불황을 타개하기 위해 채택한 정책이었다.

경기가 침체하는 시기에는 자국의 산업보호와 고용안정을 위해 교역장벽을 높이는 경향이 있다. 이에 따라 1970년대 자원 파동 이후 선진공업 국가들이 채택한 신보호무역주의적 경향은 국제무역에 큰 장애 요인으로 등장하였다.

그러나 1995년 WTO의 창설 이후 무역자유화의 흐름이 급속도로 진전됨에 따라 관세인상 등 전통적인 방식을 통한 자국의 산업보호는 현실적으로 어렵게 되었다.

이에 따라 최근의 신보호무역정책은 관세와 같은 직접적인 교역제한 방식이 아니라 수입할당제와 같은 비관세장벽을 통한 방식으로 나타나고 있다.

2008년 전세계적인 글로벌 금융위기가 발생한 이후 여러 국가들은 세계적인 경기침체에서 벗어나고자 다시 보호무역정책을 채택하기 시작하였다. 이때 나타난 보호무역주의의 양상은 과거보다 더욱 더 정교하고 교묘한 형태로 나타나고 있다.

4. 보호무역정책의 평가와 한계

첫째, 보호무역정책은 국내외 산업간의 자유경쟁을 억제하여 산업의 경쟁심을 둔화시키고 생산활동을 침체시키는 경향이 있다. 또한 신기술 개발이나 경영혁신 등과 같은 경쟁력 배양을 등한시함으로써 자생력을 상실할 수 도 있다.

둘째, 보호무역정책이 추진되면 외국상품의 수입이 감소되지만, 경쟁관계에 있는 국내 상품가격이 상승되고 소비량에도 제한을 받게 되므로 소비자의 효용수준이 감소된다. 또한 보호무역정책을 시행하여 얻는 긍정적 효과들이 골고루 배분되지 못한다.

셋째, 수입관세의 부과를 통해 그동안 보호를 받아왔던 산업부문에서는 굳건한 독점적 지위를 계속 유지하기 위해 보호기간을 장기화하려는 경향이 나타난다.

넷째, 높은 보호관세의 부과를 통해 과도한 수입제한조치가 실시되면 교역상대국의 수출환경을 저해하여 상대국 경제의 궁핍화를 초래할 수 있다.

제4절 신보호무역주의

1. 신보호무역주의의 의의

제2차 세계대전 이후 세계무역의 흐름은 GATT와 IMF가 중심이 되어 자유무역 원칙을 주축으로 추진되어 왔다. 그런데 1970년대 초에 발생한 석유파동은 세계경제에 심각한 경제불황을 초래하였다. 이에 따라 선진국들은 자국들이 직면한 경제문제를 해결하기 위해 자유무역 정신을 과감히 포기하고 수출입행위에 각종 규제와 제한을 가하는 보호무역정책들을 추진하기 시작하였다.

이와 같이 1970년대 이후 선진국들이 강력하게 추진하였던 새로운 보호무역정책의 흐름을 '신보호무역주의(new protectionism)'라고 부르고 있다.

2. 신보호무역주의의 등장 배경

1) 세계경제의 침체

1970년대에 발생한 제1차와 제2차 석유파동으로 세계경제는 급격하게 침체되었다. 선진국도 실업이 증가하였고 경제불황도 심각하였다. 이에 선진국들은 실업자 구제와 자국경제의 회생을 위해 강력한 보호무역조치를 강구하기 시작하였다.

2) 자유무역체제의 붕괴

선진국들은 경제불황을 극복하기 위해 그동안 자유무역체제의 근간을 유지하여 왔던 GATT 체제를 스스로 붕괴시키는 보호조치들을 단행하기 시작하였다.

3) 개도국의 공업화 달성

개도국들의 급속한 공업화 달성은 선진국과의 산업구조 격차를 좁힘으로써 상호 유사한 산업구조 체제를 구축하게 하였다. 이에 따라 선진국들은 후진국과 경쟁관계에 있는 자국 산업들을 보호하기 위한 강력한 조치를 취하기 시작하였다.

4) 국제협력체제의 붕괴

선진국의 불황과 GATT 체제의 붕괴 및 개도국들의 급속한 공업화는 선진국들로 하여금 자유경쟁이라는 국제협력 체제를 붕괴시키는 요인으로 작용하였다.

3. 신보호무역주의의 특징

1) 사양산업의 보호

신보호무역주의 체제에서 선진국들이 자국의 실업증가를 억제하기 위해 보호조치를 취하기로 결정한 산업들은 선진국들에게는 이미 사양산업이 되었지만 후진국들에게는 중심산업으로 육성하고 있었던 후발산업들이 대부분이었다.

2) 고용안정과 국제수지 개선 추구

신보호무역주의 체제는 유치산업의 보호 등에 목적을 두는 것이 아니라 주로 선진국들의 고용안정과 국제수지를 개선시킬 목적으로 강력하게 추진되었다.

3) 차별적 보복조치 강구

신보호무역주의 체제에서 선진국들은 자국과 불공정무역을 하는 교역상대국들에 대하여 강력한 보복조치를 취하기 시작하였다.

4) 시장개방과 상호주의 요구

신보호무역주의 체제에서는 선진국들이 상호주의를 강요하면서 개도국이나 후진국들의 유치한 산업분야도 시장을 개방할 것을 요구하였다.

4. 신보호무역주의의 영향

신보호무역주의가 확산되면서 선진국과 저개발국들 사이에 시장개방 압력 등 무역마찰이 심화됨에 따라 이를 해결하고자 다자간 무역협상이 시작되었고 그 결과로 세계무역기구(WTO, 1995)가 출범하였다.

표 4-1 보호무역주의와 신보호무역주의의 비교

구분	전통적 보호무역주의	신보호무역주의
대상분야	• 후진국의 유치산업 • 수입대체산업	• 선진국의 사양산업 • 첨단기술 산업 및 기술 집약산업
보호방법	• 주로 관세장벽을 이용	• 주로 비관세장벽을 이용
협상방법	• GATT에 입각한 다자간 협상	• 쌍무적 협상 또는 일방적 보복조치

제5절 무역정책의 수단

1. 의의

자유무역정책은 국가의 인위적 개입이 없는 정책이므로 개입을 위한 정책수단이 존재하지 않는다. 그러나 보호무역정책은 국가가 다양한 정책수단을 통해 무역에 개입한다. 그러한 의미에서 무역정책의 수단은 '보호무역의 정책수단'을 의미한다.

또한 국가의 보호무역정책은 크게 수출을 확대하는 정책과 수입을 규제하는 정책으로 구분할 수 있는데, 일반적으로 보호무역정책이라고 하면 수입을 규제하는 정책을 의미한다. 수입을 규제하는 대표적인 정책수단에는 관세와 비관세장벽이 있다.

2. 관세

1) 관세의 정의와 특징

(1) 관세의 정의

관세(tariff, custom duties)는 한 국가의 관세영역을 통과하는 상품에 대해 부과하는 세금을 말한다. 여기에서 관세영역은 무역에서 의미하는 경제적 국경을 의미한다.

관세는 수출과 수입 어느 경우에도 부과될 수 있지만 일반적으로 관세라고 하면 수입하는 상품에 부과하는 수입관세를 의미한다.

그런데 수출하는 상품에 관세를 부과하는 수출관세도 흔하지 않지만 실제로 존재하고 있다. 예를 들어 브라질은 커피에, 가나는 코코아에 수출관세를 부과하고 있다.

수출관세를 부과하는 이유는 과도한 수출로 세계시장에서 해당 상품의 가격이 하락하는 것을 막고 수출에 따르는 국가의 재정수입(收入)을 늘리는데 있다.

(2) 관세의 특징

첫째, 관세는 한 국가의 관세영역을 통과하는 수출입화물에 대해 부과하며 주로 한 국가의 산업보호와 재정수입을 목적으로 부과한다.

둘째, 관세는 반대급부 없이 법률과 조약에 따라 한 국가가 강제적으로 부과하며 대물세(real tax)와 수시세(隨時稅)의 성격을 가지고 있다.

셋째, 관세는 간접세이므로 관세의 최종부담은 소비자 몫이 되며, 관세부과는 국내산업은 보호하지만 자유무역을 저해하여 전 세계적인 후생의 손실을 가져올 수 있다.

2) 관세의 종류

(1) 상품의 이동방향에 따라

① 수출세

수출세(export duty)는 관세영역 밖으로(out) 상품이 이동할 때 즉, 자국으로부터 외국으로 수출되는 상품에 대하여 부과하는 관세를 말한다.

수출세는 보통 재정수입의 확보, 전략물자와 공업화에 필요한 원료의 국내 확보, 국내가격의 급등을 방지할 목적으로 부과된다.

브라질의 커피 수출과 같이 수출세를 부과하여도 수출에 영향이 없는 독점생산품에 대해 부과되는 경우를 제외하고, 수출세는 현재 거의 부과되지 않고 있다.

② 수입세

수입세(import duty)는 관세영역 안으로(into) 상품이 이동할 때 즉, 외국으로부터 자국에 수입되는 상품에 대하여 부과하는 관세를 말한다. 오늘날 수출세와 통과세를 부과하는 국가는 거의 없기 때문에 일반적으로 관세라고 하면 수입세를 의미한다.

③ 통과세

통관세(transit duty)는 일정한 관세영역을 단순히 통과하는 상품에 대해 부과하는 관세를 말한다. 원래 통과세는 국가가 재정수입을 올리기 위해 또는 제3국의 상품이 인접 국가에 판매되어 자국 상품의 판로가 침식되는 것을 방지하기 위해 부과되었으나, 오늘날에는 과세하지 않는 것이 일반적이다.

(2) 관세주권에 따라

① 국정관세

국정관세(national duty)는 한 국가의 법령에 근거하여 자주적으로 부과하는 관세를 말한다. 어느 한 국가가 외국으로부터 아무런 제약을 받지 않고 자국의 경제나 재정상 필요에 따라 부과하는 관세이다. 이것은 법정관세 또는 자주관세라고도 한다.

② 협정관세

협정관세(conventional duty)는 외국과의 통상조약이나 관세조약에 근거하여 부과하는 관세를 말한다. 협정관세는 상호주의 원칙에 의해 서로의 교역량을 증진시킬 목적으로 기존 국정 관세율을 인하하거나 더 인상하지 않을 것을 약정하는 협정이기 때문에 국정 관세율보다 일반적으로 저율이다.

(3) 관세의 부과 목적에 따라

① 재정관세

재정관세(financial duty, revenue duty)는 정부가 재정수입을 확보하기 위해 부과하는 관세를 말한다. 이를 세입관세 또는 수입(收入) 관세라고도 한다.

② 보호관세

보호관세(protective duty)는 자국의 유치산업을 보호하거나 기존 산업을 유지 및 발전시킬 목적으로 부과하는 관세를 말한다.

(4) 관세율 결정방법에 따라

① 종가세

종가세(ad valorem duty)는 수입 자동차 가격의 10%와 같이, 수입상품 등 과세물건의 가격을 기준으로 부과하는 관세를 말한다. 가장 일반적인 관세율의 형태로 고가의 상품은 고율의 관세가 부과되고 저가의 상품은 저가의 관세가 부과된다.

종가세는 인플레이션(inflation) 상태에서는 세수의 증대를 꾀할 수 있고 관세부담이 상품가격에 비례하기 때문에 공평하게 부과된다는 장점이 있다.

그러나 디플레이션(deflation) 상태에서는 세수가 감소되며 저가품의 경우에는 국내산업을 보호하는 기능이 희박하다는 단점이 있다.

② 종량세

종량세(specific duty)는 수입 철강 1톤 당 미화 300달러와 같이, 출고상품이나 수입상품의 수량(무게나 부피 등)을 과세표준으로 하여 부과하는 관세를 말한다.

종량세는 동종 동질의 상품인 경우 관세액이 동일하며 세액의 산정이 쉬워 관세행정의 능률을 높일 수 있다는 장점이 있다. 그러나 품질격차가 큰 상품은 관세부담이 불공평하고 물가가 변동할 때 과세부담의 불균형이 발생한다는 단점이 있다.

③ 혼합세

혼합세(mixed duty)는 동일 상품에 대해 종가세와 종량세 두 가지를 결합한 상태로 부과하는 관세를 말한다. 혼합세는 선택세와 복합세로 구분된다.

선택세(selective duty)는 종가세와 종량세 중 어느 한 가지를 선택하여 부과하는 관세로 두 가지 중 높은 세액을 적용하는 것을 말한다. 복합세(compound duty)는 종가세 및 종량세를 동시에 정하고 산출된 세액을 합하여 부과하는 관세를 말한다.

(5) 탄력관세제도

탄력관세제도(flexible duty system)는 국내외 경제여건의 변화에 대처하기 위해 과세대상, 과세율표, 적용기간 등을 탄력적으로 운영하는 관세제도를 말한다.

즉, 기본세율은 정해져 있으나 국내산업의 보호 등 정부의 필요에 따라 일정한도 내에서 정부의 권한으로 세율을 인상하거나 인하하여 부과하는 관세제도이다.

이 제도는 미국, 영국, 우리나라, 일본 등 대부분의 국가에서 채택하고 있다.

① 덤핑방지관세

덤핑방지관세(anti-dumping duty)는 수출국의 기업이 시장점유율을 확대하려고 부당하게 낮은 가격으로 상품을 수출함으로써 수입국의 관련 산업이 피해를 입었다고 판단될 때 수입국 정부가 정상가격과 부당하게 싼 가격의 차액만큼 부과하는 관세를 말한다. 이를 반덤핑관세 또는 부당염매방지관세라고도 한다.

② 상계관세

상계관세(compensation duty)는 수출국에서 수출장려금이나 보조금을 받은 상품이 수입되어 수입국의 산업을 저해하는 경우, 수입국이 이에 대항하기 위해 수입상품이 받은 혜택을 상쇄시킬 목적으로 부과하는 관세를 말한다.

③ 보복관세

보복관세(retaliatory duty)는 교역상대국이 우리 수출상품에 대해 부당하게 고율의 관세를 부과하거나 우리나라 선박이나 항공기에 대해 불리한 대우를 하는 경우, 그러한 상대방 국가의 상품에 대하여 보복적으로 고율로 부과하는 관세를 말한다.

④ 긴급관세

긴급관세(emergency duty)는 특정상품의 수입증가로 동종 상품이나 직접적인 경쟁관계에 있는 상품을 생산하는 국내산업이 심각한 피해를 받거나 받을 우려가 있다는 것이 조사를 통해 확인되고 해당 국내산업을 보호할 필요가 있다고 인정되는 경우, 그 상품에 대하여 심각한 피해 등을 방지하거나 치유하고 조정을 촉진하기 위해 필요한 범위 안에서 부과하는 관세를 말한다.

⑤ 농림축산물에 대한 특별긴급관세

농림축산물에 대한 특별긴급관세(safeguard duty)는 농림축산물의 수입이 급증하거나 수입가격이 급락하는 경우에 약정한 세율을 초과하여 부과하는 관세를 말한다.

⑥ 조정관세

조정관세(adjustment or coordinating duty)는 일시적으로 일정한 기간 동안 세율을 조정하여 부과하는 관세를 말한다.

⑦ 할당관세

할당관세(tariff quota duty)는 특정물품의 수입에 대해 일정 수량의 쿼터를 설정하고 그 수량이나 금액만큼 수입되는 것은 면세나 낮은 세율을 적용하여 부과하고 그 이상 수입되는 것에 대해서는 높은 세율을 적용하여 부과하는 관세를 말한다.

⑧ 계절관세

계절관세(seasonal duty)는 농산물 등과 같이 가격이 계절에 따라 차이가 많이 나는 물품의 경우, 계절 구분에 따라 할증이나 할인하여 부과하는 관세를 말한다.

⑨ 국제협력관세

국제협력관세(international cooperation duty)는 다자간 협상을 통해 일정세율 이상으로는 관세를 부과하지 않는다는 것이 국제적으로 공인된 관세를 말한다.

⑩ 편익관세

편익관세(beneficial duty)는 관세에 관한 조약에 따라 관세의 편익을 받지 않는 특정 국가에서 생산된 특정물품이 수입될 때 기존 외국과의 조약에 의해 부과하고 있는 편익의 한도 내에서 편익을 부여하는 관세를 말한다.

(6) 특혜관세제도

특혜관세(preferential duty)는 특정국가에서 물품이 수입될 때 기본세율보다 낮은 관세를 부과하는 일종의 할인관세 또는 차별관세(differential duty)를 말한다.

① 일반특혜관세제도(Generalized System of Preference, GSP)

일반특혜관세제도는 남북문제의 해결을 위해 선진국이 개발도상국을 원산지로 하는 수입품에 대해 일반관세율보다 낮은 관세율을 적용하는 관세의 특혜제도를 말한다.

② 개발도상국간 무역특혜제도(GSTP)

개발도상국간 무역특혜제도(Global System of Trade Preferences among Developing Countries, GSTP)는 UNCTAD가 주관하고 있는 무역제도로 GSTP협정국이 정한 관세양허 대상품목의 수출입에 대하여 상호간에 특혜관세를 적용하는 제도를 말한다.

3) 관세의 경제적 효과

관세의 경제적 효과란 수입상품에 관세가 부과되는 경우 일국의 국민경제에 나타나는 경제상의 효과를 말한다. 이를 관세의 기능 또는 관세부과의 효과라고도 한다.

한 국가에서 특정상품에 관세를 부과하면 그 수입품의 국내시장가격이 올라가고 수입량이 줄어든다. 상품가격이 올라가므로 국내의 생산도 촉진되고 그 상품을 생산하는 국내기업의 이익이 커지게 된다. 또 수입이 줄어들어 소비자 후생은 줄어들지만 무역수지는 개선되고 재정수입은 확대된다.

(1) 가격효과

가격효과(price effect)란 수입상품에 관세가 부과됨으로써 소비자는 관세부과 전의 가격보다 더 높은 가격으로 물품을 구입해야 하는 현상을 말한다.

관세의 효과는 부분균형분석(수요 · 공급곡선)을 통해 다음 〈그림 4-1〉과 같이 나타낼 수 있다. 우선 그림에서 P를 국제가격, P'를 관세부과 후의 국내가격이라 하면 관세는 P'−P가 된다. 또, D를 국내 수요곡선, S를 국내의 공급곡선이라고 할 때 만일 수입품에 대해 관세를 부과하면 수입품의 국내가격은 오르게 된다.

(2) 국내산업의 보호효과

국내산업의 보호효과(protective effect)란 국내의 특정산업을 보호하기 위해 그 상품에 관세를 부과하게 되면 동종 상품의 수입이 억제(감소)되고 수입품의 가격이 상승됨에 따라 유사한 국내 상품의 가격까지도 상승하여 국내산업의 생산량이 증대되어 보호를 받는 현상을 말한다.

수입상품에 대한 관세부과는 수입상품의 가격인상을 통하여 외국상품의 수입을 억제하고 자국 상품의 국내시장에서의 가격경쟁력을 강화시켜 국내생산을 증대시키고 국내의 유치산업을 보호 · 육성하는 역할을 하게 된다. 〈그림 4-1〉에서 국내가격이 오르면 이제까지 수지타산이 맞지 않던 생산업자도 생산이 가능하게 되어 가격과 한계비용이 같게 되는 점까지((Q_0에서 Q_1까지) 국내생산이 증가하게 된다.

(3) 소비효과

소비효과(consumption effect)란 관세가 부과되면 수입량이 감소하고 수입품 및 동종의 국내 상품가격이 상승되어 소비자가 불리한 영향을 받는 현상을 말한다.

관세의 부과는 수입물품의 가격을 등귀시키고 가격등귀는 소비를 억제하는 효과가 있다. 특히 사치품 등의 경우에는 관세의 부과로 소비를 규제하는 효과가 매우 크다.

즉, 관세의 부과로 소비자는 상품을 더 비싸게 사게 된다. 〈그림 4-1〉에서 관세에 의해 그 상품의 국내가격이 오르면 국내소비는 Q_3에서 Q_2로 감소(소비효과)된다.

(4) 재정수입효과

재정수입효과(revenue effect)란 관세가 부과되면 국가의 재정수입이 증가하는 현상을 말한다. 다음 〈그림 4-1〉에서 단위당 관세가 P'-P, 수입량이 Q_2-Q_1이므로 관세수입은 c와 같은 넓이가 된다. 이것이 재정수입(收入)효과이다. 이 효과는 국민소득이 낮고 내국세의 비중이 적은 후진국일수록 두드러지게 나타난다.

(5) 소득재분배효과

소득재분배효과(redistribution effect)란 관세부과에 의한 국내 상품의 가격인상은 그 상품을 구매하는 소비자의 잉여(이윤)를 감소시키는 반면 생산자 잉여를 오히려 증가시키게 되는 현상을 말한다. 수입품에 관세가 부과되면 소비자는 이전보다 비싼 가격으로 물품을 구입해야 하는데, 관세부과 이전보다 추가적으로 더 지불하는 돈의 일부는 생산자의 몫이 된다(그림의 a부분의 넓이).

(6) 교역조건효과

교역조건효과(terms-of-trade effect)란 관세의 가격효과에 따라 관세가 부과되면 무역상대국의 수출가격도 인하되므로 교역조건이 개선되는 현상을 말한다.

수입상품에 관세가 부과되면 그 부과국에서는 관세부과액 만큼 수입품의 가격이 상승되기 때문에 수입량이 감소하고 국내소비자는 국내생산품으로 대체 사용하거나 소비를 억제하게 된다. 그러면 수출국에서는 공급과잉으로 가격이 하락하고 수입국은 관세부과로 인해 저렴한 가격으로 수입하게 되어 교역조건이 개선된다.

(7) 국제수지효과

국제수지효과(balance of payment effect)란 관세가 부과되면 수입량이 감소하여 수입국의 국제수지가 개선되는 현상을 말한다.

관세가 부과되면 수입상품의 소비를 억제하여 수입을 제한하는 효과가 있음으로 인하여 국제수지를 개선시키게 된다. 다만, 원료품에 대한 고율관세는 생산비의 인상을 통하여 제품의 가격을 등귀시킴으로써 수출을 저해할 우려가 있다.

다음 〈그림 4-1〉에서 수입량의 감소가 Q_3-Q_2, Q_1-Q_0이고, 그 국제가격이 P이므로 국제수지효과는 그림의 f+g의 넓이가 된다.

(8) 고용효과

고용효과(employment effect)란 관세부과로 인해 국내산업의 활동이 활발해져 고용이 증가하고 소득이 향상되는 현상을 말한다. 이를 '소득효과'라고도 한다.

관세의 부과는 수입상품의 가격을 상승시키므로 소비자는 수입품 대신에 국산품을 구입하려고 한다. 따라서 수입이 감소되며 이에 따라 국내 상품의 생산증대를 가져오면서 고용은 증대되고 소득은 증대하게 된다.

다만, 이러한 긍정적 효과가 나타나기 위해서는 상대국의 보복조치가 없어야 한다.

(9) 수출증대효과

수출증대효과(export promotion effect)란 일국의 관세부과 목적이 국내산업을 보호하고 수입대체산업을 육성하는데 있는 경우, 일국에서 관세를 부과하면 보호된 유치산업이 육성되어 장기적으로는 수출이 늘어나는 효과가 발생하는 것을 말한다.

(10) 경쟁효과

경쟁효과(competition effect)란 관세의 부과가 국내기업간의 경쟁을 억제하는 현상을 말한다. 수입상품에 대한 관세의 부과는 수입상품과 경쟁관계에 있는 국내산업들이 격심한 경쟁을 피할 수 있게 도와준다.

그러나 수입관세를 부과하지 않으면 외국상품과의 경쟁이 차단되어 국내산업은 정체되고 국내소비자들은 값이 비싸고 질이 나쁜 상품을 구매해야 한다.

| 그림 4-1 | 관세부과의 경제적 효과

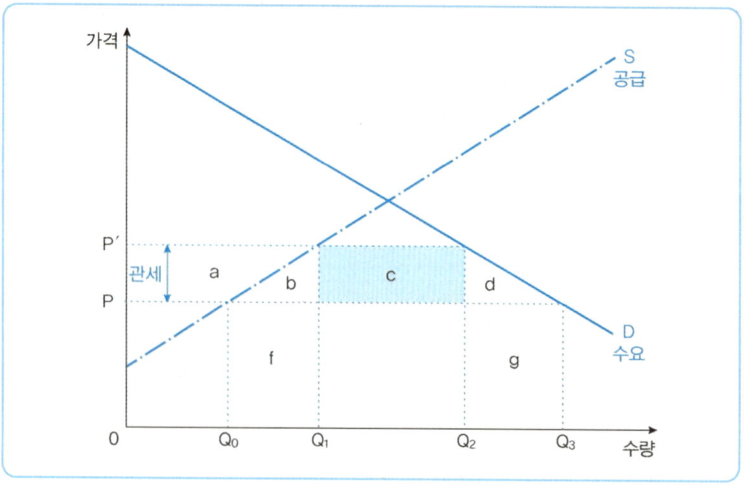

3. 비관세장벽

1) 비관세장벽의 의의와 특징

(1) 의의

비관세(non tariff, non duty)는 관세를 제외한 나머지 모든 정책수단을 말한다. 즉, 비관세장벽은 무역거래에서 보호무역의 정책수단으로 사용되는 관세 이외의 모든 장벽수단을 의미한다. 비관세는 보호무역에 사용되는 정책수단이기 때문에 비관세정책, 비관세수단 또는 비관세장벽(Non Tariff Barrier, NTB)이라고 부르고 있다.

(2) 특성

① 유동성과 은밀성

비관세장벽은 유형에 따라 미치는 영향의 범위가 다르고 시간에 따라 유동적인 특성을 가지고 있다. 또한 비관세장벽에는 관계당국의 판단에 따라 은밀하게 실시되거나 외부적으로 드러나지 않게 적용되는 유형들이 많다.

② 복잡성

비관세장벽의 운용은 국가별로 매우 복잡하게 나타난다. 어떤 유형은 처음부터 법률로 제정되기도 하지만, 어떤 유형은 행정기관의 정책에서 파생되는 경우도 있다.

이러한 이유로 선진국들은 국내산업을 보호하기 위한 목적을 달성하기 위해 관세보다는 비관세장벽을 더 많이 채택하고 있다.

③ 불확실성과 탄력적 적용가능성

비관세장벽은 변칙적인 제도의 운영으로 효과 자체가 불확실하다. 또한 상대국의 비관세장벽 운영정책은 해당국에 사전 통고 없이 수시로 적용될 가능성이 높다.

④ 지속성과 협상의 곤란성

비관세장벽은 일단 실시되면 그 수단을 완화하거나 철폐하기가 어렵고 일정한 기준이 없어 협상이 곤란하며 정부간에 협상이 되더라도 철폐가 보장되지 않는다.

⑤ 차별성

비관세장벽은 명목상으로는 무차별적으로 적용되는 것처럼 보인다. 그러나 실제로는 개발도상국이나 후진국에게 매우 불리하게 차별적으로 작용한다.

2) 비관세장벽의 형태

(1) 정부관련 비관세장벽

① 국영무역

국영무역(state trading)은 국영기업이나 국가로부터 일정한 독점권을 부여받은 기업들이 무역거래의 주체자가 되는 무역을 말한다.

② 수입허가제

수입허가제(import license system)는 일정한 상품을 수입할 때 반드시 정부나 정부기관의 허가를 받도록 되어 있는 제도를 말한다.

③ 수출보조금 및 생산보조금

보조금(subsidy)은 정책당국이 특정한 정책목표를 달성하기 위해 산업이나 기업들의 수출 및 생산 활동에 제공하는 금융이나 조세상의 각종 지원수단을 말한다.

④ 정부조달과 수입에 대한 징수금제도

정부조달(government procurement)은 필요로 하는 물자나 기자재를 정부기관이 국내 민간업자로부터 우선적으로 구입하는 것을 말한다.

수입에 대한 징수금제도는 수입대금의 일부를 은행에 사전에 예치하도록 함으로써 수입을 억제하는 제도를 말한다.

(2) 수출 및 수입관련 비관세장벽

① 수출자율규제

수출자율규제(Voluntary Export Restraints, VER)는 수입국의 수입제한조치를 방지할 목적으로 수출국 스스로 미리 수출을 자율적으로 규제하는 것을 말한다.

② 수입할당제

수입할당제(import quota system)는 수입상품에 일정한 기준을 마련하여 일정한 기간 동안 수입되는 수량이나 금액을 제한하는 정책수단을 말한다.

③ 시장질서유지협정

시장질서유지협정(Orderly Marketing Arrangement, OMA)은 협정에 따라 수출국이 일정한 수출량의 범위 내로 수출을 자율적으로 규제하는 조치를 말한다.

(3) 행정업무 및 통관관련 비관세장벽

① 수입절차상의 제한

수입절차상의 제한은 수입허가제와 같이 엄격한 조건을 충족시키는 경우에 한하여 관련 기관이 수입을 허가하는 것을 말한다. 이러한 제도를 운영하면 당연히 수업조건이 까다로워지기 때문에 수입을 억제시키게 된다.

② 까다로운 원산지규정

원산지 규정(rules of origins)은 특정 제품의 원산지를 결정하기 위한 기준이나 절차를 말한다. 따라서 까다로운 원산지 규정은 수출자로 하여금 원산지 판정에 대한 예견 가능성을 저하시키고 장기계약 체결 시 많은 위험부담을 안겨준다.

③ 복잡한 통관절차

복잡한 통관절차는 수입신고절차나 물품검사를 복잡하게 하거나 멀리 떨어져 있는 특정항구나 공항 및 세관에서 통관이 이루어지도록 지시하는 등의 행정적인 방법을 통해 통관을 지연시키거나 포기하도록 유도하여 수입을 억제하는 방법을 말한다.

(4) 수입품에 대한 엄격한 기준의 적용

수입품에 대한 엄격한 기준의 적용은 제조기준, 보건 및 위생기준, 함량기준, 상품 및 용기규정 등을 매우 엄격하게 적용하는 것을 말한다.

(5) 각종 무역기술장벽

무역기술장벽(Technical Barriers to Trade, TBT)은 무역상대국간에 서로 상이한 기술규정, 포장과 안전규정의 표준 및 적합성 평가절차 등을 적용함으로써 상품의 자유로운 이동을 저해하도록 하는 제반 장애요소를 말한다.

(6) 투자 및 서비스 장벽

투자 및 서비스 장벽은 외국인 투자자에게 부과하는 현지부품 조달요건, 수출입 균형요건, 외환규제 등 투자 및 서비스교역에 부과되는 규제조치를 말한다.

(7) 기타의 비관세장벽

기타의 비관세장벽으로는 품목분류의 자의적 적용, 과다하고 까다로운 구비서류의 요구, 수입자의 자격제한 등이 있다.

학습정리

1. 무역정책은 한 국가에서 대외 경제활동에서 야기되는 모순을 극복하기 위하여 정부가 행할 수 있는 모든 정책적 수단을 의미한다.
2. 무역정책은 시대적 상황과 국가의 경제발전단계에 따라 다르지만, 자유무역주의와 보호무역주의가 그 기조를 이루고 있다.
3. 자유무역정책의 대표적 이론적 배경은 아담 스미스의 자유무역이론이다.
4. 보호무역정책의 배경은 해밀턴의 공업보호론과 리스트의 유치산업보호론이다.
5. 보호무역정책의 실행 목적은 유치산업 보호, 국민경제 자립추구, 소득분배 달성, 국제수지 개선 및 교역조건 개선에 있다.
6. 신보호무역주의는 1970년대 이후 선진국에서 실시하였던 무역정책의 흐름이다.
7. 신보호무역주의의 대두 배경은 세계경제 침체, 자유무역체제 붕괴, 개도국의 공업화 실현, 국제협력체제 붕괴 등이다.
8. 신보호무역주의의 특징은 사양산업의 보호목적, 차별적 보복조치 강구, 고용안정과 국제수지 개선 추구, 시장개방과 상호주의 요구 등이다.
9. 관세는 한 국가의 관세선을 통과하는 수출입 물품에 대하여 부과하는 세금이다.
10. 관세는 상품의 이동방향, 부과목적, 관세율의 결정방법, 관세주권 등에 따라 다양한 종류가 있다.
11. 탄력관세제도는 국내외 경제여건변화에 신축적으로 대처하기 위하여 탄력적으로 운영하는 관세제도이다.
12. 관세의 경제적 효과로는 보호효과, 소비효과, 재정수입효과, 소득재분배효과, 교역조건효과, 고용효과, 국제수지효과 등이 있다.
13. 비관세장벽은 관세 이외의 모든 무역의 장벽수단을 의미한다.
14. 비관세장벽의 특성은 유동성과 은밀성, 복잡성, 불확실성과 탄력적 적용가능성, 지속성과 협상의 곤란성 그리고 차별적이라는 점이다.
15. 과거 보호무역주의는 관세를 무역정책의 중요수단으로 활용하였으나, 최근의 신보호무역주의는 비관세수단을 무역정책수단으로 주로 활용하고 있다.
16. 비관세장벽은 국영무역, 수입할당제, 수출자율규제, 복잡한 통관절차, 수입에 대한 징수금, 엄격한 기준의 적용 등 다양한 형태가 있다.

■ 생각해보기

주제	강력한 비관세장벽의 수단으로 인식되는 보조금의 지급은 관세와 정반대의 효과를 나타낸다. 이것을 수출보조금을 중심으로 보조금을 받는 기업과 수출상대국 기업의 입장에서 생각해 봅시다.
전문가 의견	수출보조금을 받는 기업은 수출품에 대하여 보조금만큼 수출가격을 인하할 수 있으므로 수출을 증가시키는 대신 국내공급은 감소하므로 국내가격은 상승한다. 따라서 수출국의 생산자 이익은 증가하나 소비자는 손실을 입고 정부 역시 지급한 보조금만큼 손실을 입게 된다. 한편, 수출상대국의 기업들은 수출보조금에 따른 가격하락으로 불리해지기 때문에 보조금은 불공정 경쟁의 수단으로 인식되고 있다. 따라서 수출보조금이 지급되는 품목에 대하여 수입국에서는 보조금의 효과를 상쇄하기 위해 상계관세를 부과하기도 한다.

■ 평가문제

문항	유형	문제
1	객관식	다음 중 보호무역정책을 실행하는 일반적인 목적에 해당하지 않는 것은? ① 유치산업 보호 ② 국민경제 고립추구 ③ 소득분배 달성 ④ 국제수지 개선 정답 ② 해설 보호무역정책의 일반적인 실행목적은 유치산업 보호, 국민경제 자립추구, 소득분배 달성, 국제수지 개선, 교역조건 개선 등이다.
2	주관식	무역정책에서 보호무역정책수단으로 사용되는 관세 이외의 모든 무역장벽수단을 무엇이라고 하는가? 정답 비관세장벽(NTB)(Non Tariff Barriers) 해설 비관세장벽(Non Tariff Barriers, NTB)은 무역거래에서 보호무역정책수단으로 사용되는 관세 이외의 모든 무역장벽수단을 의미한다. 과거 전통적인 보호무역주의는 관세를 무역정책의 중요수단으로 활용하였으나, 최근의 신보호무역주의는 관세 이외의 비관세장벽을 무역정책수단으로 활용하고 있다.
3	논술식	① 아담스미스의 자유무역이론을 설명하시오. ② 보호무역정책을 실행하는 목적을 상세하게 설명하시오. ③ 우리나라 관세법상의 탄력관세제도를 상세하게 설명하시오. ④ 관세부과의 경제적 효과를 그림을 그려 설명하시오. ⑤ 비관세장벽의 특징과 종류들을 설명하시오.
4	설명식	① 생산유발효과 ② 신보호무역주의 ③ 유치산업보호론 ④ 종가세와 종량세 ⑤ 수출자율규제

제 5 장

경제통합

제1절 지역주의와 경제통합의 개요

1. 다자주의와 지역주의

WTO 체제의 출범 이후 세계경제는 다자주의와 지역주의가 급속히 확산되고 있다.

다자주의(多者主義)란 여러 국가들이 무역문제의 해결을 위해 세계 수준의 협의체를 두고 가치 체계나 규범, 절차 등을 각국이 준수하고 조율하도록 하는 협력체를 말한다. 우루과이 라운드(UR)나 WTO 등이 다자주의의 대표적인 산물이다.

이와 대조되는 개념이 지역주의(regionalism) 또는 양자주의(兩者主義)이다.

지역주의는 지리적으로 가깝거나 경제적으로 상호 의존도가 높은 국가들 간에 경제공동체를 구성함으로써 경제적 효율성을 강화하려는 협력체를 말한다.

지역주의의 출현은 개별 국가의 힘만으로는 국제경제에서 경쟁력을 강화하는데 한계가 있다는 인식을 바탕으로 하고 있다. 지역주의의 목적은 회원국들 상호간에는 관세나 무역제한을 완화하거나 철폐하여 자유무역을 촉진하고 비회원국들에게는 그와 같은 혜택을 제공하지 않음으로써 경제적 장벽을 형성하려는 것이다.

지역주의의 강화는 회원국 상호 간에는 무역장벽이 철폐됨으로써 회원국 소비자들의 후생수준을 높일 수 있고 각 회원국의 국제수지 개선에 도움이 될 수 있으며 수출증가에 따른 고용증가의 효과도 가져올 수 있다.

2. 지역주의와 경제통합

지역주의의 구체화는 경제통합으로 나타나는데 가장 대표적인 경제통합체로는 유럽연합(EU) 등이 있다. 경제통합은 다자주의와 대비되는 개념이다.

3. 경제통합의 개요

1) 의의

경제통합(economic integration)은 일정한 지역 내의 여러 국가들이 상호간에 존재하는 관세나 비관세장벽을 철폐하여 국가간에 재화나 서비스, 생산요소 등이 자유롭게 이동하도록 보장하는 협정을 말한다.

즉, 경제통합은 경제력이 비슷한 국가들이나 지리적으로 인접한 국가들이 그들의 번영과 발전을 위해 그들 간에 놓여 있는 인위적인 장애요인을 제거하고, 그들의 번영과 발전에 필요한 조정과 통합의 모든 요소들을 의도적으로 도입함으로써 그들에게 가장 바람직한 경제권을 만들어 내려는 협력체이다.

경제통합의 움직임은 새로운 국제경제 환경에서 지역주의가 효과적인 정책수단의 하나로 인식된 1990년대 이후부터 급속히 확산되었다.

2) 목적

경제통합의 목적은 한 국가에 처한 대내외적 경제정책의 한계들을 여러 국가들의 협력을 통해 극복하고 통합체 내부의 국가로서 경제성장을 도모하는데 있다.

즉, 지리적으로 가까운 다수의 국가들이 국경을 초월하여 경제분야에서 각종 무역장벽을 제거함으로써 상품과 생산요소 등의 자유로운 이동을 통해 경제활동의 자유화를 도모하고자 하는 것이 경제통합이 추구하는 목적이다.

3) 요인

경제통합은 궁극적으로는 참가 국가들의 경제적 이익을 증대시키려는 행동에 기초한 것이다. 그러나 어떠한 국가가 이 통합에 참여하고, 언제 형성되는가, 형성된다면 어떠한 형태가 되는가는 많은 요인들의 영향을 받게 된다.

왜냐하면 국가간의 경제통합은 해당 국가들의 경제적인 이해판단, 정치적인 관계, 국제적인 정치상황, 국내 이익집단들의 동향 등이 폭넓게 관련되기 때문이다.

또한 경제통합은 사실상의 경제통합을 목표로 하는 것이지만 역으로 사실상의 경제통합이 제도적인 경제통합을 촉진하는 측면도 있다. 덧붙이면 '지역'의 정체성이 유럽통화와 같이 지역의 경제통합에 큰 역할을 하는 경우도 있다.

그리고 경제통합은 정치적으로도 큰 영향력을 갖는 경우가 있으며 그것이 경제통합의 정치적 목적 중의 하나가 되거나 정치적인 결과의 하나가 되는 경우도 있다.

제2절 경제통합의 효과

경제통합의 효과란 경제통합이 이루어지면 나타나게 되는 경제적 효과를 말한다.

경제통합의 효과는 일시적인 효과뿐 아니라 시간이 흐름에 따라 나타나는 장기적인 동태적 효과들도 함께 고려되어야 한다. 따라서 여기에서는 경제통합의 효과를 정태적 효과(static effect)와 동태적 효과(dynamic effect)로 구분하여 설명한다.

경제통합의 정태적 효과는 자원의 효율적 배분에 초점을 둔 효과이고, 동태적 효과는 시간이 지남에 따라 경제통합이 경제성장에 미치게 될 효과이다.

1. 정태적 효과

캐나다 태생의 미국 경제학자 바이너(J. Viner)는 경제통합이 이루어짐에 따라 나타는 경제적 효과를 무역창출효과와 무역전환효과로 구분하여 설명하고 있다.

1) 무역창출효과

(1) 의의

무역창출효과(trade creation effect)란 관세동맹으로 역내관세가 철폐되면 종래 관세보호 하에서 높은 비용으로 생산되던 역내상품의 생산량은 감소하는 대신 역내 타국의 저렴한 상품이 새로 수입되는 현상을 말한다.

자유무역협정(FTA)을 체결하게 되면 관세가 철폐되어 회원국과 비회원국 간에 상품과 서비스의 교역 및 투자가 새롭게 생겨나거나 이전보다 더 확대된다.

따라서 무역창출효과는 역내국간에 서로 비교우위가 있는 상품이 거래되면서 산업이 특화되고 역내국의 생산자와 소비자들의 후생이 증가되는 것을 의미한다.

(2) 무역창출효과의 예

무역창출효과를 설명하고자 다음과 같이 가정하기로 한다.

우선, 같은 제품을 생산하는 우리나라와 A국 그리고 B국이 있다. 우리나라는 A국과 B국을 수입상대국으로 한다. 제품 1단위를 생산하는 비용은 우리나라가 US$ 120, A국은 US$ 110, B국은 US$ 100이다. 이 경우에 만일 우리나라가 두 국가로부터 수입하는 상품에 대해 100%의 관세를 부과한다면 상품의 수입가격은 A국이 US$ 220, B국은 US$ 200이 되어 우리나라의 국내생산비 US$ 120보다 높게 된다.

| 표 5-1 | 관세동맹전의 수입대상국

<table>
<tr><th>국가</th><th>국가별
1단위 생산비</th><th>관세조치</th><th>관세부과 후
수입가격</th><th>수입대상국</th><th>우리나라
1단위 생산비</th></tr>
<tr><td>A국</td><td>US$ 110</td><td rowspan="2">양국에
100% 부과</td><td>US$ 220</td><td rowspan="2">없음</td><td rowspan="2">US$ 120</td></tr>
<tr><td>B국</td><td>US$ 100</td><td>US$ 200</td></tr>
</table>

그런데 우리나라가 A국과 관세동맹을 체결하여 관세를 철폐하고 B국에만 100%의 차별관세를 부과하면 제품의 수입가격이 A국은 US$ 110, B국은 US$ 200이 된다. 따라서 우리나라는 수입가격이 국내생산비보다 낮은 제품을 A국에서 수입한다.

이때 제품의 생산원가를 고려하여 우리나라가 생산을 포기하고, 비교생산비의 원리에 따라 다른 상품에 특화하여 A국에 수출하면 A국은 무역이 없었던 상태에서 새로운 우리나라의 무역상대국으로 등장하게 된다.

| 표 5-2 | 관세동맹후의 수입대상국(무역창출)

<table>
<tr><th>국가</th><th>국가별
1단위 생산비</th><th>관세조치</th><th>관세부과 후
수입가격</th><th>수입대상국</th><th>우리나라
1단위 생산비</th></tr>
<tr><td>A국</td><td>US$ 110</td><td>관세동맹</td><td>US$ 110</td><td rowspan="2">A국</td><td rowspan="2">US$ 120</td></tr>
<tr><td>B국</td><td>US$ 100</td><td>100% 부과</td><td>US$ 200</td></tr>
</table>

2) 무역전환효과

(1) 의의

무역전환효과(trade diverting effect)란 관세동맹으로 역내관세는 철폐되었으나 그 밖의 국가에 대해서는 차별관세를 부과하게 되면 종래 생산비가 저렴한 가격으로 상품을 공급하던 국가와의 무역이 동맹국내의 생산비가 높은 상품을 공급하는 국가로 전환되는 효과를 말한다. 즉, 무역전환효과는 관세동맹이 결성되면 역외국들에게는 차별적인 공통관세가 부과되므로, 종래 생산비가 낮은 역외국에서 수입하던 상품을 생산비가 더 높은 역내의 가맹국으로부터 수입하게 되는 것이다.

우리나라는 한·칠레 FTA 발효 이후 돼지고기는 벨기에산을 제치고 칠레산이 시장점유율 1위를 차지하였고, 포도주는 미국산을 제치고 칠레산이 2위를 차지한 바 있다.

(2) 무역전환효과의 예

우선 같은 상품을 생산하는 우리나라와 A국 그리고 B국이 있다. 우리나라는 A국과 B국을 수입상대국으로 한다. 상품 1단위를 생산하는 비용은 우리나라가 US$ 125, A국은 US$ 110, B국은 US$ 100이다.

이 경우에 만일 우리나라가 두 국가로부터 수입하는 상품에 대하여 20%의 관세를 부과한다면 상품의 수입가격은 A국이 US$ 132, B국은 US$ 120이 되어 국내생산비 US$ 125보다 낮은 A국에서는 수입할 수 없고 B국에서 수입하게 된다.

표 5-3 관세동맹전의 수입대상국

국가	국가별 1단위 생산비	관세조치	관세부과 후 변화가격	수입대상국	우리나라 1단위 생산비
A국	US$ 110	양국에 20% 부과	US$ 132	B국	US$ 125
B국	US$ 100		US$ 120		

그런데 우리나라가 A국과 관세동맹을 맺어 관세를 철폐하고 B국에만 50%의 차별관세를 부과한다면 제품의 수입가격이 A국은 US$ 110, B국은 US$ 150이 된다.

그러므로 우리나라는 수입가격이 국내생산비보다 낮은 A국에서 상품을 수입하게 된다. 관세동맹 후 B국에서 A국으로 수입국이 전환된 것이다.

표 5-4 관세동맹후의 수입대상국(무역전환)

국가	국가별 1단위 생산비	관세조치	관세부과 후 수입가격	수입대상국	우리나라 1단위 생산비
A국	US$ 110	관세동맹	US$ 110	A국으로 전환	US$ 125
B국	US$ 100	50% 부과	US$ 150		

3) 경제통합효과의 한계

관세동맹을 통해 무역창출효과와 무역전환효과가 발생하여도 관세동맹이 반드시 그 국가의 복지수준을 향상시키지는 않는다. 왜냐하면 관세동맹이 체결되기 전에 복지수준을 향상시킬 수 있는 일정한 여건들이 먼저 조성되어야 하기 때문이다.

2. 동태적 효과

경제통합의 동태적 효과는 시장의 확대와 규모의 경제, 기업들의 경쟁촉진, 외국인 직접투자의 증대 등이며 이들은 통합에 참여하는 국가의 경제성장에 도움을 준다.

1) 시장의 확대와 규모의 경제

경제통합으로 역내시장이 확대되면 생산량이 증가함으로써 상품 단위당 평균 생산비가 하락하여 역내경제에 규모의 경제(economy of scale)가 나타난다.

그 결과 역내제품이 역외제품에 대해 비교우위를 가질 수 있다. 그리고 단위당 생산비의 하락은 소비자들의 후생을 증대시킨다.

2) 기업들의 경쟁촉진

경제통합으로 관세나 비관세장벽이 철폐되거나 제거되면 시장점유율을 높이기 위한 역내회원국 기업들의 경쟁이 촉진된다. 경쟁이 촉진되면 기업들은 시장을 지속적으로 유지하거나 확대하기 위해 가격인하 경쟁을 벌이게 되고, 이로 인해 상품가격의 인하는 물론 상품의 공급과 각종 서비스 측면에서도 질적 향상이 이루어지게 된다.

또한 경쟁의 격화는 새로운 상품이나 생산기법 등을 개발하려는 기업들의 연구개발(R&D) 경쟁을 촉진하고, 그로 인한 신기술의 축적과 파급은 산업기술의 발달을 가져온다. 이는 결국 생산성의 증대로 이어지면서 경제성장에 기여하게 된다.

3) 외국인 직접투자의 증대

경제통합으로 역내시장이 확대되면 역내시장에서 영업기회를 확보하기 위해 외국인 직접투자가 역내로 증가한다. 그것은 경제통합으로 역내시장이 확대되고 회원국간 관세 및 비관세장벽이 제거되면 역내에서의 경제활동 비용이 낮아지므로 기업들이 이윤을 창출할 수 있는 기회가 확대되기 때문이다.

4) 기타 효과

경제통합은 체약국간에 비상사태나 자연재해 발생시 공식적인 협력체제를 통해 신속히 지원받을 수 있다. 이러한 경제적 측면 외에도 경제통합은 정치·외교적 측면에서 볼 때 통합에 참여하는 국가들이 정치적으로 안정되고 민주적인 제도가 정착되는 등 정치적인 효과도 기대할 수 있다.

제3절 경제통합의 유형과 조건

1. 경제통합의 유형

헝가리 출신의 경제학자 발라사(B. Balassa)는 경제통합의 유형을 발전단계 혹은 통합의 정도에 따라 자유무역지역, 관세동맹, 공동시장, 경제연합 그리고 완전경제통합으로 분류하고 있다. 현재 전 세계적으로는 이러한 경제통합 단계 중에서 몇 부분에 국한된 지역적 경제통합만이 이루어지고 있는 실정이다.

1) 자유무역지역

자유무역지역(Free Trade Area, FTA)은 가장 기본적인 경제통합의 유형이다.

이것은 정치와 경제적으로 밀접한 관계가 있는 2개 이상의 국가가 무역협정을 체결하여 그들 국가영역을 자유무역지역으로 설정한 후, 이 지역 내의 상품은 관세 등 무역제한조치를 철폐하여 상품의 자유로운 이동을 보장하지만 역외국은 역내국들이 독자적으로 관세 및 무역제한조치를 취할 수 있는 경제통합의 단계이다.

대표적인 자유무역지역의 형태로는 유럽자유무역연합(EFTA), 북미자유무역협정(NAFTA)의 모체가 된 미국과 캐나다간의 자유무역협정(1988) 등이 있다.

2) 관세동맹

관세동맹(Customs Union)은 FTA에서 한 단계 더 발전된 경제통합의 유형이다.

이것은 역내국간의 자유무역은 FTA와 비슷하지만 역외 비회원국에 대해 공동관세를 설정한다는 점에서 FTA보다 통합의 정도가 진전된 경제통합의 단계이다.

이 단계에서는 2개국이나 다수국이 관세에 관한 동맹을 체결하여 동맹국내에서는 상호 간에 관세를 감면하거나 철폐하여 자유무역을 실시하고 비동맹국가들에게는 동맹국들이 공통의 무역정책(예를 들어 관세정책)을 채택한다.

이와 같이 대외적인 공통관세의 유무에 따라 자유무역지역과 관세동맹은 서로 구별된다. 즉, 자유무역지역은 대내적으로는 자유로운 무역이 행하여지는 점에서 관세동맹과 유사하지만 대외적으로는 공통관세가 부과되지 않고 회원국 독자적으로 관세율을 정할 수 있다는 점이 관세동맹과 다르다.

대표적인 관세동맹의 형태로는 제2차 세계대전 이후의 베네룩스(Benelux) 관세동맹과 적도 아프리카지역 관세동맹, 프랑스령 아프리카 관세동맹(1959) 등이 있다.

3) 공동시장

공동시장(Common Market)은 관세동맹에서 한 단계 발전된 경제통합의 유형이다. 이것은 회원국들 간에는 관세를 철폐하고(FTA) 비회원국에 대해서는 공통의 관세율을 적용하는 관세동맹에서 한 단계 더 나아가, 회원국들 간에 노동과 자본(은행, 금융서비스, 해외직접투자 등 포함), 기술 등 생산요소들이 자유롭게 이동할 수 있는 경제통합의 단계이다.

이 단계에서는 가맹국 상호간에 노동이나 자본, 기술 등이 동일 국가의 시장처럼 아무런 제약이나 조건 없이 왕래가 이루어지기 때문에 자유로운 이민·취업·자본의 이동들이 보장된다. 공동시장의 목적은 경제적인 국경을 철폐함으로써 국제간의 무역확대와 경제발전을 도모하는데 있다.

대표적인 공동시장의 형태로는 유럽연합(EU) 전신인 유럽공동시장(EC)과 1994년에 발족한 북미자유무역지역(NAFTA-North American Free Trade Area), 1961년 설립된 중앙 아메리카공동시장(CACM-Central America Common Market), 카리브 공동시장(CCM), 안데스공동체(ANCOM) 등이 있다.

4) 경제동맹

경제동맹(Economic Union)은 공동시장에서 한 단계 발전된 경제통합의 유형이다.

이것은 협정국들 사이에 상품의 자유로운 이동(자유무역지역, 관세동맹)을 보장하고 자본과 노동이라는 생산요소의 자유로운 이동(공동시장)뿐 아니라 다수 국가가 산업, 재정, 금융, 통화, 외환, 노동 등에 관한 경제협정을 체결하여 이러한 여러 부문의 경제정책을 상호 조정하면서 보조 조치를 취하는 경제통합의 단계이다.

이 단계에서는 가맹국들이 상호간에 공통의 통화를 사용하고 세율도 동일하게 적용하며 상호협조와 유대관계를 통해 재정, 금융, 통상, 노동 등의 정책을 실시하는데 있어 상호 조정을 하며 공통의 정책을 실시한다.

이 단계에서는 회원국 상호간에 관세를 낮추어 무역을 활발하게 하는 것뿐만 아니라 회원국 간에 경제정책의 상호 협조가 이루어진다는 점이 특징적이다.

왜냐하면 공동시장을 완성하기 위해서는 각 가맹국의 재정·금융정책이나 노동정책 등도 유기적으로 연결되어야 하기 때문이다.

대표적인 경제동맹의 형태로는 제2차 세계대전 이후 유럽국가들 간에 일정기간 동안 결성되었던 과도적 동맹의 베네룩스(Benerux), 여기에 프랑스와 이탈리아가 추가된 Fritalux, 영국 연방과 스칸디나비아 제국과의 경제동맹인 Uniscan 등이 있다.

5) 완전경제통합

완전경제통합(Complete Economic Integration)은 경제통합의 형태 중 가장 마지막 단계이다. 이것은 다수 국가가 경제동맹에 관한 협정을 체결하여 가맹국들에서 실시되는 경제정책을 조정하는데 그치지 않고 초국가적 기구의 설립을 통해 통화·금융·재정·사회 및 경기정책 등을 통합함으로써 사실상 새로운 국가를 결성하는 것과 다름없는 하나의 조직체를 구성하는 경제통합의 단계이다.

이 단계에서는 다수 국가들이 관세동맹이나 공동시장보다 더 높은 수준의 조약을 체결하고 통화, 금융, 재정, 사회, 노동정책 등을 단일하게 시행하기 때문에 사실상 경제면뿐 아니라 정치면에서의 통합이 이루어지게 된다. 대표적인 형태로는 유럽연합(EU)이 추구하는 최종목표이며 역사적인 예로서는 북독일 연방(1867년)이 있다.

| 표 5-5 | 경제통합의 유형과 특징

유형	특징				
자유무역지역	관세 및 비관세 장벽의 철폐				
관세동맹	관세 및 비관세 장벽의 철폐	역외 공통관세의 부과			
공동시장	관세 및 비관세 장벽의 철폐	역외 공통관세의 부과	생산요소의 자유로운 이동		
경제동맹	관세 및 비관세 장벽의 철폐	역외 공통관세의 부과	생산요소의 자유로운 이동	경제정책의 상호조정	
완전경제통합	관세 및 비관세 장벽의 철폐	역외 공통관세의 부과	생산요소의 자유로운 이동	경제정책의 상호조정	경제정책의 통합

2. 경제통합의 조건

경제통합을 위해서는 통합의 목적, 가맹국들 사이에 국가주권과 이해관계에 따른 조정, 통합 후에 적용되는 경제 및 경제외적 요인 등 많은 변수들이 복합적으로 작용한다. 경제통합의 효과를 달성하기 위해서는 다음의 조건들이 충족되어야 한다.

첫째, 가맹국들은 서로 비슷한 경제 발전단계와 소득수준을 가지고 있어야 한다.

둘째, 경제구조가 잠재적으로 보완성을 가져야 한다.

셋째, 지리·문화적으로 밀접하여 각 국가는 공급처인 동시에 수요처가 되어야 한다.

제4절 경제통합의 실례

1. 유럽연합

1) 의의

유럽연합(European Union, EU)은 유럽의 정치 및 경제통합을 실질적으로 이룩하기 위해 1993년 11월에 발효된 마스트리히트 조약(Maastricht Treaty)에 따라 유럽 12개국이 참가하여 출범한 연합경제공동체이다.

총 5억 명의 인구와 전 세계 국내 총생산의 23% 정도를 차지하는 유럽지역의 광범위한 자유무역을 추진하기 위해 체결되었으며 현재 전 세계적으로 논의되고 있는 지역 경제통합에서 가장 성공한 경제통합의 모델로 평가되고 있다.

현재 가입국은 오스트리아, 벨기에, 불가리아, 크로아티아, 체코, 덴마크, 에스토니아, 핀란드, 프랑스, 독일 그리스, 헝가리, 아일랜드 등 27개국이며, 영국은 2016년에 실시된 EU 탈퇴를 위한 국민투표 결과에 다라 2020년에 EU를 탈퇴하였다.

2) 발전 과정

유럽연합은 1946년 영국의 수상이었던 윈스턴 처칠(Winston Churchill)이 스위스 취리히 연설에서 유럽에도 국제연합(United Nation, UN)과 같은 기구가 필요하다고 역설한 것으로부터 시작되었다.

이후 유럽석탄철강공동체(European Coal and Steel Community, ECSC), 유럽경제공동체(European Economic Community, EEC), 유럽원자력공동체(European Atomic Energy Community, EURATOM)를 거쳐서 유럽공동체(EC, European Communities, 1967)로 이어지다 1993년 유럽연합(EU)이 되었다.

2000년대에 들어 유럽의 정치변화와 함께 동유럽 국가들이 대거 EU에 가입하였다.

3) 목적과 주요 기구

유럽연합을 창립한 목적은 무엇보다 유럽 내에 단일시장을 구축하고 단일통화를 실현하여 유럽의 경제와 사회를 발전시키며, 공동방위정책을 포함하는 공동의 외교안보정책을 수립하여 국제무대에서 유럽의 이해를 제고하는 것이다. EU의 주요 기구로는 EU 각료이사회, 이사회, 집행위원회 등이 있다.

2. 북미자유무역협정

1) 의의

북미자유무역협정(North America Free Trade Agreement, NAFTA)은 미국과 멕시코, 캐나다 등 북미 3개국이 서로 관세와 비관세장벽을 철폐함으로써 교역과 상호투자를 확대하기 위해 체결한 지역경제 통합체이다.

NAFTA는 미국의 자본과 기술, 멕시코의 노동력, 캐나다의 자원을 토대로 이룩한 거대한 단일 경제시장이다. NAFTA 탄생의 직접적인 계기는 1993년 EU가 출범함에 따라 북아메리카 지역도 단일의 경제권 블록을 형성해야 한다는 위기감 때문이었다.

2) 주요 내용과 목표

1994년 정식 발효된 NAFTA의 주요내용은 상품의 규제완화뿐 아니라 투자, 금융, 지적재산권 등 서비스 부문까지 각종 관세와 비관세장벽을 철폐한다는 것이다.

NAFTA의 목표는 회원국들 간에 ① 무역장벽의 철폐를 통한 상품과 서비스의 원활한 이동 ② 공정한 경쟁조건의 형성 ③ 투자 기회의 확대 등이다.

3) USMCA로 대체

NAFTA는 발효된 이후 NAFTA 회원국들에게 다양한 효과들을 영향을 미쳤는데, 일단은 성공적이라고 평가와 함께 부작용도 많다는 지적이 동시에 있어 왔다.

도널드 트럼프(D. Trump) 대통령 집권 이후 NAFTA는 미국의 일자리를 빼앗아간다며 2017년 8월 상대국들과의 재협상을 전격 선언한 이후, 발효된 지 24년 만인 2018년 9월 30일에 새롭게 합의한 무역협정으로 대체되었다. 그것이 바로 미국·멕시코·캐나다협정(United States·Mexico·Canada Agreement, USMCA, 2018)이다.

2018년 NAFTA를 개정한 USMCA가 새로운 무역협정으로 탄생함에 따라 NAFTA라는 이름은 이제 24년 만에 역사 속으로 사라지게 되었다.

USMCA는 3국간의 경제적 연계를 더욱 강화시킬 것이다. 이 협정에는 미국의 강요로 중국과의 FTA를 금지하는 조항이 삽입되었다. 이에 따라 3국은 모두 중국과의 FTA 공동연구를 전부 취소하였다. 중국이 환태평양경제동반자협정(TPP)에 가입하지 않는 한, 멕시코와 캐나다는 중국과 양자 무역협상을 할 수 없게 된 것이다.

유럽연합이 주로 노동력의 이동, 화폐의 이동, 상품의 이동에 중점을 맞추고 있는데 비해, USMCA는 주로 상품의 이동에 초점을 맞추고 있다.

3. 아시아 · 태평양경제협력

1) 의의

아시아 · 태평양경제협력(Asia Pacific Economic Cooperation, APEC)은 미국, 중국, 캐나다, 뉴질랜드, 칠레, 한국, ASEAN 등 총 21개국으로 구성된 지역경제협의체이다.

APEC은 1989년 1월 한국과 호주 정상이 정부차원의 지역경제협력체의 창설 필요성에 합의한 이후, 논의과정을 거쳐 1989년 호주 캔버라에서 정식 창설되었다.

2) 목표와 발전

APEC은 아시아와 태평양 연안국가들의 경제협력을 증진시키고 역내에서의 상호의존성을 높임으로써 궁극적으로는 자유무역지역을 형성하고자 설립되었다.

장기 목표는 아 · 태지역 내 무역과 투자의 자유화이고 중 · 단기 목표는 무역활성화와 협력증진을 통해 동아시아와 미주를 잇는 경제공동체를 형성하는 것이다.

APEC의 회원국들이 세계경제에서 차지하는 잠재적 영향력은 매우 크지만, 경제통합의 중요요소인 국가들의 동질성이 떨어지고 경제 · 사회 · 문화적 차이가 매우 클 뿐 아니라 지리적으로 분산되어 결속력 있는 경제통합체로 발전하지 못하고 있다.

4. 동남아시아국가연합

1) 의의

동남아시아국가연합(Association of Southeast Asian Nations, ASEAN)은 동남아시아 지역의 경제적 · 사회적 기반확립과 협력증진을 위해 인도네시아, 말레이시아, 필리핀, 싱가포르, 태국, 베트남, 라오스, 미얀마, 캄보디아, 부루나이 등을 회원국으로 하여 1967년 방콕 선언을 통해 창설된 동남아시아의 경제협력체이다.

2) 목적과 발전

ASEAN 국가들은 천연자원이 풍부하고 무역의존도가 높은 국가들로 구성되어 있다. ASEAN 회원국 상호간에 자유무역을 촉진시킬 목적으로 출발하였으나 정치 · 경제 · 사회적인 문제들의 혼재로 인해 큰 진전은 이루지 못하고 있는 상태이다.

우리나라는 아세안과 2007년 6월 상품 부문을 시작으로 2009년 5월 서비스 부문, 2009년 9월 투자 부문에서 각각 한 · ASEAN FTA를 체결하였다.

학습정리

1. 1994년 WTO 체제가 본격 출범한 이후 세계경제는 다자주의와 함께 지역주의가 급속히 확산되고 있다.
2. 다자주의란 여러 나라가 무역 문제의 해결을 위하여 세계 수준의 협의체를 두고 가치 체계나 규범, 절차 따위를 각국이 준수하고 조율하도록 한다는 태도를 말한다.
3. 지역주의는 회원국 간에는 관세나 무역 제한을 완화하여 자유무역 촉진과 경제성장을 꾀하고 비회원국들에게는 그와 같은 혜택을 제공하지 않음으로써 경제적 장벽을 형성하는 것이다.
4. 지역주의는 지역의 경제통합으로 구체화되고 있다.
5. 경제통합이란 한 지역 내의 여러 국가들이 국가들 관세 및 비관세장벽을 철폐하여 재화 등이 국가간에 자유롭게 이동하도록 보장하는 협정을 말한다.
6. 경제통합의 목적은 한 국가의 자주적 경제정책의 한계를 국제협력에 의하여 극복하고 통합체 내부의 한 국가로서 경제의 균형적 성장을 도모하는데 있다.
7. 경제통합은 무역분야뿐만 아니라 정치적으로도 영향력을 갖는 경우가 있다.
8. 유럽연합(EU)은 유럽의 정치·경제통합을 실현하기 위해 1993년 11월에 발효된 마스트리히트 조약에 따라 유럽 12개국이 참가하여 출범한 경제통합체이다.
9. 유럽연합을 창립한 목적은 무엇보다 유럽 내 단일시장을 구축하고 단일통화를 실현하여 유럽의 경제와 사회 발전을 촉진하는 것이다.
10. NAFTA는 미국과 캐나다, 멕시코 등 북미의 3개국이 교역 및 상호 투자의 확대를 위해 관세 및 비관세 장벽을 철폐하려는 체결한 지역경제협정이다.
11. 2018년 북미자유무역협정(NAFTA)을 개정한 미국-멕시코-캐나다협정(USMCA : United States-Mexico-Canada Agreement)이 새로운 무역협정으로 탄생함에 따라 NAFTA라는 이름은 24년 만에 역사 속으로 사라지게 되었다.
12. 아시아·태평양경제협력(APEC)이란 미국, 일본, 중국, 캐나다, 뉴질랜드, 대만, 칠레, 한국, ASEAN 등 총 21개국으로 구성된 경제협의체를 말한다.
13. APEC은 아시아 및 태평양 연안 국가간의 경제적인 협력을 증진시키고 역내에서의 상호의존성을 높이고 궁극적으로는 자유무역지역을 형성하고자 설립되었다.
14. ASEAN(동남아시아국가연합)은 천연자원이 풍부하고 무역의존도가 높은 국가들로 구성되어 있다.

■ 생각해보기

주제	경제통합은 이론적으로 무역창출효과와 무역전환효과를 가져오게 된다. 이러한 효과들이 긍정적으로 나타나게 하기 위해서 필요한 조건들은 무엇이 있는지 생각해 봅시다.
전문가 의견	경제통합효과의 한계점은 관세동맹에 의해 무역창출효과와 무역전환효과가 발생한다고 하더라도 관세동맹이 반드시 복지수준을 향상시키는 수단이 되는 것은 아니라는 점이다. 즉, 경제통합(관세동맹)을 체결하기 전에 복지수준을 향상시킬 수 있는 여러 가지 환경과 여건이 먼저 조성되어야 경제통합의 긍정적인 효과가 나타날 수 있다.

■ 평가문제

문항	유형	문제
1	객관식	경제통합의 발전단계에 따른 유형에 해당하지 않는 것은? ① 자유무역지역 ② 관세동맹 ③ 자유환율시장 ④ 완전경제통합
		정답 ③ 해설 경제통합은 발전단계에 따라 자유무역지역, 관세동맹, 공동시장, 경제연합 그리고 완전한 경제통합으로 경제통합의 범위가 넓어진다.
2	주관식	한 지역 내의 여러 국가들이 국가들 상호간에 존재하는 관세 및 비관세장벽을 철폐하여 재화·서비스·생산요소 등이 국가 간에 자유롭게 이동하도록 보장하는 협정이며, 지역주의가 새로운 국제경제 환경 하에서의 정책적 대응방안의 하나로서 인식되어진 1990년대 이후에 본격화되고 있는 것을 무엇이라고 하는가?
		정답 경제통합(economic integration) 해설 경제통합(economic integration)은 한 지역 내의 여러 국가들이 국가들 상호간에 존재하는 관세 및 비관세장벽을 철폐하여 재화·서비스·생산요소 등이 국가 사이에 자유롭게 이동하도록 보장하는 협정이다.
3	논술식	① 다자주의와 지역주의 및 경제통합의 관계를 설명하시오. ② 경제통합의 목적을 과거 NAFTA에서 각국 입장을 중심으로 설명하시오. ③ 경제통합의 정태적 효과를 예를 들어 설명하시오. ④ 최근 NAFTA가 UNMCA로 바뀌게 된 배경과 각국 입장을 설명하시오. ⑤ 경제통합의 동태적 효과를 설명하시오.
4	설명식	① 유럽연합(EU) ② 공동시장 ③ 무역창출효과 ④ 무역전환효과 ⑤ USMCA

제 6 장

국제무역환경

제1절 국제무역환경과 GATT

1. GATT의 개요

1) GATT의 탄생

제1차 세계대전 직후 대부분의 국가들이 자국산업을 보호하기 위해 무역장벽을 높임에 따라 각 국가 사이의 교역량은 크게 감소하였고 1930년에는 경제 대공황이 발생하였다. 이러한 상황에서 제2차 세계대전이 끝날 무렵부터 미국을 중심으로 한 주요국들은 새로운 세계경제질서를 재편하기 위한 노력을 기울이기 시작하였다.

그 결과, 주요국들은 건전한 국제통화질서의 확립을 위한 국제통화기금(IMF)과 전후 복구사업과 후진국의 경제개발 지원을 위한 세계부흥개발은행(IBRD) 및 새로운 자유무역질서의 확립을 위한 국제무역기구(ITO)를 조직하기로 합의하였다.

그러나 ITO는 국가간 의견대립으로 조직이 무산된 대신 1947년에 '관세 및 무역에 관한 일반협정'(General Agreement on Tariffs and Trade, GATT)이 발효되었다.

2) GATT의 의의와 목적

GATT는 미국을 비롯한 23개국이 제네바에서 조인한 다자간 무역협정이다. GATT가 설립된 목적은 관세장벽과 기타의 무역장벽을 완화하거나 철폐하는데 있다.

GATT는 IMF와 함께 국제무역기구로서 세계경제질서를 주도하여 왔다.

GATT는 창설 이후 여러 차례 다자간 무역협상을 이끌어냈지만, 우루과이 라운드를 마지막으로 1995년 1월 세계무역기구(WTO)가 출범하면서 50여 년간의 GATT 체제는 막을 내리게 되었다. 우리나라는 1967년 4월 GATT의 정회원국이 되었다.

2. GATT의 기본 원칙과 관세교섭

1) GATT의 기본 원칙

GATT는 자유무역을 촉진시켜 세계경제를 발전시키기 위하여 체결국들이 지켜야 할 기본원칙들을 다음과 같이 네 가지로 제시하였다.

(1) 무역자유화의 원칙

무역자유화의 원칙은 자유무역의 장애가 되는 관세나 수량제한 등의 철폐로 자유무역을 실현한다는 것이다. 이 원칙에 따라 관세는 가입국 상호간의 교섭을 통해 가능한 한 인하하고 모든 가맹국에게 무차별적으로 적용하도록 하였다.

(2) 최혜국대우의 원칙

최혜국대우(Most Favored Nations, MFN)의 원칙은 회원국 중 어느 한 국가에 대해서만 특별한 대우를 제공하지 않아야 한다는 것이다.

즉, 특정 회원국에게 부여하는 최상의 혜택은 다른 모든 회원국들에게도 차별 없이 동등하게 부여해야 한다는 원칙으로 무차별의 원칙이라고도 부른다. 이 원칙은 자유무역지역이나 관세동맹 등 일부 예외가 인정되었지만 모든 회원국들이 동등한 조건에서 교역하고 그 교역의 이익을 최대화할 수 있도록 보장한 것이다.

(3) 상호주의의 원칙

상호주의의 원칙은 한 국가가 타 국가에 무역정책상의 혜택을 베풀면 그 혜택을 받는 국가도 동등한 조건의 혜택을 상대국에게 제공해야 한다는 것이다.

상호주의의 원칙은 한 국가가 다른 국가가 베푸는 무역정책상의 호혜적인 조치를 누리기만 하고 자국시장은 폐쇄적으로 운영함으로써 일방적인 혜택을 누리는 것을 막고 국가간 형평성을 유지하고자 한 것으로 최혜국대우의 원칙을 보완한 것이다.

그러나 실제에서 상호주의 원칙의 적용은 이론처럼 그리 간단하지가 않다. 왜냐하면 시장의 개방 정도를 측정하기가 매우 어려울 뿐 아니라 지나친 상호주의 원칙의 적용은 오히려 무역환경을 악화시킬 수 도 있기 때문이다.

(4) 내국민대우의 원칙

내국민대우(national treatment)의 원칙은 수입품과 국산품을 차별하지 말고 무차별하게 취급해야 한다는 것이다.

(5) 비관세장벽의 철폐원칙

비관세장벽(Non-Tariff Barriers, NTB)의 철폐원칙은 한 국가가 수입을 억제하기 위해 부과하는 관세 이외의 모든 인위적 규제를 철폐해야 한다는 것이다.

GATT는 수입규제의 정책수단으로 관세만을 인정하였다. 따라서 관세 이외의 수입할당제, 수입허가제 등과 같은 직접적인 수입규제조치를 관세로 전환하도록 GATT 협정은 제11조에 규정하였다. 이 규정을 준수해야 하는 국가를 GATT 11조국이라고 부른다.

그러나 자유무역원칙을 선진국과 후진국에게 무차별적으로 적용하면 후진국 산업들은 존립할 수 없게 된다. 이에 GATT 협정문 제18조에는 개발도상국이 국내산업을 보호하거나 만성적인 국제수지 불균형을 시정하기 위해 수량제한과 같은 보호주의적 수단은 사용할 수 있도록 허용하고 있다. 이 조항을 적용받는 국가를 GATT 18조국이라고 부르는데 우리나라도 1989년 10월까지 GATT 18조국에 해당했었다.

(6) 협의의 원칙

협의의 원칙은 무역당사자간에 무역분쟁이 발생하여 당사자간에 협의가 이루어지지 않으면 회원국 공동의 협의에 부칠 수 있도록 하는 분쟁해결절차를 규정한 것이다.

2) GATT의 관세교섭과 WTO 출범

GATT 체제가 출범한 이후, 관세인하나 관세철폐 등 무역장벽의 제거를 통한 자유로운 세계무역질서를 확립하기 위해 GATT 회원국들이 모두 참여하는 다자간 무역협상이 라운드(round)라는 이름으로 개최되었다.

특히 관세인하의 교섭은 1947년 제1차 제네바 라운드(Geneva Round) 협상부터 케네디 라운드(1962~1967년), 도쿄 라운드(1974~1979년), 그리고 1994년 모로코의 마라케시(Marrakech)에서 타결된 우루과이 라운드(1986년~1993년)에 이르기까지 여덟 차례에 걸쳐 이루어졌다.

여덟 차례 다자간 무역협상의 결과, 평균관세율은 대폭 하락하였고 비관세장벽도 현저하게 줄어들었다. 그러나 1980년대 들어 두 차례에 걸친 석유파동으로 세계경기가 침체되면서 국가간 무역불균형이 확대되었다.

특히, 일본의 대규모 무역흑자와 신흥공업국들의 부상으로 미국과 유럽국가들 사이에 신보호무역주의가 새롭게 확산되면서 GATT가 가진 한계가 드러나기 시작하였다.

또한 미국을 비롯한 강대국들이 GATT의 규율을 벗어나 반덤핑규제나 시장개방 압력을 독자적으로 추진함에 따라 GATT의 영향력을 한층 강화시키기 위한 새로운 국제무역시스템의 출현이 필요하였다. 그 결과 WTO가 출범하게 되었다.

제2절 국제무역환경과 UR

1. UR의 의의와 협상 배경

1) UR의 의의

우루과이 라운드(Uruguay Round, UR)란 GATT의 영향력을 회복하고 보다 체계적인 무역질서를 확립하기 위해 1986년부터 1993년까지 진행된 GATT의 제8차 다자간 무역협상을 말한다. 1994년 4월 모로코에서 개최된 마라케시(Marrakesh) 각료회담에서 협상이 최종 타결되어 1995년부터 효력이 발생하였다.

과거 GATT의 관세인하 교섭은 공산품과 원자재에만 적용되었던 협정이었다. 그런데 UR에서는 종래 GATT 규정에 포함하지 않았던 서비스, 해외투자, 지적소유권 등에 대한 새로운 규칙이 요구됨에 따라 상품과 서비스를 양축으로 하는 것 외에 지적재산권 등의 문제까지 적용범위를 확대하였다.

UR의 가장 큰 성과는 세계무역기구(WTO)를 창설한 것이다. GATT는 자유무역을 위반한 국가에 대해 별다른 제재를 가하지 못하였던 기구인데 비해, WTO는 제재조치를 구체적으로 실행할 수 있는 강력한 경제기구가 되었다.

2) UR협상의 배경

(1) GATT 체제의 외부요인

1980년대 들어 제2차 오일쇼크로 세계경기는 침체되었다. 유럽에서는 높은 실업률을 나타났으며 개발도상국들은 과다한 외채와 인플레이션으로 경제가 침체되었다.

특히, 미국의 무역수지 적자확대와 신흥공업국들의 수출신장으로 국가별 무역불균형 현상이 심화되었다.

이러한 상황에서 보호무역과 지역주의 경향이 더욱 확산되었고 국가간 통상마찰이 심화됨에 따라 GATT 체제의 재정비 필요성이 강력히 제기되었다.

(2) GATT 체제의 내부요인

GATT는 단순한 협정이므로 국제기구가 아니라는 본질적인 한계가 있었다. 또한 만장일치제에 따른 의사결정상의 제약과 사법권의 부재로 인한 분쟁해결 능력의 부족으로 GATT 체제의 기능이 약화되었고 위상이 크게 흔들렸다.

따라서 보다 강력하고 신속한 의사결정이 필요한 무역체제로의 이행이 필요하였다.

2. UR 협상결과의 평가와 협정문

1) UR 협상결과의 평가

UR 협상결과 나타나게 된 가장 구체적이고 대표적인 성과들은 다음과 같다.

첫째, 위상이 획기적으로 높아지고 강력한 권한을 가진 WTO가 창설된 점이다.

WTO는 유엔이나 국제통화기금(IMF)과 맞먹는 강력한 국제기구로, WTO의 창설은 자유무역환경을 보장하는 다자간 규범을 강화함으로써 무역확대를 통한 세계경제 도약의 계기를 마련한 것으로 평가되고 있다.

둘째, 역사상 가장 중요하고 포괄적인 다자간 무역협상이었던 UR협상의 타결은 자유무역을 향한 획기적인 진전으로 평가된다. UR 협상에서는 상품의 관세인하를 통해 기존의 무역장벽을 대폭 완화하였고 비관세장벽도 상당부분 완화되었다.

셋째, UR 협정에서는 최근 국제무역에서 비중이 점차 커지고 있는 서비스무역 분야에 대해 별도의 무역규범을 제정하였고 이 분야의 시장개방 계획을 작성하도록 함으로써 서비스무역이 확대되는 발판을 마련하였다. 또한 무역관련 지적재산권에 관한 협정을 수립함으로써 무역관련 지적재산권의 보호를 강화하였다.

넷째, GATT 체제에서는 분쟁해결절차에 많은 시일이 소요되었고 그 절차가 비효율적으로 복잡하였다. 그러나 UR 협상에서는 신속하게 분쟁을 해결할 수 있는 절차를 도입함으로써 일방주의와 같은 자의적인 무역규제의 여지를 대폭적으로 축소시켰다.

다섯째, UR 협상에서는 각종 수량제한 조치로 보호되어 왔던 농산물도 일단 관세화를 통해 WTO 체제내로 끌어들임으로써 무역자유화의 기반을 마련하였다.

여섯째, UR 협상에서는 각국의 보호무역수단으로 활용된 사례가 많았던 반덤핑, 상계관세, 긴급수입제한조치의 남용을 억제하도록 규범화 하였다.

2) UR협정문의 구성

우루과이 라운드의 내용은 WTO 협정에 담겨 있는데, 가입국은 이 협정에 가입함으로써 부속협정에 모두 가입하는 것이 된다. 부속협정은 부속서(Annex)로 표시되어 있는데 부속서 1A, 부속서 1B, 부속서 1C, 부속서 2, 부속서 3 및 부속서 4가 있다.

부속서 1A는 '상품무역에 관한 협정', 부속서 1B는 '서비스무역에 관한 일반협정(GATS)', 부속서 1C는 '지적소유권의 무역에 관한 협정(TRIPs)', 부속서 2는 '분쟁해결규칙 및 절차에 양해(DSU)', 그리고 부속서 3은 '무역정책검토제도(TPRM)'이다.

그리고 이것 외에 부속서 4에는 몇 개의 개별협정이 있다. UR 협정 중 우리나라와 특히 관계가 깊은 것은 농산물 등 상품무역에 관한 협정이다.

제3절 국제무역환경과 WTO

1. WTO의 의의

세계무역기구(World Trade Organization, WTO)는 다자간 무역체제의 틀 안에서 자유무역질서를 확대하고 공정한 무역질서를 확립하기 위하여 GATT의 마지막 다자간 협상인 제8차 우루과이 라운드협상(1986~1994) 결과에 따라 1995년에 출범한 다자간 무역기구이다.

WTO는 기존 GATT 체제가 가지고 있는 한계와 문제점을 극복하기 위하여 설립된 기구이기 때문에 UR협상의 가장 중요한 성과 중의 하나로 평가되고 있다.

WTO는 그동안 GATT 체제에서 추진하여 왔던 자유무역질서를 더욱 강화하는 한편 기존 GATT 및 UR에서 합의된 사항의 이행을 관장하는 국제기구가 되었다.

WTO는 GATT 체제를 확대하여 개편한 국제기구이지만, GATT와 가장 큰 차이점은 GATT는 일반협정인데 반해, WTO는 법적 구속력을 가진 국제기구라는 점이다. 이러한 점에서 WTO를 '무역에 관한 UN'이라고도 부르고 있다.

WTO는 스위스 제네바에 본부를 두고 있으며, 산하에 각료회의, 총회, 3개의 무역이사회, 3개의 위원회, 사무국 등 많은 하위기구를 두고 있다. 특히 법적 구속력과 감시기능을 가지고 있는 분쟁해결기구와 무역정책 검토기구도 별도로 두고 있다.

2. WTO의 목적과 주요 원칙

1) WTO의 목적

GATT 체제는 1980년대에 확산된 보호무역주의와 차별적인 지역주의의 대두를 효과적으로 규율하지 못하는 등 새로운 국제무역의 환경변화를 제대로 반영하지 못하는 한계를 노출하였다.

이에 따라 WTO는 전신인 GATT의 기능을 강화하는 한편 국제무역의 환경변화에 따라 새롭게 부상한 과제들을 포괄하고 무역관련 법, 제도, 관행 등에 관한 규칙의 명료성을 제고하여 세계교역을 증대시키는데 목적을 두고 설립되었다.

또 다른 목적은 분쟁해결과 관련된 것이다. 즉, 교역관계는 항상 상충적 이해관계를 가지므로 WTO 체제 내에서 협상된 약속과 협정들은 해석을 필요로 하는 경우가 많은데, WTO는 국가간의 의견 차이를 해결하는 가장 조화로운 방법으로 WTO 체제에서 합의된 법적 기초에 근거한 중립적 절차에 따라 분쟁을 해결하도록 하고 있다.

2) WTO의 주요 원칙

농산물 등 다양한 분야에서 WTO 협정은 다음의 원칙을 기본으로 하고 있다.

(1) 무차별의 원칙

무차별(non-discrimination)의 원칙이란 차별 없는 무역을 말한다. 여기에는 공정한 무역을 보장하는 원칙으로 최혜국대우의 원칙과 내국민대우의 원칙이 있다.

① 최혜국대우의 원칙

최혜국대우(Most-Favored-Nation, MFN)의 원칙이란 WTO협정 하에서 회원국들은 무역상대국 사이에 차별을 금지한다는 것이다.

즉, 한 회원국이 특정한 회원국에게 관세인하와 같은 교역상의 혜택을 부여하면 모든 다른 회원국들에게도 차별 없이 동등하게 혜택을 부여해야 한다는 것이다.

물론 MFN의 예외조항으로 자유무역지역과 같은 협정을 체결한 국가들에 적용된다.

② 내국민대우의 원칙

내국민대우(national treatment)의 원칙은 한 상품이 일단 국내시장에 수입된 후에는 수입품과 동종의 국내생산품은 차별 없이 동등하게 취급되어야 한다는 것이다.

내국민대우의 원칙은 수입 후에 문제가 되는 것이기 때문에 수입 시에 부과되는 관세는 내국민대우의 원칙에 해당하지 않는다. 이 원칙은 모든 상품에 적용되지만 서비스의 경우에는 회원국간 협상결과에 따라 특정분야에 대해서만 적용시킬 수 있다.

(2) 협상을 통한 점진적인 자유무역 실현

관세나 비관세 등 무역장벽을 철폐하거나 낮추는 것이 무역을 촉진하는 가장 분명한 방법이다. GATT 출범 이후 8차례에 걸친 다자간 협상과 WTO 출범 이후 진행되고 있는 도하(Doha) 라운드협상에서 관세인하의 노력은 꾸준히 지속되고 있다. 그 결과 1990년대 중반까지 선진국들의 평균 수입관세는 4% 이하로 떨어졌다.

(3) 공정한 경쟁의 촉진

WTO는 자유무역을 주장하지만 실제에 있어서는 관세와 제한된 형태의 보호조치들을 허용하고 있다. 따라서 더 정확하게 표현하자면 WTO는 개방되고 공정하며 왜곡되지 않은 경쟁을 지향하려는 국제기구인 것이다. 그러므로 WTO 창설은 국경 없는 무한경쟁시대로 돌입하는 새로운 국제무역환경의 기반을 조성한 것을 의미한다.

3. WTO의 특징과 협정

1) WTO의 특징

(1) 관할 범위의 확대

GATT 체제는 주로 공산품이 논의된 반면, WTO 체제는 공산품 외에 농산물에 대한 규율도 도입하여 범위를 확대하였다.

(2) 협상대상의 확대

WTO 체제는 GATT 체제에서 논의되지 못하였던 분야까지 협상대상으로 확대하였다. 대표적인 것이 1970년대 이후 증가하고 있는 서비스교역과 특허권, 상표권 등을 총칭하는 개념인 지적재산권 및 무역관련 투자 등의 분야이다.

(3) 다수결의 원칙의 적용

GATT 체제는 국제협상이 만장일치제로 운영되었기 때문에 효율적이지 못하였다. 이에 반해 WTO 체제는 회원국 사이에 발생한 문제를 다수결의 원칙(majority rule)으로 해결함으로써 의사결정의 신속성을 도모하였다.

(4) 강력한 권한

WTO 체제는 회원국들이 협정내용을 엄격하게 준수하도록 요구하고 있다. 따라서 회원국들이 협약을 불이행하면 관련 당사국은 피해보상을 요구할 수 있게 하는 등 강력한 체제를 구축하고 있다. 대표적인 것이 분쟁해결기구(Dispute Settlement Body, DSB)의 설치이다. 이 기구는 모든 무역관련 분쟁을 관장하는 기능을 가지고 있다.

(5) 무역정책기구의 상설화

WTO 체제는 관세나 비관세 등 무역장벽을 축소하거나 철폐하자는 입장을 취하고 있기 때문에 각국의 무역정책을 지속적으로 검토하기 위해 무역정책 검토기구(Trade Policy Review Body, TPRB)를 설치하였다. 이 기구는 회원국의 무역과 관련한 정책, 제도, 관행 등을 주기적으로 검토 및 평가하는 동시에 무역분쟁을 사전에 예방하는 기구이다.

(6) 협정의 차별적 적용

WTO 체제에서서는 회원국에 대해 협정의 무조건적인 적용을 시도하는 것이 아니라, 각 회원국들의 경제발전단계를 고려하여 협정을 유연하게 적용하고 있다.

2) WTO의 협정

(1) 상품무역에 관한 협정

상품무역에 관한 협정은 양국간 무역협상이 아닌 다수의 국가들이 참여하는 상품에 관한 무역협정을 말하며 다자간 상품무역협정이라고도 부른다.

이 협정은 국제간의 상품무역에서 장애가 되는 모든 요인들을 축소하거나 제거하고 상호간에 시장을 개방하는 자유로운 무역을 통해 세계무역을 확대하자는 것을 목표로 삼고 있다. 이 협정은 GATT 체제에서부터 시작된 것으로 WTO 체제에서도 무역협정으로 계속 논의되고 있다. 상품무역에 관한 다자간협정에는 다음의 협정들이 있다.

① 관세인하 협정

GATT가 지속적으로 추진한 관세인하의 협상 결과 공산품에 대한 관세는 급격히 인하되어 1999년에는 평균 4% 미만이 되었다.

GATT 체제와 같이 WTO협정도 무역규제수단으로는 관세만을 허용하고 있으며 관세협상을 통해 각 품목의 관세율을 점진적으로 인하하는 것을 목표로 삼고 있다.

GATT 체제는 회원국간에 상호적인 관세양허의 부여, 즉 관세인하에 관하여 정기적인 교섭의무를 회원국에게 부과하고 있다. 따라서 WTO 회원국들은 GATT와 같이 자신의 관세양허약속을 기재한 각각의 양허표를 WTO에 제출하고 있다.

② 농산물에 관한 협정

WTO 체제 이전의 GATT 체제에서 농산물 교역분야는 각국에서 차지하는 농업정책의 중요성과 특수성 때문에 GATT의 기본원칙이 적용되지 못하였다. 이에 따라 다자간 차원에서 농산물의 교역 자유화가 모색되기 시작하여 1986년 우루과이 라운드의 출범과 함께 농산물 교역은 UR 라운드의 가장 핵심적인 의제가 되었다.

우루과이 라운드 협상 기간 중에 난항을 겪으면서 1995년 최종 타결된 WTO 농산물 협정은 농산물의 자유무역과 공정무역을 실현하기 위해 국내보조금, 수출보조금, 개발도상국의 우대 등을 엄격하게 규정하고 있다. 특히 보조금은 감축 폭, 기준년도, 이행기간 등에 대한 구체적인 목표를 설정하고 있다.

③ 섬유 및 의류에 관한 협정

섬유 및 의류에 관한 협정(Agreement on Textiles and Clothing, ATC)은 섬유교역에 대한 수입규제(쿼터)를 단계적으로 철폐하여 섬유류 교역을 자유화하기 위해 체결된 WTO 협정의 하나이다.

(2) 서비스무역에 관한 일반협정

서비스무역에 관한 일반협정(General Agreement on Trade in Services, GATS)은 서비스무역이 증가함에 따라 UR 라운드 협상에 서비스무역이 포함된 이래 그 결과물로서 타결된 서비스무역에 관한 정부간 협정을 말한다.

서비스는 상품 자체의 특성으로 국가마다 정의와 분류에 차이가 있기 때문에 많은 분쟁이 야기될 수밖에 없었다. 이러한 문제를 해결하고자 한 것이 이 협정이다.

이 협정은 정부가 구매하거나 제공하는 서비스를 제외한 모든 서비스무역을 규율하고 있다. UR 서비스 업종분류표에서는 서비스를 사업, 통신, 건설, 유통, 교육, 환경, 금융, 은행, 건강, 오락, 여행, 운송, 기타 등 12개 분야로 분류하고 있다.

(3) 지적재산권의 무역에 관한 협정

지적재산권의 무역에 관한 협정(Agreement on Trade-Related Aspects of Intellectual Property Rights, TRIPS)은 특허권, 상표권, 저작권 등 지적재산권에 대한 WTO 차원의 다자간규범을 말하며 '무역관련 지적재산권에 관한 협정'이라고도 부른다.

이 협정은 발명이나 창작과 같은 지적생산물에 대한 소유권을 의미하는 지적재산권이 무역마찰의 주요 원인이 됨에 따라, 우루과이 라운드에서 주요 의제로 논의된 이후 1995년에 발효된 WTO협정의 부속협정에서 정식 채택되었다.

(4) 분쟁해결규칙 및 절차에 관한 양해

WTO 분쟁해결절차 및 절차에 관한 양해(Understanding on Rules and Procedures Governing Dispute Resolution)는 WTO 회원국가들 사이에 무역분쟁이 발생할 경우 이를 신속하게 해결하는데 필요한 규칙과 절차를 규정한 것이다.

이 양해에서는 무역분쟁을 전담할 분쟁해결기구(Dispute Settlement Body, DSB)를 설치함으로써 무역분쟁에서 WTO의 기능을 강화하도록 하였다.

(5) 무역정책 검토제도

무역정책 검토제도(Trade Policy Review Mechanism, TPRM)는 각국의 무역정책과 관행에 대한 투명성 제고와 다자간 무역체제의 기능을 강화하기 위해 회원국가의 무역정책을 정기적, 다자적으로 검토하는 제도를 말한다.

이를 담당하는 기구를 무역정책 검토기구이라 하는데 이 기구는 회원국들의 무역법규와 제도, 정책과 관행 등을 주기적으로 평가하고 있다. 이것은 회원국들이 다자간협정을 준수하도록 함으로써 WTO 체제를 강화하기 위한 것이다.

제4절 국제무역환경과 국제경제기구

1. 국제통화기금

1) 의의

국제통화기금(International Monetary Fund, IMF)은 제2차 대전이 끝나던 1944년 7월 미국 뉴햄프셔 주(州)의 브렌튼 우즈(Bretton Woods)에서 개최된 UN회의를 통해 브레튼우즈 체제가 출범했는데, 이때 혼란에 빠진 국제통화질서를 바로잡기 위한 노력의 결과로 국제부흥개발은행(IBRD)과 함께 창설된 국제기구이다.

1945년 설립 당시 참가국은 29개국이었으나 현재 회원국은 총 190개국이다. 북한, 쿠바, 모나코 등은 현재 IMF에서 배제되어 있다.

2) 설립 목적

IMF는 국제통화협력을 증진하고 재정상황을 안정시키며 외환시장의 안정과 외환규제를 철폐하는 동시에 가맹국에 대한 자금제공 등을 통해 가맹국들의 경제를 지원하고 고용을 증대시키는 것을 목적으로 설립되었다.

3) 1997년 우리나라의 외환위기와 IMF

IMF는 특정 국가에 외화가 부족할 경우 이를 빌려주는 기구로, 이때 빌려주는 자금은 각 선진국들이 일정량 펀드형태로 출자하여 조성한 기금을 재원으로 하고 있다.

달러부족을 겪는 국가나 방만한 재정정책으로 외화를 제대로 관리하지 못한 국가들은 IMF에 구제금융을 요청할 수 있다. 이 경우 해당 국가의 신용도 추락은 물론 IMF의 지시에 따라 경제구조 자체를 재편해야 하는 고강도의 개혁이 뒤따르게 된다.

우리나라도 김영삼 정권(1997년)때 국고파탄으로 IMF로부터 기금을 차용했다.

조달받는 대가로 국내 경제구조를 거의 재편하는 수준의 강도 높은 요구사항에 순응했으나 범국민적인 금 모으기 운동 등으로 전액을 조기 상환한 바 있다.

이후 엄청난 정리해고와 뒤이은 비정규직법의 등장으로 1997년 IMF 외환위기 이전과 이후의 한국사회는 많이 다른 사회로 변모되었다.

IMF는 우리나라 사람들에게는 그다지 달갑지 않은 국제기구이지만 파산위기의 한국경제를 도와준 국제기구임은 틀림없다. 당시 혼란의 원인제공은 IMF가 아니었던 만큼 'IMF 사태'보다는 '외환위기'라는 용어를 사용하는 것이 올바른 것이다.

2. 국제부흥개발은행

1) 의의와 목적

국제부흥개발은행(International Bank for Reconstruction and Development, IBRD)은 1944년 브레튼우즈 협정에 따라 유엔의 전문기관으로 1945년 12월에 설립되었다. IBRD는 일명 '세계은행(World Bank)'이라고도 불리고 있다.

원래는 제2차 대전 이후 전쟁피해 복구와 재건을 위해 만들어진 국제기구였으나, 현재는 빈곤 국가들을 구제하기 위한 역할도 적극적으로 수행하고 있다.

2) 기능과 회원국

IBRD의 대출자금 재원은 국제자금시장에서 융통되는 세계은행 채권을 발행하여 수급하며, 주로 개발도상국의 공업화를 위해 필요한 자금을 장기의 저리로 융자해 주고 있다. 통상 년 120~150억 달러 수준이 대출되고 있다.

IBRD는 정부나 공적단체(공기업)에만 자금을 대출해 주는데 항상 정부(주권국)의 상환보증이 전제되어야 한다. 세계은행 채권은 AAA(최상위)로 평가되고 있는데 이것은 IBRD 회원국에 의해 후원되며 채무국의 보증이 되어 있기 때문이다.

IBRD의 회원국은 현재 190개국이다. IBRD는 IMF와 설립 시기도 비슷하고 IMF 회원국은 IBRD에 자동으로 가입되기 때문에 IMF 회원국과 IBRD 회원국은 동일하다. 우리나라는 1955년에 가입하였고 1970년에 대표 이사국으로 선출되었다.

3) 활동 내용

IBRD는 개발자금의 융자, 개발도상국의 개발정책 수립, 개발교육 등의 업무를 지원할 뿐 아니라 국제무역의 확대와 국제수지의 균형을 도모하기 위해 저개발국이나 개발도상국들에게 기술제공과 원조도 제공하고 있다.

4) 우리나라의 전후 복구와 IBRD

우리나라는 과거 6.25 전쟁에 따른 피해복구를 위해 IBRD로부터 많은 차관을 도입하였다. 1968년부터 1999년까지 거의 30년간 156억 달러를 도입하여 주로 교육과 산업육성에 사용하였다. 빌린 돈으로 구매한 장비이기 때문에 차관도입 당시에는 공급된 장소에서 종종 구매 장비들을 체크하였다고 한다. 1995년 이후에는 우리나라도 급격한 고도의 경제성장을 통해 IBRD에 돈을 빌려주는 국가로 성장하였다.

3. 경제협력개발기구

1) 의의와 목적

경제협력개발기구(Organization for Economic Co-operation and Development, OECD)는 회원국간의 정책조정과 정책협력을 통하여 회원 각국간의 경제발전을 모색하고 세계경제와 관련된 문제들을 공동으로 대처하기 위한 국제기구이다.

OECD의 목적은 각국의 경제성장과 고용증대, 생활수준의 향상, 개발도상국에 대한 원조 및 개발협력, 차별 없는 세계무역의 확대 등이다.

이 기구는 1961년 9월에 설립되었고 최고의 의사결정기구는 매년 프랑스 파리 본부에서 열리고 있는 각료이사회이다. 우리나라는 1996년 12월에 가입하였다.

2) 활동 내용

OECD는 현재 38개 회원국들로 구성되어 있다. 회원국의 대부분이 정치적으로는 대의 민주주의 제도를 채택하고 있고, 경제적으로는 자유시장 경제원칙을 받아들이고 있으며 막강한 경제력을 보유한 선진국들로 구성되어 있다.

현재 세계경제에 미치는 영향력은 WTO보다도 크다는 평가를 받고 있다. 왜냐하면 통상문제에 국한되어 있는 WTO와 달리, OECD는 각국의 경제성장과 고용 등 거시경제에 관심을 가지고 국가간 경제정책의 조화를 모색하고 있기 때문이다.

3) 우리나라와 OECD통계

언론매체 등에서 우리 사회가 가지고 있는 문제점이나 부정적인 측면을 지적할 때 OECD에 속한 다른 국가나 평균을 예로 드는 경우가 많다. 예를 들어 자살률이 OECD 평균의 두 배, 노인 빈곤률 49%, 산재 사망률 최상위권, 연간 노동시간 3위, 출산율 OECD 꼴찌, 교통사고 사망률 OECD 2위 등이라는 식이다.

반대로 삶의 질이나 국가의 발전정도를 나타내는 긍정적인 측면들을 살펴보면 우리나라는 치안, 상하수도, 가스, 전기 등 각종 공공서비스 부분은 OECD 상위권이며 대중교통, 통신, 인터넷 환경 등은 최상위권에 속하고 있다.

OECD가 발표하는 통계는 국가들의 성적을 나타내는 것보다도 회원국들이 상호 비교를 통해 자국에서 보완해야 할 점을 찾는 데 도움을 주는데 의의가 있다.

OECD 통계의 일부 부정적 수치에 대한 언론의 보도는 헬 조선(Hell 朝鮮) 현상에 일조하고 있으나 사회가 해결할 문제에 대한 공감대를 갖게 하는 긍정적 효과도 있다.

4. 유엔무역개발회의

1) 의의와 목적

유엔무역개발회의(United Nations Conference on Trade and Development, UNCTAD)는 1964년에 설립된 UN 직속기구이며 목적은 남북문제를 해결하는 것이다.

GATT에 의한 무역장벽의 철폐는 선진국에게는 유리하지만 후진국에게는 불리하게 작용한다. 이에 후진국들은 GATT가 선진국의 이익만을 대변한다고 비판해 왔다.

결국 GATT에 대한 반동으로 나타난 국제경제기구가 UNCTAD인 셈이다. 2025년 현재 회원국은 195개국이며 우리나라는 1964년 제1차 총회 때 가입하였다.

2) 주장과 활동

UNCTAD는 주로 지구의 남반구에 있는 개도국들과 후진국들이 주동이 되어 설립된 국제기구인데 그들의 주장은 크게 두 가지로 요약될 수 있다. 첫째, 선진국들은 후진국들에게 무상원조나 장기 저리의 원조를 제공해야 한다. 둘째, 선진국들은 후진국 상품에 대한 수입관세를 철폐하거나 경감시키는 특혜관세제도를 실시해야 한다.

5. 세계관세기구

1) 의의

세계관세기구(World Customs Organization, WCO)는 1947년에 창설된 국제기구로 현재의 명칭은 1994년부터 사용되고 있다. 벨기에 브뤼셀에 본부를 두고 있다.

현재 전 세계 총 184개국이 여기에 참여하고 있고 전세계 '관세업계의 대변인' 역할을 담당하고 있다.

2) 비전과 업무

WCO의 비전은 관세분야에 관한 국제 이슈와 세관행정에 관한 모범사례 개발 및 전파, 세관의 현대화 작업을 통한 회원국 세관행정의 효율성을 제고시켜 주는 것이다.

WCO의 주된 업무는 관세에 관한 국제협약의 개발, 상품분류, 관세평가, 원산지, 관세의 징수, 세입확충과 국가안전, 수출입물류의 공급망 안전, 국제무역의 원활화, 관세조사와 감시, 위조방지, 무역통계 작성 등 지식재산권의 보호, 세관공무원의 청렴성, 세관현대화를 위한 능력개발 등이다.

학습정리

1. GATT는 1947년 제네바에서 미국을 비롯한 23개국이 조인한 다자간무역협정이다.
2. GATT의 목적은 관세나 기타의 보호무역장벽을 완화 내지 철폐하고 무차별적인 국제무역체제를 확립하여 국제경제의 발전과 자유무역을 실시하는데 있다.
3. GATT의 기본원칙은 무역자유화의 원칙, 최혜국대우의 원칙, 상호주의의 원칙, 내국민대우의 원칙, 협의의 원칙, 비관세장벽의 철폐원칙 등이다.
4. 우루과이 라운드(UR)는 1993년까지 진행된 GATT 제8차 다자간 무역협상이다.
5. 우루과이 라운드 협상의 결과로서 가장 구체적이고 대표적인 성과는 위상이 획기적으로 높아지고 강력한 세계무역기구(WTO)가 설립되었다는 점이다.
6. 세계무역기구(WTO)는 다자간 무역체제의 틀 안에서 자유무역질서를 확대하고 공정한 무역질서를 확립하기 위해 출범한 다자간 무역기구이다.
7. WTO의 원칙은 무차별원칙, 자유무역 실현, 공정경쟁의 촉진 등이다.
8. WTO의 특징은 협상대상의 확대, 다수결의 원칙, 강력한 권한, 무역정책기구의 상설화 및 협정의 차별적 적용 등이다.
9. WTO의 협정에는 상품무역, 서비스무역, 지적재산권에 관한 협정, 분쟁해결규칙 및 절차에 관한 양해, 그리고 무역정책 검토제도가 있다.
10. 국제통화기금(IMF)는 제2차 세계대전 이후 국제통화질서를 바로잡기 위한 노력의 결과로 국제부흥개발은행(IBRD)과 함께 1944년 창설되었다.
11. 1997년 IMF 외환위기 이후 엄청난 정리해고와 뒤이은 비정규직법의 등장으로 1997년 외환위기 이전과 이후의 한국사회는 많이 다른 사회로 변모되었다.
12. 우리나라도 6.25전쟁 이후 피해복구를 위해 세계은행이라고 불리는 IBRD(국제부흥개발은행)로부터 많은 차관을 도입하였다.
13. OECD 통계는 국가들의 성적을 매기자는 것보다도 회원국들이 상호 비교를 통해 자국에서 보완해야 할 점을 찾는 데 도움을 주는데 의의가 있다.
14. OECD 통계의 일부 부정적 수치에 대한 언론의 보도 태도가 헬 조선(Hell 朝鮮) 현상에 일조할 수는 있으나 사회가 해결할 문제에 대한 공감대를 갖게 하는 긍정적 효과와 비교할 때 부정적 효과가 반드시 더 크다고는 할 수 없다.

■ 생각해보기

주제	OECD가 발표하는 통계의 긍정적 측면과 부정적 측면은 무엇인지 우리나라의 입장에서 생각해 봅시다.
전문가 의견	우리 사회의 문제점을 지적할 때 OECD에 속한 다른 국가나 평균을 들기도 한다. 예로 자살률이 OECD 평균의 두 배, 노인 빈곤률 49%, 산재 사망율 최상위권, 연간 노동시간 3위, 출산율 OECD 꼴찌, 교통사고 사망률 OECD 2위 등이라는 식이다. 반대로 삶의 질이나 국가의 발전정도를 나타내는 요소들을 살펴보면 우리나라는 치안, 상하수도, 가스, 전기 등 각종 공공서비스 부분은 OECD 상위권이며, 대중교통, 통신, 인터넷 환경 등도 최상위권이다. 이와 같이 OECD 통계는 나라 성적을 매기자는 것보다도 회원국들이 상호 비교를 통해 자국에서 보완해야 할 점을 찾는 데 도움을 주는데 의의가 있다.

■ 평가문제

문항	유형	문제
1	객관식	다음 중 WTO의 특징으로 잘못된 것은? ① 협상대상의 확대 ② 만장일치제 원칙 ③ 분쟁해결기구 운영 ④ 무역정책기구의 상설화 정답 ② 해설 WTO의 특징 중의 하나는 다수결 원칙이다. GATT 체제는 국제협상이 만장일치제로 운영되었기에 효율적이지 못하였다. 이에 WTO는 다수결원칙을 채택하였다.
2	주관식	UR의 합의에 따라 GATT의 규정을 보다 효과적으로 적용하는 역할을 맡게 된 국제기구로서 스위스의 제네바에 본부를 두고 있으며 GATT에 참여하는 국가의 무역정책을 감시하는 역할을 하는 국제기구는? 정답 세계무역기구(WTO) 해설 세계무역기구(WTO)는 자유무역질서를 확대, 강화하며 이에 대한 제도화를 목적으로 하는 다자간 무역기구이다. 즉, UR의 합의에 따라 GATT의 규정을 보다 효과적으로 적용하는 역할을 맡게 된 국제기구이다.
3	논술식	① 우루과이 라운드(UR) 협상결과를 무역자유화의 관점에서 평가하시오. ② GATT와 WTO의 기본원칙과 특징을 비교하여 설명하시오. ③ WTO의 다자간 무역체제의 근본을 이루는 주요한 원칙들을 설명하시오. ④ WTO 체제의 특징을 GATT 체제와 비교하여 상세히 설명하시오. ⑤ 1997년 한국의 외환위기와 IMF의 역할을 설명하시오.
4	설명식	① 무역정책 검토기구 ② 내국민우대의 원칙 ③ 최혜국대우 ④ UNCTAD ⑤ 세계관세기구(WCO)

제 7 장

외환과 국제수지

제1절 무역거래와 외환

1. 외환의 의의와 특성

1) 환과 외환의 의의

환(換, exchange)이란 격지자 간의 채권과 채무관계를 현금의 직접 수송에 의하지 않고 제3자(주로 은행)를 통한 지급준비의 방식으로 결제하는 수단을 말한다.

예를 들면 서울의 A상인이 부산의 B상인에게 10만원의 지불채무가 있고, 한편으로 서울의 C상인이 부산의 D상인으로부터 받을 10만원의 채권이 있다고 하자.

이 때 A가 B에게, D가 C에게 각기 10만원의 현금을 송금하는 대신에 B가 A에 대해 가지고 있는 채권을 C에게 양도하고 C가 D에 대해 가지고 있는 채권을 B에게 양도하면 A는 C에게, D는 B에게 각기 10만원을 인도하게 되어 양 지역 사이에 현금을 송치하는 비용과 위험을 생략하여도 결제가 완료된다.

이러한 환의 원리를 국내에 적용한 것이 내국환(domestic exchange)이고 국제간에 확장하여 적용한 것이 외환(foreign exchange)이다. 외환이란 국제간의 거래에 의해 발생하는 채권이나 채무관계를 현금의 개입 없이 전신이나 환어음 등의 결제수단을 활용하여 국제간에 결제가 이루어지도록 하는 방법이나 제도를 말한다.

다만, 실제 거래에서는 금액이나 지불기일, 지불장소, 통화 등이 서로 다르기 때문에 위에서 설명한 예와 같이 상인간에 직접 채권양도가 이루어지는 것이 아니라, 환어음을 매매하는 형식을 취해 자기계산으로 채권을 인수하고 양도하는 업자가 개재하여 환거래를 원활하게 한다. 이 업자가 '환업무를 취급하는 은행들'이다.

따라서 외환은 간단히 말해서 환업무를 취급하는 은행을 통해 외국환어음이라는 수단으로 국제간의 대차관계를 결제하는 제도 내지 방법을 말한다.

2) 외환의 특성

외환은 내국환에 비해 다음과 같은 특성을 가지고 있다.

첫째, 거래당사자를 기준으로 본다면 외환은 당사자의 일방이 외국에 있지만 내국환은 양 당사자가 동일 국내에 있다.

둘째, 자금의 이동범위를 기준으로 본다면 외환은 자금의 이동범위가 2개국 이상에 걸쳐 발생하지만 내국환은 동일 국내에서 발생한다.

셋째, 결제가 이루어지는 장소를 기준으로 본다면 외환은 결제장소로 국제금융시장이 이용되지만 내국환은 국내외환시장이 이용된다.

넷째, 환율의 발생을 기준으로 본다면 외환은 서로 다른 통화의 거래이기 때문에 환율문제가 발생하지만 내국환은 동일화폐의 거래이므로 환율문제가 발생하지 않는다.

2. 외환의 종류

1) 매입환과 매도환

외환은 업무방향에 따라 매입환(bills bought)과 매도환(bills sold)으로 구분된다. 매입환은 외국환은행이 외환을 매입하는 경우를 말하고, 매도환은 외국환은행이 외환을 매도하는 경우를 말한다.

보통 수출자는 외국의 수입자나 수입국의 은행 앞으로 환어음을 발행하고 이를 은행에서 매입하여 대금을 회수하는데 이것이 은행 측에서 볼 때 매입환이 된다.

또 외국에서 보내온 환어음이나 수표대금을 은행이 그 환어음이나 수표와 교환으로 수취인에게 지급하는 경우도 매입환이 된다.

반대로, 외국에의 송금이나 수입대금의 지급을 위해 은행이 고객에게 환을 매도하는 입장에 있는 경우가 매도환이다. 은행들은 매입환은 외국환 매입시세를, 매도환은 외국환 매도시세를 적용한다.

2) 보통환과 전신환

외환은 지시내용을 전달하는 방법에 따라 크게 보통환(common exchange)과 전신환(Telegraphic Transfer, T/T)으로 구분된다. 보통환은 자금결제의 지시내용이 우편으로 전달되는 경우를 말하며 우편환(Mail Transfer, M/T)과 송금수표가 있다.

전신환은 외국환을 매매할 때 자금결제의 지시내용이 전신으로 이루어지는 방식의 환을 말한다. 전신환은 신용장에 비해 절차가 간편하며, 현금이 오가는 대신 통장간 입금이나 이체로 대체되기 때문에 수수료가 낮고 안전하다.

3) 현물환과 선물환

외환은 거래 시기에 따라 현물환(spot exchange)과 선물환(forward exchange)으로 구분된다. 현물환은 외국환 매매계약이 성립되는 동시에 실제의 환매매가 이루어지는 것이고, 선물환은 외국환 매매계약이 체결된 이후 실제 매매거래는 장래의 일정기일 내에 미리 정한 금액과 종류의 외환을 약속한 환율로 건네받는 것을 말한다.

현물환은 주로 무역거래에서 대금결제의 목적으로 사용되며, 선물환은 환시세 변동에 따른 환위험(exchange risk)을 사전에 방지하기 위한 목적으로 사용한다.

수출자는 수출계약의 체결과 동시에 은행과 선물환계약을 체결함으로써 수출계약 때부터 수출대금을 회수할 때까지 환율변동에 따른 손해를 커버할 수 있다.

4) 송금환과 추심환

외환은 환어음의 이동방향에 따라 송금환(remittance bill)과 추심환(collection exchange)으로 구분된다. 송금환은 양국의 외국환은행간에 현금의 이동방향과 환어음의 이동방향이 일치하는 경우를 말한다. 송금환은 채무자가 채권자에 대한 채무를 결제하기 위해 은행을 경유해 자금을 송금한다는 의미에서 순환(順換)이라고도 부른다.

추심환은 양국의 외국환은행간에 현금의 이동방향과 환어음의 이동방향이 반대인 경우를 말한다. 송금환과 반대로 채권자(보통 수출자)가 채권액을 회수하기 위해 외국에 있는 채무자 앞으로 환어음을 발행하여 추심(collection)하는 방법이며 역환(逆換)이라고도 부른다. 추심환은 무신용장거래에서 많이 사용되고 있다.

5) 일람출급어음과 기한부어음

외환은 환어음의 지급기간에 따라 일람출급어음(sight bill)과 기한부어음(usance bill)으로 구분된다. 일람출급(일람불)어음은 환어음이 지급인에게 제시되면 즉시 지급이 이루어지는 조건의 환어음을 말한다. 기한부어음은 환어음이 지급인에게 제시된 후 일정한 지급 유예기간 후에 지급이 이루어지는 조건의 환어음을 말한다.

6) 화환어음과 무화환어음

외환은 환어음을 발행할 때 운송서류 혹은 선적서류가 첨부되는지의 여부에 따라 화환어음(documentary bill)과 무화환어음(clean bill)으로 구분된다.

화환어음은 환어음발행 시 운송서류가 첨부되는 조건의 환어음을 말하며 무화환어음은 운송서류의 첨부가 요구되지 않는 조건의 환어음을 말한다.

제2절 환율

1. 환율의 의의와 표시방법

1) 환율의 의의

환율(exchange rate)은 자국통화와 외국통화의 교환비율을 말한다. 일반적으로 통화의 가치는 구매력으로 나타난다.

예를 들어 해외직구를 하려면 자국의 통화를 교환하여 얻은 외화가 있어야 한다. 따라서 환율은 통화의 대외가치나 대외구매력 또는 외환시세를 의미한다.

미국의 달러는 세계의 기축통화 역할을 하고 있기 때문에 환율을 나타낼 때는 달러를 기준으로 삼는 것이 일반적이다. 예를 들어 환율이 달러 당 1,000원이면, 1,000원을 내어야 1달러를 얻을 수 있다는 뜻이다.

여기에서 환율이 200원 올라 달러 당 1,200원이 되면 1,200원이 있어야 1달러의 값어치를 하므로 원화의 가치는 그만큼 하락하게 된다. 같은 원리로, 만일 환율이 내린다는 것은 원화 가치의 상승을 의미하게 된다.

2) 환율의 표시방법

환율은 어느 국가의 돈을 기준으로 하느냐에 따라 다음과 같은 표시방법이 있다.

(1) 자국통화 표시환율

자국통화 표시환율은 외국 화폐 1단위를 기준으로 교환되는 우리나라 화폐와의 교환비율을 말한다. 예를 들면 외국 돈의 대표주자인 미국의 달러를 기준으로 할 때 미화 1달러 당 우리나라 원화 1,000원이라고 표시하는 방식이다.

일반적으로 우리는 이럴 때 '환율이 1달러에 1,000원이다.'라는 표현을 사용한다.

이것은 1달러를 받기 위해 우리 돈을 얼마나 지불해야 하느냐가 초점이 되며 미국 1달러가 우리나라 돈으로 1,000원과 같은 가치를 지닌다는 의미가 된다.

(2) 외국통화 표시환율

외국통화 표시환율은 우리나라 화폐 1단위를 기준으로 교환되는 외국 화폐와의 교환비율을 말한다. 예를 들면 우리나라 원화 1원당=0.00120달러라고 표시하는 방식이다. 이것은 우리 돈 1원에 외국 돈을 얼마나 받을 수 있느냐를 표현한 것이다.

2. 환율의 결정이론

1) 국제대차설

국제대차설(theory of international indebtedness)은 환율의 결정은 국제간의 대차관계에 따라 결정된다는 이론이다.

이 이론은 환율은 일반상품의 가격과 같이 외환시장에서 이루어지는 외환의 수요와 공급에 따라 결정되고 외환수급의 변화는 국제간의 대차관계에 의해 발생한다는 것이다. 즉, 국제간에 대차관계는 각종 경제거래에서 대차결제를 위해 채권회수를 위한 환의 매각(환의 공급)과 채무결제를 위한 환의 매입(환의 수요)에 의해 발생하므로 국제대차관계는 환의 수요와 공급 즉, 외환시세 변동의 원인이 된다는 것이다.

이 이론은 1755년에 깡띠용(R. Cantilion)이 처음 주장한 이후 아담 스미스 등을 거쳐 고쉔(G. J. Goschen)이 체계화시켰다.

2) 구매력평가설

구매력평가설(theory of purchasing power parity)은 환율은 한 국가의 화폐와 다른 국가 화폐의 교환비율이기 때문에 결국 환율은 각국 통화의 상대적 구매력을 반영하는 수준에서 결정된다는 이론이다. 즉, 사람들이 외국 통화를 수요로 하는 것은 그것이 상품이나 서비스에 대하여 일정한 구매력을 가지고 있기 때문이며, 그 외국통화에 대한 대가로서 일정한 자국통화를 지급하는 것은 자국통화가 지니고 있는 자국 내의 상품이나 서비스에 대한 구매력을 지급한다는 뜻이 된다.

따라서 자국통화와 외국통화와의 교환비율은 그것들이 각각의 국가 내에서 가지고 있는 구매력의 비율에 따라 결정된다는 것이다. 이 이론은 1919년 스웨덴의 경제학자 가셀(G. Cassel)이 주장하였다.

3) 환심리설

환심리설(psychological theory of exchange)은 환율은 기본적으로 외환의 수요와 공급에 의해 결정되지만 그 수급을 야기하는 원인은 개별 경제주체가 가지는 외국통화에 대한 심리적 평가에 의해 결정된다는 이론이다.

즉, 환율은 수요자가 외환을 보유함으로써 얻게 되는 주관적 기대에 의해 결정된다는 것이다. 이 이론은 심리적 요인에 중점을 두기 때문에 환심리설로 불리게 되었으며, 파리 대학의 아프따리옹(albert aftalion)이 주장하였다.

3. 환율의 변동과 영향

1) 환율의 변동

(1) 환율변동의 의의

환율변동은 외환의 수요와 공급요인에 의해 환율이 변동되는 것을 말하며 환율상승과 환율하락을 의미한다. 환율이 변동하면 그 나라 돈의 대외가치도 변동된다.

환율변동을 쉽게 설명하기 위해 한국 사람이 외국 물건을 구매한다고 가정하자.

1달러=1,000원인 환율과 1달러=10,000원인 환율 중 어느 것이 이득이 될까?

후자의 경우 1달러짜리 물건에 10,000원이나 쓰는 것이다. 따라서 한국 소비자에게는 1,000원일 때의 환율이 유리하다. 한국 소비자에게 유리한 경우 '원화의 가치가 절상'되었다고 표현하며, 다른 표현으로는 '원화 강세'라고도 부른다.

반대로 외국인 소비자가 한국 물건을 사는 경우에는 고작 1달러 한 장 들고 만원어치 쇼핑이 가능해지는 후자가 유리하다. 적은 금액으로 더 많은 가치를 구입할 수 있기 때문이다. 이 경우를 '원화의 가치가 절하' 혹은 '달러 강세'라고 부른다.

일반적으로 환율이 오를 경우 해외로 돈을 보내는 기러기 아빠는 손해를 보고 수출자는 이득을 보게 된다. 이들의 입장은 환율이 하락하면 반대가 된다.

국제외환시장에서는 돈의 가치가 올라가는 통화를 '강세통화'라고 부르며, 돈의 가치가 떨어지는 통화를 '약세통화'라고 부른다.

(2) 환율변동의 내용

① 환율상승

외환의 수요가 증가하면 환율이 상승하고 원화가치가 하락한다. 즉, 자국통화 표시환율을 기준으로 환율이 1달러 당 1,000원에서 1,200원으로 상승하면 이것은 미국 달러화에 대한 우리나라 원화의 가치가 하락한 것, 즉 원화가 절하된 것을 의미한다.

이와 같이 환율상승(원화가치의 약세, 원화의 평가절하)은 달러가 인상되었다는 뜻으로 달러가 강해졌으므로 1달러만 가지고도 더 많은 원을 구매할 수 있게 된다.

② 환율하락

외환의 공급이 증가하면 환율이 하락하고 원화가치가 상승한다. 예를 들어 1달러 당 1,200원이던 원화의 교환비율이 1,100원으로 변하면 원-달러 환율이 100원 떨어졌다고 말한다. 이는 달러에 대한 원화의 가치가 올라가는 것을 의미하므로 환율하락은 원화가치의 상승 또는 원화의 평가절상을 의미한다.

2) 환율변동의 영향

(1) 환율상승의 영향

① 경상수지와 국내물가

환율상승은 외국화폐에 대한 해당 통화의 교환비율이 올라가는 현상을 말한다. 따라서 환율이 상승하면 우선 수출이 증가하게 된다.

예를 들어 기준환율을 각각 1,000원과 1,500원으로 가정하면 기업입장에서 과거에 1달러짜리 물건을 팔아서 1,000원을 벌었다면, 고환율 기조에서는 1달러짜리 물건을 팔아 1,500원의 수익을 올릴 수 있다. 당연히 기업이 수출에 적극적이게 되므로 수출은 늘어나는 반면 수입과 자국민의 해외여행은 감소하므로 경상수지가 개선된다.

한편, 환율이 상승하면 수입 원자재의 가격이 올라 생산비용이 증가하기 때문에 필연적으로 국내의 물가상승을 불러오게 된다. 일례로 개인이 자가용에 휘발유를 가득 채우는 행위도 넓게 보면 수입이다. 이때 휘발유 가격이 1달러이면 과거 1,000원으로 가득 채울 수 있었던 자가용에 이제는 1,500원을 써야만 휘발유를 가득 채울 수 있게 된다. 따라서 환율상승은 수입을 축소시켜 경상수지는 개선시킨다.

② 외채 상환과 국내경기 변화

환율이 상승하면 외국 빚을 지고 있는 기업이나 정부에게 외채상환에 대한 부담이 늘어난다. 그러나 환율이 상승하면 수출증가에 따라 국내기업의 생산과 고용이 증가하여 경기가 활성화된다.

(2) 환율하락의 영향

환율이 하락하면 물가가 안정되고 외채부담이 감소되는 긍정적인 효과가 있는 반면, 수출과 해외투자의 둔화나 핫머니의 유입 등 부정적인 효과도 나타날 수 있다.

① 경상수지와 국내물가

환율이 하락하면 수출이 감소하고 수입과 자국민의 해외여행이 증가하여 경상수지가 악화된다. 또한 환율이 하락하면 수입 원자재의 가격이 하락하여 생산비용이 감소하기 때문에 물가가 안정된다.

② 외채 상환과 국내경기 변화

환율이 하락하면 외채상환에 대한 부담이 감소한다. 또한 환율이 하락하면 수입이 증가하여 국내기업의 생산과 고용이 위축되어 경제성장을 저해한다.

4. 환율변동의 요인

외환의 수요와 공급에 영향을 미치는 다음 요인들이 발생하면 환율은 변동한다.

1) 국제수지

국제수지 흑자는 자국통화 수요를 증가시키므로 자국통화의 가치가 상승한다. 반대로 국제수지가 적자이면 자국통화에 비해 상대적으로 외환의 수요가 증가하므로 자국통화가치는 하락한다. 즉, 국제수지 흑자는 환율하락을, 적자는 환율상승을 초래한다.

2) 인플레이션과 이자율

국내 물가상승률이 경쟁국에 비해 높으면 수출품의 가격경쟁력이 약해지므로 수출이 감소하고 수입이 증가하여 외환공급은 감소하는 한편, 외환수요는 증가하여 자국 통화가치의 하락 즉 환율은 상승한다.

한편, 자본은 이자율이 낮은 곳에서 높은 곳으로 이동한다. 다른 국가에 비해 자국의 이자율이 높으면 자본이 유입되므로 자국통화에 대한 수요증가로 환율이 하락한다.

3) 경제성장률과 외국인투자

경제성장률이 다른 국가에 비해 높으면 국내 소득수준이 향상되고 수입수요가 증가하여 외환수요가 증가하면 환율은 상승한다. 그러나 경제성장으로 국내경제의 신인도가 향상되어 외국인투자가 활성화되면 외환공급의 증가로 환율은 하락한다.

4) 중앙은행의 통화정책

중앙은행이 통화량 공급을 증대하면 국내 통화가치가 하락하여 환율상승을 초래한다. 특히 통화량 공급으로 국내 이자율이 하락하면 자본이 해외로 유출되어 외환수요가 증가하므로 자국의 통화가치는 더욱 하락하게 된다.

5) 정치·사회적 요인과 외환투기

돈은 안전한 곳을 선호하므로 정치와 사회적으로 안정된 국가의 통화가치는 상대적으로 상승하지만 정치와 사회적으로 불안정한 국가의 통화가치는 떨어진다.

한편, 외환시장에서는 국가간의 이자율 차이나 환율변동을 예상한 투기가 이루어지는데 이것은 환율변동의 원인이 된다. 1997년 우리나라 외환위기가 좋은 예이다.

제3절 환율제도와 국제통화제도

1. 환율제도

1) 고정환율제도

고정환율제도(fixed exchange rate system)는 특정 통화의 환율을 일정한 수준에서 고정하고 이 환율을 유지하기 위해 정부나 중앙은행이 외환시장에 개입하는 제도를 말한다. 외환시장에서 외환의 수요와 공급에 의해 자유롭게 결정되는 환율을 인정하지 않는 것이 고정환율제도이다.

고정환율제도는 환율변동의 움직임을 허용하지 않는 제도이기 때문에 환율의 변동에서 오는 환위험이 없어 안정적인 외화운용이 가능하다는 장점이 있다.

그러나, 대외여건의 변화에 탄력적으로 대응할 수 없고 국제투기자금의 환투기 공격에 노출될 수 있는 단점이 있다.

2) 변동환율제도

변동환율제도(floating exchange rate system)는 환율이 외환시장에서 외환의 수요와 공급에 따라 자유롭게 결정되도록 하는 제도를 말한다.

변동환율제도는 환율의 실세를 반영하여 융통성 있게 변동되는 장점이 있다. 그러나 환율변동에서 오는 환위험이 발생하기 때문에 특히 환투기의 가능성이 있을 때에는 환율의 안정을 잃게 되는 단점이 있다.

변동환율제도는 변동의 폭을 규제하지 않는 자유변동환율제도와 일정한 범위 내에서 환율의 변동을 인정하는 제한적 변동환율제도가 있다.

3) 관리변동환율제도

관리변동환율제도(managed floating exchange rate system)는 고정환율제도와 자유변동환율제도의 절충된 형태로, 환율이 일정범위를 벗어나면 정부가 개입하지만 일정범위 내에서는 외환시장에 의해 자유롭게 결정되도록 허용하는 제도를 말한다.

이 제도는 일관성 있는 대외 경제정책을 펴면서도 대외여건 변화에 탄력적으로 대응할 수 있는 장점이 있다.

그러나, 정부나 중앙은행이 상황판단을 잘못하여 외환시장에 대한 개입시기와 환율의 변동 폭을 잘못 설정하면 부작용이 나타나는 단점이 있다.

2. 국제통화제도

1) 금본위 제도

금본위 제도(1870~1944, Gold standard system)는 금을 본위화폐로 하는 고정환율제도이다. 이 제도에서 각 정부는 금 1온스=35달러와 같이 자국통화의 금평가(gold parity)를 설정하고 이를 고정시켰다. 이 제도는 각국들이 대내균형(물가와 고용안정)을 대외균형(국제수지 균형)보다 우선하면서 운영준칙을 지키지 않아 붕괴되었다.

2) 브레튼우즈 체제

브레튼우즈 체제(1944~1971, Bretton Woods system)는 미국의 달러화를 기축통화로 하는 금본위의 고정환율제도이다.

브레튼우즈 체제는 금·달러본위제와 고정환율제도를 기초로 미국 달러의 가치를 금에 고정시키고 다른 국가들은 자국 통화가치를 미국 달러화에 고정시켜 운용하였다.

1960년대 후반 미국의 국제수지 적자확대, 베트남 전쟁의 군사비 과다지출 등을 통한 달러의 신인도 추락으로 달러의 투매현상이 나타남으로써 1971년 닉슨 대통령이 달러화의 금태환(gold exchange) 정지를 선언하면서 이 체제는 붕괴되었다.

3) 스미소니언 체제

스미소니언 체제(1971~1973, Smithsonian system)는 브레튼우즈 체제 붕괴 이후 환율제도의 안정화를 위해 워싱턴 스미소니언 박물관에 모여 체결한 통화제도이다.

이 체제는 일정 수준 하에서 조정 가능한 고정환율제도의 성격을 가지고 있었다.

그러나 스미소니언 체제가 출범한지 6개월만인 1972년 영국이 변동환율제도를 채택한 것을 시작으로 프랑스, 이탈리아 등 주요국들이 변동환율제도를 채택함으로써 고정환율제도로 출발한 스미소니언 체제는 출범한지 1년 반도 못되어 붕괴되었다.

4) 킹스턴 체제

킹스턴 체제(1976~현재, Kingston system)는 각국이 경제여건에 따라 자유롭게 환율제도를 선택하는 것을 내용으로 킹스턴에서 채택된 관리 및 변동환율제도이다.

이 체제는 환율을 조작하기 위한 정부의 외환시장 개입은 허용되지 않고 심각한 환율변동을 완화시키기 위한 목적으로만 제한적 개입을 인정하고 있다. 이 체제에 따라 우리나라는 시장평균환율제도와 함께 자유변동환율제도를 도입하였다.

제4절 우리나라 환율제도

1. 우리나라 환율제도의 변천 과정

우리나라는 고정환율제도, 단일변동환율제도, 복수통화바스켓제도, 시장평균환율제도를 거쳐 1997년 12월부터 자유변동환율제도를 실시하고 있다.

1) 고정환율제도

해방 직후인 1945년 10월부터 1964년 5월 중순까지 시행된 고정환율제도는 특정 외국통화에 자국통화의 가치를 고정시키는 제도이다. 당시 미 군정당국은 원조 및 민간채무 변제에 적용할 환율을 1달러 당 15원으로 결정하였다.

1964년까지 지속적인 원화가치의 하락으로 몇 차례 평가절하가 단행되었지만 환율이 외환시장의 수급상황을 제대로 반영하지 못하는 등 많은 부작용이 발생하였다.

2) 단일변동환율제도

1964년 5월 중순부터 1980년 2월 26일까지 시행된 단일변동환율제도는 외환시장의 상황변화에 따라 환율변동을 일부 허용하여 1달러 당 255원을 하한으로 설정한 제도이다. 이 제도에서도 사실상 환율이 고정적으로 운영됨으로써 환율 실세화를 위해 4차례에 걸쳐 환율의 일시적인 대폭 인상이 단행되었고, 한국은행이 계속하여 외환시장에 개입함에 따라 실질적으로는 고정환율제도의 형태로 운영되었다.

3) 복수통화바스켓제도

1980년 2월 27일부터 1990년 2월까지 시행된 복수통화바스켓제도는 미 달러화 등 주요 교역상대국 통화의 국제시세에 원화환율을 연동하여 산출하는 제도이다. 이것을 복수통화 바스켓 페그제도(multi-currency basket peg system)라고도 부른다.

이 제도는 고정환율제도에서 변동환율제도로 이행되는 과도기적 환율제도로, 우리나라와의 교역비중이 높거나 외환시장에서 자주 거래되는 몇 개국의 통화를 한 바구니(바스켓)에 담은 것처럼 묶어 거래량에 대해 가중평균을 정하고 여기에 물가상승률 등을 감안하여 환율을 결정하는 방식이다.

이 제도는 특정 통화의 가치가 급격하게 상승하거나 하락하는 것에 따른 충격을 완화할 수 있고 물가상승률 등 국내경제변수를 반영할 수 있는 장점이 있다.

그러나 소위 실세반영 장치라는 것이 있어서 정부가 환율수준을 의도적으로 결정할 수 있었기 때문에 외국으로부터 환율조작국이라는 비난을 받는 등 대외적인 통상마찰이 발생하였다. 이를 완화시키고 국내 외환시장을 활성화하기 위해 1990년 3월부터 시장평균환율제도를 도입하였다.

4) 시장평균환율제도

1990년 3월부터 1997년 12월 16일까지 시행된 시장평균환율제도는 매일 매일의 미국 달러화에 대한 원화의 환율을 전일 금융결제원의 자금 중개실을 경유하여 은행간 시장에서 거래된 현물환율을 외환거래량으로 가중 평균하여 산출하는 제도이다.

이 제도에서 환율은 외환시장의 수급에 따라 자율적으로 결정되었으나 급격한 환율변동을 막기 위해 기준환율을 중심으로 하루에 변동할 수 있는 제한폭을 설정하였다.

그런데 정부의 환율변동 제한폭의 지속적인 확대는 외환투기를 자극하였고 외환시장을 불안하게 하였기 때문에 1997년 자유변동환율제도로 이행하였다.

2. 자유변동환율제도

1) 의의

외환위기 시기인 1997년 12월 17일부터 현재까지 IMF 권고로 시행되고 있는 이 제도는 외환의 수급상황에 따라 외환시장에서 자유롭게 환율이 변동하는 제도이다.

이 제도는 환율의 실세를 반영하여 융통성 있게 변동하는 장점이 있으나 환투기의 가능성이 있을 때에는 환율안정을 잃게 되는 단점도 있다.

2) 배경

자유변동환율제도로 전환하게 된 배경은 다음과 같은 요인들 때문이었다.

첫째, 외환위기 과정에서 가용 외환보유고의 절대적 부족으로 환율방어를 위한 정부의 외환시장 개입여력이 약화되었고, 금융지원 협상과정에서 외환시장의 기능제고를 요구하는 IMF의 압력이 매우 강하였다.

둘째, 기존의 시장평균환율제도 하에서도 환율이 변동 제한폭까지 상승하면서 외환시장이 마비되는 현상이 지속되었고, 미국 달러에 대한 투기적 가수요(假需要)가 발생하는 등 외환시장이 극심한 불안정 현상을 보여 이를 시정할 필요가 있었다.

셋째, 외환위기 이후 외환과 자본시장을 대폭 자유화하였는데 이러한 자유화 이후 외국자본의 유출입이 증가할 것에 대비하여 환율의 시장기능을 제고할 필요가 있었다.

제5절 국제수지

1. 국제수지와 국민경제

1) 국제수지의 의의

국제수지(International Balance of Payment, BOP)는 국제경제거래에서 한 국가의 거주자(resident)와 비거주자(non-resident) 간에 일정기간(보통 1년) 동안 이루어진 모든 경제적 거래에 따른 외화의 수취와 지급 내용을 체계적으로 분류하여 집계한 것을 말한다.

외화의 수취는 외화가 국내로 유입되는 것으로 상품수출, 해외건설, 외국인 관광수입, 외국으로부터 차관도입 및 외국인의 국내투자를 통해 이루어진다.

외화의 지급은 외화가 해외로 유출되는 것으로 상품수입, 우리나라 국민의 해외여행, 외국에 차관제공, 우리나라 국민의 국외투자를 통해 이루어진다.

국제수지에서 가장 중요한 거래는 상업적 거래이다. 상업적 거래는 경제적 가치를 제공하는 행위를 말하는데 상품과 같은 실물재산 외에 금융자산도 포함된다.

2) 국제수지의 변화

(1) 국제수지 흑자

국제수지 흑자(黑字, surplus)는 외국에서 벌어들인 외화가 외국에 지급한 외화보다 많은 경우를 말한다. 즉, 한 국가 안으로 들어온 외화가 국가 밖으로 나간 외화보다 많은 경우이다. 이것은 소득이 소비지출보다 많은 경우, 즉 경상수지가 흑자인 경우를 의미한다. 국제수지와 경상수지를 혼용하여 사용하는 것도 이러한 이유 때문이다.

(2) 국제수지 적자

국제수지 적자(赤字, deficit)는 외국에서 벌어들인 외화가 지급한 외화보다 적은 경우를 말한다. 즉, 한 국가로 들어온 외화가 국가 밖으로 나간 외화보다 적은 경우이다.

3) 국제수지와 국민경제

국제수지는 해당 국가의 대외지급능력의 척도인 동시에 경제상태를 알려주는 중요한 지표가 된다. 또한 국제수지는 자국의 대외결제 상태를 알려줌으로써 효과적인 경제정책 방향을 제시해 줄 수 있는 요인이 된다.

2. 국제수지의 구성항목

국제수지는 그 특성에 따라 경상수지, 자본수지, 준비자산 증감 그리고 오차와 누락 등 네 부분으로 구성되어 있다. 경상수지는 다시 상품수지, 서비스수지, 소득수지, 경상 이전수지로 구분되며 자본수지는 투자수지와 기타 자본수지로 구분된다.

1) 경상수지

(1) 경상수지의 의미

경상수지(balance on current account)는 상품이나 서비스를 수출입하는 과정에서 벌어들인 외화와 지급한 외화의 차이를 말한다. 경상수지는 국제수지 항목에서 가장 큰 비중을 차지하는 것이다. 그 중에서도 상품과 서비스수지는 소득 및 고용과 직접적인 관련이 있기 때문에 우리나라 경제에 미치는 영향이 가장 큰 항목이다.

즉, 우리가 상품과 서비스를 외국에 수출하면 수출분 만큼 수요가 증가하므로 국내 생산 확대를 유발하게 되어 일자리가 늘어나고 소득도 증대된다.

이에 비해, 상품이나 서비스를 외국에서 수입하면 수입분 만큼 국내수요가 감소하므로 국내기업이 생산을 축소하게 되어 급여나 일자리가 감소하게 된다.

한편, 경상수지가 계속 흑자를 기록하는 국가는 해외에서 벌어들인 외화가 해외에 지급한 외화보다 많으므로 보유하는 외화가 점점 늘어나 외국에 돈을 빌려줄 수 있다.

반대로, 경상수지가 계속 적자인 국가는 벌어들인 외화보다 지급해야 할 외화가 많기 때문에 보유하는 외화가 점점 줄어들거나 부족한 만큼을 채우기 위해 외국으로부터 빚(외채)을 얻어 와야 한다.

(2) 경상수지의 구성

경상수지는 상품수지, 서비스수지, 소득수지 및 경상 이전수지로 구분된다.

① 상품수지

상품수지(goods balance)는 상품거래 즉, 외국과 상품을 수출하거나 수입한 결과 발생한 외환의 수취와 지급의 차이를 말한다.

② 서비스수지

서비스수지(service balance)는 서비스거래 즉, 운송, 보험, 여행, 교육, 통신, 특허권 등 외국과의 서비스 거래 결과 발생한 외환의 수취와 지급의 차이를 말한다.

③ 소득수지

소득수지(income account)는 소득거래에서 거주자가 외국에서 벌어들인 소득과 비거주자가 국내에서 벌어들인 소득의 차이를 말한다.

소득거래는 우리나라 근로자(거주자)가 해외에서 일한 대가로 받는 임금과 거주자가 외국에 투자하여 벌어들인 이자와 배당금 등이 포함된다.

④ 경상 이전수지

경상 이전수지(current transfers account balance)는 거주자와 비거주자 사이에 아무런 대가없이 주고받은 경상 이전거래의 차이를 말한다. 경상 이전거래는 종교기관이나 자선단체의 기부금, 구호물자, 정부간의 무상원조 등이 해당한다.

2) 자본수지

(1) 자본수지의 의미

자본수지(balance of capital account)는 외국으로부터 돈을 빌리거나 빌려줌으로써 발생하는 외화의 유입과 유출의 차이를 말한다.

즉, 민간기업, 금융기관, 정부 등이 외국으로부터 차입이나 투자의 형태로 유입한 외환과 외국에 투자나 신용공여의 형태로 유출한 외화의 차이가 자본수지이다.

자본거래에 의해 외화가 국내로 들어오는 경우는 외국 빚을 얻어오거나 외국에 빌려주었던 돈을 돌려받을 때, 해외에서 증권을 발행하여 자본을 들여오는 때 등이다.

반대로 얻어온 빚을 갚거나 돈을 빌려주는 경우에는 외화가 해외로 나가게 된다.

자본거래 결과, 국내로 들어온 외화가 해외로 나간 외화보다 많을 경우에는 자본수지는 흑자를 나타나게 되며 그 반대의 경우에는 적자가 된다.

(2) 자본수지의 구성

자본수지는 투자수지와 기타 자본수지로 구분된다.

① 투자수지

투자수지는 우리나라 거주자가 해외에서 발행한 증권과 주식 등에 투자하여 받게 되는 배당금이나 이자의 수입과 외국의 비거주자가 국내에서 발행한 증권이나 주식에 투자하여 지급받은 배당금이나 이자의 차이를 말한다.

투자수지에서 수입액은 해외투자 배당금, 차관이자, 본·지점 이자 등으로 구성되며 지급액은 우리나라에서 외국에 지급한 투자 배당금이나 이자로 구성된다.

다른 국제수지 개념과 같이 투자부문의 지급액이 투자부문의 수입액보다 많으면 투자수지는 적자가 되며 반대이면 흑자가 된다.

최근 국내기업의 해외투자와 외국기업의 국내 투자 규모가 점차로 커짐에 따라 투자수지가 차지하는 비중이 커지고 있는 추세이다.

한편, 투자수지는 직접투자, 증권투자, 그리고 기타투자로 나누어진다.

직접투자는 어떤 기업이 외국의 기업에 대해 경영참가 또는 기술제휴를 목적으로 자금을 대출해 주거나, 그 기업의 주식을 취득하는 등의 투자를 행하는 행위를 말하며, 국제수지표상에는 외국인 직접투자는 대변에 계상하고 내국인의 해외투자는 차변에 계상한다. 증권투자는 직접적인 기업경영과 관계없이 외국과의 주식, 채권, 파생금융상품 등에 차익을 목표로 투자하는 행위를 말한다.

기타투자는 직접투자와 증권투자에 포함되지 않는 외국과의 모든 금융거래를 말한다. 여기에는 차관이나 리스 등과 같은 대출과 차입, 무역관련 신용, 현금과 예금 등이 포함된다.

② 기타 자본수지

기타 자본수지는 해외 이주자금 등과 같은 자본이전과 특허권, 상표권, 저작권 등 무형자산의 취득, 매매, 처분 등의 차이를 말한다.

3) 준비자산 증감

준비자산 혹은 대외준비자산(international reserves)은 한국은행 등 한 국가의 중앙은행이 국제유동성 확보를 위해 보유하고 있는 외환보유액으로 기축통화, 금, 특별인출권(Special Drawing Rights, SDR), 외환예치금, 유가증권 등을 말한다.

그러한 의미에서 준비자산 증감(changes in reserve assets)은 여러 대외거래에 따른 결과로 통화당국이 가지고 있는 공적 준비자산이 변화되는 것을 의미한다.

통화당국(한국은행)이 국제수지 불균형을 바로 잡거나 외환시장을 안정화하기 위해 직접 개입을 통해 국제수지 불균형을 간접적으로 조정하는데 사용할 수 있는 외화표시 대외자산의 보유액의 변화가 준비자산 증감이다.

매일 발생하는 대외거래는 경상계정과 자본계정에 모두 반영되지만 준비자산 증감은 통화당국의 외환보유액 증감으로 나타난다.

준비자산이 증가한 경우는 정부와 민간이 해외로부터 받은 외화가 지급한 외화보다 많아 국내로 외화가 들어온 상황을 의미하며, 반대로 준비자산이 감소한 경우는 국내의 외화가 해외로 유출되었음을 의미한다.

경상수지 흑자 또는 자본수지 흑자로 인해 외화가 국내로 더 많이 유입되면 준비자산은 증가하고 국제수지표의 준비자산 증감 란에서 음(−)으로 표시된다.

반대로, 경상수지 적자 또는 자본수지 적자로 인해 외화가 부족해지면 중앙은행이 보유하고 있는 외환보유고를 사용해 부족분을 메워야 하는데 이와 같은 준비자산의 감소는 국제수지표의 준비자산 증감 란에서 양(+)으로 표시된다.

4) 오차와 누락

국제수지표를 실제로 작성하는 경우에는 경상수지, 자본수지 및 준비자산 증감의 합계가 0 (零)이 되지 않는데 이것은 오차와 누락이라는 항목으로 조정하게 된다.

국제수지표에서 수취계정과 지급계정은 원칙적으로는 일치하여야 한다. 그러나 시차, 자료문제, 통계기술의 미숙으로 국제수지를 측정할 때 빠뜨리거나 포함되지 않은 항목이 있어 양 계정이 일치하지 않는 경우가 있다. 이와 같이 양 계정간 차이가 오차와 누락(errors and omissions)이다.

오차와 누락이 발생하는 이유는 국제수지표가 통관 통계나 외환수급 통계 등 여러 기관에서 각기 다른 목적으로 작성된 많은 기초통계를 이용하여 작성되기 때문에 기초통계간의 계상시점이나 평가방법상의 차이, 기초통계 자체의 오류, 통계작성 과정에서의 보고 잘못이나 누락 등이 발생하기 때문이다. 오차와 누락이 0이라는 것은 빠뜨린 게 없이 모두 집계된 것이라는 것과 통계적 신뢰성이 매우 좋다는 것을 의미한다.

| 표 7-1 | 국제수지의 구성항목

<table>
<tr><td rowspan="4">경상수지</td><td>상품수지</td><td>• 상품의 수출 및 수입에 의한 거래
• 국제수지에서 가장 큰 비중 차지</td></tr>
<tr><td>서비스수지</td><td>• 운수, 여행, 통신, 보험, 특허권 사용료 등의 거래</td></tr>
<tr><td>소득수지</td><td>• 국내 외국인 근로자 또는 해외 내국인 근로자가 받은 임금, 대외금융 자산 및 부채와 관련된 이자, 배당금의 거래</td></tr>
<tr><td>경상이전수지</td><td>• 아무런 대가 없이 이루어지는 교포 송금, 무상원조, 국제기구에 대한 출연금, 구호금 등의 거래</td></tr>
<tr><td rowspan="2">자본수지</td><td>투자수지</td><td>• 직접 투자, 증권 투자 등의 자본 거래</td></tr>
<tr><td>기타 자본수지</td><td>• 특허권 및 상표권의 매매, 해외 이주비의 거래 등</td></tr>
<tr><td>준비 자산 증감</td><td colspan="2">• 통화당국(한국은행)이 보유하고 있는 외환 보유액의 증감</td></tr>
<tr><td>오차와 누락</td><td colspan="2">• 통계간의 계상시점, 평가방법 등의 불일치로 인해 발생하는 국제수지 계정의 차이</td></tr>
</table>

3. 국제수지의 영향

우리가 '국제수지가 흑자'라고 말할 때는 가계와 마찬가지로 소득이 소비보다 많은 경우, 즉 경상수지가 흑자인 경우를 의미한다.

국제수지와 경상수지를 혼용하여 사용하는 것도 이와 같은 이유 때문이다. 따라서 여기에서는 경상수지를 중심으로 국제수지의 영향을 살펴본다.

1) 경상수지가 흑자인 경우

첫째, 경상수지 흑자는 외국에 판 재화와 서비스가 사들인 것보다 많은 것을 의미한다. 그러므로 수출을 통해 늘어나는 소득과 일자리가 수입을 통해 줄어드는 소득과 일자리보다 크게 되고 전체적으로는 그만큼 국민소득이 증가하며 고용이 확대된다.

둘째, 경상수지가 흑자가 되면 벌어들인 외화로 외국으로부터 들여온 빚을 갚아 나갈 수 있기 때문에 외채가 줄어든다. 그리고 주요 원자재의 안정적 공급을 확보하기 위해 수입하거나 무역마찰을 피하기 위해서 해외에 직접투자를 증가시킬 수 있다.

셋째, 경상수지가 흑자가 되면 벌어들인 화폐가 자국통화로 환전되어 국내통화량을 증가시키게 되므로 국내물가의 상승(인플레이션)을 초래한다.

넷째, 경상수지가 흑자가 되면 국내공급 부족 등으로 물가상승 압력이 있어도 수입을 큰 부담 없이 늘려갈 수 있게 되어 국내물가를 보다 쉽게 안정시킬 수 있다.

또한 국내경기가 좋지 않아 경기부양책을 쓰고자 할 경우에도 수입증가를 크게 염려하지 않아도 된다. 따라서 경기부양책을 쓰기가 용이해지는 등 경제정책수단을 선택하는 폭이 넓어져 경제를 보다 견실하게 운영할 수 있다.

다섯째, 교역상대국으로 하여금 우리나라 수출품에 대해 수입규제를 유발시키는 등 무역마찰을 초래할 수 있다. 경상수지 흑자가 반드시 좋다고만 할 수도 없는 이유가 여기에 있는 것이다. 그러므로 한 국가의 경제성장과 물가안정 등을 위해서는 장기적으로는 국제수지가 균형을 이루는 것이 가장 바람직하다.

2) 경상수지가 적자인 경우

경상수지 적자는 외국에 판 재화와 서비스가 사들인 것보다 적은 것을 의미한다.

그러므로 수출을 통해 늘어나는 소득과 일자리가 수입을 통해 줄어드는 소득과 일자리보다 작게 되고 따라서 전체적으로는 그 만큼 국민소득이 감소하게 된다.

또한 국내기업의 생산 활동이 위축되어 실업이 늘어남과 동시에, 적자를 메우기 위해 외국으로부터 들여오는 빚이 늘어나게 되면 원금상환과 이자부담이 증가한다.

4. 국제수지표

1) 국제수지표의 의의

지구상의 어느 국가도 완전한 자급자족의 폐쇄경제체제를 유지한다는 것은 어렵기 때문에 수출입거래를 할 수 밖에 없다. 이러한 모든 대외경제거래의 결과가 국제수지이고, 이를 기록한 표가 바로 국제수지표(balance of payments statement)이다.

국제수지표란 일정기간 동안 한 나라의 거주자와 비거주자 사이에 발생한 모든 대외적 경제적 거래를 체계적으로 기록하여 분류한 표를 말한다.

국제수지를 작성하는 방법은 국가에 따라 약간씩 다를 수 있지만, 우리나라를 포함한 대부분의 국가들은 국제통화기금(IMF)의 국제수지표 작성요람에서 정의한 표준양식에 따라 분기별로 국제수지표를 작성하여 IMF에 보고하고 있다.

국제수지표의 작성 대상기간은 보통 1년이며, 이를 위해 국가에 따라 분기별 또는 월별로 국제수지 통계를 집계하고 있다. 우리나라는 한국은행에서 월별로 국제수지 통계를 집계하고 있다.

2) 국제수지표의 기록방법

국제수지표는 거주자와 비거주자간에 이루어진 모든 경제적 대외거래를 복식부기의 원리에 의거하여 작성된다. 복식부기에서 복식(複式)은 하나의 거래를 왼쪽(차변)과 오른쪽(대변)에 이중으로 기록하는 방식이고 부기(簿記)는 '장부기입'의 약칭이다.

그러므로 복식부기의 원리란 모든 거래는 반드시 두개의 흐름(flow)으로 성립되며 한 흐름은 다른 흐름과 일치한다는 원리에 근거하여 모든 거래를 동시 동액의 기준으로 차변과 대변에 기록하는 것을 말한다. 이러한 복식부기의 원리에 입각하여 작성되는 국제수지표는 항상 양변(차변과 대변)이 균형이 이루어지기 마련이다.

그러나 두 개의 흐름을 포착하는데 있어 자료의 출처가 다른 데서 오는 통계상의 불일치가 발생할 수 있다. 이 경우 사후적으로 조정할 조정항목이 필요한데, 이 사후 조정항목 즉 오차와 누락계정을 포함할 때 양변의 합계는 항상 균형을 이루게 된다.

일반적으로 복식부기에서 왼쪽 차변 항목에는 자산의 증가, 부채의 감소, 자본의 감소, 비용의 발생과 관련된 사항을 기입하고 오른쪽 대변에는 자산의 감소, 부채의 증가, 자본의 증가, 수익을 발생시키는 항목을 기입한다.

그러므로 국제수지표는 모든 차변 항목의 합계와 대변 항목의 합계가 일치하게 되어 국제수지표 전체의 순 수지(net balance)는 원칙적으로 0이 된다.

표 7-2 국제수지표의 수입과 지급란의 구성

	세부거래	수입	지급
경상거래	상품거래	① 상품의 수출	① 상품의 수입
	서비스거래	② 운수, 여행, 통신, 보험, 특허권 등 각종 서비스의 수출	② 운수, 여행, 통신, 보험, 특허권 등 각종 서비스의 수입
	소득거래	③ 우리나라의 거주자가 국외에서 얻은 임금, 이자, 배당금의 수입	③ 외국의 거주자가 우리나라에서 얻은 임금, 이자, 배당금의 지급
	경상이전거래	④ 외국으로부터 받은 무상증여	④ 외국에 대한 무상증여
자본거래	투자거래	⑤ 외국의 거주자가 우리나라에 직접투자, 증권투자, 기타 투자한 금액	⑤ 우리나라의 거주자가 국외에 직접투자, 증권투자, 기타 투자한 금액
	기타 자본거래	⑥ 외국의 거주자가 우리나라에 자본이전과 특허권 및 상표권 등에 투자한 금액	⑥ 우리나라의 거주자가 외국에 자본이전과 특허권 및 상표권 등에 투자한 금액
준비자산 증감		⑦ 한국은행의 준비자산 감소	⑦ 한국은행의 준비자산 증가

3) 국제수지표의 구성과 내용

국제수지표는 모든 대외거래를 그 특성에 따라 ① 경상거래 ② 자본거래 ③ 경상거래와 자본거래의 결과인 준비자산 증감 ④ 통계작성에 반드시 수반되는 오차와 누락 등 네 부분으로 구성되어 있다. 경상거래는 상품거래, 서비스거래, 소득거래 및 경상 이전거래로 구분되고, 자본거래는 투자수지와 기타 자본수지로 구분되며 투자수지는 다시 직접투자, 증권투자, 그리고 기타투자로 구분된다.

표 7-2 국제수지표의 구성

대분류	중분류	소분류
국제수지	경상수지	상품수지 서비스수지 소득수지 경상 이전수지
	자본수지	투자수지 기타 자본수지
	준비자산 증감	
	오차 및 누락	

5. 국제수지의 균형과 불균형

1) 의의

국제수지는 복식부기의 원칙에 따라 작성되므로 항상 차변과 대변이 일치한다. 즉, 국제수지표에 기록하는 모든 대외거래에서 수취한 금액과 지불한 금액은 일치하게 된다.

그 이유는 설령 통계작성 과정에서 누락되거나 오차가 발생하여 수취한 금액과 지불한 금액이 일치하지 않는 경우에도 오차와 누락 항목을 설정하여 수취된 금액과 지불한 금액이 일치하도록 만들기 때문이다. 따라서 국제수지는 항상 균형(balance) 상태를 이루게 된다. 이러한 균형을 회계상의 균형(accounting balance)이라고 한다.

국제수지의 회계상의 균형 그 자체가 무역학에서 말하는 일국의 국제수지의 균형을 의미하는 것은 아니다. 국제수지 항목이 (+)가 되면 흑자, (−)가 되면 적자, 0이 되면 균형이 된다. 무역학에서의 국제수지의 균형은 계정의 순합계가 0이 되는 것을 의미하고, 이 계정의 순합계가 흑자 또는 적자가 되는 경우를 '불균형'이라고 한다.

그러므로 한 국가의 국제수지의 상태가 불균형이냐 하는 문제는 국제수지표의 구성항목에서 한 국가의 대외자금의 수입과 지출이 일치하지 않는 것을 의미하며, 수입이 지출보다 많은 것을 '국제수지 흑자', 지출이 많은 것을 '국제수지 적자'라고 부른다.

2) 국제수지 균형의 중요성

국제수지 균형은 외환수입과 외환지급이 일치한다는 것을 의미한다. 국제수지의 균형은 한 국가의 경제를 안정화시키는데 매우 중요하다.

왜냐하면 국제수지 적자가 지나치게 지속되면 외환보유액이 고갈될 것이므로 필요한 자원의 수입마저 어려울 수 있다. 또한 경기침체와 국내산업 경쟁력의 저하, 국민소득 감소, 국가 대외 신인도 하락으로 이어져 외국으로부터의 자본 유입이 끊길 수도 있다.

반대로, 국제수지 흑자가 지나치게 지속되면 해외로부터 벌어들인 외화가 자국화폐로 환전되어 통화량 증대로 인한 인플레이션(물가상승)을 초래하며, 변동환율제하에서는 자국통화의 절상압력으로 작용하여 수출상품의 국제경쟁력을 약화시키는 문제점이 발생함과 동시에 교역 상대국과의 무역마찰을 야기할 수 있다.

이러한 이유 때문에 대부분의 국가들은 대외적 경제정책의 목표로 국제수지 균형 유지를, 대내적 경제정책의 목표로 완전고용과 물가안정을 이루고자 하고 있다.

국제수지는 국민경제의 대외자산과 대외부채의 변동 상황을 알려주기 때문에 단기적으로는 불균형을 이룰 수 있으나 장기적으로는 균형을 이루는 것이 바람직하다.

6. 국제수지의 발전 단계

킨들버거(Kindleberger, 1958)는 한 국가의 국제수지는 경제발전 초기에는 채무국으로서 경상수지가 적자를 나타내다가 경쟁력이 향상되면서 경상수지가 흑자로 반전되고 점차 채권국으로 전환된 후, 경제가 성숙단계로 접어들면서 경상수지가 다시 적자로 반전되어 점차 채무국으로 전락한다는 발전단계설을 주장하였다.

1) 제 I 단계 : 미성숙채무국

미성숙채무국은 저개발국에서 볼 수 있는 경제발전의 초기단계이다. 국내저축이 부족하여 산업발전을 위해 필요한 자본을 외국으로부터 조달하게 되고, 외채에 대한 이자지급으로 무역외수지는 지급 초과상태가 된다. 산업 생산성이 낮고 국제경쟁력도 열위를 나타냄에 따라 수출능력이 낮아 무역수지도 수입초과를 나타낸다.

2) 제 II 단계 : 성숙채무국

성숙채무국은 미성숙채무국의 경제가 성장하여 국제수지 균형상태가 보다 좋아진 단계이다. 경제발전과 함께 비교우위산업이 성장하여 수출이 늘어나면서 상품과 서비스수지가 흑자로 전환된다. 경상수지 흑자를 바탕으로 대외부채를 상환하거나 해외투자를 실행하여 자본수지는 적자로 전환되나 순 대외부채는 줄어들기 시작한다.

3) 제 III 단계 : 미성숙채권국

미성숙채권국은 성숙채무국이 경제발전을 이룩하여 드디어 자본수출을 하여 채무국에서 채권국으로 전환되는 단계이다. 국제경쟁력 향상으로 상품수지와 서비스수지의 흑자를 지속적으로 실현한다. 활발한 해외투자로 자본수지 적자가 늘어나고 이에 따라 순 대외자산의 축적 규모가 확대된다.

4) 제 IV 단계 : 성숙채권국

성숙채권국은 미성숙채권국이 계속하여 해외투자를 증가시켜 이자수입 등의 증가로 무역외수지에서 수취초과가 되는 단계이다. 소득증대에 따른 소비증가로 해외소비가 늘어나면서 상품수지와 서비스수지가 적자로 반전되고, 동 적자규모가 소득수지 흑자를 초과하면서 경상수지도 적자로 전환된다. 경상수지 적자를 보전하기 위해 기존의 해외투자 원금을 회수함에 따라 자본수지가 흑자로 전환되나 순 대외자산은 감소한다.

7. 우리나라의 국제수지와 평가

1) 우리나라 국제수지의 발전단계

(1) 1960년대~1980년대

1960년대 경제개발계획 초기 단계부터 1980년대 중반까지 우리나라의 국제수지는 제 I 단계인 미성숙채무국으로서 경상수지 적자의 모습을 나타내었다.

이때는 외자를 조달하여 경제발전에 소요되는 원자재 및 자본재 등을 수입하였다.

(2) 1980년대 중후반~1997년 외환위기

1980년대 후반 3저(저달러 · 저유가 · 저금리) 호황에 힘입어 우리나라는 일시적으로 II 단계인 성숙채무국으로 진입하였다. 이후 1990년대 초반 제 I 단계인 미성숙채무국으로 후퇴하였다가 1997년 외환위기 이후 다시 성숙채무국으로 진입하였다.

(3) 외환위기 이후~현재

1997년 외환위기 이후에는 기업들과 금융산업의 적극적인 구조조정으로 산업전반의 효율성이 제고되면서 경상수지가 흑자로 전환됨으로써 10여년 만에 성숙채무국으로 재진입하였다. 성숙채무국 단계에서는 자본수지가 적자를 보이는 것이 일반적이지만 우리나라에서는 외환위기 이후에도 1998, 2008~2009년, 2011~2012년에 걸쳐 흑자를 보였다. 소득수지는 2011년 이후 미미한 흑자기조가 정착되어 가는 흐름이다.

그러나 경상수지와 소득수지의 흑자에도 불구하고 본질적으로 순 대외자산이 마이너스를 기록하고 있어 '채권국'으로 진행되지 못하고 있는 상황이다.

2) 평가

우리나라의 국제수지는 경제개발계획 초기 단계인 1960년대의 '미성숙채무국'에서 시작하여 단계적으로 발전하다 최근에는 '성숙채무국' 단계에 머무르고 있다.

그러나 자본수지가 흑자를 지속하고 이로 인해 대외부채 규모가 확대되는 등 일반적인 성숙채무국과는 다소 다른 모습을 나타내고 있다.

특히 최근 서비스수지 적자가 큰 폭으로 확대되면서 상품수지 흑자폭도 줄어들어 경상수지 흑자기조가 위협받고 있는 상황이다. 따라서 우리나라가 국제수지 발전단계상 제 III 단계인 미성숙채권국으로 발전하는 데에는 상당한 시일이 소요될 것으로 보인다.

일본과 대만은 안정적인 경상수지 흑자 기조를 유지하면서 제 III 단계인 미성숙채권국으로, 미국과 영국은 제 IV 단계인 성숙채권국으로 진입한 것으로 보고되고 있다.

학습정리

1. 외환이란 현금의 개입 없이 환어음 등과 같은 결제수단을 활용하여 국제간에 결제하는 방법을 말한다.
2. 외환의 종류는 업무방향, 거래시기, 지시내용의 전달방법, 환어음의 이동방향, 지급기간, 선적서류가 첨부되는지의 여부에 따라 다양한 종류가 있다.
3. 환율(exchange rate)은 자국통화와 외국통화와의 교환비율이며 표시방법에 따라 자국통화표시환율과 외국통화표시환율로 구분된다.
4. 자국통화 표시환율는 외국 화폐 1단위를 기준으로 교환되는 우리나라 화폐와의 교환비율을 의미한다.
5. 환율하락은 외국통화와 비교하였을 때 해당 통화의 교환비율이 하락하는 현상으로 해당 통화의 가치상승(평가절상)을 뜻한다.
6. 환율이 하락하면 물가 안정, 외채부담의 감소 등 긍정적인 효과가 있는 반면에 수출과 해외투자의 둔화, 핫머니 유입 등의 부정적인 효과가 나타날 수 있다.
7. 환율의 결정이론은 국제대차설, 구매력평가설과 환심리설이 있다.
8. 구매력평가설은 환율은 일국화폐와 타국화폐의 교환비율에 불과하기 때문에 환율은 결국 각국 통화의 상대적 구매력을 반영하는 수준에서 결정된다는 이론이다.
9. 환율제도는 고정환율제도, 변동환율제도 및 관리환율제도로 구분된다.
10. 우리나라는 현재 자유변동환율제도를 채택하고 있다.
11. 국제통화제도는 금본위 제도, 브레튼우즈 체제, 스미소니안 체제, 킹스첸 체제로 발전되어 왔다.
12. 국제수지(BOP)는 국제거래에서 일정기간의 거주자와 비거주자 간에 이루어진 모든 경제적 거래에 따른 외환의 수취와 지급과의 차이를 집계한 것이다.
13. 국제수지는 그 국가의 경제상태를 알려주는 중요한 지표가 된다.
14. 국제수지는 경상거래, 자본거래, 준비자산 증감으로 구분된다.
15. 국제수지는 원리적으로 대변과 차변이 일치되도록 작성하지만 그것 자체가 우리가 말하는 국제수지의 균형을 의미하는 것은 아니다.
16. 국제수지표는 일정기간 동안 한 나라의 거주자와 비거주자 사이에 발생한 모든 경제거래를 체계적으로 기록하여 분류한 것이다.

■ 생각해보기

주제	한 국가의 국제수지, 즉 수입과 지출은 균형을 이루는 것이 바람직하다는 이유를 흑자와 적자상태를 중심으로 생각해 봅시다.
전문가 의견	한 국가의 국제수지, 즉 수입과 지출은 균형을 이루는 것이 바람직하다. 즉, 지출이 수입보다 많을 경우 결국 그 국가의 보유외화가 고갈되고 긴급한 재화마저 수입할 수 없게 되어 경제가 파탄에 이를 경우도 있기 때문이다. 수입이 지출보다 많은 경우도 반드시 바람직하다고 볼 수 없는데, 이것은 수출재화가 제 값을 받지 못하고 싸게 수출되었기 때문이며, 획득한 외화를 단순히 축적하는 데 의의가 있는 것이 아니라 그것을 사용하여 외국의 소비재·자본재·원자재를 수입함으로써 국민 생활수준을 향상시키고 경제발전에 도움이 되도록 이용하는 것이 바람직하기 때문이다.

■ 평가문제

문항	유형	문제
1	객관식	다음 중 경상수지에 해당하지 않는 것은? ① 상품수지 ② 서비스수지 ③ 소득수지 ④ 투자수지 정답 ④ 해설 국제수지표상 경상수지는 ① 상품수지 ② 서비스수지 ③ 소득수지 ④ 경상이전수지로 구분되며, 투자수지는 자본수지에 해당한다. 경상수지는 국제수지의 기초를 판단하는 기준이 되기 때문에 종합수지 다음으로 많이 이용한다.
2	주관식	자국통화와 외국통화와의 교환비율 즉, 어느 국가의 통화의 가치는 동 통화와 다른 국가의 통화의 교환율로써 표시할 수 있는데, 이를 무엇이라고 하는가? 정답 환율(exchange rate) 해설 환율(exchange rate)은 자국통화와 외국통화와의 교환비율 즉, 어느 국가의 통화의 가치는 동 통화와 다른 국가의 통화의 교환율로써 표시할 수 있는데, 이를 '외환시세'라고도 부른다.
3	논술식	① 한 국가의 환율변동이 무역에 미치는 영향에 대해 설명하시오. ② 우리나라 환율제도의 변천과정을 설명하시오. ③ 국제수지표를 구성하는 항목들에 대하여 상세하게 설명하시오. ④ 킨들버거(Kindleberger, 1958)와 보그스(T. H. Boggs)가 주장하는 국제수지 발전의 네 단계를 구분하여 설명하시오. ⑤ 한 국가가 국제수지불균형이 되는 일반적 원인과 유형을 설명하시오.
4	설명식	① 화환어음 ② 구매력평가설 ③ 변동환율제도 ④ 브레튼우즈체제 ⑤ 국제수지표

제 8 장

한국무역과 FTA

제1절 무역과 경제성장

1. 한강의 기적과 경제성장 전략

1) 한강의 기적과 수출

불과 수십 년 전만 해도 우리나라는 6.25 전쟁의 후유증으로 매우 가난했으며 삶의 모습도 현재로서는 상상하기조차 어려울 만큼 비참했다. 그러다가 1960년대 경제개발계획이 시작되면서 우리나라의 경제상황은 급격히 변화하기 시작하였다.

우리나라는 부존자원이 부족한 나라이므로 공장을 만들고 제품을 생산하는데 필요한 대부분의 자원을 수입에 의존해야 했고, 전쟁 복구와 경제기반을 확립하기 위해 외국에서 많은 돈을 빌려와야 했다. 또 국토와 인구가 작아서 우리나라에서 생산한 제품들을 우리 국민이 모두 소비할 수도 없었다.

그래서 우리나라는 수출주도형 경제성장 전략을 채택하였다. 외국에서 돈을 빌려와 주로 기업에 투자하였고 수출기업들은 생산한 제품을 전 세계의 다양한 국가에 열심히 팔면서 경제성장을 이룩하였다.

우리나라의 급속한 경제성장은 세계 어느 나라에서도 그 유례를 찾아 볼 수 없는 일이다. 제2차 세계대전(1939년~1945년) 이후 패전한 독일의 눈부신 경제성장을 일컬어 우리는 '라인 강의 기적'이라고 부르고 있다.

마찬가지로 1960년대 초반 1인당 국민소득이 80여 달러에 불과하던 우리나라가 이제 국민소득 3만 달러 국가로 발전한 모습을 보고 세계의 사람들은 '한강의 기적'이라고 부르고 있다. 그 기적의 바탕에는 바로 '무역'이 절대적인 역할을 담당하였다.

우리나라 경제는 세계라는 바다를 항해하는 하나의 배와 같다. 그 속에서 대한민국호(號)의 엔진역할을 하고 있는 것이 바로 '무역'이었다.

2) 경제성장 전략

(1) 수출주도형 경제성장 전략

수출주도형 경제성장 전략(export-oriented growth strategy)은 해외수요 즉, 수출을 경제성장의 원동력으로 삼는 전략을 말한다.

우리나라는 해방 후 극심한 혼란과 한국전쟁 등으로 여건이 조성되지 못하였다가 1960년대 초부터 시작된 경제개발 5개년 계획의 수립과 더불어 수출에 의존하는 수출주도형 경제성장 전략을 채택하였다. 그 결과 1970년대부터 수출이 급격히 증가하였고 1980년대에는 사상 최초로 무역수지가 흑자를 기록하였다.

수출주도형 경제성장 전략을 채택하면 해외로부터 자본과 기술이 도입되어 새로운 투자여건이 조성되며 수출기업에 대한 지원은 수출산업의 발전과 동시에 관련 산업의 생산과 고용을 확대시켜 소득이 증가되는 장점이 있다.

반면, 내수산업의 성장을 악화시키는 경향이 있고 수출능력을 가진 대기업에 생산과 소득이 집중되는 현상을 가져와 산업간·부문간 발전의 격차와 소득분배의 불균형을 초래할 수 있다. 또한 산업체제가 수출산업중심이 되어 주요 제품의 생산과 판매를 이들이 독점하게 됨으로써 독과점을 형성하는 단점이 있다.

(2) 수입대체형 경제성장 전략

수입대체형 경제성장 전략(import-substitution growth strategy)은 국내수요 즉, 내수를 경제성장의 원동력으로 삼는 전략을 말한다. 이를 '내수주도형 경제성장 전략'이라고도 부르는데 여기에서 내수(內需)는 민간과 정부의 소비와 투자로 구성된다.

수입대체형 경제성장 전략을 채택하면 투자재원이 해외에서 국내로 유입되는 것보다 국내에서 조달되는 비중이 훨씬 크게 되기 때문에 국내자원의 활용도가 높아진다.

또한 산업부문간의 연관성이 높아 산업의 균형적 발전을 가져오는 동시에 소득분배도 균등하게 배분되는 효과도 있고, 내수산업의 발전을 중소기업 중심으로 이루어지게 됨으로써 건실한 경제체제를 형성하는 장점이 있다.

반면, 국내자원에 대한 의존도가 높기 때문에 국내 저축이 부족한 경우에는 적합하지 못한 성장전략이 될 수 있다. 또한 경제개발에 소요되는 자본재의 수입이 늘어나면 수출은 감소하여 국제수지를 악화시킬 우려가 있다.

그리고 외국에 비해 비교열위에 놓인 산업부문까지 투자재원의 확보를 주로 국내자원에 의존하고 있기 때문에 해외수입을 감소시키게 되고 이는 국내 소비자들의 후생수준을 감소시키는 단점이 있다. 따라서 이 전략은 '저수출 → 저성장 → 저고용'이라는 경제패턴이 조성될 수 있다.

2. 한국무역의 성공요인과 특징

1) 한국무역의 성공요인

우리나라는 그동안 높은 수출증가율에 힘입어 2019년 국민소득 3만 달러의 선진국으로 진입하였다. 우리나라 무역이 다른 국가들보다 초고속으로 성장할 수 있었던 비결은 다음과 같은 요인들 때문이다.

첫째, 기업가 정신의 발현과 국민들의 경제발전에 대한 강렬한 의지이다. 우리 기업들의 끝없는 도전 의식과 과감한 결단, 불굴의 추진력은 조선업, 자동차 및 반도체 산업에서 빛을 발휘하여 오늘날 주력 수출산업으로 자리매김하는 원동력이 되었다.

또한 '불가능은 없다'라는 굳은 의지를 가지고 정부정책에 대한 적극적인 협조와 각자 맡은 업무에 최선을 다하였던 우리 국민들의 열정도 주요 성공요인이 되었다.

둘째, 우리 정부의 수출주도형 경제성장 전략의 채택과 정책적 지원제도이다.

정부가 주도하여 추진한 1960년대 경공업 육성정책, 1970년대 중화학공업 육성정책, 1980년대 첨단기술 산업 육성정책 그리고 1990년대와 2000년대 IT산업의 육성정책과 다양한 수출지원제도는 우리경제가 급성장하는 주요 요인이 되었다.

셋째, 세계무역의 자유화와 개방화 흐름을 잘 활용하였다는 점이다. WTO의 출범 등 세계무역의 자유화와 개방화의 조치는 세계무역과 투자의 확대를 가져왔다. 우리나라는 빈손으로 출발하였지만 적극적인 개방정책을 추진하여 이러한 흐름을 우리의 것으로 만들어 냈다.

2) 한국무역의 특징과 문제

첫째, 우리나라 무역의 본격적인 출발은 수출주도형 경제성장 전략을 통해 정부가 경제개발계획을 추진하는 과정에서 나타났다.

둘째, 우리나라 무역은 다른 나라에 비해 기술과 자본의 해외 의존성이 매우 높은 편인데, 그 기술과 자본의 도입이 선진국 특히 미국과 일본에 편중되어 있다.

셋째, 우리나라 무역구조는 저렴한 노동력을 바탕으로 한 단순가공제품의 수출전략을 채택하였다. 우리가 주력했던 섬유, 신발, 전자제품 등을 생산하는 경공업중심의 노동집약적 산업은 낮은 가격으로 팔리는 '저부가가치 상품'을 생산하는 산업이다.

넷째, 수출주도형의 경제성장 전략은 단순노동의 경공업이나 조립가공형 산업만을 중점적으로 육성함으로써 산업구조면에서 불균형적 경제성장 구조를 초래하였다.

다섯째, 정부주도의 수출우선주의 정책은 조세·금융·외환 등 각종 수출지원정책들이 대기업에 편중됨으로써 대기업에게 경제력이 집중되는 폐단을 가져왔다.

제2절 한국무역의 성장과 과제

1. 한국 무역정책의 변화

1) 해방 이후~1950년대

해방 이후부터 1950년대는 우리나라 무역정책의 방향을 설정하고 초보적인 정책수단을 채택한 무역관리 정책의 태동기이다.

해방 직후 우리나라 무역은 미군정의 관리 속에 이루어졌다. 미군정의 관리가 끝난 이후 정부는 1947년에 제정된 군정 법령에 따라 무역을 관리하는 체계를 만들었으나, 정치적 혼란과 전쟁을 겪는 가운데 이러한 법령들은 실효성을 잃어버리게 되었다.

따라서 그때그때 상황에 따라 상공부에서 발표한 고시와 공고가 무역을 관리하는 중요한 법적 근거가 되었다.

그러나 이러한 조치들은 법적 근거가 없는 것이었고 상황이 변화하면 다시 새로운 고시나 공고 등으로 조치 자체가 수시로 바뀌었기 때문에 오히려 혼란만 가중시켰다.

우리나라 정부가 자주적으로 무역을 관리하기 위해 처음으로 제정한 법률은 1957년 12월에 공포된 '무역법'이다. 이 법은 법적 근거를 마련한 것이기 때문에 그 이전에 있었던 무역제도 자체의 혼란을 막는데 크게 기여하였다.

2) 1960년대

1960년대는 수출을 장려하고 수입을 관리하기 위해 다양한 정책과 제도를 정비한 무역관리 정책의 정비기이다.

이 기간에도 주요 수출품은 여전히 철광석과 중석 등 천연자원이었지만 가발이나 신발과 같은 공산품을 비롯해 선박과 석유화학 제품의 최초 수출도 이루어졌다.

1960년대 들어 비로소 수출진흥을 위한 다양한 법률들이 제정되기 시작하였다. 1961년 9월에는 수출조합법이 제정되었고, 1962년 3월에는 1970년대 도약의 기폭제가 된 수출진흥법이 공포되었다. 이외에도 내국신용장제도의 도입(1965년), 수출업체 조세감면(1965년), 무역거래법(1967년) 등 다양한 수출진흥책들이 마련되었다.

수출진흥법은 경제개발 5개년 계획이 진행되면서 정부가 관리무역 제도 하에서 수출을 촉진하기 위해 제정한 것으로 수출진흥 자체를 목표로 하는 법률이었다.

무역거래법은 현재 '대외무역법'의 전신으로 무역거래와 관련된 모든 지원과 관리를 위한 제도들의 법적 근거로서 우리나라 무역관리제도의 토대가 되었다.

3) 1970년대

1970년대는 수출을 장려하고 수입을 관리하는 각종 제도와 정책들이 본격적으로 시행된 무역관리 정책의 정착기이다. 이 기간 중 무역정책의 특징은 수출진흥 체제의 강화, 통상외교의 추진, 수입관리 정비 등의 시책이 중점적으로 시행되었다는 점이다.

이 기간 동안에는 수출증대를 위해 매년 수출목표가 책정되었으며, 수출목표를 달성하기 위해 수출드라이브 정책이 적극 추진되었다. 그 결과 1964년 수출 1억 달러를 기록하였던 우리나라는 1977년에는 수출 100억 달러를 달성하였다.

또한 1970년대는 두 차례 오일쇼크와 국제통화질서의 재편으로 국내경기가 둔화되자 이를 수출로 극복하려고 온 국민이 수출목표 달성에 역량을 결집했던 시기였다.

이 기간 동안에는 이러한 국내외 경제적 배경 속에서 수출드라이브 정책을 강화시키기 위해 무역 관련 법률이 새로 제정되거나 정비되었고 수출확대 기반을 조성하기 위한 관계 법률들도 제정되었다. 대표적인 무역 관련 법률로는 수출보험법과 종합무역상사제도(1975년) 및 산업설비수출촉진법(1978년)이 있다.

1975년에 종합무역상사제도의 도입으로 삼성물산이 종합무역상사 제1호로 지정되었고, 이듬해 7월에는 에콰도르에 현대 포니 자동차 5대를 수출하여 우리나라 최초로 자동차 수출이 이루어졌다.

4) 1980년대

1980년대는 수출지원체계와 선진화의 기반이 마련된 무역관리 정책의 토대기이다. 이 기간 중 무역정책의 특징은 수출기반의 확충, 수출지원체제의 개편, 통상외교의 강화, 수입자유화의 추진 등의 시책이 중점적으로 시행되었다는 점이다.

이 기간 중에는 특히 중공업제품의 수출전략화를 통한 산업구조의 고도화가 실현되었다. 그러나 대외적으로는 1979년 제2차 석유파동에 따른 세계경기 침체로 보호무역주의가 만연하였고, 선진국들은 우리나라 수출품에 대한 수입규제조치를 강화하였다.

국내산업의 체질강화를 도모하는 한편 선진국의 강력한 요청에 따라 수입자유화의 확대조치가 이루어지게 되었다.

1980년대 중반에는 무역거래법에 의한 무역관리가 한계가 드러나게 되었다. 이에 따라 1980년대 중반부터 종래의 무역거래법을 대체한 새로운 법 제정의 준비과정을 거쳐 1986년 12월 '대외무역법'을 제정하기에 이르렀다.

대외무역법은 무역거래와 관련되는 주요사항, 정부의 무역진흥계획의 수립, 각종 무역진흥제도 등을 규정하고 있는 무역의 기본법이며 일반법이 되었다.

5) 1990년대

1990년대는 무역관리 체제의 국제화와 선진화가 획기적으로 이룩된 무역관리 정책의 진전기이다. 우리나라는 1980년대 중반 3저 현상에 힘입어 수출이 급격히 신장되었으나, 1990년 이후에는 무역적자가 재현되었고 주요 시장에서의 시장 점유율마저 급락하는 등 구조적 어려움에 직면하였다. 이 기간 동안에는 수출의 내실화와 수출능력의 지속적 확장을 위해 수출산업 설비능력 확충, 수출상품의 품질경쟁력 강화, 수출채산성 확보 및 수출 관련 지원제도 개선 등의 시책이 중점적으로 시행되었다.

특히 수입을 확대하기 위해 1989년~1991년 수입자유화 계획의 수립 등 수입자유화 조치가 확대되었고 통합공고상 수입관리제도의 개선, 수출입 별도공고상의 수입제도의 개선, 수입선 다변화제도의 개편 등 수입관리제도의 개선조치가 취해졌다.

또한 무역의 지역별 균형화를 도모하기 위해 대미 무역흑자 관리와 대일 무역역조 개선 등의 조치가 취해졌다. 그리고 선진 무역체제의 구축을 도모하기 위해 산업피해 구제제도의 확립, 2000년대 한국무역의 전망과 장기 무역정책방향의 설정, 무역업무의 전산화 추진 및 전략물자 수출통제제도의 도입도 이루어졌다.

1990년 무역정책의 큰 방향은 수출경쟁력 보강을 통한 수출신장, 무역확대의 기반확충, 무역구조의 고도화, 수입개방의 효율적 추진 및 무역제도 선진화 등에 두었다.

6) 2000년대

2000년대는 시장개방과 자본이동의 확대 및 FTA를 중심으로 한 지역경제통합의 활성화로 지역 내 무역이 확대됨으로써 높은 성장세를 이룬 무역관리 정책의 성장기이다. 이 기간 동안에 중국은 제조업을 중심으로 한 외국인투자의 급증과 생산력의 확대에 힘입어 '세계의 공장'으로 부상하면서 높은 경제성장률을 이룩하였다.

우리나라는 지리적 인접성과 기술적 우위를 바탕으로 저임금과 시장확보를 위해 중국에 대한 투자를 늘렸으며 중국의 공업화와 수출에 필요한 원부자재, 부품·소재를 중심으로 대중국 수출도 호조를 이어갔다.

대외적인 통상여건의 변화와 산업구조의 고도화에 따라 수출지원제도도 지속적으로 변화되었는데, WTO 출범 이후에는 자유무역뿐 아니라 공정무역이 강조되면서 직접적인 가격보조에 해당하는 지원은 사실상 불가능하게 되었다.

이에 따라 2000년대 우리나라의 무역지원제도는 수출금융 및 해외마케팅 지원, 인터넷 마케팅 지원, 정보제공 및 수출컨설팅 지원 등 WTO 규범에 위배되지 않는 한도 내에서 무역의 확대를 위한 제도적 기반을 확충하는데 중점을 두었다.

2. 한국무역의 성과

1) 1960년대

우리나라 무역의 성장은 '한강의 기적'을 이룬 경제성장의 원동력이 되었다. 1960년대에는 농업중심의 산업구조가 공업중심으로, 수출기업이 거의 없던 나라에서 수만 개의 수출 기업들이 생겨나기 시작한 시기였다. 또한 1960년대는 이러한 경험을 통해 한국인들의 의식과 마음도 변화되었던 시기였다.

1960년에 우리나라는 수출이 3300만 달러(세계 112위), 수입이 3억 4,400만 달러(59위), 무역총액이 3억 7,600만 달러(67위)였고, 1964년에 수출이 1억 달러를 달성했을 때에도 세계 수출이 89위였고 1인당 GNP는 103 달러에 불과하였다.

당시 에티오피아, 튀니지, 카메룬 같은 아프리카 국가들의 수출규모가 1억 달러 정도였고 필리핀이 7억 달러, 대만이 4억 달러였다.

1964년에 수출이 1억 달러를 돌파하면서 정부는 수출로 한국경제를 부흥시킬 수 있다는 자신감을 얻어 경제개발 5개년 계획의 방향을 수출주도형 경제성장 전략으로 수정하고, 한국경제의 성장엔진으로서 '수출드라이브 정책'에 본격 시동을 걸었다.

1964년부터 상공부가 주도하여 수출진흥 종합시책을 매년 수립하였고, 1965년부터는 대통령이 수출진흥 확대회의를 매월 주재하였다.

1967년부터는 서울 구로동에 수출공업단지를 조성하여 경공업수출에 힘썼고 1967년에는 'GATT'에 가입하였다. 1969년에는 수출이 6억 2,300만 달러(57위), 수입이 18억 2,400만 달러(32위), 무역총액이 24억 4,700만 달러(38위)를 기록하였다.

2) 1970년대

1970년대에는 10월 유신을 통해 본격적인 권위주의 정치체제가 확립되었던 시기였다. 이 시기에도 수출주도 정책을 가속화함과 동시에 중화학 공업화를 적극적으로 추진하여 놀라운 수출실적을 올렸다. 1970년 4월 1일에는 포항종합제철이 준공되었고 그 해 12월 31일 제7회 수출의 날에는 수출 10억 달러를 돌파하였다.

1970년대 초반에는 경남 마산과 전북 이리의 수출자유지역이 본격 가동에 들어갔고 구로공단이 확충되면서 섬유, 의류, 신발, 피혁 등 경공업제품의 수출이 비약적으로 증가하였다. 1973년에 정부는 1980년대 수출 100억 달러 달성 목표를 정하고 중화학공업 육성정책을 본격적으로 추진하겠다고 발표하였다.

1975년에는 수출의 대형화를 유도하기 위해 종합무역상사제도를 도입하였으며 1977년 12월 제14회 수출의 날에는 수출 100억 달러를 처음으로 돌파하였다.

그 해 우리나라 1인당 GNP도 1,000달러를 달성하였다. 1970년대에는 경공업 수출 확대와 함께 중화학공업 육성정책이 시행되면서 여천(석유화학), 창원(기계), 거제(조선), 구미(전자), 온산(비철금속) 등에 업종별 공업단지가 대규모로 조성되었다.

또한 1976년 7월에는 한국수출입은행이 설립되었으며, 1979년에는 서울 삼성동에 한국종합전시장(당시 KOEX, 현 COEX)이 개관하였다. 현대조선중공업은 1973년에 울산 조선소를 준공하여 1974년부터 대형 유조선을 수출하기 시작하였다.

1970년에 우리나라의 수출은 8억 3,500만 달러(세계 52위), 수입은 19억 8,400만 달러(32위), 무역총액은 28억 1,900만 달러(40위)였는데, 1979년에는 수출이 150억 달러(20위), 수입이 203억 달러(16위), 무역총액이 353억 달러(16위)가 되었다.

3) 1980년대

1980년대에는 중화학 공업화로 인한 과잉투자의 부담과 개방압력을 맞아 경제에 대한 과도한 정부주도를 지양하고 시장경제 체제를 확립하려고 노력하는 가운데 수출주도 경제성장전략은 여전히 적용되었다.

1979년 3월에는 경제 안정화정책이 발표되었고 1980년대 초반에는 구조조정을 수반하는 산업합리화 정책이 시행되었다. 1979년 제2차 오일쇼크 이후 1980년대 초반까지 세계경제가 침체되면서 선진국의 보호무역주의는 더욱 심화되었다.

이러한 영향으로 1982년에는 우리나라 수출비중의 42.9%에 해당하는 278개 수출품목이 선진국으로부터 수입규제조치를 받았다. 선진국의 통상압력이 지속되면서 우리나라는 1980년대에 해마다 수입자유화 조치를 취해야 했다.

미국은 공정무역(fair trade)을 앞세워 통상압력을 강화했는데 1988년에 '슈퍼 301조'의 출현으로 그 압력은 절정에 달하였다. 이에 따라 1979년에 68.9%였던 수입자유화율은 1988년에 94.8%까지 상승하였다. 개방화가 추진되는 가운데서도 정부의 강력한 수출드라이브 정책은 지속적으로 추진되었다. 1985년에는 조선 수출이 50억 달러를 돌파하여 의류를 제치고 우리나라 수출 1위 품목으로 올라섰다.

그 해에는 무역업 허가요건이 신용장기준 50만 달러에서 5만 달러로 대폭 완화되었고 1987년에는 대외무역법이 제정됨에 따라 1980년에 2,677개에 불과했던 무역업체 수가 1987년 말에는 1만 3,547개로 급증하였다.

엔고와 저금리, 달러약세, 저유가의 3저 현상이 시작되면서 1986년에는 사상 최초로 무역수지 흑자를 달성하여 1989년까지 4년간 무역수지 흑자를 기록하였다.

1987년에는 3저 호황에 힘입어 섬유류와 전자제품 수출이 단일 품목으로 수출 100억 달러를 넘어섰고, 그해 11월에는 수출이 처음으로 400억 달러를 돌파하였다.

3저 호황기에는 경공업 제품의 수출이 부흥을 맞이하는 한편, 컴퓨터, VTR, 컬러 TV의 수출이 급증하였고 반도체 수출도 본격적으로 이루어졌다.

1987년 6월 민주화 항쟁을 통해 대통령 직선제를 쟁취하고 노동자들의 조직화와 임금인상 투쟁이 시작되는 가운데, 1988년에는 우리나라 수출이 600억 달러를 돌파하여 세계시장 점유율 2.1%를 기록하면서 세계 수출 순위 12위로 올라섰다. 이 해 우리나라 무역액은 최초로 1,000억 달러를 돌파하여 세계 12위 무역대국이 되었다.

1980년대 후반 민주화와 경제성장으로 우리나라는 대만, 홍콩, 싱가포르와 함께 '아시아의 네 마리 용(Asia's four little dragons)'으로 불리며 세계의 주목을 받았다.

1980년에 우리나라 수출은 175억 달러(세계 23위), 수입은 223억 달러(19위), 무역총액은 398억 달러(19위)였는데, 1989년에는 수출이 623억 달러(13위), 수입은 615억 달러(13위), 무역총액은 1,238억 달러(12위)가 되었다.

4) 1990년대

1990년대에 들어 임금인상과 노사분규, 인력부족 등의 영향으로 의류와 신발 등 경공업 제품의 수출경쟁력이 급격이 약화되자 우리나라의 수출기업들은 동남아 지역이나 중국으로 생산기지를 이전하기 시작하였다.

경공업을 중심으로 시작된 해외투자에 대한 열기는 1993년 김영삼 정부가 출범하면서 '세계화' 바람으로 연결되었다. 대우, 삼성, 현대, LG 등은 글로벌 경영에 박차를 가하기 시작하였고 종합무역상사들은 해외투자에 앞장섰다.

1989년의 동서독 통일과 1991년의 소련 붕괴, 1992년의 한중 수교가 이어지면서 1990년대 초반에 우리나라 무역업계에는 '북방교역'의 바람이 몰아쳤다.

1993년에는 우리나라가 일본을 제치고 사상 처음으로 조선 수주 세계 1위를 기록했다. 1994년에 ICT 산업발전을 위해 문민정부가 별도의 부처로 출범시킨 정보통신부는 국민의 정부와 참여정부까지 존속되면서 우리나라 IT산업이 발전할 수 있는 기반을 마련하였다. 1994년에는 미국이 캐나다, 멕시코와 북미자유무역협정(NAFTA)을 체결하였다. 1986년부터 시작된 우루과이 라운드 협상이 1994년에 타결됨에 따라 1995년 1월부터 다자간 무역협상을 총괄하는 WTO 체제가 공식 출범하였다.

1990년대 중반부터는 반도체, 자동차, 선박, 컴퓨터, 직물, TV, 석유화학제품 등이 수출을 주도하였다. 1994년에는 반도체가 단일 품목으로 수출 100억 달러를 달성하였고 삼성물산은 단일기업 최초로 수출 100억 달러를 돌파하였다.

1995년에는 우리나라 수출이 사상 최초로 1,000억 달러를 달성하였고 반도체 수출은 1999년에 단일 품목 최초로 200억 달러를 돌파하였다.

1993년에는 무역업이 허가제에서 등록제로 전환되었고 1997년에는 등록제에서 다시 신고제로 전환되면서 무역업체 수가 6만 개 이상으로 증가하였다.

1996년에 우리나라는 OECD에 가입했으나 1990년 이후 무역수지 적자가 누적되면서 1997년 11월 IMF에 구제금융을 신청하는 외환위기를 겪게 되었다.

1997년 12월 16일에는 자유변동환율제도가 도입되었으나 그해 12월 24일에 달러 당 원화 환율이 역대 최고치인 1964.8원까지 폭등하기도 하였다.

1999년도에는 대우그룹이 해체되는 등 대마불사의 신화가 깨어졌고 한국경제에 구조조정의 태풍이 불어왔다. 외환위기는 중화학 공업화와 수출주도 경제성장 과정에서 몸집을 불려왔던 재벌체제와 관치금융을 개혁할 기회이기도 하였다.

1990년에 우리나라 수출은 650억 달러(세계 11위), 수입은 698억 달러(11위), 무역총액은 1,348억 달러(12위)를 기록하였고 1999년에는 수출이 1,437억 달러(12위), 수입은 1,197억 달러(14위), 무역총액은 2,634억 달러(13위)가 되었다. 이것은 10년 동안 각각 2배 가까이 증대한 수치이다.

5) 2000년대 이후

2000년부터 무역업은 신고제가 폐지되어 완전 자유화되면서 무역업체는 2002년에 9만 9,000개로 크게 증가하였다.

2000년대 들어 우리나라 수출은 2001년과 2009년에 글로벌 경기침체의 여파로 수출이 약간 감소한 것을 제외하고는 가파른 수출성장세를 이어갔다.

이는 2001년 11월에 중국이 WTO에 가입하면서 2004년부터 세계경제가 달러 약세 덕분에 전례 없는 호황을 맞이하게 된 것이 배경이 되었다.

글로벌 경기 호황을 배경으로 수출이 급성장하였지만 이 기간 동안 우리나라 수출 순위는 2006년과 2007년 세계 11위에서 2008년에는 다시 12위로 낮아졌다.

그러나 2008년 9월 미국 리먼 브라더스(Lehman Brothers)의 파산으로 촉발된 미국발 금융위기와 2010년 유로존 재정위기를 계기로 진행된 세계경제의 침체 속에서 우리나라 수출은 향상된 산업경쟁력에 기초하여 세계 7위로 올라섰다.

2011년에는 수출이 사상 처음으로 5,000억 달러를 넘어서면서 무역규모가 1조 달러를 돌파하여 세계에서 9번째로 무역 1조 달러를 달성한 국가가 되었다.

2013년에는 세계에서 수입규모가 가장 큰 나라가 된 중국 시장이 일본을 제치고 우리의 수출 1위 국가가 되었으며 사상 최대의 무역수지 흑자를 기록하였다.

반세기에 걸친 우리나라 무역의 급속한 성장은 비교우위론만으로는 이해하기 어려운 놀라운 변화의 과정이었다.

3. 한국무역의 평가와 과제

1) 한국무역의 평가

첫째, 지난 70여 년간 우리나라 무역은 성장, 흑자, 상품고도화 및 시장다변화 등을 이룩하였다. 즉, 1946년 수출 354만 달러와 수입 6,072만 달러에서 2011년 세계 9번째로 무역 1조 달러를 달성하였고, 교역 상대국의 확대와 수출상품의 고도화 등 질적으로도 많은 개선이 이루어졌다.

또한 세계 무역 10대 강국 중에서 자원수출이 아닌 제조기반으로 무역수지 흑자를 이룬 국가는 한국, 중국, 독일 세 국가뿐인 것은 우리 민족의 자긍심을 갖게 한다.

둘째, 우리나라 무역이 급성장할 수 있었던 것은 온 국민의 '무역입국'에 대한 강한 의지와 자유무역 흐름에 적절히 대응하는 올바른 정책 선택이 주요 요인이 되었다.

특히 높은 교육열과 수준 높은 인적자원, 세계 해외시장을 무대로 끝없는 경쟁에 나선 기업가 정신을 기반으로 근로자, 기업, 정부가 한마음으로 노력하였다.

또한 당시 개도국 경제발전 전략의 주류였던 수입대체에서 벗어나 수출주도형 경제성장 전략을 추진한 올바른 정책의 선택도 큰 역할을 담당하였다.

2) 한국무역의 과제

우리나라 경제성장 전략의 핵심이 되어야 하는 것이 '무역'이라는 사실은 앞으로도 변함이 없을 것이다. 세계경제의 저성장기조에 따라 무역의 양적 성장이 한계에 직면함에 따라 우리나라 무역도 새롭게 도약하여야 하는 시기가 도래하였다.

이를 위해서는 첫째, 중소기업의 수출저변이 확대되어야 한다. 즉, 디지털경제의 확대로 창의성으로 무장한 중소기업들이 세계시장에 진출할 기회가 확산되어야 한다.

둘째, 제조업의 스마트화가 조속히 이루어져야 한다. 즉, 정보통신기술(ICT) 산업과 제조업의 융합을 통해 제조공정의 효율화, 첨단 프리미엄 산업의 창출 및 제조업의 서비스화가 신속히 구축되어야 한다.

셋째, 새로운 성장동력으로서 서비스산업의 수출활성화도 조속히 이루어져야 한다. 즉, MICE산업(Meeting, Incentive trip, Convention, Exhibition & Event), 문화콘텐츠, 헬스 케어, 관광, 금융, 교육 등 핵심 서비스산업에 ICT 기술을 결합하거나 타 산업과 연계한 새로운 비즈니스 모델이 개발되어야 한다.

넷째, 전자상거래를 수출의 핵심경쟁력으로 적극 활용해야 한다. 즉, 기존의 전자상거래 사이트의 글로벌화, 구글과 페이스 북, 알리바바와 같이 소비자와 공급자가 제품의 기획, 생산, 유통, 홍보, 정보 등을 공유하는 플랫폼의 선점과 활용이 필요하다.

제3절 한국무역과 FTA

1. FTA의 개념과 현황

1) FTA의 개념

FTA(Free Trade Agreement, 자유무역협정)는 회원국 간에 상품, 서비스, 투자 등에 대한 관세나 비관세 장벽을 완화 내지 철폐함으로써 상호간 교역 증진을 도모하고자 하는 특혜무역협정을 말한다. 최근의 FTA는 관세와 비관세장벽의 완화 외에 지적재산권과 정부조달 등 다양한 통상규범도 포함하여 체결되는 추세이다.

2) FTA의 현황

FTA로 대표되는 지역주의(regionalism)는 세계화와 함께 오늘날 국제경제를 특징짓는 뚜렷한 하나의 큰 흐름이 되었다.

FTA는 그동안 주로 유럽연합(EU)이나 북미자유무역협정(NAFTA)과 같이 인접 국가나 일정한 지역을 중심으로 이루어져 왔기 때문에 지역무역협정(Regional Trade Agreement, RTA)이라고도 부르고 있다.

2022년 기준으로 전 세계 지역무역협정(RTA)의 발효건수는 574건이며, 이 가운데 상품무역을 다룬 자유무역협정(FTA)은 324건으로 가장 많은 비중을 차지하고 있다.

시기별로 보면 지역무역협정은 1995년 WTO 출범 이후 급증하였다. 즉, 전체 574건의 협정 중 1995년 이후에만 전체의 93%에 해당하는 534건이 발효되었다.

2. FTA의 종류와 체결 절차

1) FTA의 종류

자유무역협정은 FTA, CEPA, EPA, SECA 등 다양한 형태로 체결되고 있는데 이들은 모두 기본적으로는 자유무역협정(FTA)이라는 큰 틀에 포함되는 것들이다.

첫째, CEPA(Comprehensive Economic Partnership Agreement)는 포괄적 경제동반자협정으로 상품교역, 서비스교역, 투자, 경제협력, 금융과 과학기술, 에너지와 식량문제 등 경제관계 전반을 포괄하는 내용의 무역협정을 말한다.

CEPT는 자유무역협정(FTA)과 동일한 성격을 가지고 있지만, 주로 상품과 서비스의 자유로운 교역을 핵심으로 하는 FTA에 비해 더 광의적인 개념이다.

우리나라와 인도는 2009년 8월 7일 정식서명을 통해 CEPA를 체결하였고, 이 협정은 2010년 1월 1일 정식 발효되었다. 이 협정에는 상품과 원산지 규정, 무역원활화, 관세협력, 서비스무역, 지적재산권 등에 대한 내용들이 포함되어 있다.

둘째, EPA(Economic Partnership Agreement)는 경제동반자협정으로 일본이 자유무역협정(FTA) 대신 만들어낸 용어이다. 이것은 관세와 비관세 장벽의 인하나 철폐 이외에 투자, 서비스, 지식재산, 인적 자원 이동의 자유까지도 포괄하여 경제관계를 강화하기 위한 무역협정이다. 대표적인 예가 일본과 멕시코 EPA이다.

셋째, SECA(Strategic Economic Complementation Agreement)는 전략적 경제보완협정으로 무관세 등의 무역협정을 추진하는 국가간에 모든 상품을 협상 대상으로 하지 않고 자유화 대상이 되는 상품 범위를 별도로 정하는 방식의 무역협정이다. FTA와 유사한 효과를 거둘 수 있다는 점에서 FTA의 전 단계 조치로 활용되고 있다.

넷째, 기타 형태로는 무역촉진협정(TPA), 특혜무역협정(PTA), 역내포괄적 경제동반자협정(RCEP) 등이 있는데 이들도 넓게는 자유무역협정에 포함되는 것이다.

2) FTA의 체결 절차

FTA도 조약을 체결하는 것과 같은 절차를 거치게 된다. 동시다발적 FTA가 추진됨에 따라 우리나라는 2004년 '자유무역협정 체결절차 규정'을 제정하였다.

첫째, FTA 체결 준비와 여건조성이다. 외교부나 산업통상자원부에 자유무역협정추진위원회(위원장 통상교섭본부장)가 설치되고 FTA 타당성을 조사하기 위해 양측 통상담당 기관간 의견교환이나 민간 기관간 또는 정부간 공동연구를 실시한다.

둘째, 필수적인 절차로 공청회 개최와 협상개시의 선언이다. 통상장관 회담이나 정상회담을 계기로 FTA 협상개시가 정식으로 선언되면 협상 진행은 분과별로 이루어진다. 협상은 국가에 따라 차이가 있지만 대체적으로 1~2년 정도가 소요된다.

과거 우리나라가 체결한 FTA의 경우 칠레와의 협상은 34개월, 싱가포르는 11개월, EFTA는 6개월, ASEAN은 1년 4개월, 미국은 10개월 정도 소요되었다.

셋째, 협상 타결과 가서명이다. 서로 협정문을 만들고 나면 양측 수석대표(보통 국장급)가 협정문 최종본 하단에 가서명을 한다. 이때 협상이 타결되었다고 한다.

넷째, 협상의 정식서명이다. 협상 타결 후 내부 보고절차가 진행되어 대통령의 재가가 이루어진 이후 정식서명이 이루어진다.

다섯째, 협상의 국회 비준절차이다. 정식 서명된 협정문은 국회에 비준을 요청하며, 국회의 동의가 있으면 국내절차는 완료된다. 체약국간 통보절차 완료 후 협정에서 정한 기간(통상 1~2개월)이 지나면 발효된다.

3. FTA의 주요 내용

FTA는 상품분야의 무역자유화나 관세인하에 중점을 두었으나, WTO 체제의 출범 이후에는 상품에 대한 제한철폐 이외에 서비스, 투자자유화, 지적재산권, 정부조달, 무역구제제도, 분쟁해결 등 협정의 대상범위가 크게 확대되었다.

1) 상품에 대한 제한 철폐

상품에 대한 제한 철폐 부문(chapter)은 협정 당사국간 상품에 대한 내국민 대우 등을 규정한 것이다. 주로 관세철폐 조항과 비관세조치 규정으로 구성되어 있다.

2) 원산지규정

원산지규정 부문은 특혜관세를 적용받기 위한 조건으로 당사국이 자국 원산지임을 인정받기 위해 충족해야 하는 기준을 정한 것이다.

협정문과 함께 HS코드 별로 품목별 원산지 기준을 규정한 부속서로 구성되어 있다.

이 규정은 원산지 절차, 통관 원산지 절차, 관세행정 관련부문으로 세분되며, 주로 협정 당사국 간 특혜관세 신청을 위한 원산지 증명방식, 사전판정, 기록유지 의무, 검증, 일련의 통관과 무역원활화와 관련된 규정들이 명시되어 있다.

3) 서비스

서비스 부문은 협정 당사국들이 서비스 분야의 자유화 규모나 폭을 결정하고 이에 대한 약속을 반영한 것이다. 주로 서비스 자유화 관련 원칙과 의무를 규정한 협정문과 자유화 방식에 따라 양허나 유보 리스트를 열거한 부속서로 구성되어 있다.

4) 투자부문

투자부문은 투자의 자유화와 보호를 목적으로 한 것이다. 협정문은 투자의 원칙을 규정하고 부속서는 외국인투자 허용분야를 열거한 양허목록으로 구성되어 있다.

5) 무역구제

무역구제 부문은 협정 당사국간 교역으로 인해 국내산업이 피해를 입은 경우 관세 인상 등의 조치를 통해 구제하는 제도를 마련한 것이다. 주로 반덤핑, 상계관세, 세이프가드 제도 등으로 구성되어 있다.

6) 정부조달

정부조달 부문은 세계 각국 GDP의 약 10~15%를 차지하는 정부조달시장의 개방에 대한 조건과 규칙들을 규정하기 위한 협상분야이다.

주로 입찰 및 낙찰과정에서의 준수의무를 다루는 협정문 부분과 시장개방 대상과 개방 하한금액을 명시하는 양허표로 구성되어 있다.

7) 분쟁해결

분쟁해결 부문은 협정 당사국 사이의 분쟁을 신속하게 해결하고 협정상 의무를 위반한 국가에 대해 의무이행을 확보하기 위한 것이다. 주로 당사국간 협의, 패널판정, 판정이행의 순서로 구성되어 있다.

8) 지적재산권

지식재산권 부문은 저작권, 상표, 특허, 디자인 등 실체적 권리의 보호수준과 권리에 대한 행정·민사·형사적 집행에 대하여 협정 당사국간 제도를 조화하고 지식재산권 관련 협력을 제고하는데 기여하기 위한 것이다. 주로 저작권과 산업재산권의 보호규정으로 구성되어 있다.

9) 무역기술장벽

무역기술장벽(Technical Barriers to Trade, TBT) 협정은 국가 간 무역에 불필요한 장애를 초래할 우려가 있는 표준, 기술기준 및 적합성 평가 체제를 국제적 수준에서 통일하기 위해 체결한 협정이다. 보통 WTO TBT 협정의 내용을 기반으로 투명성, 공동협력, 협의채널, 정보교환 등의 조항으로 구성되어 있다.

10) 경제협력

경제협력 부문은 FTA 협정 당사국간의 경제협력을 증진시키기 위한 것이다. 주로 경제협력의 범위와 방법 및 이행 메카니즘 등의 규정으로 구성되어 있다.

11) 전자상거래

전자상거래 부문은 전자거래를 활성화시키기 위한 것이다. 주로 당사국간 전자적으로 전송되는 디지털제품(동영상, 이미지 등)에 대한 무관세, 무차별대우, 전자인증 및 전자서명, 소비자 보호 관련 규정 등으로 구성되어 있다.

4. 한국의 FTA 추진과 과제

1) FTA의 추진 이유

GATT와 WTO로 대표되는 다자무역체제의 가장 큰 수혜국가인 우리나라의 경제발전은 대외교역을 통해 성장을 이룬 전형적인 사례로 널리 인용되고 있다.

우리나라는 명실상부한 무역국가로서 지속적인 경제발전을 위해서는 무역의 확대가 필수적이다. 요컨대 열린 세계시장이 우리의 경제적 생존과 직결되는 것이다.

최근의 무역환경은 FTA를 중심으로 한 지역주의가 가속화되고 있는 상황이다.

이러한 지역주의의 경향은 과거 GATT 체제보다 현재의 WTO 체제에서 오히려 급속도로 확산되는 경향을 나타내고 있다. 각국의 FTA 체결 경쟁은 현재 진행 중인 도하 개발 아젠다(DDA) 협상이 의미 있는 합의 도출에 난항을 겪고 있기 때문에 많은 국가들이 양자간 지역무역협정에 의존하는 경향이 더욱 뚜렷해졌다.

이런 상황에서 우리나라가 FTA를 적극적으로 추진해야 하는 이유는 다음과 같다.

첫째, 1993년 EU의 출범과 1994년 NAFTA의 발효를 계기로 지역주의가 세계적으로 확산되면서 FTA 역외국가로서의 피해를 최소화하고 나아가 이러한 도전에 적극적으로 대응하기 위해 FTA의 적극적인 추진이 필요하게 되었다.

특히 우리의 대외경제 규모가 국내총생산(GDP)의 80% 이상을 차지하고 있는 점을 고려할 때, 주요 경쟁국들이 FTA를 앞 다투어 추진하고 있는 무역환경에서 우리가 기존 수출시장을 유지하고 새로운 시장에 진출하기 위해서는 FTA 확대에 전력을 다하는 것이 당연하다.

주요 교역국가들이 여타 국가와 FTA를 먼저 체결한다면 우리나라 상품은 고관세 적용에 따른 가격경쟁력의 저하로 점차 그 시장을 잃을 수밖에 없기 때문이다.

따라서 우리 상품의 수출경쟁력을 유지하고 안정적인 해외시장을 확보하기 위해서는 주요 교역 국가들과의 지속적인 FTA 체결이 필수적이다.

둘째, 능동적인 시장개방과 자유화를 통해 국가 전반의 시스템을 선진화하고 경제체질을 강화하기 위하여도 FTA의 적극적인 추진이 필요하다.

우리나라 경제가 양적인 성장뿐 아니라 질적인 발전을 통해 진정한 선진 경제로 거듭나기 위해서는 우리의 주요 무역정책으로 자리 잡은 FTA를 능동적이며 공세적으로 활용할 필요가 있다.

전 세계적으로 각국들은 산업경쟁력과 국가경쟁력을 신장시키는 중요한 정책수단으로 FTA 및 이에 수반되는 무역자유화가 효과적임을 깨닫고 적극적으로 FTA 네트워크 구축에 나서고 있기 때문에 우리도 이러한 흐름에 적극 동참해야 한다.

2) FTA의 추진 전략

우리나라는 2003년 이래 적극적으로 FTA를 추진해왔으며, 특히 거대경제권, 자원부국 및 주요 거점 경제권을 중심으로 전략적인 FTA 체결 확대전략을 통한 FTA 네트워크를 구축해 왔다. 또한 우리나라는 동시다발적인 FTA 추진을 통해 그동안 다른 국가들에 비해 지체되었던 FTA 체결 진도를 단기간 내에 만회하였으며 현재에도 FTA 네트워크의 글로벌화를 위해 노력하고 있다. 이를 통해 우리 기업의 세계시장 확보를 지원하고 동아시아 FTA 허브국가가 된다는 전략을 추진하고 있다.

내용면에서는 FTA 체결 효과를 극대화하기 위해 상품분야에서의 관세철폐뿐 아니라, 서비스, 투자, 지적재산권 등을 포함하는 포괄적인 FTA를 지향하고 있다.

또한 WTO의 상품과 서비스 관련 규정에 일치하는 높은 수준의 FTA를 추진함으로써 다자주의를 보완하고 FTA를 통해 국내제도의 개선과 선진화를 도모하고 있다.

FTA가 성공적으로 추진하려면 무엇보다도 국민들의 이해와 지지가 필요하다. 이러한 인식 하에 정부는 2004년 6월 자유무역협정 체결절차 규정(대통령 훈령)을 제정하여 FTA 추진과정의 투명성을 제고하였고, FTA 추진과정에서 각계 전문가와 업계의 이익을 최대한 반영하려고 노력하고 있다.

3) FTA의 추진 현황

세계적인 FTA 확산 추세에 대응하여 우리나라도 안정적인 해외시장을 확보하고 우리 경제의 대외경쟁력을 강화하기 위해 그동안 FTA를 적극적으로 추진하여 왔다.

그 결과, 2025년 기준으로 칠레(2004년), 싱가포르(2006년), EFTA(2006년), ASEAN(2007년), 인도(2010년), EU(2011년), 페루(2011년), 미국(2012년), 터키(2013년), 호주(2014년), 캐나다(2015년), 중국(2015년), 뉴질랜드(2015년), 베트남(2015년), 콜롬비아(2016년), 중미[5개국(니카라과, 온두라스, 코스타리카, 파나마, 엘살바도르), 2021년], 영국(2021년), RCEP(2022년), 이스라엘(2022년), 캄보디아(2022년), 인도네시아(2023년), 필리핀(2024년) 등 59개국과 22건의 FTA가 발효되고 있다.

이외에도 에콰도르, UAE 등과는 FTA가 타결되어 가서명 및 서명 상태에 있고 한·중·일 RCEP(아세안 10개국, 한국, 중국, 일본, 호주, 뉴질랜드, 인도), 러시아, 말레이시아, 우즈베키스탄, 몽골 등과는 FTA 협상이 진행 중에 있다.

협상 재개를 위한 여건조성 중에 있는 FTA로는 멕시코와 GCC(사우디아라비아, 쿠웨이트, 아랍에미리트, 카타르, 오만, 바레인)가 있으며, 협상준비를 위한 공동연구 중에 있는 FTA로는 러시아, 카자흐스탄, 벨라루스, 키르키즈스탄, 아르메니아 등이 적극적으로 참여하는 EAEU(Eurasian Economic Union)가 있다.

4) FTA의 추진상의 과제

(1) FTA 활용도 제고

한국무역협회의 조사에 따르면 전체 조사대상 기업의 80% 이상이 수출입 과정에서 우리나라가 체결한 기존 FTA 특혜관세를 제대로 활용하고 있지 못한 것으로 나타났다. 특히, 대기업보다는 중소기업의 활용도가 매우 낮은 실정이다.

이에 따라 FTA 체결이나 활용방법에 대한 적극적인 홍보와 함께 절차와 비용 측면에서 기업들의 지원에 필요한 추가적인 보완정책이 마련되어야 한다.

(2) 국내지원제도의 효율성 제고

우리나라의 첫 FTA이었던 한·칠레 FTA, 단군 이래 최대 협상이었던 한·미 FTA의 협상과정에서 농업과 일부 사양산업의 경우 극심한 반대가 표출되었고, 이 과정에서 정부는 이들 민감부문이나 산업에 대한 지원대책을 제시하였다.

그러나 이러한 지원대책들이 제한적이고 비효율적으로 운영되고 있어 보다 체계적이고 종합적인 정비방안이 마련될 필요가 있다.

(3) 다자간 무역체제의 활용

현재 우리나라가 추진 중인 모든 FTA가 성공적으로 발효된다면 총 69개국과 총 21건 이상의 FTA가 체결되는 것이며 전체 수출입에서 이들 FTA 대상국들이 차지하는 비중이 각각 78.9%, 92.0%에 달하게 된다. 우리나라의 경제시스템을 선진화하고 개방화하는데 그동안 다자무역체제가 큰 기여를 했던 것처럼, 우리나라의 경제시스템을 개혁하고 전 세계시장을 확보하는 수단으로 다자간 무역체제를 적극 활용해야 한다.

그것은 다자주의에 의한 무역자유화는 시장확대를 도모하는 수단 중에서 무역전환효과를 최소화하고 자원배분의 효율성을 극대화하는 수단이 되기 때문이다.

(4) 높은 수준의 FTA체결

우리나라가 지금까지 FTA를 체결한 국가는 대부분 미국, EU 등과 같이 거대경제권이거나 싱가포르, 칠레 등과 같이 개방에 적극적인 국가들이었다. 그러나 현재 협상 중인 일부 국가의 경우 개방에 적극적이지 않은 국가들도 포함되어 있다.

그럼에도 경제시스템의 선진화 및 지속적인 개혁이 필요한 우리나라 입장에서는 이들 국가를 설득하여 '높은 수준의 FTA'를 지속적으로 체결할 필요가 있다.

그런데 기존의 FTA와 지나치게 수준차이가 난다면 FTA 규범의 일관성을 저해하기 때문에 FTA 수준의 일관성은 지속적으로 유지될 필요가 있다.

학습정리

1. 우리나라는 수출주도형 경제성장 전략을 채택하였다.
2. 수출주도형 경제성장 전략을 채택하면 해외로부터 자본과 기술이 도입되어 새로운 투자여건이 조성되고 수출기업에 대한 지원은 수출산업의 발전 및 관련 산업의 생산과 고용을 확대시켜 소득이 증가되는 장점이 있다.
3. 수출주도형 경제성장 전략을 채택하면 내수산업의 성장을 악화시키는 경향이 있고 수출능력을 가진 대기업에 생산과 소득이 집중되는 현상을 가져와 산업간·부문간 발전의 격차와 소득분배의 불균형을 초래할 수 있다.
4. 수출주도형의 경제성장 전략은 단순노동을 이용한 경공업이나 조립가공형 산업만을 중점적으로 육성함으로써 불균형적 경제성장구조의 한계를 나타내었다.
5. 수입대체형 성장전략을 채택하면 투자재원이 해외에서 유입되는 것보다 국내에서 조달되는 비중이 훨씬 크게 되기 때문에 국내자원의 활용도가 높아진다.
6. 2010년에는 반도체가 수출상품 1위, 선박과 한국산 자동차가 2위와 3위를 차지하여 반도체와 중화학 공업제품이 경쟁력을 얻었다.
7. 우리나라는 2019년 현재 15개 FTA를 통해 전 세계 52개 국가와 FTA협정이 발효되어 있다.
8. 2011년에는 수출이 사상 처음으로 5,000억 달러를 넘어서면서 우리나라는 세계에서 9번째로 무역 1조 달러를 달성한 국가가 되었다.
9. 2013년에는 세계에서 수입 규모가 가장 큰 나라가 된 중국 시장에서 일본을 제치고 수출 1위의 국가가 되었으며 사상 최대의 무역수지 흑자를 내게 되었다.
10. 최근 우리나라 무역은 대기업의 수출집중, 주요 수출품목의 경쟁력 약화, 서비스 수출기반 취약, 주력산업의 해외생산 확대 등의 문제가 나타나고 있다.
11. 세계경제의 저성장 기조 지속, 인공지능(AI), 사물인터넷(IoT, Internet of Things) 등으로 대표되는 4차 산업혁명의 도래 등 미래 무역환경의 불확실성은 우리 무역이 넘어야 할 도전과제가 되고 있다.
12. 자유무역협정은 FTA, CEPA, EPA, SECA 등 다양한 형태로 체결되고 있다. 이들은 모두 기본적으로는 FTA이라는 큰 틀에 포함되는 것들이다.
13. 우리나라는 동시다발적 FTA가 추진됨에 따라 2004년 대통령 훈령으로 '자유무역협정 체결 절차 규정'을 제정하였다.

■ 생각해보기

주제	GATT와 WTO로 대표되는 다자무역체제의 가장 큰 수혜국가이며 대외교역을 통해 성장을 이룬 전형적인 사례로 인용되고 있는 우리나라가 FTA를 적극적으로 추진해야 하는 이유는 무엇인지 생각해 봅시다.
전문가 의견	대외의존도가 높은 우리나라 경제의 특성을 감안할 때 주요 경쟁국이 FTA를 앞 다투어 추진하고 있는 통상환경 하에서 우리나라가 기존 수출시장을 유지하고 새로운 시장에 진출하기 위해 FTA 확대에 전력을 다하는 것은 당연하다고 할 수 있다. 주요 교역국이 여타 국가와 먼저 FTA를 체결한다면 우리 상품은 고관세 적용에 따른 가격경쟁력의 저하로 점차 그 시장을 잃을 수밖에 없기 때문이다. 또한 능동적인 시장개방과 자유화를 통해 국가 전반의 시스템을 선진화하고 경제체질을 강화하기 위해 FTA 추진은 필요하다.

■ 평가문제

문항	유형	문제
1	객관식	다음 중 FTA의 유형 중 포괄적 경제동반자협정을 의미하는 것은? ① EPA ② SECA ③ TPA ④ CEPA
		정답 ④ 해설 CEPA(Comprehensive Economic Partnership Agreement)는 포괄적 경제동반자협정이다. 이것은 상품교역, 서비스교역, 투자, 경제협력 등 경제관계 전반을 포괄하는 내용의 협정을 말한다.
2	주관식	특정 국가 간의 상호 무역증진을 위해 물자나 서비스 이동을 자유화시키는 협정으로, 나라와 나라 사이의 제반 무역장벽을 완화하거나 철폐하여 무역자유화를 실현하기 위한 특혜무역협정을 무엇이라고 하는가?
		정답 FTA(자유무역협정) 해설 FTA(Free Trade Agreement, 자유무역협정)은 회원국 간 상품, 서비스, 투자 등에 대한 관세 비관세 장벽을 완화함으로써 상호간 교역 증진을 도모하는 특혜무역협정을 말한다. FTA는 특히 관세철폐에 주요 초점이 맞춰져 있다.
3	논술식	① 한강의 기적과 수출의 관계를 경제개발계획과 연계하여 설명하시오. ② 수출주도형 성장전략(export-oriented growth strategy)의 장단점을 수입대체형 성장전략과 비교하여 설명하시오. ③ 우리나라 무역의 특징을 상세하게 설명하시오. ④ FTA의 체결절차를 우리나라의 경우를 중심으로 순서대로 설명하시오. ⑤ 향후 우리나라가 FTA를 추진함에 있어 필요한 과제들을 설명하시오.
4	설명식	① 수출진흥법 ② 수출상품의 고도화 ③ 종합무역상사제도 ④ 원산지규정 ⑤ 무역구제제도

제 Ⅲ 부

무역상무

제 9 장

무역관리와 수출입절차

제1절 한국의 무역관리제도

1. 무역관리의 개요

1) 무역관리의 의의

무역관리(trade control)란 국가가 각종 법률이나 기구, 제도 등을 통해 무역거래에 간섭하거나 규제 및 지원을 하는 모든 것을 말한다.

선진국과 개발도상국, 자본주의와 사회주의를 막론하고 모든 국가들은 무역거래에 대한 규제와 지원을 위해 각종 법이나 기구, 제도를 통해 무역을 관리하고 있다.

2) 무역관리의 수단

무역관리는 무역거래에 대한 정부의 허가, 인가, 면허, 신고, 승인, 등록, 신고, 인증, 추천 등의 수단을 통해 이루어진다. 왜냐하면 무역관리는 무역거래에 따른 제반절차를 규제하거나 지원하기 위한 각종 법규 및 제도적 장치이기 때문이다.

3) 무역관리의 목적

국가가 무역거래에 개입하여 법과 제도를 통해 이들의 절차를 통제하거나 관리하는 근본적인 목적은 무역관리를 통해 국민경제의 발전에 이바지하기 위함이다.

우리나라의 대표적 무역관리법규인 대외무역법 제1조에서는 '이 법은 대외무역을 진흥하고 공정한 거래질서를 확립하여 국제수지의 균형과 통상의 확대를 도모함으로써 국민경제의 발전에 이바지함을 목적으로 한다.'고 규정하고 있다.

우리나라와 같이 무역의존도가 특히 높은 국가들은 무역이 국민경제에 미치는 영향이 매우 크기 때문에 적극적으로 무역을 관리하고 있다.

2. 무역관리법규

1) 기본 법규

(1) 대외무역법

대외무역법(Foreign Trade Act)은 무역거래를 관리하는 일반법이며 기본법이다. 1957년부터는 '무역법', 1967년부터는 '무역거래법'이라는 명칭으로 시행되어 오다가 1986년 12월부터는 현행과 같은 '대외무역법'이라는 명칭이 사용되고 있다.

이렇게 여러 차례 개정을 한 이유는 국내외 무역환경의 변화로 기존의 관리내용과 법체제로는 관리가 효율적이지 못하였기 때문이다.

대외무역법은 세부내용을 규정하기 위해 대외무역법 시행령과 대외무역 관리규정을 두고 있으며, 무역에 관한 규제를 최소화하는 것이 원칙으로 하고 있다.

(2) 외국환거래법

외국환거래법(Foreign Exchange Transactions Act)은 외국환과 그 거래, 기타 대외거래에 따른 채권과 채무관계를 규제하는 법이다.

1961년부터 '외국환관리법'으로 운영되어 오다가 1999년부터 현행과 같이 '외국환거래법'이라는 명칭이 사용되고 있다. 이 법의 목적은 대외거래의 원활화 및 국제수지의 균형과 통화가치의 안정을 도모하여 국민경제의 건전한 발전에 이바지하는 것이다.

외국환거래법의 주요내용은 거주자와 비거주자의 구분, 환율과 지정통화, 외국환은행, 환전상, 자본거래, 현지금융 및 해외직접투자에 대한 제한 규정 등이다.

(3) 관세법

관세법(Customs Law)은 관세영역을 통과하여 외국으로부터 수입되고 외국으로 수출되는 물품에 대한 절차를 규정하고 있는 법이다.

관세법의 목적은 관세의 부과와 징수 및 수출입물품의 통관절차를 적정하게 하고 관세수입을 확보함으로써 국민경제발전에 이바지하는 것이다.

2) 기타 법규

우리나라는 이상의 3대 무역관리 기본 법규 외에 수출입과 직·간접적으로 관련된 기타의 법령들이 있다. 여기에는 무역보험법, 중재법, 약사법, 식품위생법, 검역법 등 60개 이상의 특별법이 있다. 특별법에 수출입규제의 내용이 있는 경우 그 규정은 대외무역법보다 우선하여 적용된다.

3. 무역관리기구

1) 주무 중앙행정기관

우리나라의 무역을 책임지고 있는 최고 중앙행정관청은 산업통상자원부이다.

정부조직법에서 산업통상자원부(Ministry of Trade, Industry and Energy)는 산업, 무역, 통상, 산업기술, 에너지 및 자원과 관련된 사무를 관장하도록 규정하고 있기 때문에 산업통상자원부 장관은 무역을 담당하는 중앙행정기관의 장이 된다.

산업통상자원부는 1948년 '상공부'로 출범하여 1977년 '동력자원부', 1993년 '상공자원부', 1994년 '통상산업부', 1998년 '산업자원부', 2008년 '지식경제부'를 거쳐 2013년 3월부터 현재와 같은 명칭이 사용되고 있다.

2) 협조 중앙행정기관

무역행정에 관한 협조 중앙행정관청으로는 기획재정부(외자도입과 외환), 외교부(조약체결 등), 행정자치부(총포와 화약류 등), 보건복지부(독극물과 마약 등), 농림축산식품부(양곡, 비료, 농약 등), 국토교통부(건설장비와 시설 등) 및 문화체육관광부(문화재 등) 등이 있다. 이 중앙행정기관들은 각 소관 사무에 관한 특별법들을 관장하고 있다.

3) 권한의 위임과 위탁에 위한 무역관리

산업통상자원부 장관은 대외무역법에 의한 권한의 일부를 대통령령이 정하는 바에 따라 소속기관의 장이나 시·도지사에게 위임하거나 관계행정기관의 장, 세관장, 기타 대통령령이 정하는 법인이나 단체에게 위탁하고 있다.

산업통상자원부 장관의 권한 위임 및 위탁에 따른 관리기관으로는 한국무역협회장, 대한상사중재원장, 국가기술표준원장, 자유무역지역관리원장, 관세청장 등이 있다.

4) 무역위원회

무역위원회(Korean Trade Commission, KTC)는 산업통상자원부의 산하기관으로 특정물품의 수입증가나 무역·유통서비스의 공급증가 및 불공정수입으로 인한 국내산업피해를 구제하는데 필요한 조사와 판정, 구제조치 등을 건의하는 기관이다.

1987년에 설립될 때에는 자문하는 성격의 기구였으나, 세이프가드(safeguards) 제도의 도입과 함께 현재는 산업피해의 조사개시 여부, 산업피해 유무의 판정과 구제조치 건의 등을 결정하는 합의체 행정기관의 역할을 수행하고 있다.

4. 수출입품목의 관리

1) 개요

수출입품목의 관리는 수출입에 대한 직접 규제방식을 말한다. 수출입을 하고자 하는 자는 해당 품목의 수출입이 규제되는지 여부를 사전에 점검하여 만일 규제에 해당되는 경우에는 이 규제를 해제하는 요건을 갖추어야만 수출입을 할 수 있다.

우리나라의 현행 수출입품목의 관리체계는 대외무역법에 근거한 수출입공고와 개별법에 규정된 제한내용을 취합해서 공고하는 통합공고 등으로 이루어지고 있다.

2) 수출입공고

수출입공고는 수출입품목을 관리하기 위한 기본공고를 말한다. 이 공고는 대외무역법의 규정에 따라 물품 등의 수출 또는 수입의 제한, 금지, 승인, 추천, 신고 및 그 절차 등에 관한 사항들을 상세하게 규정하고 있다.

3) 통합공고

통합공고는 주무 부서의 상이한 개별법령과 품목, 수출입 요건과 절차 등을 모두 통합하여 산업통상자원부 장관이 발표하는 고시로 무역업자들의 편의성을 위해 일괄적으로 열람할 수 있게 만든 것이다.

수출입공고에서는 수출입을 제한하지 않는 품목일지라도 공중도덕 보호, 국민보건, 사회질서유지, 문화재나 환경보호 등을 위해 해당 품목을 관장하는 개별법에서 수출입을 제한하고 있는 경우는 동 개별법상의 제한요건을 충족해야만 수출입할 수 있다.

수출입공고와 통합공고는 상호 독립적이므로 수출입공고에서 자유품목일지라도 통합공고에서 수출입을 제한하고 있으면 그 조건은 반드시 충족되어야만 한다.

4) 수출입공고상의 품목관리 원칙과 품목분류

현행 우리나라 수출입 품목관리체계는 Negative List System을 적용하고 있다.

이 체계는 품목별로 수출입을 금지하거나 제한하고 있지 않으면 원칙적으로 자유롭게 수출입할 수 있는 제도를 말하며 Positive List System과 반대되는 개념이다.

수출입공고상의 품목분류방식은 1988년 1월부터 현재 HS(Harmonized System)방식을 채택하고 있다. 우리나라는 한국통일상품분류방식(HSK)을 만들어 세계 공통인 HS 6단위에 자체분류 4단위를 합하여 총 10단위로 품목을 분류하고 있다.

5. 수출입승인

1) 의의

수출입승인은 수출입공고 등에 의해 수출입이 제한되어 있는 물품을 수출입이 가능하도록 허가하여 주는 절차를 말한다. 수출입이 제한되지 않는 대부분의 품목들은 사전에 승인을 받지 않고도 자유롭게 수출입을 할 수 있다.

2) 수출입승인의 대상물품

수출입승인의 대상물품은 산업통상자원부 장관이 헌법에 의해 체결·공포된 조약과 일반적으로 승인된 국제법규에 의한 의무이행, 생물자원 보호 등을 위해 수출입승인 대상물품으로 지정·고시한 물품으로 수출입공고상 수출입규제 및 제한품목들이다.

다만 수출입승인 면제대상물품, 중계무역물품, 외국인수수입물품, 외국인도수출물품, 선용품은 수출입규제 및 제한품목에서 제외된다.

3) 수출입승인의 기관

수출입승인 대상물품을 수출입하고자 하는 자는 매 계약 건별로 구비서류를 갖추어 산업통상자원부 장관에게 승인을 신청해야 한다. 그런데 산업통상자원부 장관은 수출입 승인권한을 그 품목에 대해 추천 등을 수행하는 기관에 위탁하고 있다. 따라서 승인기관은 수출입공고에서 산업통상자원부 장관이 지정·고시한 기관·단체가 된다.

4) 수출입승인의 신청

물품의 수출입승인을 받고자 하는 자는 수출입승인 신청서에 ① 수출신용장 또는 수출입계약서 또는 주문서(수출의 경우) ② 수입계약서 또는 물품매도확약서(수입의 경우) ③ 수출 또는 수입입대행계약서(공급자와 수출자가 다른 경우 및 실수요자와 수입자가 다른 경우) ④ 수출입공고 등에서 규정한 요건을 충족하는 서류를 첨부하여 수출입승인기관의 장에게 수출입승인을 신청해야 한다.

5) 수출입승인의 유효기간

승인대상품목의 수출 또는 수입의 유효기간은 1년을 원칙으로 한다. 그러나 수출입승인기관의 장이 물가 안정이나 수급 조정을 위해 부득이하다고 인정하는 경우에는 1년 이내 또는 20년의 범위 내에서 유효기간을 변경할 수 있다.

6. 수입물품의 원산지표시제도

1) 의의

수입물품의 원산지표시제도는 공정한 무역거래질서를 확립하고 소비자를 보호하기 위해 수입하는 물품에 대해 원산지 표시를 의무화한 제도를 말한다. 이 제도는 크게 원산지표시와 원산지확인으로 구분된다.

2) 원산지표시 대상물품

(1) 원산지표시와 요건

대외무역법 시행령 제56조에 의거하여 원산지표시 대상물품을 수입하려는 자는 다음 각 호의 방법에 따라 해당 물품에 원산지를 표시해야 한다.

첫째, 한글, 한문 또는 영문으로 표시할 것

둘째, 최종 구매자가 쉽게 판독할 수 있는 활자체로 표시할 것

셋째, 식별하기 쉬운 위치에 표시할 것

넷째, 표시된 원산지가 쉽게 지워지거나 떨어지지 아니하는 방법으로 표시할 것

(2) 원산지표시 대상물품 등

대외무역법 시행령 제55조의 규정에 의한 원산지표시 대상물품은 별표 8에 게기된 수입물품이며, 원산지표시 대상물품은 그 물품에 원산지를 표시해야 한다.

그런데 원산지표시 대상물품이 다음 각 호에 해당되는 경우에는 그 물품에 원산지를 표시하지 않고 그 물품의 포장이나 용기 등에 원산지표시를 할 수 있다.

첫째, 당해 물품에 원산지를 표시하는 것이 불가능한 경우

둘째, 원산지표시로 인해 당해 물품이 크게 훼손되는 경우(예로 렌즈, 집적회로 등)

셋째, 원산지표시로 인해 당해 물품의 가치가 실질적으로 저하되는 경우

넷째, 원산지표시의 비용이 당해 물품의 수입을 막을 정도로 과도한 경우(예를 들어 물품의 값 보다 표시비용이 더 많이 드는 경우 등)

다섯째, 상거래 관행상 최종 구매자에게 포장, 용기에 봉인되어 판매되는 물품 또는 봉인되지는 않았으나 포장, 용기를 뜯지 않고 판매되는 물품(예로 비누 등)

여섯째, 실질적 변형을 일으키는 제조공정에 투입되는 부품과 원재료를 수입 후 실수요자에게 직접 공급하는 경우

일곱째, 물품의 외관상 원산지의 오인 가능성이 적은 경우(예로 과일과 채소 등)

여덟째, 관세청장이 산업통상자원부 장관과 협의하여 타당하다고 인정하는 물품

(3) 수입물품의 원산지표시 일반원칙

첫째, 수입물품의 원산지는 다음 각 호에 해당되는 방식으로 한글, 한자 또는 영문으로 표시할 수 있다.

① '원산지 : 국명' 또는 '국명 산(産)'
② 'Made in 국명' 또는 'Product of 국명'
③ 'Made by 물품 제조자의 회사명, 주소, 국명'
④ 'Country of Origin : 국명'
⑤ 대외무역법 시행령 제61조의 원산지와 동일한 경우로서 국제상거래 관행상 타당한 것으로 관세청장이 인정하는 방식

둘째, 수입물품의 원산지는 최종구매자가 그 물품의 원산지를 용이하게 판독할 수 있는 크기의 활자체로 표시해야 한다.

셋째, 수입물품의 원산지는 최종구매자가 정상적인 물품구매 과정에서 원산지표시를 발견할 수 있도록 식별하기 용이한 곳에 표시해야 한다.

넷째, 표시된 원산지는 쉽게 지워지지 않으며 물품(또는 포장 및 용기)에서 쉽게 떨어지지 않아야 한다.

다섯째, 수입물품의 원산지는 제조단계에서 인쇄(printing), 등사(stenciling), 낙인(branding), 주조(molding), 식각(etching), 박음질(stitching) 또는 이와 유사한 방법으로 원산지를 표시하는 것을 원칙으로 한다. 다만, 물품의 특성상 이러한 방식으로 표시하는 것이 부적합하거나 물품을 훼손할 우려가 있는 경우에는 날인(stamping), 라벨(label), 스티커(sticker), 꼬리표(tag)를 사용하여 표시할 수도 있다.

여섯째, 최종구매자가 수입 물품의 원산지를 오인할 우려가 없는 경우에는 다음과 같이 통상적으로 널리 사용되고 있는 국가명이나 지역명 등을 사용하여 원산지를 표시할 수 있다.

① United States of America를 USA로
② Switzerland를 Swiss로
③ Netherlands를 Holland로
④ United Kingdom of Great Britain and Northern Ireland를 UK 또는 GB로
⑤ UK의 England, Scotland, Wales, Northern Ireland
⑥ 기타 관세청장이 산업통상자원부 장관과 협의하여 타당하다고 인정하는 국가나 지역명

일곱째, 품질경영 및 공산품안전관리법이나 식품위생법 등 다른 법령에서 원산지표시방법 등을 정하고 있는 경우에는 그것을 적용할 수 있다.

(4) 원산지표시의 면제

원산지표시 대상물품이 ① 외화획득용 원료 및 시설기재로 수입되는 물품 ② 개인에게 무상으로 송부된 탁송품, 별송품 또는 여행자 휴대품 ③ 견본품 및 수입된 물품의 하자 보수용 물품 ④ 보세운송·환적 등으로 우리나라를 단순히 경유하는 통과화물 ⑤ 외교관면세 대상물품 ⑥ 개인이 자가 소비용으로 수입하는 물품으로 세관장이 타당하다고 인정하는 물품에 해당하는 경우에는 원산지 표시를 면제할 수 있다.

3) 원산지확인 대상물품

(1) 원산지확인 대상물품

대외무역법령 등의 규정에 따라 원산지를 확인해야 할 물품을 수입하는 자는 수입신고 전까지 원산지증명서 등 관계 자료를 제출하고 확인을 받아야 한다.

수입시 원산지증명서를 제출해야 하는 경우는 다음과 같다.

① 통합공고에 의하여 특정지역으로부터 수입이 제한되는 물품
② 원산지 허위표시, 오인·혼동표시 등을 확인하기 위하여 세관장이 필요하다고 인정하는 물품
③ 그 밖의 법령에 따라 원산지 확인이 필요한 물품

(2) 원산지증명서의 제출

산업통상자원부 장관은 원산지를 확인하기 위해 필요하다고 인정하면 물품 등을 수입하려는 자에게 그 물품 등의 원산지 국가 또는 물품 등을 선적한 국가의 정부 등이 발행한 원산지증명서를 제출하도록 요구할 수 있다.

(3) 원산지증명서의 제출면제

다음 각 호의 어느 하나에 해당하는 경우에는 원산지증명서의 제출이 면제된다.

① 과세가격이 15만원 이하인 물품
② 우편물(관세법 제152조 제2항에 해당하는 것을 제외)
③ 개인에게 무상 송부된 탁송품, 별송품 또는 여행자의 휴대품
④ 재수출조건부 면세대상물품 등 일시수입물품
⑤ 보세운송, 환적 등에 의해 우리나라를 단순히 경유하는 통과화물
⑥ 물품의 종류, 성질, 상표, 생산국명, 제조자 등에 의해 원산지가 인정되는 물품
⑦ 기타 관세청장이 산업통상자원부 장관과 협의하여 타당하다고 인정하는 물품

제2절 무역업의 유형과 무역업 고유번호제도

1. 무역업과 무역대리업

1) 무역업의 의의

무역업(trading business)은 영리를 목적으로 자기 이름과 책임 하에 수출과 수입행위를 반복적으로 영위하는 사업활동을 말한다.

무역업은 이익을 목적으로 수출 혹은 수입활동을 하는 것이므로 대금결제는 자기 자신의 이름으로 하게 되고 물품에 대한 책임도 자기 자신이 부담하게 된다.

무역업의 경우, 업종은 무역이고 업태는 도매와 소매에 해당한다.

2) 무역업과 무역대리업의 구분

과거 우리나라 무역업은 무역주체자에 대한 관리를 목적으로 대외무역법에서 무역업과 무역대리업으로 구분하여 관리하였다. 그러나 현재는 이러한 제도가 폐지되었기 때문에 무역업의 자격을 취득하면 무역대리업도 자동으로 겸업할 수 있다.

무역업자는 자기 이름과 책임으로 수출입행위를 주된 업으로 영위하는 자를 말한다. 이중에서 수출을 업으로 하는 자를 수출자(exporter)나 수출업자라고 부르고, 수입을 업으로 하는 자를 수입자(importer)나 수입업자라고 부른다. 양쪽 모두를 겸하는 자를 수출입자(exporter and importer)나 무역업자라고 부른다.

무역대리업은 수출입거래 당사자의 중개인 입장에서 외국의 수입자나 수출자의 위임을 받아 국내에서 수출물품을 구매하거나 수입계약을 체결하고 기타 부대행위를 주된 업으로 영위하는 사업활동을 말한다.

2. 무역업관리제도

우리나라 무역업의 관리는 1946년부터 면허제가 시행되다가 1986년에 허가제로, 1994년부터는 등록제로 전환되었다. 이후 1997년부터는 신고제로 전환되었다.

그러나 이 제도는 1999년 12월 말까지만 효력을 갖는 것으로 명시함으로써 2000년부터는 무역업 관리제도가 다시 '무역업 고유번호제도'로 전환되었다.

그러므로 우리나라 무역업관리제도는 면허제에서 허가제, 등록제, 신고제를 거쳐 현재 무역업 고유번호제도로 운영되고 있다.

3. 무역업 고유번호제도

1) 무역업의 신청

우리나라는 2000년부터 무역업이 완전 자유화됨에 따라 세법상 사업자등록증을 발급받고 한국무역협회(Korea International Trade Association, KITA)로 부터 무역업고유번호(Trade Business Code)를 부여받은 자는 누구나 자유롭게 무역업을 영위할 수 있도록 하고 있다.

무역업고유번호를 취득하기 위한 별도의 신청요건은 존재하지 않기 때문에 관할 세무서에 사업자등록을 한 개인이나 등기소에 등기를 필한 법인이면 누구나 무역업을 신청할 수 있다.

사업자등록증은 기본적으로 사업장으로서 타당한 곳에만 발급해 주는 것이 원칙이지만, 최근에는 단독주택 및 아파트에서도 무역행위를 할 수 있기 때문에 이런 장소를 사업장으로 신청하여도 사업자등록증을 발급 받을 수 있다.

2) 무역업 고유번호의 신청과 부여

현행 대외무역법상 무역업을 영위하고자 하는 무역거래자는 산업통상자원부 장관에 의해 위임된 기관인 한국무역협회에 무역업고유번호를 신청하여야 하며, 한국무역협회장은 신청 접수 즉시 신청자에게 무역업고유번호를 부여해야 한다.

여기에서 '무역거래자'는 수출이나 수입을 하는 자, 외국의 수입자나 수출자의 위임을 받은 자, 수출이나 수입행위의 전부나 일부를 위임하거나 행하는 자를 말한다.

무역업고유번호의 신청과 부여는 정해진 서식에 따라 이루어져야 하며 직접 방문 이외에 우편, 팩스, 전자메일(E-mail), 전자문서교환체제(EDI) 등의 통신수단도 이용할 수 있다.

무역거래자는 수출입신고를 할 때 무역업고유번호를 신고서에 기재해야 한다.

무역업고유번호를 부여받은 무역업자는 상호, 대표자, 주소, 전화번호 등의 변동이 발생한 경우에는 변동사실을 신속한 통신수단을 사용하여 한국무역협회장에게 통보하여야 한다.

한편, 무역업고유번호를 부여받지 않은 업체가 수출입을 하고자 할 때는 사전에 무역업고유번호를 부여받은 업체를 통하여 수출입대행을 의뢰함으로써 신청업체의 명의로 수출입을 영위할 수 있다.

무역업고유번호를 취득했다 하더라도 수출과 수입행위에 관련 기관의 허가, 추천, 승인 등을 받도록 되어 있으면 그 요건을 충족해야만 수출입을 할 수 있다.

제3절 수출입 절차와 특정거래형태의 수출입

1. 수출업무의 단계별 절차

수출업무의 단계별 절차는 수출자가 물품을 수출하기 위해 거래처와 수출계약을 체결하고 수출신용장을 수취한 다음, 해당하는 경우 수출승인을 받고 수출물품을 확보하며 운송과 보험계약을 체결하고 수출통관절차를 거쳐 선적을 이행한 후 환어음(Bill of Exchange, B/E)을 발행하여 수출대금을 회수하고 관세를 환급받는 일련의 실무적 절차를 말한다.

이러한 업무절차가 이루어지려면 결제는 화환신용장(documentary credit)에 의하고 무역조건은 CIF계약에 의하며 해상운송이 전제되어야 한다.

1) 수출계약의 체결

수출계약은 수출자가 수입자에게 계약물품의 인도를 약속하고 수입자는 그 대가로 대금을 지급할 것을 약정하여 이루어지는 국제간의 물품매매계약이다.

일반적으로 수출자가 품질(quality), 수량(quantity), 가격(price), 선적(shipment), 결제(payment), 보험(insurance), 포장(packing), 하인(shipping mark, 荷印), 분쟁해결조건 등을 수입자에게 청약(offer)하고 수입자가 이를 승낙(acceptance)하게 되면 수출계약이 체결된다. 이후 당사자는 매매관계의 확실성을 위해 계약서에 작성하고 서명하여 각각 1부씩 보관한다.

2) 수출신용장의 수취

수출계약에서 신용장(L/C)으로 대금을 결제하기로 약정한 경우, 수입자가 자기의 거래은행에 수출자를 수익자(beneficiary)로 하는 신용장의 발행을 의뢰하면 신용장의 발행을 의뢰받은 수입국의 발행은행(issuing bank)은 수입자의 신용상태 등을 종합적으로 감안한 이후 신용장을 발행한다.

발행된 신용장은 보통 발행은행의 환거래은행인 통지은행(advising bank)을 통해 수익자에게 통지된다. 통지은행으로부터 신용장을 수취한 수출자는 그 신용장이 계약내용과 일치하는지 여부를 검토한 다음, 불일치한 사항이 있으면 신용장조건의 변경을 의뢰하고 불일치 사항이 없다면 계약조건 및 신용장 조건에 따라 수출물품을 수입자에게 인도하기 위해 수출승인 등 다음 단계를 준비하면 된다.

3) 수출승인

수출물품이 수출승인 대상에 해당되는 경우 수출자는 매 건별로 구비서류를 갖추어 수출승인(export licence)을 받아야 한다.

물론, 승인대상 품목이 아닐 경우에는 수출승인을 받을 필요가 없으며 세관에 수출신고를 함으로써 이를 갈음한 것으로 한다. 대부분의 품목은 여기에 해당한다.

수출승인을 받아야 하는 승인대상품목은 수출입공고상의 수출제한 품목과 수출입별도공고상의 수출제한 품목 등이다.

해당 물품이 수출승인 대상품목인지 여부는 HS번호를 근거로 확인하면 된다.

한편, 대외무역법 이외에 60여개 개별법에 의한 수출입제한 내용을 통합하여 고시하는 통합공고에 따라 요건확인 등을 받아야 하는 물품의 경우는 해당 개별법에서 정하고 있는 바에 따라 요건확인을 받아야만 수출이 가능하다.

4) 수출물품의 확보

외국으로부터 수출신용장을 수취하고 난 후 수출승인 해당 품목의 경우 해당 기관의 장으로부터 수출승인을 받았으면, 다음 절차는 수출물품의 확보이다.

수출물품을 확보하는 방법은 수출자의 자가 공장에서 직접 제조나 생산하는 방법과 수출물품 자체를 국내에서 구매하거나 국외에서 수입하는 방법이 있다.

또 수출물품을 제조 및 생산하기 위해서는 해당 물품의 생산에 소요되는 원료를 확보해야 하는데, 그 원료를 확보하는 방법도 외국에서 원료를 수입하는 방법과 국내에서 구매하는 방법이 있다. 외화획득용 완제품 및 소요원재료의 국내구매는 내국신용장(local L/C)에 의한 물품확보 방법과 구매확인서에 의한 물품확보 방법이 있다.

5) 운송계약의 체결

수출물품의 제조나 생산 등이 완료되면, CIF계약의 경우 수출자는 계약조건이나 신용장에서 정한 선적기한 내에 물품을 선적하기 위해 적합한 선박회사(선사)와 운송계약을 체결하여 수출화물을 선적할 준비를 해야 한다.

운송계약을 체결할 때 선사는 수출자에게 선복요청서(Shipping Request, S/R)를 요구하게 되는데 수출자가 이를 신청하고 선사가 이를 승낙하면 운송계약은 성립된다.

선적이 완료되면 선사는 수출자에게 그 증빙서류로 선하증권(Bill of Lading, B/L)을 발급해 준다. 선하증권은 증권에 기재된 조건에 따라 운송하며 지정된 양륙항에서 증권의 정당한 소지인에게 그 화물을 인도할 것을 약정하는 유가증권이다.

6) 보험계약의 체결

수출자는 수출물품의 특성들을 고려하고 적합한 보험회사를 선택하여 보험계약을 체결하게 된다. 특히 CIF나 CIP계약의 경우에는 수출자가 보험기간의 공백이 발생하지 않도록 적절한 시기에 수출상품에 대해 보험계약을 체결해야 하며 FCA나 FOB계약의 경우에는 수입자가 보험계약을 체결해야 한다.

7) 수출물품의 통관

수출물품을 확보한 수출자는 그 수출물품을 지정된 선박에 선적하기 전에 관세법에 의거하여 수출통관절차를 밟아야 한다.

수출통관절차는 수출시 반드시 이행해야 할 법적 절차로, 세관에 수출신고를 한 후 필요한 세관수출검사를 거쳐 수출신고필증을 발급받아 그 수출물품을 선박에 선적하게 되는 과정까지의 일련의 절차를 말한다.

수출신고가 수리되면 수출자는 물품을 30일 이내에 선박에 적재해야 한다. 세관은 이러한 통관절차를 통해 각종 법령상 수출요건의 이행 여부를 서면이나 수출물품과 대조·확인함으로써 수출물품의 실제 확인과 부정수출을 방지하게 된다.

8) 수출물품의 선적과 대금회수

수출물품의 통관절차가 완료되면 계약이나 신용장에 규정된 날짜 이전에 계약물품을 선적한 이후, 제반 운송서류를 갖추어 수출대금의 회수단계에 이르게 된다.

수출대금을 회수하기 위해서는 먼저 거래 외국환은행과 환어음 거래약정을 체결(최초 거래의 경우)한 후, 수출신용장이나 계약서의 조건에 따라 환어음과 운송서류를 정비하여 이의 매입을 거래은행에 의뢰해야 한다.

매입의뢰를 받은 외국환은행은 제시서류가 신용장조건과 일치하는지 여부를 검토한 다음, 충족하는 경우에는 환어음을 매입하여 수출자에게 수출대금을 지급한다.

이후 매입은행은 동 수출환어음을 서류와 함께 발행은행 또는 상환은행 앞으로 송부하여 대금을 회수하게 된다.

9) 관세환급

관세환급(customs drawback)은 수출용 원재료를 수입할 때에 이미 관세 등을 납부한 물품으로 수출물품을 제조·가공하여 수출한 경우, 수출물품에 소요된 수입원재료에 대한 납부세액을 수출자나 수출물품의 생산자에게 되돌려 주는 것을 말한다.

2. 수입업무의 단계별 절차

수입업무의 단계별 절차는 수입자가 물품을 수입하기 위해 거래처를 선정하여 수입계약을 체결한 후 수입승인(승인 대상품목에 한함)을 받은 다음, 수입신용장을 발행하고 해외의 수출자로부터 물품이 선적되었다는 것을 증명하는 관련 운송서류와 환어음이 은행을 통해 도착되면 수입대금을 지급하고 서류를 인도받아 수입통관절차를 거쳐 물품을 인수하는 일련의 실무적 절차를 말한다.

이러한 업무절차가 이루어지기 위해서는 결제는 화환신용장방식에 의하고 무역조건은 CIF계약에 의하며 해상운송이 전제되어야 한다.

1) 수입계약의 체결

수입계약은 수출자가 수입자에게 계약상품의 소유권을 양도하여 상품을 인도할 것을 약속하고 수입자는 이를 수령하고 그 대가로 대금을 지급할 것을 약정하는 국제간의 물품매매계약을 말한다.

수입계약은 일반적으로 수출자가 수입자에게 청약(offer)을 하거나 수입자로부터 구매주문(Purchase Order, P/O)을 받고, 수입자가 청약을 승낙(acceptance)하거나 수출자가 수입자의 주문을 승낙(acknowledgement)하게 되면 법적으로 성립된다. 이 경우에는 계약내용을 명확히 하고 후일의 분쟁을 예방하기 위해 무역계약서를 작성해야 한다.

2) 수입승인

수입물품이 수입승인 품목에 해당되는 경우 수입자는 매 계약건별로 구비서류를 갖추어 수입승인을 받아야 한다. 수입승인을 받아야 하는 품목은 수출입공고상 수입규제 및 제한품목이며 대부분의 상품들은 수입승인 면제대상 품목이다.

수입승인에 관한 권한은 원칙적으로 산업통상자원부 장관에게 있으나 실제로는 대부분 당해 물품을 관장하는 기관의 장에게 위탁되어 있다.

3) 수입신용장의 발행

무역계약에서 신용장(L/C)을 선택한 경우, 수입자는 신용장 발행신청서에 신용장의 조건을 기재하여 자기의 거래은행인 발행은행에 수입신용장의 발행을 의뢰한다.

발행은행은 발행의뢰인이 제출한 신청서의 내용을 점검하여 신용장을 발행한다. 발행은행은 신용장을 발행한 후, 수출국에 있는 통지은행에게 이의 통지를 요청하고 통지은행은 수익자에게 신용장발행을 통지하여 신용장을 전달하게 된다.

4) 운송서류의 내도와 대금결제

운송서류와 환어음을 매입한 매입은행은 동 운송서류 등을 발행은행 앞으로 송부하며, 발행은행은 내도된 운송서류가 신용장조건과 일치하는지의 여부를 심사한 후 수입자에게 운송서류의 도착통지서를 발송한다. 운송서류의 도착통지를 받은 수입자는 발행은행에 수입대금과 관련 수수료를 납부한 후 운송서류를 수취한다.

5) 운송서류 입수와 물품인수

선사로부터 화물의 도착통지를 받고 운송서류를 은행을 통해 입수한 수입자는 선사에 선하증권(B/L)을 제시하여 화물인도지시서(Delivery Order, D/O)를 발급받고, 이후 이를 현장책임자에게 제시하여 도착화물을 수령한다. 물품을 수령한 수입자는 다음의 수입통관절차를 밟은 후 국내영업 활동을 전개한다.

6) 수입화물의 통관

수입통관은 수입하고자 하는 자가 세관장에게 수입신고를 하고, 세관장은 수입신고가 관세법 및 기타 법령에 따라 적법하고 정당하게 이루어진 경우에 이를 신고수리하고 신고인에게 수입신고필증을 교부하여 수입물품이 반출될 수 있도록 하는 일련의 과정을 말한다.

즉, 수입통관은 수입신고수리를 의미하는 것으로 수입신고를 받은 세관장이 신고사항을 확인하여 일정한 요건을 갖추었을 때 신고인에게 수입을 허용하는 것이다.

수입신고는 우리나라에 수입물품이 도착되기 전이나, 물품이 적재된 선박(항공기)이 도착된 이후, 보세구역 도착 전, 보세구역 도착 후 등 수입자(하주)가 수입물품의 신속통관과 물류비용 등을 고려하여 어떠한 시점에서도 가능하다.

수입통관절차의 간소화와 수입물품에 대한 물류흐름을 빠르게 하여 업체의 물류비용을 절감하기 위해 관세청은 수입물품에 대해 서류제출이 필요 없는 P/L(Paperless) 신고제도를 시행하고 있다.

7) 무역클레임의 제기와 해결

무역거래에서 최선의 방법은 클레임 발생을 사전에 예방하는 것이지만 클레임이 발생하면 당사자가 서로 우호적으로 해결하는 것이 좋다. 그렇지 못할 경우에는 제3자의 개입을 통하여 해결하게 된다. 당사자 간에 해결하는 방법에는 타협이나 화해가 있고 제3자의 개입을 통해 해결하는 방법에는 알선, 조정, 중재, 소송이 있다.

3. 특정거래형태의 수출입

1) 의의

국내에서 생산·제조·가공·조립된 물품을 외국으로 수출하고 그 대금을 외국에서 국내로 회수하거나 외국에서 국내로 물품을 수입하고 그 대금을 국내에서 외국으로 지급하는 행위를 '일반적 형태의 수출입'이라고 부른다.

대외무역법은 일반적 형태의 수출입이 아닌 형태의 수출입을 '특정거래형태의 수출입'으로 규정하여 별도 관리하였다. 해당 규정은 1960~1970년대 부정무역이나 외화도피 등을 방지하거나 감독하기 위해 시행한 것이다.

그러나 무역규모가 커지고 투명성이 점차 제고됨에 따라 본 제도가 변화하는 무역환경에 부합하지 못한다는 등의 이유로 그동안 사문화되었다가 2014년 9월 3일부터 본 제도는 대외무역법에 그 형태만을 남겨 둔 채 세부적 규정내용은 완전히 삭제되었다.

그러나 현재에도 이러한 형태의 수출입거래는 매우 많이 이루어지고 있다.

2) 위탁가공무역과 수탁가공무역

(1) 위탁가공무역

가공무역(processing trade)은 물품을 가공할 목적으로 원자재를 외국으로부터 수입하거나 외국으로 수출하여 이를 가공한 후 가공된 물품을 수입하거나 다시 외국에 수출하는 거래를 말한다.

위탁가공무역은 가공임을 지급할 조건으로 외국에서 가공(제조, 조립, 재생, 개조를 포함)할 원자재의 전부나 일부를 거래 상대방에게 수출하거나 외국에서 조달하여 이를 가공한 후 가공물품을 수입하거나 외국으로 인도하는 수출입을 말한다.

이 방식은 외국의 저렴한 노동력이나 고도의 기술을 활용하고자 할 때 사용된다.

(2) 수탁가공무역

수탁가공무역은 가득액을 영수(領收)하기 위해 원자재의 전부나 일부를 거래상대방의 위탁에 의하여 수입하여 이를 가공한 후 위탁자나 그가 지정하는 자에게 가공물품을 수출하는 수출입을 말한다.

수탁가공무역은 유환수탁가공무역과 무환수탁가공무역이 있다. 유환수탁가공무역은 원자재의 수입대금과 가공제품의 수출대금이 별도로 지급 또는 회수하는 방식이며 무환수탁가공무역은 그 차액(가득액)만 영수되는 방법이다. 일반적으로 수탁가공무역은 무환수탁가공무역을 의미한다.

3) 위탁판매수출과 수탁판매수입

(1) 위탁판매수출

위탁판매수출은 물품을 무환(無換)으로 수출하여 그 물품이 판매된 범위 내에서 대금을 결제하는 계약에 의한 수출을 말한다. 이 방식은 새로운 시장의 개척이나 신규 상품을 수출하는 경우에 주로 이용된다.

이 방식에서 위탁자는 불확실한 시장에 진입하는 수출의 초기단계에서 중개상을 통해 거래하면 안전하게 수출할 수 있으며, 수탁자는 수입에 따른 자금이나 위험부담이 없이 물품을 수입할 수 있다. 이 방식에서는 물품이 이동되더라도 그 소유권은 당연히 위탁자에게 있고 판매하고 남은 물품은 위탁자에게 반환해야 한다.

반면, 수탁자인 외국의 수입자는 계약조건에 따라 당해 물품을 판매하고 그 판매대금 중에서 경비나 수수료 등을 공제한 금액을 위탁자에게 송금해야 한다.

① BWT방식

BWT(bonded warehouse transaction, 보세창고거래)방식은 우리나라의 수출자가 해당 지역에 지점 및 사무소를 설치해 놓고 거래상대국의 정부로부터 허가받은 보세창고에 상품을 무환으로 반출하여 현지에서 상품의 구매계약이 성립되어 판매하는 거래방식을 말한다. 일반적인 수출형태와 다른 점은 현지에서 상품의 판매계약이 성립되기까지 수입자가 미확정된 상태에서 거래가 진행된다는 점이다.

② CTS방식

CTS(central terminal station)방식은 교역상대국의 인가를 받아 해외에 현지법인을 설립하여 그 법인의 명의로 수입하여 현지에서 직접 판매하는 방식을 말한다.

(2) 수탁판매수입

수탁판매수입은 수입자가 무환으로 물품을 수입하여 판매를 위탁받은 범위 내에서 물품을 판매하고 판매된 범위 내에서 대금을 송금하는 형태의 수입을 말한다.

4) 연계무역

연계무역은 물물교환, 구상무역, 대응구매, 제품환매 등의 형태에 의해 수출과 수입이 연계되어 이루어지는 수출입을 말한다. 이 방식에서는 특정시장에 대한 수출거래가 동 시장으로부터 수입거래를 조건으로 이루어지게 된다. 이 방식은 인류의 역사와 더불어 시작된 가장 오래된 교역형태로 수출입균형 등이 주요 목적이다.

(1) 물물교환

물물교환(barter trade)은 환거래가 발생하지 않고 상품이 직접 교환되는 무역거래 방식이다. 연계무역의 가장 초보적인 형태로 하나의 계약서로 거래가 성립된다.

(2) 구상무역

구상무역(compensation trade)는 물품대금을 상품이나 현금으로 결제하는 방식이다. 하나의 계약서로 거래가 성립되지만 환거래가 발생한다.

(3) 대응구매

대응구매(counter purchase)은 수출액의 일정비율에 상응하는 상품을 대응하여 수입해야 하는 의무를 부담하게 된다는 점에서는 구상무역과는 차이점은 없으나, 두 개의 계약서로 거래가 이루어진다는 점에서 차이가 있다.

(4) 제품환매

제품환매(product buy-back)는 기술, 설비 또는 플랜트를 수출한 수출자가 이의 수출대금을 제공한 기술·설비 또는 플랜트에서 직접 파생되는 제품이나 이를 이용하여 생산된 제품으로 회수하는 거래방식이다. 이 거래방식에서 기술이전을 수반하는 형태를 '산업협력(industrial cooperation)'이라고 부르고 있다.

5) 임대수출과 임차수입

(1) 임대수출

임대수출은 임대계약에 의해 물품을 수출하여 일정기간 사용 후 다시 수입하거나 그 기간의 만료 전 또는 만료 후에 그 물품 등의 소유권을 이전하는 수출을 말한다.

이 방식은 기업들이 설비투자 시 일시에 거대자본이 투입됨에 따른 부담을 완화한다는 측면에서 많이 활용한다. 우리나라는 과거 외화부족으로 인해 주로 시설기자재를 임차하여 수입하였으나 최근에는 공업기술의 발전으로 임대수출이 늘고 있다.

(2) 임차수입

임차수입은 임차계약에 의해 물품을 수입하여 일정기간 후 다시 수출하거나 그 기간의 만료 전이나 후에 그 물품의 소유권을 이전받는 수입을 말한다. 이 방식은 주로 영세한 중소기업이나 외자도입 업체가 추가 생산시설을 수입할 때 이용하며 임차한 시설을 사용하여 생산한 제품을 임대인에게 수출하는 조건으로 거래하는 경우가 많다.

6) 중계무역

중계무역은 수출할 것을 목적으로 물품을 수입하여 제3국으로 수출하는 수출입을 말한다. 통과무역이라고도 부르며 수입한 상품을 원형 그대로 가공하지 않고 수출하여 지급액과의 차액, 즉 중계수수료를 수취할 목적으로 이루어지는 거래이다.

중계무역은 매매차익이 목적이지만, 중개무역은 최초 수출자나 최종수입자의 대리인으로 거래에 참여하여 수수료를 취득하는 것이 목적이다.

7) 외국인도수출과 외국인수수입

(1) 외국인도수출

외국인도수출은 수출대금은 국내에서 영수하지만 국내에서 통관되지 아니한 물품 을 외국으로 인도하거나 제공하는 수출을 말한다.

이 방식은 산업설비수출, 해외건설, 해외투자 등 해외사업 현장에서 필요한 기자재를 외국인수수입 형태로 구입하여 사용한 후 국내로 반입하지 않고 다시 수출한다든지 또는 항해중이거나 어로작업중인 선박을 현지에서 매각할 경우에 주로 사용한다.

해외에서 사용한 기자재 등을 국내에 반입하여 다시 수출절차를 밟을 경우 생기는 비용과 시간을 절약하기 위한 방안으로 사용되는 거래방식이다.

(2) 외국인수수입

외국인수수입은 수입대금은 국내에서 지급되지만 물품은 외국에서 인수하거나 제공받는 수입을 말한다. 산업설비수출이나 위탁가공무역 등에 필요한 기자재나 원자재를 외국에서 수입할 필요가 있을 때 운송시간과 경비를 절감하기 위해 수입대금은 국내에서 지급하고 물품은 해외현장으로 직접 송부되는 경우에 이용되는 방식이다.

8) 무환수출입

무환수출입은 결제를 수반하지 않는 물품의 수출과 수입을 말한다. 그 중에서 무환수출은 환에 의한 대금결제 없이 이루어지는 수출을 말한다. 수출은 이루어졌으나 외화의 유입은 없기 때문에 외화획득에 도움이 되지 않을 뿐만 아니라 자본도피의 수단으로 이용되기 쉽다.

무환수입은 환에 의한 대금결제 없이 이루어지는 수입을 말한다. 무상으로 들여오는 상품견본이나 선전용품, 박람회나 전시회 출품물품, 수리를 위한 수입물품, 수출품의 반품물품 등이 여기에 해당한다.

학습정리

1. 무역관리란 국가가 제도나 기구 및 법규에 의하여 무역거래에 대한 간섭·통제 또는 규제를 가하는 것이다.
2. 우리나라 3대 무역관리법규는 대외무역법, 외국환거래법, 관세법이다.
3. 현재 우리나라에서 대외무역을 관리하는 중앙주무기관은 산업통상자원부이다.
4. 무역업이란 자기 명의와 자기 책임으로 수출입업무를 영위하는 것을 말한다.
5. 우리나라 무역업관리제도는 면허제에서 허가제, 등록제, 신고제를 거쳐 현재 고유번호제도로 운영되고 있다. 한국무역협회로부터 무역업고유번호를 부여받은 자는 누구나 자유롭게 무역업을 영위할 수 있도록 하고 있다.
6. 수출입품목에 대한 관리는 수출 또는 수입에 대한 직접규제 방식으로서 개별품목의 수출입 제한 여부에 대한 종합 관리체제이다.
7. 현행 수출입품목관리의 공고체계는 대외무역법에 근거한 수출입공고, 개별법에 의한 제한 내용을 취합해서 공고하는 통합공고로 이루어진다.
8. 현행 수출입공고상의 국제적인 상품분류방식은 HS방식이다.
9. 수출입승인은 대금결제사항이 제외된 상태로 수출입공고에 의해 수출입이 제한된 물품 등을 수출입이 가능 하도록 허가하여 주는 절차이다.
10. 특정거래형태의 수출입이란 대금결제가 수반되지 않고 물품만 이동하는 등 특수하게 이루어지는 수출과 수입의 형태를 말한다.
11. 위탁가공무역은 외국에서 가공할 원자재의 전부 또는 일부를 거래상대방에게 수출하거나 외국에서 조달하여 이를 가공한 후 가공물품을 수입하는 수출입이다.
12. 위탁판매수출은 위탁자(consignor)가 물품을 무환으로 수출하여 당해 물품이 판매된 범위 내에서 수탁자(consignee)가 대금을 결제하고 판매되지 않은 물품을 수출국으로 다시 송부하는 방식의 수출이다.
13. 중계무역은 수출할 것을 목적으로 물품을 수입하여 제3국으로 수출하는 수출입이다.
14. 외국인도수출이란 수출대금은 국내에서 영수하지만 국내로 통관하지 아니한 채 물품을 외국으로 인도하는 수출방식을 말한다.

■ 생각해보기

주제	우리나라 수출입관리를 위한 일반법이며 기본법인 대외무역법을 제정한 목적을 우리나라 대외무역법 제1조에 규정된 내용을 통해 생각해 봅시다.
전문가 의견	현행 수출입관리를 위한 일반법이며 기본법인 대외무역법은 무역거래법으로 시행되어 오다가 1986년 12월에 현행의 명칭으로 개정된 것이다. 제정한 목적은 대외무역을 진흥하고 공정한 거래질서를 확립하여 국제수지의 균형과 통상의 확대를 도모함으로써 국민경제의 발전에 이바지함을 목적으로 한다는 의미를 대외무역법 제1조에 규정하고 있다.

■ 평가문제

문항	유형	문제
1	객관식	현재 우리나라 무역업의 고유번호 신청 및 부여를 담당하고 있는 자는? ① 산업자원부장관 ② 시도지사 ③ 외국환은행장 ④ 한국무역협회장 정답 ④ 해설 현재 우리나라 무역업의 고유번호 신청 및 부여를 담당하고 있는 자 한국무역협회 회장이다.
2	주관식	현행 무역관계법규상 수출입공고 등에 의해 수출이 제한되는 물품을 수출이 가능하게 되도록 허가하여 주는 절차를 무엇이라고 하는가? 정답 수출승인 해설 현행의 수출승인제도는 수출승인대상의 관리체계를 Positive System에서 Negative System으로 전환함으로써 수출입공고와 외화획득용 원료·기재원료의 수입 및 산업설비수출물품에 대해서만 승인대상으로 한다. 상기에 해당되지 않은 품목은 세관신고만으로 이를 갈음하지만, 해당되는 경우는 관련 기관에서 수출승인을 받아야 수출할 수 있다.
3	논술식	① 우리나라 3대 무역관리법규의 목적들을 비교 설명하시오. ② 무역업과 무역대리업의 차이점을 구체적으로 설명하시오. ③ 신용장을 근간으로 한 일반적인 수출절차를 순서대로 설명하시오. ④ 신용장을 근간으로 한 일반적인 수입절차를 순서대로 설명하시오. ⑤ 중계무역과 중개무역의 차이점을 구분하여 설명하시오.
4	설명식	① 무역위원회 ② 임차수입 ③ 수출입공고 ④ 외국인도수출 ⑤ 구상무역

제10장 무역계약의 성립

제1절 무역계약의 의의와 종류

1. 무역계약의 개요

1) 의의

무역계약은 수출자인 매도인(seller)이 수입자인 매수인(buyer)에게 상품의 인도를 약속하고 매수인은 그 대가로 대금을 지급할 것을 약정하는 국제간의 매매계약을 말한다. 무역계약은 매도인 입장에서는 수출계약, 매수인 입장에서는 수입계약이 된다.

2) 특징

무역계약은 유상계약이고 쌍무계약으로 이루어진다는 점에서는 국내에서 이루어지는 물품의 매매계약과 본질적인 측면에서 서로 동일하다. 그러나 무역계약은 국내매매계약과 구별되는 특징이 있다. 첫째, 무역계약은 언어와 제도 등이 상이한 당사자 사이에 체결되므로 절차가 복잡하고 위험의 발생가능성이 매우 높다. 둘째, 현물거래가 주종을 이루는 국내거래와 달리 무역계약의 대상이 되는 물품은 선물매매가 주종을 이루며 무역조건(trade terms)이라는 정형화된 국제상거래관습이 널리 사용되고 있다.

셋째, 당사자의 매매계약을 주계약으로 하고 운송, 보험, 결제 등을 종속계약으로 하여 이행되며 무역관리에 수반되는 절차상의 많은 제약들이 존재한다.

3) 대상

무역계약은 물품의 국제적 이동을 의미하는 국제물품매매계약이 주요대상이지만 보다 더 넓은 의미에서는 합작투자계약, 대리점계약, 국제라이센스계약, 국제프랜차이즈계약, 그리고 플랜트(plant) 계약 등도 무역계약에 포함된다.

그러나 이러한 무역계약들은 무역전체에서 보면 극히 작은 분야를 차지하고 있다.

2. 무역계약의 법적 성질

1) 낙성계약

무역계약은 일방의 청약(offer)이나 주문(order)에 대해 상대방이 승낙이나 주문승낙으로 성립되는 낙성계약의 성질을 가진다. 즉, 무역계약은 물품의 점유나 소유권을 이전하거나 문서를 작성하고 교부하지 않아도 당사자의 합의만 있으면 성립된다. 그러나 실무에서는 나중에 발생할 수 있는 분쟁예방을 위해 문서로 작성하고 있다.

2) 쌍무계약

무역계약은 쌍방이 채무를 부담하는 채무계약이다. 즉, 매도인은 물품인도 의무를 부담하고 매수인은 대금지급 의무를 부담하는 쌍무계약의 성질을 가진다.

3) 유상계약

무역계약은 당사자가 서로 대가적 관계에 있는 의무를 이행할 것을 목적으로 성립되는 유상계약의 성질을 가진다. 무역계약은 물품의 인도에 대한 대금결제의 지급이 이루어짐으로써 계약의무가 이행되는 유상계약이다.

4) 불요식계약

무역계약은 형식에 대해 어떤 요건도 필요가 없는 불요식계약의 성질을 가진다. 따라서 구두, 서면, 일부 구두, 일부 서면 등 어떠한 계약방식으로도 가능하며 서면계약서 없이 구두, 전자메일, 팩스만으로도 계약의 성립이 가능하다. 그러나 분쟁의 발생을 예방하기 위해 서면으로 계약서를 작성하는 것이 일반적이다.

5) 유인계약

무역계약은 계약에서 발생하는 채무가 그 원인 사실과 결부되어 그 사실이 없다면 채무도 성립하지 않는다는 유인계약의 성질을 가진다. 이것은 매도인의 물품인도의무와 매수인의 대금결제의무가 맞물려 이루어지기 때문이다.

6) 국제계약

무역계약은 이국간에 영업소를 두고 있는 당사자가 체결하는 계약이기 때문에 국제계약의 성질을 가진다. 이것은 국내계약과 반대되는 개념이다.

제2절 무역계약의 성립 과정

1. 개요

무역계약은 통일된 양식이나 형식이 없고 계약체결 방식도 서면이나 구두방식 등 어느 것을 채택해도 좋다.

그러나 무역계약은 다음과 같은 일반적인 과정을 거쳐 성립하게 된다.

첫째, 무역계약을 체결하기 위한 첫 번째 단계인 해외마케팅 단계이다. 이 단계에서는 철저한 해외시장조사 과정을 거쳐 적절한 거래상대방을 물색하여 거래를 제의하는 한편, 그 거래상대방에 대한 신용조사를 하고 거래될 상품들의 주요 조건(품질, 수량, 가격, 결제, 선적 등)에 대한 조회가 이루어진다.

둘째, 이상의 과정을 거친 후 거래당사자 중 일방인 수출자 또는 수입자가 제시하는 청약(offer)이나 주문(order)에 대하여 상대방이 그 계약을 성립시킬 목적으로 승낙이나 주문을 승낙함으로써 계약이 성립되는 단계이다.

통상 수출자가 제시하는 매도청약(selling offer)을 청약(offer)이라고 하고, 수입자가 제시하는 매수청약(buying offer)을 주문(order)이라고 한다.

확정청약(firm offer)은 내용이 확정적이어야 하며, 이는 청약의 유효기간 내에 상대방이 청약내용을 수정 없이 승낙할 경우 청약내용에 구속되겠다는 의사표시가 된다. 그리고 승낙은 절대적이고 무조건적인 청약의 동의이어야 한다.

셋째, 거래당사자가 수출입 본 계약을 확정하는 단계이다. 무역거래에서는 간단한 오퍼나 주문만으로 무역계약을 종결하지 말고 반드시 수출입 본 계약을 체결해야만 계약내용을 명확히 할 수 있고 향후 발생할 수 있는 분쟁을 예방할 수 있다.

그림 10-1 일반적인 무역계약의 성립 과정

해외시장조사(overseas market research) → 거래처 선정(selection of prospective buyer) → 거래제의(business proposal) → 신용조회(credit inquiry) → 상품조회(trade inquiry) → 확정청약(firm offer) 또는 주문(order) → 반대청약(counter offer) → 승낙(acceptance) 또는 주문승낙(acknowledgement) → 매매계약서(sales note) 또는 매입서(purchase order) 작성 → 무역계약의 성립(conclusion of sales contract)

2. 해외시장조사

1) 해외시장조사의 의의

해외시장조사(foreign market research)는 다양한 방법을 통해 해당 상품을 수출하거나 수입하기 적합한 해외시장에 대해 조사하는 것을 말한다.

이것은 수출입거래에서 이루어지는 최초의 단계로 무역거래를 시작하는데 있어 자기가 취급하는 상품이 해외의 어느 시장에서 많이 소비 및 공급되고 있는가를 연구하고 그 시장의 상거래관습이나 상품에 관한 각종 정보를 조사하는 것이다.

2) 해외시장조사의 목적

해외시장조사는 취급 상품의 거래처를 선정하기 위해 해당 해외시장에 대한 전체적이고 세부적인 동향들을 파악하는 과정이다. 그러므로 해외시장조사의 목적은 목적시장이 취급 상품의 수출입지로 적합한지 여부를 판단하여 해당 상품의 판매가능성이나 구매가능성을 측정함과 아울러 수출입거래에 필요한 정보들을 수집하는데 있다.

이를 위해서는 객관적인 자료와 과학적인 분석방법을 통해 취급 상품의 국내외 수급동향, 경쟁상품과 비교한 경쟁력 및 수익성 분석, 국내외 경쟁상대자 등 조사하고자 하는 해외시장의 일반적인 사항과 특수한 사항을 동시에 조사해야 한다.

3) 해외시장조사의 중요성

해외시장은 국내시장과는 달리 문화, 종교, 상관습, 언어 등에 차이가 있다. 따라서 무역거래에서 발생하는 위험을 최소화하고 무역업을 성공적으로 영위하기 위해서는 정확한 해외시장조사가 선행되어야 한다.

4) 해외시장조사의 내용

해외시장조사는 우선적으로는 목적시장에 대한 정치, 경제, 사회, 문화, 역사, 인구, 과학기술 수준, 기후, 언어 등 전반적인 상황을 조사해야 한다.

그 다음에는 취급 상품에 대한 유통구조, 경쟁대상, 제품의 가격정책, 거래대상, 경쟁거래처 등 세부적인 사항들을 조사하는 단계를 거쳐야 한다.

수출입전략의 성공여부는 정확한 해외시장정보의 확보에 달려 있다. 따라서 무역업을 성공하기 위해서는 무엇보다도 목표시장을 형성하는 여러 요소들을 과학적으로 조사하고 분석한 후 적격성을 정확하게 판단하는 능력을 가지고 있어야 한다.

3. 거래처 선정

거래처 선정(selection of prospective buyer)은 해외시장조사를 통해 선정된 목적시장에 있는 해외 거래처나 잠재적인 고객을 발굴하거나 확보하는 것을 말한다.

무역거래는 현금매매가 아니라 계약물품의 인도와 대금지급에 시차가 발생하는 거래이므로 상대방의 재정상태나 영업능력 및 거래능력 등에 대한 철저한 신용조사를 통해 Claim Hunter를 거래상대방으로 선택하는 일이 없도록 당해 업체의 신용을 철저히 조사하여 거래처를 엄선하는 것이 무엇보다도 중요하다.

해외거래처를 선정하는 방법에는 직접적인 방법과 간접적인 방법이 있으나 보통은 두 가지 방법을 병행하고 한다.

1) 직접적인 방법

(1) 무역업자명부를 통하여 선정하는 방법

이것은 각국에서 발행하는 상공인명부(trade directory)나 관련 기관에서 발행하는 각종 간행물을 통해 해당 상품을 취급하는 무역업자의 명단을 입수하여 접촉함으로써 거래처를 선정하는 방법이다.

(2) 직접 출장이나 무역사절단 및 각종 전시회를 이용하여 선정하는 방법

이것은 유망한 목적시장으로 판단되는 현지에 직접 출장하여 거래관계를 희망하는 업체를 발굴하거나 한국무역협회 등 무역관련 기관에서 주선하거나 파견하는 각종 민간 무역사절단이나 경제협력 사절단 및 국내외 박람회나 전시회의 일원으로 참가하여 이를 통해 거래관계를 희망하는 업체를 만나는 방법이다.

무역사절단의 일정은 한국무역협회 국제통상팀을 통해 파악할 수 있다. 수출입 박람회나 전시회의 일정이나 규모는 COEX 전시부나 대한무역투자진흥공사(KOTRA) 전시담당부서, 그리고 해당 품목을 관장하는 수술조합이나 지방자치단체 등을 통해 파악할 수 있다.

(3) 거래제의와 함께 홍보물을 발송하여 선정하는 방법

이것은 각국의 상공인명부나 주한 외국대사관 상무관실, 한국무역협회 거래알선실, 대한무역투자진흥공사나 대한상공회의소 등 무역관련 유관기관을 통해 입수한 거래처의 명단(buyer list) 중 몇몇을 잠정적인 후보 거래처로 선정한 다음, 이들 업체에 거래제의와 함께 각종 홍보물을 발송하여 거래처를 선정하는 방법이다.

2) 간접적인 방법

(1) 국내외 해외홍보매체를 활용하여 선정하는 방법

이것은 국내외 해외광고와 해외홍보용 Catalog 및 전단(leaflet)을 제작하여 목적시장에 배포하거나 국내외 홍보매체에 자사상품을 홍보한 결과 이에 응한 거래처를 통해 거래관계를 물색하는 방법이다. 국내에서 간행되고 있는 대표적인 해외광고매체는 대한무역투자진흥공사가 발간하는 Korea Trade & Business, World Trade Zone, Korea Buyer's Guide 등이 있다.

(2) 국내외 무역 관련 기관이나 재외공관을 활용하여 선정하는 방법

이것은 해외거래처를 알선하거나 물색해주는 국내외 주요 무역 관련 유관기관이나 재외공관을 활용하여 거래처를 선정하는 방법이다.

국내의 무역관련 유관기관으로는 한국무역협회와 대한무역투자진흥공사, 대한상공회의소가 있으며 국외의 기관으로는 각국의 상업회의소나 세계무역센터가 있다.

즉, 국내의 경우에는 한국무역협회의 거래알선실에 의뢰하여 거래알선 서비스를 받거나 세계 각국에 현지 무역관을 운영하고 있는 대한무역투자진흥공사의 종합상담실에 의뢰하여 거래처를 소개받을 수 있고 대한상공회의소를 활용하여 거래처를 소개받을 수도 있다. 또한 우리나라 재외공관의 협조를 받게 되면 국내외 무역 관련 기관에서 얻지 못하는 정보나 거래처를 소개받기도 있다.

(3) 인터넷(Internet)을 활용하여 선정하는 방법

이것은 공개된 네트워크를 통해 무역정보나 거래처 정보를 수집하여 거래처를 확보하는 방법이다. 이 방법은 무역업체가 인터넷을 이용하여 자기회사의 정보나 상품정보를 전 세계의 거래상대방에게 홍보함과 아울러, 웹 사이트에 등록되어 있는 정보의 검색이나 열람을 통해 거래처를 발굴하는 것이다.

전 세계에는 많은 사이트들이 있는데, 이들 사이트에 자신의 웹 사이트를 구축하여 각종 검색엔진에 등록하고 배너광고 등을 통해 자사 제품을 직접 홍보할 수 있다.

또한 이들 거래알선 사이트나 무역관련 사이트에 연결된 잠재고객도 찾아 볼 수 있다. 특히 무역거래 전문 전자알선사이트(e-Market place, e-MP)를 활용하면 바이어 선정은 물론 수출입물품 홍보 등 다양한 정보를 제공받을 수 있다.

e-마켓 플레이스는 복수의 바이어와 판매자를 하나의 집중된 전자상거래 시장에 집결시키고, 각 전자상거래 시장의 규칙에 따라 결정되는 동적인 가격에 의해 서로 매매가 이루어지도록 지원하는 기업간 인터넷 가상 거래공간이다.

4. 거래제의

1) 거래제의의 의의와 중요성

해외에 있는 유력한 잠재 거래처가 선정되면 다음은 그 거래처에게 거래를 적극적으로 권유하는 거래제의(business proposals)의 단계를 거치게 된다.

거래제의는 자사의 연혁, 지위, 평판, 생산규모, 취급품목, 거래실적 등을 개괄적으로 소개하고 가격표나 카탈로그 등을 동봉하여 앞으로 두 회사가 서로 거래관계를 개설할 것을 적극적으로 권유하는 것을 말한다.

매도인은 앉아서 거래상대방을 기다리지 말아야 한다. 그 이유는 명단이나 주소 등을 확보한 잠재적 매수인에게 얼마나 적극적으로 거래를 제의하느냐의 여부가 무역거래 초기에 거래를 성사시키는 중요한 요인이 되기 때문이다.

2) 거래제의서의 기재내용

일반적으로 거래제의서(circular letter)에는 다음과 같은 내용들이 기재된다.

① 상대방 회사 이름과 주소, 연락처 등을 알게 된 경위 및 목적

② 거래를 제의하는 회사의 업종이나 취급상품

③ 거래를 제의하는 회사의 자국 내에서의 지위, 평판, 경험, 매출액

④ 거래를 제의하는 상품, 수량, 가격, 결제 등 거래조건을 개괄적으로 제시하고 본 시장을 상대 회사를 통해 개척하고 싶다는 의지표명

⑤ 자사의 신용조회처(credit references) 제시

⑥ 호의적인 회답을 희망하는 거래권유 및 정중한 결문

거래제의서를 발송할 때 해당 상품에 대한 견본이나 카탈로그 등도 함께 송부할 수도 있다. 그러나 이것들은 처음부터 발송하지 않고 상대방이 거래관계를 개설할 의지를 분명히 가지고 있거나 해당 상품에 관심을 표명할 때 발송해 주는 것이 좋다.

3) 거래제의서의 작성과 강조사항

거래제의서를 작성할 때에는 간단하고 명료한 단어나 문장을 사용하는 것이 좋다. 왜냐하면 서로의 마음을 쉽게 이해할 수 있기 때문이다. 또한 거래제의서에는 해당 시장을 상대방을 통해 처음으로 개척하고 싶다는 점을 강조하면서 취급상품의 종류나 품질 등의 우수성을 설명하는 것이 좋다.

그리고 거래가 성사되면 유리한 조건으로 해당 상품을 제공할 수 있음을 밝히면서 거래관계가 개설되면 서로에게 유익할 것이라는 점도 강조하는 것이 좋다.

5. 신용조회

1) 신용조회의 의의

거래제의를 했을 때 이를 승낙하거나 관심을 표명하는 업체는 본격적인 계약관계를 진전시키기 전에 반드시 신용조회(credit inquiry) 과정을 거쳐야 한다.

신용조회는 향후 그 업체와의 거래 가능성과 지속성을 진단하고 위험요소가 무엇인지를 사전에 파악할 수 있는 근거가 된다는 측면에서 그 중요성이 강조되고 있다.

왜냐하면 무역거래는 당사자 상호간의 신용(credit)을 전제로 이루어지는 것이므로 사전에 철저한 신용조회를 통해 믿을 수 있는 거래처와 거래관계를 맺는다면 무역거래에서 발생하는 클레임의 대부분을 예방할 수 있기 때문이다.

그러므로 거래상대방에 대한 완벽한 신용조회는 미래에 발생할 수 있는 무역클레임을 손쉽게 해결할 수 있는 방법이 될 뿐 아니라 무역사기나 고의적인 클레임을 사전에 예방하는 매우 중요한 대책이 될 수 있다.

2) 신용조회의 필요성

무역거래는 물품인도와 대금지급에 시차가 발생하는 국제거래이다. 따라서 마켓클레임(market claim)을 상습적으로 제기하는 Claim Hunter를 거래상대방으로 선택하는 일이 없기 위해서는 철저한 신용조사가 선행되어야 한다.

마켓클레임은 클레임의 대상도 되지 않는 경미한 사안에 대해 악의적으로 대금감액을 요구하거나 화물의 인수를 거절하는 등 바람직하지 않은 클레임을 말한다.

무역거래에서는 이와 같이 악덕 상인(claim merchant)들이 많다. 악덕 상인들은 교묘한 방법으로 매도인으로 하여금 정상적인 계약이행에 차질을 빚게 한 후 고의적으로 클레임을 제기하거나, 매도인에게 책임이 있는 클레임이 아니라 시장상황의 변화로 시가의 하락이 발생한 경우에도 가격의 손실을 회피하고자 클레임을 제기하는 악의적인 수입자들을 말한다.

또한 무역거래에서는 거래처와 계약을 체결하지 않으면서 여러 구실로 고가의 견본만을 요구하여 이를 생계수단으로 삼는 '견본상인(sample merchant)'이라고 불리는 위장 무역업자도 있다.

견본상인은 자기회사를 칭찬하는 서한을 보내어 각국의 수출자로부터 견본을 요구하고 정식주문을 발주하지 않고 모아놓은 견본을 팔아서 그것으로 생계를 유지하는 상인들이다. 이들은 대개 수출자에게 자기회사를 칭찬하는 거짓 서한을 보낸 후, 상대방이 이를 믿고 보내주는 견본을 국내시장에 판매하여 먹고사는 상인이다.

3) 신용조회의 내용

상대방의 신용조회를 하는 경우에 필수적으로 포함시켜야 하는 핵심내용들은 해당 조회업체의 Character, Capacity 및 Capital이다. 이것을 해당 업체의 신뢰도를 측정하는 'Three C's'라고 한다.

여기에 그 기업이 처한 환경, 소속국가, 거래통화, 담보능력 중 두 가지를 추가하여 '5 C's'라 부르기도 한다. 환경(condition)은 거래기업을 둘러싸고 있는 정치, 경제, 사회 여건이나 환경을 말하며 소속국가(country)는 상대방 국가의 국가 위험도를 측정하는 것을 말한다. 거래통화(currency)는 해당 국가의 지급통화를 측정하는 것을 말하며 담보능력(collateral)은 해당 가래상대방 회사의 담보능력과 상태를 말한다.

(1) 성격

성격(character)은 거래성격이나 상도덕을 의미한다. 여기에는 Market Claim을 예방하는데 필수적인 해당 업체의 영업태도, 의무를 이행하는 자세, 평판(reputation), 성실성(integrity), 계약이행에 대한 도의심 및 개성(personality) 등이 포함된다.

Character는 거래상대방의 사업행태를 파악하는 것이기 때문에 특히 신규업체와의 거래에서는 신뢰도를 측정하는 요소 중에 가장 중요한 것이 바로 이 성격이므로 실무에서 신용조회 또는 신용조사라고 하면 보통 이것을 의미한다.

(2) 능력

능력(capacity)은 상대방의 거래능력이나 판매능력을 의미한다. 여기에는 해당기업의 손익계산서를 기준으로 해당 업체의 연혁, 개인 및 법인 등 업체형태, 연간매출액, 업종, 영업권 등 거래상대방의 업무능력에 관한 내용 등이 포함된다.

주로 해당 업체의 손익계산서와 관련되는 사항들이 주요 조사항목을 이루고 있다.

(3) 자본

자본(capital)은 해당 거래기업의 자본이나 대금결제능력 등의 재무상태를 의미한다. 주로 상대 업체의 대차대조표(Balance Sheet, B/S)의 사항들이 중심을 이룬다.

여기에는 수권자본(authorized capital)과 납입자본금(paid-up capital) 등 업체의 재무상태(financial status)나 재무구조(financial structure), 재무구조의 건전성 여부, 자기자본(owned capital)과 타인자본(borrow capital)의 비율, 기타 고정자산(fixed assets)과 유동자산(circulating assets) 등 자산상태나 결제능력 및 대금결제와 직결되는 내용 등이 주로 포함된다.

4) 신용조회의 방법

(1) 은행 신용조회처

은행 신용조회처(bank references)는 신용조회처가 은행인 경우로 수출자나 수입자가 주로 거래하고 있는 은행을 통해 상대방의 신용을 조회하는 방법이다.

실무에서는 보통 거래제의 서한에 그 회사의 거래은행을 신용조회처로 명시하고 있다. 자기가 거래하는 은행에 의뢰하여 그 은행의 해외지점이나 거래은행을 통해 거래처의 신용상태를 조사하도록 하는 경우도 많다.

(2) 동업자 신용조회처

동업자 신용조회처(trade references)는 상대방과 거래경험이 있는 국내업자나 현지의 단골거래처를 통해 상대방의 신용을 조회하는 방법이다.

즉, 오랜 기간 동안 거래관계를 맺은 단골 외국거래처에 의뢰하여 조사대상 회사의 신용상태를 조사 및 보고하게 하는 방법이다.

단골거래처가 목적시장에서 상당한 거래관계를 맺고 있거나 당사에게 상당한 호의를 가지고 있는 경우에는 유효하고도 확실한 신용정보를 얻을 수 있다.

그러나 기업 환경들이 급속히 변화하고 있기 때문에 이러한 조회방법뿐 아니라 다른 신용조회 방법도 병행하여 신용을 조회하는 것이 바람직하다.

(3) 상업흥신소

상업흥신소(mercantile agency)는 수요자의 의뢰에 따라 수출입기업의 신용상태를 전문적으로 조사하는 신용조사 전문회사이므로 이를 통해 상대방의 신용을 조회하는 방법이다. 이들이 조사하는 내용은 성실성, 평판, 재정상태, 영업능력, 영업실적 등 조사대상 회사를 둘러 싼 객관적 조건에 대한 사항들이 주종을 이루고 있다.

국제적으로 유명한 상업흥신소들은 국내는 물론 세계 주요국가에 통신원이나 조사원을 주재 또는 파견하여 현지조사도 하고, 세계 각국의 동업자들과 연락을 취하여 자료나 정보를 교환하면서 신용조사를 위한 전문적인 활동을 수행하고 있다.

유명한 상업흥신소는 Dun & Bradstreet Inc(미국), Bradstreet British Ltd(영국), Auskunft W. Schimmelpfung(독일), Tokyo Mercantile Agency(일본) 등이 있다.

(4) 국내 신용조사 전문기관

국내에서 해외무역업자의 신용을 전문적으로 조사하는 기관들로는 신용보증기금, 한국무역보험공사, 한국수출입은행, 대한무역투자진흥공사(KOTRA) 등이 있다.

6. 상품조회

1) 상품조회의 의의

일반적으로 조회(inquiry)는 어떤 상품을 구매하고자 하는 사람이 자기 의사를 상대방에게 타진해 보는 과정을 말한다.

그러므로 무역거래에서 상품조회(trade inquiry)는 거래관계의 제의를 권유받은 당사자가 그 물품에 대한 관심이나 구매할 의사가 있는 경우 그것에 대해 알고 싶거나 궁금한 사항들을 조회하는 것을 말한다.

상품조회는 수출자가 판매의 권유나 판매조건을 수입자에게 제시하는 판매권유서한(sales letter)이나 거래제의서(circular letter)와 구별된다.

왜냐하면 상품조회는 수입자가 자신이 수입하려는 상품에 대해 구체적인 매매조건(품질, 수량, 가격, 결제, 선적 등)을 수출자에게 문의하는 것이기 때문이다.

또한 상품조회는 거래를 시작하기 전 상대 거래업체에 대한 신용상태를 확인하는 신용조회와도 구별된다. 왜냐하면 상품조회는 계약이 체결되기 전에 예비적인 무역상담의 과정에서 수입자의 물품수입에 관한 최초의 의사표시이며 신용조회와 달리, 상품의 매매와 관련된 제반사항을 조회하는 것이기 때문이다.

상품조회의 주된 내용은 ① 거래상품의 품질조건 ② 가격조건 ② 수량조건 ③ 포장조건 ④ 선적조건 ⑤ 결제조건 ⑥ 보험조건에 관한 사항들이다.

2) 상품조회 회신의 내용

상품조회는 일반거래조건을 협정(Agreement)하거나 청약을 위한 당사자 간의 거래조건에 대한 의사를 타진하는 상담과정이기 때문에 조회를 받은 수출자는 가능한 한 빨리 그 조회내용에 대해 회신하는 것이 좋다.

즉, 수입자로부터 조회서한을 받게 되면 그 내용을 검토하여 즉시 회신할 수 있는 사항들은 지체없이 정중히 회답하고 시간을 요하는 사항들은 언제까지 회신을 하겠다고 통보해야 한다.

실무에서는 상품조회와 함께 ① 상품의 상세한 목록(illustrated catalogue)이나 견본 및 가격표(price list)의 발송을 요구하거나 ② 예비적으로 매매계약조건(특히 가격이나 선적조건)을 대략적이라도 알려 달라고 하거나 ③ 청약자에게 상세한 오퍼의 조속한 제공을 요청하는 경우도 있다.

상품조회는 예전에는 우편이나 서신으로 송부하는 경우가 많았으나 요즘에는 정보통신기술의 발달로 팩스(Facsimile)나 전자메일(e-mail)을 많이 사용하고 있다.

7. 청약과 승낙

무역계약은 법적으로 일방의 청약(offer)에 대한 상대방의 승낙(acceptance), 또는 일방의 주문(order)에 대한 상대방의 주문승낙(acknowledgement)에 의해 성립된다.

1) 청약

(1) 청약의 의의

청약(offer)은 청약자(offerer)가 상대방인 피청약자(offeree)에게 어떠한 상품을 어떠한 가격과 인도 및 결제조건 등으로 판매하겠다는 의사표시를 상대방에게 제시하는 것을 말한다. 즉, 청약은 청약자가 피청약자에게 일정한 조건으로 계약을 체결하고 싶다는 취지의 의사를 언어나 행동으로 표시하는 것을 말한다.

청약은 하나의 의사표시에 지나지 않는다. 즉, 청약만으로는 계약이 성립되지 않기 때문에 그것은 이른바 법률행위는 아니며 법률사실에 지나지 않는다.

실무에서는 '오퍼' 또는 '청약서(offer sheet)'라고 부르고 대외무역법에서는 '물품매도확약서'라고 부르고 있다. 무역계약이 성립되려면 반드시 일방의 청약에 대해 상대방의 유효한 승낙의 의사표시가 있어야만 한다.

(2) 청약의 기재내용

청약(offer)은 특별한 형식을 요하는 것은 아니기 때문에 거래되는 상품이나 거래방식에 따라 다양한 형식이 있으며 기재내용도 거래 특성에 따라 다양하다.

그러나 청약의 형식이나 내용이 다양할 지라도 오퍼의 핵심적인 내용들은 상품과 명세(Commodity & Description), 규격(specification)이나 등급(grade), 상품번호(HS No.), 원산지(origin), 단가(unit price), 수량(quantity), 금액(amount), 포장방법, 선적일(shipping date), 대금결제방법(payment method), 유효기간(validity) 등이다.

(3) 청약의 효력발생시기

청약은 도달주의(arrival rule)를 원칙으로 하고 있기 때문에 피청약자에게 도달할 때에 그 효력이 발생한다. 즉, 청약은 상대방에 대한 의사표시이기 때문에 효력발생시기에 관한 일반원칙에 따라 도달한 때에 효력이 발생하게 된다.

왜냐하면 청약이 피청약자에게 도달하지 않은 상태에서는 청약의 내용을 상대방이 인지할 수 없기 때문이다. 유효하게 도달한 청약은 상대방의 유효한 승낙에 의해 계약을 성립시키는 원인행위가 된다.

❙서식 10-1❙ 물품매도확약서(Offer Sheet)

INTERNATIONAL SEOUL TRADING CO., LTD.
Number 15 DongBang Bldg
310 Teheran-ro, Kangnam-ku, Seoul Korea, 06211

OFFER SHEET

Messrs. GLOBAL ENTERPRISING CO., INC.
25 W 31s St, New York, NY
10001, U.S.A

OFFER NO : CO-N-1
Date : May 28, 2025

We are pleased to offer you the under-mentioned goods as per the terms and conditions as stated below.

HS NO.	COMMODITY & DESCRIPTION	QUANTITY	UNIT PRICE	AMOUNT
			CIF New York per dozen	
9109-10.0030	100% COTTON SHIRTS FOR MEN Style No.10	500 Doz	@US$120.00	US$60,000.
TOTAL		500 Doz		US$60,000.

Origin : Republic of Korea(ROK)
Place of Shipment : Busan, Korea
Time of Shipment : Within 3 months after receipt of your L/C
Destination : New York, U.S.A
Payment : By an irrevocable documentary at sight L/C to be opened in favour of INTERNATIONAL SEOUL TRADING CO., LTD. Seoul, Korea.
Insurance : Seller to cover the CIF price plus 10% against ICC(B) including War, SRCC and TPND Risks.
Packing : 1(one) dozen each to be packed in a carton box and 100 dozen in a wooden case
Inspection : Seller's inspection to be final
Validity : June 10, 2025
Shipping Marks : 〈ISTC〉
New York
C/No. 1-up
USE NO HOOKS
Made in Korea

We are looking forward to your valued acceptance for the above offer.

Accepted by : ____________________

____

INTERNATIONAL SEOUL TRADING CO., LTD.
E. J. Han
Vice President

2) 승낙

(1) 승낙의 의의

승낙(acceptance)은 피청약자(offeree)가 구두나 행위로 청약의 조건들을 수락하고 무역계약을 성립시키겠다는 동의를 표시하는 것을 말한다.

무역계약은 청약에 대해 유효한 상대방의 승낙이 있어야만 성립될 수 있다.

실무에서는 승낙과 승낙이 되지 못하는 의사표시는 명백히 다른 것임에도 불구하고, 이것을 혼동하여 무역클레임이 발생하는 경우가 많다.

(2) 승낙의 요건

무역계약을 성립시키기 위한 유효한 승낙의 요건은 다음과 같다.

첫째, 승낙의 내용은 청약의 내용과 일치해야 한다. 이것은 승낙은 청약의 내용 그대로 승낙해야 한다는 것이다. 이것을 '경상의 원칙(mirror image rule)'이라고 한다.

이러한 원칙에 위배되는 승낙으로는 조건부 승낙, 부분 승낙, 청약내용을 변경한 승낙, 애매한 승낙 등이 있다.

둘째, 승낙의 내용은 청약내용을 무수정, 절대적, 최종적, 그리고 무조건적으로 해야 한다. 청약에 조건을 붙이거나 변경을 부가하여 승낙하면 그것은 유효한 승낙이 아니라 원청약의 거절(refusal)과 동시에 새로운 청약을 한 반대청약(counter offer)이 된다. 따라서 승낙은 청약에 대해 무조건적이며 절대적인 동의가 되어야 한다.

셋째, 승낙은 청약의 상대방만이 해야 한다. 그러므로 그 이외의 다른 당사자가 승낙하면 그는 승낙의 적격 당사자가 아니기 때문에 승낙행위를 하였다 하더라도 계약은 성립되지 않게 된다.

넷째, 승낙은 청약이 효력을 가지고 있는 기간 내에 이루어져야 한다. 그러므로 청약을 승낙할 의사가 있는 경우에는 지연승낙이 되지 않도록 해야 한다.

다섯째, 승낙의 의사는 청약자에게 표시되어야 한다. 이 이유는 상대방이 마음속으로 승낙할 결심을 했을지라도 그 결심만으로는 유효한 승낙으로 되지 않기 때문이다.

이 경우 어떤 방법으로 의사를 표시할 것인가는 원칙적으로는 자유이기 때문에 명시적인 방법 이외에 묵시적인 방법도 가능하다.

다만, 청약에 대해 피청약자가 적극적인 행위나 회신을 하지 않을 때 이것을 '승낙에 대한 침묵' 또는 '무행위'라고 하는데 이것은 청약자에 대한 승낙의 통지가 없기 때문에 유효한 승낙으로 인정되지 않는다.

비엔나협약(Vienna Convention, 1980) 제18조도 '피청약자가 청약을 받고 침묵하거나 아무런 행위도 하지 않은 것은 청약의 승낙으로 볼 수 없다.'고 규정하고 있다.

(3) 승낙의 방법

① 승낙방법이 지정된 경우

청약에 승낙의 방법을 지정할 것인가는 청약자의 자유이고 피청약자가 어떠한 방법으로 승낙할 것인가도 원칙적으로는 자유이다. 그러나 청약에 그 승낙방법이 지정되어 있는 경우에는 승낙도 그 지정된 방법을 따라야 한다. 이 경우 다른 방법으로 승낙을 한다면 청약자가 인정하지 않는 한, 이것은 반대청약이 된다.

② 승낙방법이 지정되지 않은 경우

청약에 승낙의 방법이 별도로 지정되어 있지 않은 경우에는 합리적인 방법으로 승낙하면 된다. 즉, 청약이 팩스로 온 경우는 팩스로, 전자우편으로 온 경우는 전자우편으로 하거나 더 신속한 방식으로 승낙하면 된다.

(4) 승낙의 효력발생시기

무역거래에서는 승낙의 의사표시가 피청약자로부터 청약자에게 도달될 때까지의 어느 시점에서 계약이 성립되는가가 문제가 된다. 승낙의 효력발생시기는 곧 계약의 성립시점이 된다는 점에서 매우 중요한 의의가 있다.

승낙의 효력발생시기에 관한 이론은 발신주의, 도달주의, 요지주의가 있다. 의사표시에 관한 일반원칙은 모두 도달주의를 채택하고 있다.

한편, 승낙의 의사표시의 발신과 수신이 어떻게 이루어지는 가에 따라 대화자간 통신수단과 격지자간 통신수단으로 구분되는데, 우리나라 민법과 일본법 및 영미법은 격지자간 통신수단의 경우에 한하여 발신주의를 채택하고 있다.

| 표 10-1 | 승낙의 효력발생시기

<table>
<tr><th colspan="3">통신수단 / 준거법</th><th>한국법</th><th>일본법</th><th>영미법</th><th>독일법</th><th>CISG</th></tr>
<tr><td colspan="3">의사표시에 의한 일반원칙</td><td>도달주의</td><td>도달주의</td><td>도달주의</td><td>도달주의</td><td>도달주의</td></tr>
<tr><td rowspan="5">승낙의 의사 표시</td><td rowspan="3">대화자간 통신수단</td><td>대 화</td><td>도달주의</td><td>도달주의</td><td>도달주의</td><td>도달주의</td><td>도달주의</td></tr>
<tr><td>전 화
FAX, EDI</td><td>도달주의</td><td>도달주의</td><td>도달주의</td><td>도달주의</td><td>도달주의</td></tr>
<tr><td>전자우편
텔렉스</td><td>도달주의</td><td>도달주의</td><td>도달주의</td><td>도달주의</td><td>도달주의</td></tr>
<tr><td rowspan="2">격지자간 통신수단</td><td>우 편</td><td>발신주의</td><td>발신주의</td><td>발신주의</td><td>도달주의</td><td>도달주의</td></tr>
<tr><td>전 보</td><td>발신주의</td><td>발신주의</td><td>발신주의</td><td>도달주의</td><td>도달주의</td></tr>
</table>

8. 주문과 주문승낙

무역계약은 법적으로 일방의 청약에 대한 상대방의 승낙 외에도, 일방의 주문(order)에 대한 상대방의 주문승낙(acknowledgement)에 의해 성립된다.

1) 주문

매도인이 발행하는 매도청약(selling offer)과 달리, 주문(order)은 매수인이 구매하려는 물품의 내역과 조건을 명기하여 매도인에게 구매의사를 밝힌 것을 말한다.

주문은 법적으로는 매수인이 매도인에게 매입을 신청하는 매수청약(buying offer)의 성격을 지니고 있으며 실무적으로는 '주문서(Purchase Order, P/O)'라고 부른다.

무역거래에서는 매수인이 매도인으로부터 입수한 견본, 상품목록 및 가격표를 보고 자기가 매입하고자 하는 품목을 골라 매도인에게 주문하는 경우가 많다.

일반적으로 주문 혹은 주문서의 내용에는 오퍼와 같이 계약을 체결하기 위한 상품의 명세 즉, 품질, 수량, 가격, 포장, 선적, 결제, 보험 등과 같은 무역계약의 기본적인 조건들이 명시되어 있다.

주문서의 형식은 주로 주문서(order sheet)를 일반 서신문 형식으로 발송하는 서신주문(letter order)과 일정한 양식을 구비하여 그 안에 필요한 주문사항을 기입한 후 이를 본문과 함께 송부하는 방식인 이메일 주문(e-mail order)이 있다.

과거에는 전자를 많이 사용하였으나 최근에는 후자를 많이 사용하고 있다.

2) 주문승낙

보통 매도인이 청약하고 매수인이 이를 승낙함으로써 계약은 성립되지만 한편으로는 매수인이 능동적으로 매도인으로부터 입수한 견본, 권유장, 상품목록(catalog) 및 가격표(price list)를 토대로 자기가 구매하거나 수입하고자 하는 물품에 대해 주문(order)하는 경우도 있다.

주문승낙(acknowledgement)은 매수인의 주문에 대해 피청약자(매도인)가 주문내용을 확인하여 계약을 성립시키겠다는 승낙의 의사를 표시하는 것을 말한다.

즉, 매수인의 주문을 받은 매도인이 이를 승낙하여 승낙의 표시를 송부하는 것을 실무에서는 '주문승낙서'라고도 부르고 있다.

주문승낙서에는 ① 주문승낙의 표시와 주문에 대한 감사 ② 주문내용의 재확인 ③ 선적시기, 선박명 등 선적사항 재확인 ④ 결제방법의 제시 ⑤ 주문품의 만족스러운 공급을 약속하고 계속적인 거래를 희망하는 문구 등이 기재된다.

9. 무역계약서의 작성

1) 무역계약서 작성의 필요성

무역계약은 통일된 양식이나 형식이 존재하지 않는다. 계약을 체결하는 방법도 서면이나 구두방식 등 어느 것을 채택해도 무방하다. 또한 불요식계약이기 때문에 문서로 작성하는 것이 무역계약이 성립되는 전제요건도 아니다.

그러나 무역거래는 격지자간의 거래이고 계약의 성립부터 대금결제에 이르기까지 오랜 기간이 소요되며 복잡한 절차를 통해 이행되게 된다.

따라서 양당사자가 의도한 것을 명확히 해두고 계약이행 과정에서 발생될 수도 있는 분쟁을 예방하기 위해서는 합의 내용을 문서로 작성해 두는 것이 바람직하다.

2) 무역계약서의 작성

무역계약서는 보통 매도인이 정부 2통을 작성하여 서명을 한 후 이들을 매수인에게 발송하면 매수인이 이를 확인한 후 미비점이나 상위점이 없을 때에는 계약서 2통에 각각 서명하고, 그 중에 정본(original)은 자신이 보유하며 나머지 부본(duplicate)은 매도인에게 발송이나 교부하여 보관하게 한다.

3) 무역계약서 작성시 검토사항

첫째, 무역계약서는 물품의 특성이나 거래의 성격에 적합하도록 작성되어야 한다.

둘째, 무역계약서의 내용은 계약당사자가 의도한 것과 일치되게 작성되어야 한다. 특히 약정품질, 수량, 가격, 결제 등 핵심적인 계약내용들은 조금이라도 불분명하거나 오해의 소지가 없도록 작성되어야 한다.

셋째, 무역계약서를 작성할 때에는 장래 발생할 수도 있는 법적인 문제점을 충분히 검토하여 분쟁의 예방에 유용한 계약서가 되도록 작성되어야 한다.

넷째, 무역계약서를 작성할 때에는 계약내용의 충분성 여부, 계약서 내용의 논리성과 일관성 여부, 계약내용의 합법성과 구속력, 계약기간과 갱신절차, 계약해지의 내용, 계약내용이 해당 국가의 법규에 위배되는 조항은 없는지 등이 검토되어야 한다.

다섯째, 향후에 발생 가능한 무역클레임의 원만한 해결을 위해 당사자 자치해결의 우선 원칙이나 중재 등 구체적인 분쟁해결방법을 명시해야 한다.

여섯째, 사전에 당사자간에 교환하였던 의향서(Letter of Intent)나 각서가 있는 경우에는 이러한 내용들이 무역계약서에 빠짐없이 반영되었는지 확인해야 한다.

서식 10-2 매매계약서(Sales Contract : 전면)

INTERNATIONAL SEOUL TRADING CO., LTD.
Number 15 DongBang Bldg 310 Teheran-ro, Kangnam-ku,
Seoul Korea, 06211

Sales Contract No.700

MESSRS. GLOBAL ENTERPRISING CO., INC.
25 W 31s ST, New York,
NY 10001, USA

DATE : June 20, 2025

We as Seller confirm having sold you as Buyer the following goods on the terms and conditions as stated below and on the back hereof.

DESCRIPTION	QUANTITY	UNIT PRICE	AMOUNT	REMARKS
		CIF New York		
100% Cotton Shirts for Men, Style No.10	500 Dozen	@US$120.00.	US$60,000.	

ORIGIN : Republic of Korea(ROK)
SHIPMENT : Within 3 months after receipt of your L/C
SHIPPING PORT : Busan Port, Korea
DESTINATION PORT : New York Port, U.S.A
PARTIAL SHIPMENT : Not allowed
TRANSHIPMENT : Not allowed
INSURANCE : Seller to cover on ICC(B) including War, SRCC and TPND Risks for the CIF price plus 10%
PAYMENT : Under an irrevocable L/C at Sight to be opened in favour of Kangnam Trading Co., Ltd., Seoul, Korea.
PACKING : 1 (one) dozen each to be packed in a carton box and 100 dozen in a wooden case
SHIPPING MARKS : 〈ISTC〉
New York
NO. 1－UP
USE NO HOOKS
MADE IN KOREA
INSPECTION : Seller's inspection to be final.
COVERING : 500 Dozen of 100% Cotton Shirts for Men, Style No.10 US$120.00 per Dozen CIF New York, INCOTERMS 2020 as per Purchase Note No.123.

DOCUMENTS REQUIRED :
1) Signed Commercial Invoice and Packing List in triplicate.
2) Full set of clean on board ocean Bills of Lading made out to order of shipper, blank endorsed, marked "Freight Prepaid" and Notify accountee.
3) Insurance Policy or Certificate for full invoice value plus 10%, with claims payable in New York in the same currency as the draft, covering Institute Cargo Clauses(B) including War, SRCC and TPND Risks.
4) Certificate of Origin in duplicate.
5) Beneficiary's drafts at sight for 100 of invoice cost drawn on issuing bank of L/C.

PLEASE SIGN AND RETURN THE DUPLICATE

Global Enterprising Co., Inc.
John T. Bolen
John T. Bolen
President

INTERNATIONAL SEOUL TRADING CO., LTD.
E. J. Han
E. J. Han
Vice, President

제3절 무역계약의 기본조건

무역계약의 기본조건은 무역거래에서 필수적으로 약정해야 할 거래조건을 말한다. 대표적인 거래조건들로는 ① 품질조건 ② 수량조건 ③ 가격조건 ④ 선적조건 ⑤ 결제조건 ⑥ 보험조건 ⑦ 포장 및 하인조건 ⑧ 분쟁해결조건 ⑨ 기타조건이 있다.

이중 품질, 수량, 가격, 선적, 결제조건을 '무역계약의 5대 기본조건'이라고 한다.

1. 품질조건

1) 품질의 결정방법

(1) 견본매매

견본매매(sales by sample)는 당사자가 제시한 견본과 동일한 품질의 물품을 인도하도록 약정하는 방법이다. 오늘날 공산품거래의 대부분은 이 방법을 사용하고 있다.

(2) 표준품매매

표준품매매(sales by standard)는 품질을 대표하는 상품의 등급을 정하여 거래하는 방법이다. 수확이나 채취가 예정되어 있는 농산물, 수산물, 광물 등 1차 산품은 공산품과는 달리 일정한 규격이 없고 견본제시도 곤란하기 때문에 이 결정방법을 사용한다.

① 보통표준품질조건

보통표준품질조건(USQ)은 공인검사기관이나 공인표준기준에 따라 보통품질을 표준품의 품질로 결정하는 방법이다. 인삼 등은 해당 수출조합이나 정부지정 공공기관에서 판정하는 등급(grade)으로 품질을 결정하고 있다.

② 평균중등품질조건

평균중등품질조건(FAQ)은 동종 상품 중 평균중등의 품질을 표준물로 거래하는 방법이다. 곡물류나 과일류 매매에서 사용되며, 가격의 설정은 전년도 수확물의 평균중등품을 기준으로 하고 인도되는 물품의 품질은 새로 수확한 물품의 평균중등품으로 한다.

③ 판매적격품질조건

판매적격품질조건(GMQ)은 인도 당시의 품질이 해당 물품의 성질이나 상거래관습상 판매가 가능한 물품임을 매도인이 보증하는 방법이다.

이 조건에서는 수입지에서 인수한 현물에서 내부나 잠재하자가 발견되어 판매가 불가능한 부분이 있으면 매수인이 매도인에게 배상을 요구할 수 있다.

이 조건은 원목을 포함한 목재류, 냉동어류, 광석류 등 물품 내부의 부패나 기타의 잠재하자가 발생할 가능성이 있는 생산물의 매매에 주로 사용된다.

(3) 상표매매

상표매매(sales by trade mark)는 상표로 품질수준을 표시하여 매매계약을 체결하는 방법으로 통명매매라고도 부른다.

(4) 설명서매매

설명서매매(sales by description)는 해당 상품의 소재와 구조, 성능, 특징 등을 자세하게 알려주는 설명서나 명세서, 설계도, 청사진(blueprint), 도해목록 등을 제시하여 이것으로 거래할 상품의 품질을 약정하는 방법이다. 견본매매나 상표매매에 부적합한 선박, 철도차량, 발전기 등 거대한 기계류 등을 거래할 때에 주로 활용된다.

(5) 규격매매

규격매매(sales by type)는 상품의 규격이 국제표준화기구(ISO)와 같이 국제적으로 특별히 정해져 있거나 KS와 같이 수출국의 공적 규정으로 특정되어 있는 경우에 적용되는 품질결정방법으로 등급매매(sales by grade)라고도 부른다.

(6) 점검매매

점검매매(sales by inspection)는 매수인이 현물의 품질을 직접 확인한 후 계약을 체결하는 경우의 품질의 결정방법이다. 주로 국내거래에 이용된다.

2) 품질의 결정시기

(1) 선적품질조건

선적품질조건(shipped quality terms)은 품질의 결정시기를 선적 완료시점으로 하는 조건이다.

(2) 양륙품질조건

양륙품질조건(landed quality terms)은 인도물품의 품질이 계약과 일치하는지의 여부를 양륙항에서 물품을 양륙한 시점에서 판정하는 조건이다. 이 조건에서는 운송 중에 상품의 변질이 발생했다면 매도인이 모든 책임을 지고 배상해야 한다.

2. 수량조건

1) 의의

수량조건은 계약당사자간에 상품의 수량에 관한 사항들을 약정한 조건을 말한다.

수량은 총 가격을 산출하는 기초가 되므로 무역계약에서 매우 중요한 조건이다.

그런데 상품의 성질이나 국가간 관습에 따라 수량을 해석하는 차이가 있기 때문에 수량조건은 매매계약 체결시에 오해의 소지가 발생하지 않도록 명확히 약정해야 한다.

수량조건에서 핵심은 수량단위의 결정, 과부족용인조건(more or less clause, M/L clause), 수량의 결정시기 및 수량의 검증방법 등이다.

2) 수량단위의 결정

수량단위의 결정은 거래되는 상품의 수량단위로 어떤 단위를 사용할 것인가를 약정하는 것이다. 무역거래에서 많이 사용되고 있는 수량단위는 화물의 성질이나 특성에 따라 중량, 용적(부피), 개수, 포장, 길이, 면적이 있다.

중량(weight)은 곡물, 석탄, 철강, 수산물 거래에서 주로 사용되며, 1b(pound), Kg, Ton이 있다. 톤 중에서 Long Ton(L/T)은 1톤에 1,016kg, Short Ton(S/T)은 907.2kg, Metric Ton(M/T)은 1,000kg에 해당한다.

중량 중에서 총중량(gross weight)은 외포장과 내포장을 합한 포장 즉, 내부충전물과 순수 내용물까지 모두 합하여 계량하는 조건으로 소맥분의 거래에 사용된다.

순중량(net weight)은 총중량에서 포장의 무게를 제외한 순수한 상품의 중량으로, 비누나 화장품 등을 소매로 판매할 경우와 같이 포장된 채로 판매되는 상품에 이용되는 가장 일반적인 중량조건이다. 순순중량(net net weight)은 중량에서 내포장과 충전물을 제외한 물품 내용물만의 순수한 중량만을 계량하는 조건이다.

용적(measurement)은 유류나 액체, 목재의 단위로 사용되며 석유에는 Barrel, 곡물에는 Bushel이 사용되고, 목재의 용적은 SF(super feet)가 주로 사용된다.

개수(piece)는 낱개의 단위로 Piece, Dozen, Gross가 잡화 등의 단위로 사용된다.

포장(package)은 일정한 묶음의 단위를 말하며 Case, Bundle, Can, Bale, Carton, Drum 등이 많이 사용되고 컨테이너의 경우는 TEU와 FEU가 사용된다.

길이(length)의 단위로는 Meter, Feet, Inch, Yard가 사용되며 섬유류, 동관, 전선 등의 거래에서 사용된다.

면적(square)의 단위는 Square Feet(평방 피트)가 사용되며 유리, 합판, 타일 등의 거래에 주로 사용된다.

3) 과부족용인조건

(1) 의의

수량의 과부족용인조건(more or less clause, M/L Clause)은 계약수량의 과부족을 인정하는 거래조건을 말한다.

곡물이나 광석 등 개별단위로 포장하지 않고 운송되는 산화물(bulk cargo, 살물)은 상품의 성질상 계약수량을 정확히 인도하기 어렵기 때문에, 수송 도중 어느 정도 과부족은 클레임을 제기하지 않는다는 조건을 약정하게 된다.

(2) 산화물의 과부족수량에 당사자의 별도 합의가 있는 경우

포장단위나 개개품목의 개수로 수량을 구체적으로 명시하고 있는 물품의 경우에는 그 구체적인 수량이 인도되어야 한다. 그러나 약정 수량을 정확히 인도하기 어려운 산화물은 당사자들이 약정 수량에 신축성을 부여하고자 과부족을 인정하는 범위를 예를 들어 '100 M/T, 3% more or less at seller's option'과 같이 설정한다. 이러한 경우에는 97톤~103톤의 범위내로 수량이 인도되면 계약위반이 되지 않는다.

(3) 산화물의 과부족수량에 당사자의 별도 합의가 없는 경우

산화물의 과부족수량에 별도 합의가 없는 경우 신용장거래는 5%의 과부족을 인정하고 있다. 이것은 산화물의 경우에만 적용되며 신용장금액을 한도로 환어음이 발행되어야 한다는 요건을 갖추어야 적용된다.

신용장거래는 신용장통일규칙(UCP)에 의거하여 산화물의 과부족 수량에 당사자 간의 별도 합의가 없는 경우에도 5%의 과부족은 인정되고 있지만, 송금결제나 D/P나 D/A 등 추심거래는 계약을 체결할 때 과부족 한도의 범위를 별도로 약정해야 한다.

(4) 개산수량조건

개산(概算)수량조건은 화물의 성질상 정확하게 계약수량을 인도하기 어려운 경우에 사용되는 것으로 인도수량에 about, circa, some, approximately, around 등의 용어를 사용하여 인도수량의 신축성을 부여한 것이다.

그런데 '약(about)'이라는 표현이 과연 어느 정도까지의 과부족을 의미하는가에 대해 해석상 분쟁의 소지가 있다. 따라서 신용장통일규칙에서는 '신용장에 명기된 신용장의 금액, 수량 또는 단가와 관련하여 사용된 '약(about)', '대략(approximately)' 또는 '이와 유사한 표현'은 이에 언급된 금액, 수량 또는 단가의 10%를 초과하지 아니하는 과부족을 허용하는 것으로 해석한다.'고 규정되어 있다.

(5) 과부족수량의 정산

M/L Clause는 인도수량에 일정한 과부족이 발생되어도 그것을 계약위반으로 간주하지 않는다는 인도상의 문제이지, 과부족에 따른 금전적인 손해까지도 일방이 무조건 감수해야 한다는 의미는 아니다. 따라서 과부족분에 대한 대금정산은 당사자 사이에 별도로 이루어져야 한다.

과부족수량을 정산하는 기준가격으로는 원래의 계약가격(contract price), 선적일의 가격 및 도착일의 가격 등 세 가지가 있는데, 정산기준가격에 대해 아무런 약정이 없을 때에는 계약가격으로 정산하는 것이 국제상거래 관행이다.

4) 수량의 결정시기

수량의 결정시기는 어느 시점의 수량을 계약수량으로 인정할 것인가의 문제이다.

(1) 선적수량조건

선적수량조건(shipped quantity terms)은 선적항에서 화물을 선적할 때의 상태를 계약조건으로 하는 조건이다. 이 조건에서는 실제 선적수량이 계약수량이면 매도인의 책임은 충족되는 것이기 때문에 수송 중의 감량은 매수인이 부담한다. 인코텀즈상의 E, F, C자로 시작하는 조건들은 모두 선적수량조건이다.

(2) 양륙수량조건

양륙수량조건(landed quantity terms)은 화물이 양륙된 상태를 계약조건으로 하는 조건이다. 이 조건에서는 매도인이 수량을 양륙될 때까지 보장해야 하기 때문에, 계약물품이 양륙되어 검품이 이루어지기 전의 모든 감량은 매도인이 책임을 부담한다.

이 조건은 잡곡류, 청과류, 수산물, 화공약물 등과 같이 장기수송 중에 감량이나 누손이 발생하기 쉬운 상품에 주로 적용된다. DDP조건과 같이 인코텀즈상의 D자로 시작하는 조건들은 모두 양륙수량조건이다.

5) 수량의 검증방법

선적수량조건의 경우는 매도인이 수량의 검증을 위해 선적시에 검사, 검증, 테스트 및 인증 회사인 SGS와 같은 전문 검사기관이나 공인검량기관으로부터 검량을 받아 작성되는 중량 및 용적증명서(Certificate of Weight and Measurement)를 매수인에게 제공해야 한다. 양륙수량조건의 경우는 매수인이 수량의 검증을 위해 전문검량기관에 의한 중량 및 용적증명서를 발급받아 매도인에게 제공해야 한다.

3. 가격조건

1) 의의

가격조건(terms of price)은 무역거래에서 발생하는 여러 가지 비용을 수출자와 수입자 중 누가 부담하느냐를 나타내는 FOB와 CIF와 같은 거래조건을 말한다.

또한 가격조건은 매도인과 매수인의 계약상의 의무와 비용부담의 분기점 및 위험부담의 한계 등을 정형화하여 규정한 것이다.

그러므로 무역조건은 단순히 비용부담의 한계를 나타내는 가격조건의 의미 이외에도 위험부담의 분기점 등 당사자의 의무관계를 정형화한 개념이다.

유사한 표현으로 무역조건, 정형거래조건 또는 무역거래조건(trade terms)으로 사용되는 경우도 있는데 이것들은 가격조건보다 광범위한 상위개념이다.

2) 수출입가격의 구성요소

무역거래에서 무엇보다도 중요한 것이 수출입 단가(unit price)의 산정이다.

보통 수출입단가는 물품을 직접 제조하거나 타사에서 구매하는데 소요되는 비용인 제조원가(기본원가)에 이윤을 붙이고 거기에 수출입에 수반되는 여러 가지 부대비용을 포함시킨 '수출입 요소비용' 전체가 단가로 채산되게 된다.

3) 수출입에 수반되는 여러 가지 부대비용

수출입에 수반되는 여러 부대비용에는 수출포장비용, 물품검사비용, 수출허가와 제세공과금, 선적항지의 수출국에서의 국내운송비, 검사, 검량비, 선적비용, 부두사용료, 창고비용과 보관료, 수출통관비용 및 수출세, 해상운임, 해상보험료, 수입 통관비용과 관세, 항구세, 양하비용, 수입국내의 창고료와 보관료, 각종 행정비용, 그밖에 수출입에 수반되는 이자(interest), 은행비용, 환비용(cost of exchange), Cable 비용을 포함한 다양한 영업비용과 잡비, 그리고 희망이익 등이 포함된다. 이 부대비용 중에서 어느 비용을 매도인이 부담하고 어느 비용을 매수인이 부담할 것인가에 따라 상품의 수출입단가는 달라진다.

수출자의 물품에 대한 책임부담이 커지면 커질수록 매도인이 부담하는 부대비용들도 많이 발생하게 되므로 결국은 수출단가가 비싸지게 된다.

다음에 있는 '주요 조건별 수출가격의 구성요소'는 무역조건 중에서 가장 널리 사용되고 있는 FOB와 CFR 및 CIF계약의 수출가격 구성요소를 중심으로 정형거래조건별 매매가격에 대한 원가 구성요소를 나타낸 것이다.

표 10-2 주요 조건별 수출가격의 구성요소

가격조건	가격의 구성요소	비 고
FOB조건 원가	1. 제조원가(manufacturing cost) 2. 수출포장비(export packing charge) 3. 물품검사비용(inspection fees) 4. 수출허가 등 제세공과금 5. 통신비(communication charge) 6. 잡비(petty expenses)	생산원가 (제조원가)
	6. 국내운송비(inland transport charge) 7. 검수·검량비(measuring and/or weighing charge) 8. 선적비용(shipping charge), 부두사용료(wharfage) 창고비용, 보관료(storage), 항구세 9. 수출통관비용(export clearance fees) 및 수출세	운송비용
	10. 이자(interest)와 환비용 11. 은행수수료(banking charge and commission)	금융비용
	12. 희망이익(expected profit)	이윤(margin)
CFR조건 원가	13. 해상운임(ocean freight)	해상운임 추가
CIF조건 원가	14. 해상보험료(marine insurance premium)	해상보험료 추가

4) 가격조건의 국제적 정형화

무역거래에서 가격조건은 FOB, CFR, CIF 등 무역조건(trade terms)이라고 불리는 정형화된 용어를 의미한다.

무역조건들에 대해 국가마다 해석기준이 상이하다면 이로 인해 분쟁이 발생할 수 있으므로 이러한 해석기준을 국제적으로 통일시킨 것이 인코텀즈(INCOTERMS)이다.

인코텀즈는 1920년에 설립된 국제상업회의소(ICC)가 제정한 것이다.

인코텀즈는 매도인과 매수인의 의무 즉, 물품의 인도와 수령, 물품에 대한 위험과 비용부담의 분기점, 매도인이 매수인에게 제공해야 할 서류의 종류와 그 요건, 운송계약의 체결과 선박의 지정의무, 보험계약의 체결당사자와 그 요건, 매도인과 매수인의 수출과 수입통관 등을 대칭적으로 규정하고 있다.

2020년 인코텀스에서는 EXW, FCA, CPT, CIP, DAP, DPU, DDP, FAS, FOB, CFR, CIF 등 11개 무역조건이 규정되어 있다. 이 중에서 우리나라에서 전통적으로 많이 사용되는 것은 FOB, CFR, CIF조건이다.

5) 인코텀즈 2020

(1) 인코텀즈의 의의

INCOTERMS(International Rules for the Interpretation of Trade Terms)는 국제상업회의소(ICC)가 주관이 되어 1936년에 제정한 '무역조건(trade terms)의 해석에 관한 국제규칙'이다.

INCOTERMS는 'International Commercial Terms'의 약칭이다. 인코텀즈는 역사성이나 실무적 활용도 측면에서 매매당사자간의 해석기준으로 가장 널리 사용되고 있는 국제상관습규칙이다.

(2) 인코텀즈의 주요 내용

인코텀즈는 거래조건별로 매도인과 매수인이 각각 무엇을 해야 하는지, 위험과 비용부담을 포함하여 상대방에 대해 어떠한 의무를 부담하는지 등을 규정하고 있다.

각 거래조건에 규정되어 있는 매도인과 매수인의 의무에 대한 주요 내용은 ① 매도인과 매수인의 일반의무(계약물품의 인도와 대금지급 및 서류의 제공) ② 물품의 인도와 인도수령 ③ 위험의 이전 ④ 운송계약을 체결해야 할 당사자 등 ⑤ 보험계약을 체결해야 할 당사자 등 ⑥ 인도와 운송서류 및 물품인도의 증거서류 ⑦ 매도인과 매수인의 수출과 수입통관 ⑧ 물품의 검사, 포장, 하인표시 ⑨ 계약물품에 대한 당사자의 비용부담 분기점 ⑩ 통지 등이다.

(3) 인코텀즈의 제정목적

인코텀즈는 무역조건의 용어나 약어가 잘못 해석됨으로써 무역업자간에 발생할 수 있는 분쟁과 마찰을 방지함으로써 국가마다 다른 거래관행에 대한 불안전성을 해소하고 무역거래의 관습과 용어를 국제적으로 통일시키기 위해 제정되었다.

(4) 인코텀즈의 개정

무역조건(trade terms)에 관한 통일적 해석이 국제적으로 정립되지 않았던 때에는 거래상의 오해나 분쟁들이 발생할 수밖에 없었다.

이에 따라 파리에 본부를 두고 1920년에 창설된 국제상업회의소(ICC, International Chamber of Commerce)가 1936년에 최초로 11종의 조건을 규정한 인코텀즈를 제정하였다. 이후 국제무역환경의 변화와 운송기법, 그리고 무역거래관행의 변화에 부응하여 1953년, 1967년, 1976년, 1980년, 1990년, 2000년, 2010년에 각각 개정되었고, 현재는 2020년 1월부터 'INCOTERMS 2020'이 사용되고 있다.

(5) 인코텀즈 2020의 구성과 규칙

인코텀즈 2020은 전체 11개 무역조건을 운송수단에 따라 첫째, 모든 운송방식에 적용되는 규칙 둘째, 해상운송과 내륙수로운송에 적용되는 규칙으로 구분하고 있다.

표 10-3 인코텀즈 2020의 구성과 비교

Incoterms 2000		Incoterms 2010		Incoterms 2020	
Groups E (Departure) (현장인도조건)	EXW	모든 운송 규칙	EXW, FCA CPT, CIP DAT, DAP DDP	모든 운송 규칙	EXW, FCA CPT, CIP DAP, DPU DDP
Groups F (Main carriage unpaid) (주운임미지급조건)	FCA, FAS FOB				
Groups C (Main carriage paid) (주운임지급조건)	CFR, CIF CPT, CIP	해상 운송 규칙	FAS, FOB CFR, CIF	해상 운송 규칙	FAS, FOB CFR, CIF
Groups D (arrival) 도착지인도조건	DAF, DES DEQ, DDU DDP				

① 모든 운송방식에 적용되는 규칙

㉠ EXW [Ex Works (insert named place of delivery)]

'공장인도'는 매도인이 다음과 같이 한때 매수인에게 물품을 인도하는 것을 의미한다. ▷ 매도인이 물품을 (공장이나 창고와 같은) 지정장소에서 매수인의 처분하에 둘 때, 그리고 ▷ 그 지정장소는 매도인의 영업구내일 수도 있고 아닐 수도 있다.

인도가 일어나기 위하여 매도인은 물품을 수취용 차량에 적재하지 않아도 되고, 물품의 수출통관이 요구되더라도 이를 수행할 필요가 없다.

㉡ FCA [Free Carrier (insert named place of delivery)]

'운송인인도'는 매도인이 물품을 매수인에게 다음과 같은 두 가지 방법 중 어느 하나로 인도하는 것을 의미한다.

첫째, 지정장소가 매도인의 영업구내인 경우, 물품은 다음과 같이 된 때 인도된다.

▷ 물품이 매수인이 마련한 운송수단에 적재된 때.

둘째, 지정장소가 그 밖의 장소인 경우, 물품은 다음과 같이 된 때 인도된다.

▷ 매도인의 운송수단에 적재되어 ▷ 지정장소에 도착하고 ▷ 매도인의 운송수단으로부터 양하준비된 상태로 ▷ 매수인이 지정한 운송인이나 제3자의 처분하에 놓인 때

ⓒ CPT [Carriage Paid to (insert named place of destination)]

'운송비지급인도'는 매도인이 다음과 같이 매수인에게 물품을 인도하는 것을 - 그리고 위험을 이전하는 것을 - 의미한다.

▷ 운송인에게 물품을 교부함으로써 ▷ 매도인에 의해 계약이 체결된 ▷ 또는 그렇게 인도된 물품을 조달함으로써.

매도인은 사용되는 운송수단에 적합한 방법으로 그에 적합한 장소에서 운송인에게 물품의 물리적 점유를 이전함으로써 물품을 인도할 수 있다.

ⓓ CIP [Carriage and Insurance Paid to (insert named place of destination)]

'운송비 · 보험료지급인도'는 매도인이 다음과 같이 매수인에게 물품을 인도하는 것을 - 그리고 위험을 이전하는 것을 - 의미한다.

▷ 운송인에게 물품을 교부함으로써 ▷ 매도인에 의해 계약이 체결된 ▷ 또는 그렇게 인도된 물품을 조달함으로써.

매도인은 물품을 인도지로부터 합의된 목적지까지 운송계약을 체결해야 한다. 매도인은 또한 인도지점으로부터 목적지까지 매수인의 물품의 멸실이나 손상 위험에 대하여 보험계약을 체결하여야 한다.

ⓔ DAP [Delivered at Place (insert named place of destination)]

'도착지인도'는 다음과 같이 된 때 매도인이 매수인에게 물품을 인도하는 것을 - 그리고 위험을 이전하는 것을 - 의미한다.

▷ 물품이 매수인의 처분상태로 놓인 때 ▷ 도착운송수단에 실어둔 채 양하준비된 상태로 ▷ 지정목적지 내에 또는 ▷ 어떠한 지점이 합의된 경우에는 그 지점에서.

매도인은 물품을 지정목적지까지 또는 지정목적지 내의 합의된 지점까지 가져가는데 수반되는 모든 위험을 부담한다.

ⓕ DPU [Delivered at Place Unloaded (insert named place of destination)]

'도착지양하인도'는 다음과 같이 된 때 매도인이 매수인에게 물품을 인도하는 것을 - 그리고 위험을 이전하는 것을 - 의미한다.

▷ 물품이 ▷ 도착운송수단으로부터 양하된 상태로 ▷ 매수인의 처분상태로 놓인 때 ▷ 지정목적지 내에 또는 ▷ 어떠한 지점이 합의된 경우에는 그 지점에서.

DPU는 매도인이 목적지에서 물품을 양하해야 하는 유일한 인코텀즈 규칙이다. 따라서 매도인은 자신이 그러한 지정장소에서 양하를 할 수 있는 입장에 있는지를 확실히 하여야 한다. 당사자들은 매도인이 양하의 위험과 비용을 부담하기를 원하지 않는 경우에는 DPU를 피하고 그 대신 DAP를 사용하여야 한다.

ⓢ DDP [Delivered Duty Paid (insert named place of destination)]

'관세지급인도'는 다음과 같이 된 때 매도인이 매수인에게 물품을 인도하는 것을 의미한다. ▷ 물품이 매수인의 처분상태로 놓인 때 ▷ 수입통관을 필하여 ▷ 도착운송수단에 실어둔 채 ▷ 양하준비된 상태로 ▷ 지정목적지에서 또는 지정목적지 내의 어떤 지점이 합의된 경우에는 그 지점에서. DDP에서는 인도가 도착지에서 일어나고 매도인이 수입통관과 해당되는 세금의 납부책임을 부담하므로 DDP는 11개의 모든 인코텀즈 규칙 중에서 매도인에게 최고수준의 의무를 부과하는 규칙이다.

② 해상운송과 내륙수로운송에 적용되는 규칙

㉠ FAS [Free Alongside Ship (insert named port of shipment)]

'선측인도'는 다음과 같이 된 때 매도인이 물품을 매수인에게 인도하는 것을 의미한다. ▷ 물품이 선박의 선측(예컨대 부두 또는 바지선)에 놓인 때 ▷ 매수인에 의해 지정된 ▷ 지정된 선적항에서 ▷ 또는 이미 그렇게 인도된 물품을 조달한 때.

물품의 멸실 또는 손상의 위험은 물품이 선측에 놓인 때에 이전하며 매수인은 그러한 시점 이후의 모든 비용을 부담한다. 본 규칙은 당사자들이 물품을 선측에 둠으로써 인도하기로 하는 해상운송이나 내수로운송의 경우에만 사용되어야 한다.

㉡ FOB [Free on Board (insert named port of shipment)]

'본선인도'는 매도인이 다음과 같이 물품을 매수인에게 인도하는 것을 의미한다.

▷ 본선상에 적재함 ▷ 매수인에 의해 지정된 ▷ 지정된 선적항에서 ▷ 또는 이미 그렇게 인도된 물품을 조달함.

물품의 멸실 또는 손상의 위험은 물품이 선박에 적재된 때에 이전한다.

㉢ CFR [Cost and Freight (insert named port of destination)]

'운임포함인도'는 매도인이 다음과 같이 물품을 매수인에게 인도하는 것을 의미한다.

▷ 본선상에 적재함 ▷ 또는 이미 그렇게 인도된 물품을 조달함.

물품의 멸실 또는 손상의 위험은 물품이 선박에 적재된 때에 이전한다. CFR에서 매도인은 매수인에 대하여 부보의무가 없다.

㉣ CIF [Cost, Insurance and Freight (insert named port of destination)]

'운임·보험료포함인도'는 매도인이 다음과 같이 물품을 매수인에게 인도하는 것을 의미한다. ▷ 본선상에 적재함 ▷ 또는 이미 그렇게 인도된 물품을 조달함.

매도인은 또한 선적항으로부터 적어도 목적항까지 매수인의 물품의 멸실이나 손상 위험에 대하여 보험계약을 체결해야 한다.

4. 선적조건

1) 의의

선적조건은 선적시기, 분할선적이나 환적 등 선적방법, 선적지연과 선적일의 증명 등을 약정하고 그에 따라 선적을 이행하는 것을 말한다.

선적조건이 중요한 이유는 매도인의 가장 중요한 의무는 계약물품의 인도인데, 이러한 계약물품의 인도는 선적을 통해 이루어지기 때문이다. 선적은 선박에 물품을 싣는 것 외에도 육상, 항공, 복합운송에서도 사용되는 포괄적인 용어이다.

2) 선적시기

(1) 특정일 선적조건

특정일 선적조건은 계약서나 신용장에 선적을 해야 하는 일정한 기간이나 최종 선적기일을 명시하는 것을 말한다. 현재 가장 많이 이용되는 조건이다.

단월 선적조건은 'Shipment : June'와 같은 것이고, 연월 선적조건은 'Shipment shall be made from May to June, 2025'과 같은 것이다. 이때는 계약에서 지정된 단월 혹은 연월 동안에 선적이 이루어지면 된다.

또한 'Shipment shall be made during first half of August, 2025'과 'Shipment shall be made at the beginning of May, 2025'의 형태도 있다. 이때 어느 월의 상반(fist half)과 하반(second half)은 해당 월의 1일부터 15일까지, 16일부터 말일까지를 의미하고, 상순(beginning), 중순(middle)과 하순(end)은 해당 월의 1일부터 10일까지, 11일부터 20일까지 그리고 21일부터 말일까지를 의미한다.

최종 선적날짜(latest shipping date)를 표시하는 형태로는 'Latest shipping date : May 10, 2025(The 10th of May, 2025)', 'Not later than May 10, 2025', 'Shipment : on or before May 10, 2025' 등이 있다.

그리고 'Shipment shall be made on or about May 10, 2025.'라는 표현을 사용하기도 한다. 이때 「on or about」는 '해당 일자 또는 그때 쯤'이라는 뜻으로 해당 일자와 양끝 날짜를 포함하여 5일 전부터 5일 후까지의 기간, 즉 위의 예문의 경우 2025년 5월 5일부터 5월 15일까지의 기간 내에 선적이 이행되어야 하는 것을 의미한다.

그런데, 이것은 어디까지나 신용장통일규칙(UCP)에 규정된 내용이므로 UCP의 적용을 받지 않는 신용장 이외의 대금결제에는 적용되지 않음을 유의해야 한다.

특정일 선적조건에는 이외에도 'within 30 days after receipt of L/C' 혹은 'within 3 months after the conclusion of the contract' 등의 형태도 이용되고 있다.

(2) 즉시 선적조건

즉시 선적조건이란 선적시기를 특정 날짜로 지정하지 않고 'immediately, promptly, quickly, as soon as possible, at once, without delay, soonest 등의 용어를 사용하여 선적을 요구하는 것을 말한다.

이러한 표현은 매우 애매한 표현이다. 왜냐하면 후일 선적이행의 시기와 관련하여 '즉시'라는 의미가 어느 시점인지에 대한 분쟁의 소지가 있을 수 있기 때문이다.

따라서 신용장통일규칙은 이러한 표현은 애매한 표현이므로 사용되어서는 안 된다고 규정하면서, 그럼에도 불구하고 이러한 표현이 사용된 경우에 은행은 신용장에 선적기한이 없는 것으로 간주하여 서류를 심사할 때 이를 무시하도록 규정하고 있다. 이 경우 최종 선적날짜는 신용장의 유효기간이 된다.

3) 분할선적과 할부선적

계약물품은 약정된 날짜에 한 번에 선적하는 것이 좋다. 그러나 수출자 또는 수입자의 요청과 합의에 따라 2회 이상 나누어서 선적하는 것이 오히려 당사자에게 유리한 경우도 있다. 분할선적(partial shipment)은 계약목적물의 약정수량을 일시에 선적하지 않고 수차례에 나누어 선적하는 것을 말한다.

분할선적은 계약물품의 수량이 많아 매도인이 한꺼번에 제공하기 어려운 경우, 지급과 판매능력, 시장상황 등의 제약으로 매수인이 물품전량을 한꺼번에 인수하기 어려운 경우, 선박의 배선일정 등 운송사정으로 매도인이 계약물품 전량을 한꺼번에 선적하기 어려운 경우에 주로 이루어진다.

분할선적은 할부선적과 구분되는 개념이지만 실무에서는 할부선적도 넓은 의미의 분할선적에 포함시켜 동일한 개념으로 취급하고 있다.

할부선적(instalment shipment)은 매수인의 요구나 당사자의 합의에 따라 할부선적의 횟수, 각 할부분의 수량이나 선적시기 등이 미리 정해져 있는 방식을 말한다.

이에 비해, 분할선적은 선적하는 횟수나 수량 등이 정해져 있지 않고 송하인이 임의로 나누어 선적할 수 있는 것을 말한다.

할부선적은 분할선적의 일종이나 특정기간 동안 일정량의 화물을 수회에 걸쳐 선적하는 방법이기 때문에 신용장거래에서 할부선적을 요구하고 있는 경우에는 반드시 지정된 기간 내에 지정된 수량이 선적되어야 한다.

분할선적이나 할부선적을 허용하는 경우에는 'allowed', 'permitted', 'authorized' 라고 표시하고, 금지하는 경우에는 'not allowed', 'not permitted', 'prohibited', 'not authorized' 등으로 표시한다.

4) 환적

환적(transshipment)은 선적지에서 선적된 화물을 목적지로 가는 도중에 다른 선박이나 다른 운송수단으로 이적(移積)하거나 재선적하는 것을 말한다.

다른 운송기관으로 환적하기 위해서는 하역(적재와 양륙)작업이 반드시 필요한데, 이때 물품의 멸실이나 손상이 발생할 가능성이 매우 크기 때문에 수입자는 보통 환적을 원하지 않게 된다.

그러므로 매매계약이나 신용장에서 환적을 금지할 때에는 'Transshipment are not allowed', 또는 'Transshipment : prohibited'라는 문언을 기재하게 된다.

그러나 복합운송은 육상과 항공 및 해상운송을 병행하는 운송방식이므로 과정상 환적이 수반될 수밖에 없다. 따라서 복합운송의 경우에는 환적이 당연히 인정되고 있다.

5) 선적지연

선적지연(delayed shipment)은 수출자의 고의나 과실 등 수출자가 책임질 수 없는 기타 사유로 약정된 선적기한 내에 계약물품의 선적을 이행하지 않은 것을 말한다.

매도인의 고의나 과실에 의한 지연선적은 매도인의 명백한 계약위반이기 때문에 매도인이 매수인에게 계약불이행에 대한 모든 책임을 부담해야 한다.

그러나 천재지변(acts of god)이나 전쟁, 동맹파업, 수출금지, 적대행위, 항만봉쇄, 화재나 폭풍우, 기타 불가항력(force majeure)으로 인한 선적지연은 매도인의 귀책사유로 보기 어렵기 때문에 각국의 법규나 UCP 등 국제무역규칙에서는 면책으로 인정하고 있다.

6) 선적일의 증명

선적일(date of shipment)은 계약물품을 선적해야 하는 최종적인 날짜를 말한다. 선적일의 증명은 매도인의 선적의무 이행시기를 어느 일자로 간주할 것인가의 문제이다. 이 선적일의 증명을 통해 계약에서 정한 기간 내에 매도인이 선적을 이행하였는지 그렇지 않고 지연 선적이 이루어졌는지가 확인된다.

선적일의 증명은 운송서류의 발행일을 기준으로 한다. 일반거래협정서나 매매계약서에도 이것을 명확히 하기 위해 'The date of Bill of Lading shall be taken as conclusive proof of the day of shipment(선하증권의 날짜는 선적날짜의 궁극적인 날짜로 간주된다).'라는 문언을 삽입하고 있다. 따라서 은행은 선적일의 준수 여부를 선하증권에 표시된 선적날짜를 기준으로 확인하게 된다.

5. 결제조건

1) 의의

결제조건은 대금지급에 관한 조건을 말한다. 무역계약에서는 매도인의 물품인도조건(선적조건)과 함께 매수인의 결제조건이 가장 중요한 조건 중의 하나이다.

결제조건에 대한 내용은 제11장 제2절 '무신용장과 무역대금결제'에서 상세하게 설명하고 있기 때문에 여기에서는 간단히 골격만 소개한다.

2) 결제수단

(1) 물품결제

물품결제는 수출입의 대가로 다른 물품을 수입하거나 수출하는 방식이다. 물품결제는 물물교환 방식이나 연계무역(counter trade)의 형태로 이루어진다.

(2) 현금결제

현금결제는 현금(cash)으로 대금을 결제하는 방식이다. 대표적인 현금결제방식에는 CWO(Cash With Order), COD(Cash On Delivery), CAD(Cash Against Documents)에 의한 결제가 있다.

(3) 환결제

환결제는 전신환(Telegraphic Transfer, T/T)이나 우편환(Mail Transfer, M/T) 등과 같은 환(transfer)을 송금(remit)함으로써 대금을 결제하는 방식이다.

나중에 설명하는 단순송금방식 또는 사전송금방식이 대표적인 환결제방식이다.

(4) 환어음결제

환어음결제는 환어음(Bill of Exchange, B/E)을 발행하여 대금을 결제하는 방식이다. 무역거래에 사용되는 환어음은 화환어음(documentary bill)이 원칙이지만 경우에 따라서는 무화환어음(clean bill, 무담보어음)이 발행되는 경우도 있다.

화환어음은 환어음에 물품을 대표하는 운송서류 등을 첨부하여 대금을 회수하는 방식이며, 무화환어음은 환어음에 담보서류로서 운송서류 등이 첨부되지 않는 방식이다.

환어음은 신용장에 사용되는 환어음과 무신용장거래인 추심결제방식에 사용되는 환어음으로 구분된다. 전자는 일람출급어음(sight bill)과 기한부어음(usance bill)으로 구분되며, 후자는 D/P어음과 D/A어음으로 구분된다.

3) 결제시기

대금결제의 시기는 상품의 선적(혹은 서류의 인도)과 대금지급의 시차에 의한 결제관계를 말하며 다음과 같은 조건들이 있다.

(1) 선지급

선지급(payment in advance, 전지급)은 수출자가 물품을 인도하기 전에 수입자가 대금을 결제하는 방식이다. 수출자의 신용이 두텁고 거래관계가 빈번하여 서로 신뢰할 수 있을 경우에 사용되며 매수인에게는 매우 불리한 결제방식이다.

(2) 동시지급

동시지급(concurrent payment)은 물품의 인도나 물품을 상징하는 선적서류의 인도와 동시에 대금결제가 이루어지는 방식이다.

동시지급은 '동시지급결제조건'이라고도 부르며, 송금결제방식에서는 상품인도결제방식(Cash On Delivery, COD)과 서류상환결제방식(Cash Against Document, CAD)이 동시지급에 해당한다. 또한 동시지급 결제방식에는 신용장거래에서 환어음을 지급인에게 제시되면 지급인이 이를 일람과 동시에(at sight) 환어음의 대금을 지급하는 일람출급신용장(sight L/C) 방식도 포함된다.

그리고 환어음을 추심해서 대금을 회수하는 추심결제방식(collection base)에서는 환어음이 지급인(매수인)에게 제시되었을 때 대금지급과 동시에 운송서류가 인도되는 지급인도방식(D/P)이 동시지급에 포함된다.

(3) 후지급

후지급(deferred payment, 연지급)은 물품의 선적(또는 인도)이나 선적서류의 인도가 있은 후 일정한 기간이 경과되어야 대금결제가 이루어지는 방식을 말한다.

여기에는 신용장방식의 경우 환어음이 지급인에게 제시된 후 일정기간이 경과되어야 지급되는 기한부 신용장방식(usance L/C)과 추심결제방식에서 환어음을 추심할 때 어음제시가 있어도 지급인은 대금지급을 하지 않고 인수 후 어음만기일에 대금을 지급하게 되는 인수인도방식(D/A)이 있다.

(4) 혼합결제방식

혼합결제방식은 선지급, 동시지급, 후지급 방식이 혼합된 결제방식이다. 대표적인 것이 누진지급(progressive payment)방식이다. 이것은 대금을 일시에 결제하지 않고 계약, 선적, 도착시 등으로 분할하거나 공정에 따라 분할하여 지급하는 방식이다.

4) 결제방식

대금결제의 방식은 신용장 방식과 무신용장방식이 있으며, 후자는 다시 송금결제방식과 추심결제방식으로 구분된다.

(1) 송금결제방식

① 송금결제방식의 의의

송금결제방식(remittance)은 수입자가 상품의 인도 전·인도 후 또는 인도와 동시에 수출자에게 송금함으로써 결제가 완료되는 방식이다.

② 단순송금결제방식

단순송금방식은 수출자가 물품을 선적하거나 인도하기 전에 수입자가 미리 대금전액을 송금하여 결제하는 방식이다. 이것을 '사전송금방식'이라고도 부른다.

③ 동시송금결제방식

동시송금결제방식은 COD 및 CAD가 있다. 상품인도결제방식(Cash On Delivery, COD)은 수출자가 상품을 선적한 후 운송서류를 자신의 대리인(주로 수입상의 국가에 소재)이나 지사에게 발송하여 상품이 목적지에 도착하면 수입자가 검사 후 상품을 인도받으면서 대금을 결제하는 방식이다. 서류인도방식(Cash Against Documents, CAD)은 수출자가 상품을 선적 후 운송서류를 수입자의 대리인(주로 수출자 국가에 소재)이나 거래은행에 제시하여 서류와 상환으로 대금을 결제하는 방식이다.

(2) 추심결제방식

추심결제방식은 외상거래방식이므로 매수인의 신용을 절대적으로 하는 본지사간의 거래에 주로 이용된다. 추심결제방식에는 D/P조건과 D/A조건이 있다.

추심결제방식은 국제상업회의소가 제정한 '추심에 관한 통일규칙(Uniform Rules for Collections, 1995 Revision ICC Publication No.522, URC)'의 적용을 받는다.

추심결제방식은 첫째, 환어음이 사용된다는 점 둘째, URC가 적용되는 점 셋째, 서류와 대금을 관계은행(추심은행 등)을 통해 송부한다는 점 넷째, 은행의 지급확약이 없다는 점 다섯째, 환어음의 지급인이 수입자라는 점을 특징으로 하고 있다.

(3) 신용장결제방식

신용장결제방식은 수입국의 은행이 신용장 조건에 일치하는 운송서류를 첨부한 화환어음(documentary bill)과 상환으로 수출자에게 대금지급을 보증하는 방식이다.

6. 보험조건

1) 의의

운송 도중에 발생한 화물의 손해에 대해 운송인이 하주에게 전액을 배상해 준다면 하주가 별도로 보험계약을 체결할 필요는 없을 것이다.

그러나 운송계약에 따른 운송인의 책임은 여러 가지로 제한되어 있을 뿐 아니라 책임에도 한도액이 설정되어 있고, 더욱이 운송인에게 보상책임이 없는 면책손해를 보상받기 위해서는 별도로 보험계약을 체결해야 한다.

운송인의 면책위험들은 결국 하주가 부담해야 한다. 그러나 하주가 부담하는 위험들은 해상보험(marine insurance)에서 담보되기 때문에 해상보험에 가입해야 한다.

2) 보험조건과 정형무역거래조건

운송중의 위험을 매매당사자 중 어느 당사자가 부담하며 그 위험에 대해 보험에 들어야 할 당사자가 누구인가는 당사자간에 체결된 무역조건에 따라 결정된다.

3) 손해보상범위와 보험조건

해상보험에서 보험자는 담보하는 위험에 기인하여 발생한 손해만을 보상하기 때문에 피보험자는 약관상 특별히 제외되어 있는 위험은 보상받지 못하게 된다. 피보험자가 어떤 조건으로 보험에 가입할 것인지는 보험계약 체결시 결정되는데, 기본적인 손해보상범위는 런던보험자협회가 제정한 협회적하약관(ICC)에 규정되어 있다.

협회적하약관은 구협회적하약관(A/R, FPA, WA조건)과 1983년 3월 1일부터 적용되고 있는 신협회적하약관(ICC(A), ICC(B), ICC(C))이 있다.

이중에서 FPA 조건 또는 ICC(C) 조건은 담보하는 손해의 보상범위가 가장 좁고 보험료도 가장 저렴한 조건이며, A/R 조건이나 ICC(A) 조건은 담보되는 보상범위가 가장 넓고 보험료도 가장 비싼 조건이다.

4) 보험금액과 부보통화

보험금액이란 보험자가 지급해야 할 손해보상의 최고한도액을 말한다. 보험금액은 보통 '110% of the invoice value'와 같이 상업송장 금액 100%에 10%의 희망이익을 더한 110%로 한다. 부보통화 즉, 보험계약을 체결하는 통화는 환차손을 방지하기 위해 신용장의 통화와 동일한 통화가 되어야 한다.

7. 포장 및 하인조건

1) 의의와 목적

포장은 화물의 운송, 보관, 하역, 사용 등에 있어 그 가치와 상태를 보호하고 유지하기 위해 적합한 재료나 용기 등으로 시공하는 기술이나 상태를 말한다.

포장의 일반적인 기능은 상품의 보호와 소비자의 구매의욕을 일으켜 판매를 촉진하는데 있다. 그러나 무역거래에서 포장은 수출입 상품을 운송도중 안전하게 보호함으로써 상품으로서의 가치를 유지하기 위한 목적에 주안점을 두고 있다.

수출상품의 포장은 상품의 특성에 적합한 포장이 이루어져야 하며 기본적으로는 값싸고 튼튼하게 이루어져야 한다.

수출자가 포장을 잘못하여 화물이 손상되면 해상보험에서도 보상되지 않기 때문에 화물의 성질을 고려하여 저렴하면서도 안전한 포장이 이루어지도록 해야 한다.

2) 포장의 종류

(1) 개장

개장(unitary packing)은 소매의 단위가 되는 상품의 최소 묶음을 개별적으로 하나씩 포장하는 것을 말한다.

개장에는 상표나 제조업체의 회사명이 기재되고 구매의욕을 자극하도록 디자인된 포장지를 사용하는 것이 일반적이다. 개장에서는 상품 몇 개를 소포장하고 다시 이것을 몇 개씩 포장하는 방법이 많이 이용되고 있다.

(2) 내장

내장(interior packing)은 개장된 물품을 수송이나 취급이 용이하도록 적절한 재료로 싸거나 용기에 포장하거나 충전하는 것을 말한다. 내장은 외부에 의해 상품이 손상되지 않도록 내부에 충전제, 판재, 합성수지를 사용하여 포장한다.

(3) 외장

외장(outer packing)은 화물을 수송함에 있어서 파손, 변질, 도난, 부실 등을 방지하기 위해 적절한 재료나 용기로써 화물을 보호하기 위해 포장하는 것을 말한다.

수출입거래에서 포장 또는 수출포장은 이 외장을 의미한다.

외장은 내장보다 더 튼튼한 포장재를 사용하여 포장하는데 일반적으로는 나무상자나 종이상자 등 상품마다 정형화된 포장용기가 주로 사용된다.

3) 하인

(1) 하인의 의의와 기능

하인(shipping mark, 荷印, 貨印)은 외부포장의 표면에 기입하는 특정한 기호, 목적지 등을 말한다. 하인의 목적은 화물취급자로 하여금 다른 상품과 구분을 용이하게 할 뿐 아니라 선적서류와 상품과의 대조에 편리성을 부여하는데 있다.

(2) 하인의 구성

㉠ 주표시(main mark) : 하인 중 가장 중요한 표시로 외장에 다이아몬드 형, 마름모형, 타원형, 삼각형 등을 표시하고, 그 안에 상호 등의 약자를 써넣기도 한다.
㉡ 부표시(counter mark) : 주표시의 보조로 타 화물과 식별이 용이하게 표시한다.
㉢ 품질표시(quality mark) : 동일 화물이라 하더라도 품질이나 등급에 차이가 있는 경우에는 계약에서 합의된 내용의 품질이나 등급을 표시한다.
㉣ 중량표시(weight mark) : 운임계산에 도움이 되도록 중량을 표시한다.
㉤ 목적항 표시(port mark, destination mark) : 화물의 선적이나 양하 작업을 용이하게 하도록 목적 항구나 공항명칭을 표시한다.
㉥ 포장 일련번호표시(case number marks) : 포장화물이 여러 개인 경우 포장 마다 고유번호를 표시하여 총 개수 중에서 몇 번째인지를 표시한다.
㉦ 원산지표시(country of origin mark) : 화물의 생산지를 표시한다.
㉧ 주의표시(care mark) : 선적이나 운송 시에 취급상의 주의사항을 표시한 것이다.
⑨ 기타 : 순중량(net weight), 신용장 번호(L/C No.) 등이 추가되기도 한다.

그림 10-2 하인의 구성 예

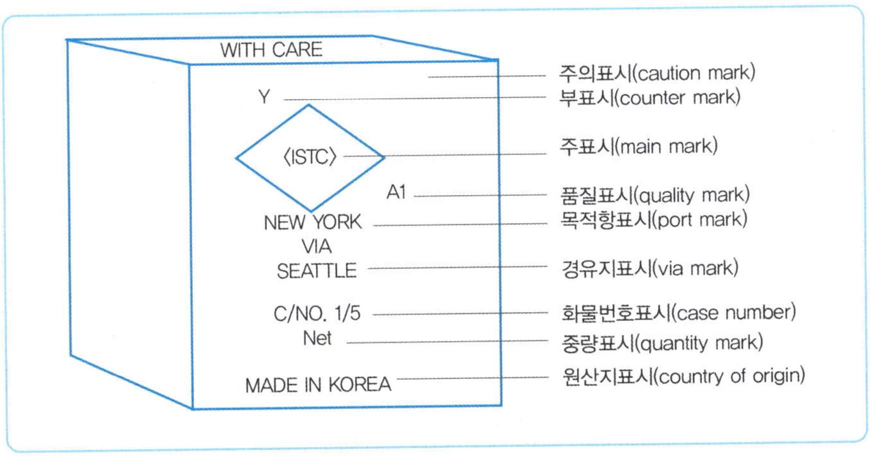

8. 분쟁해결조건

분쟁해결조건은 당사자의 계약불이행에 대비하여 미리 클레임의 제기기한이나 해결방법 등을 설정해 둔 조항을 말한다. 여기에는 클레임조항과 중재조항 등이 있다.

1) 클레임조항

클레임조항(claim clause)은 무역클레임이 발생한 경우 클레임의 제기기한과 제기방법 등에 관한 합의사항을 설정해 둔 조항이다. 클레임의 제기기한은 클레임을 제기하는 당사자의 입장에서 보면 무역클레임을 제기할 수 있는 권리의 행사기간이 된다.

2) 중재조항

중재조항(arbitration clause)은 중재제도의 특징인 단심제, 신속성, 경제성 등을 살려 무역클레임을 중재로 해결한다는 내용이 들어 있는 조항이다.

3) 준거법조항

준거법조항(governing law clause)은 무역계약의 내용을 어느 국가의 법률을 적용하여 해석할 것인가를 약정한 조항이다.

9. 기타 조건

1) 권리침해조항

권리침해조항(infringement clause)은 지적재산권 침해에 대한 면책조항이다. 매수인이 지정한 상표, 디자인, 특허 및 기술 등을 채택하여 제조 및 공급한 상품에 향후 예기치 않은 특허침해문제가 발생할 수 있는 것을 대비하여 계약서 내에 이를 명시하여 매도인이 면제된다는 것을 규정한 조항이다.

2) 불가항력조항

불가항력조항(force majeure clause)은 불가항력 사태가 발생한 경우에 당사자가 행사할 수 있는 권리와 의무관계를 상세하게 규정하고 있는 조항이다.

여기에서 '불가항력 사태'는 당사자의 통제를 넘어서는 천재지변을 비롯한 전쟁, 동맹파업과 같은 사건이나 사태를 말하며, 이로 인해 계약당사자의 의무이행이 불가능하게 된 경우 그 책임을 면하도록 규정한 계약조항이 불가항력조항이다.

학습정리

1. 무역계약이란 매도인이 매수인에게 계약상품의 인도를 약속하고 매수인은 그 대가로 대금을 지급할 것을 약정하는 국제간의 매매계약을 말한다.
2. 무역계약은 당사자 일방에 의해 행해진 청약과 상대방의 승낙에 의하여 성립된 계약이다.
3. 해외시장조사의 목적은 특정시장에서 물품의 판매가능성과 구매가능성을 측정하는 것이다.
4. 신용조회에서는 Character(거래성격), Capacity(거래능력), Capital(자본)을 확인해야 한다.
5. 청약(offer)이란 수출자가 수입자에게 특정물품을 어떤 조건으로 판매하겠다는 의사표시를 제시하는 행위이다.
6. 반대청약(counter offer)이란 피청약자가 청약자가 제시한 원청약(original offer)의 내용 중 일부를 수정하여 반대로 오퍼를 제시하는 것을 말한다.
7. 승낙(acceptance)이란 피청약자가 구두나 행위로 청약의 내용 또는 조건들을 수락하고 계약을 성립시키겠다는 동의를 표시하는 것이다.
8. 무역계약에서 품질조건이란 매매될 대상물품의 품질조건에 대한 여러 가지 내용을 계약서에 정해두는 것을 말한다.
9. 과부족용인조건이란 일정한 수량의 과부족한도를 정해두고 그 범위 내에서 상품이 인도되면 계약불이행으로 보지 않는 것을 말한다.
10. 가격조건은 가격제시에 관련한 수출입요소비용의 부담귀속을 나타내는 여러 가지 관용적 조건을 말한다.
11. 무역계약에서는 원거리의 당사자가 개입하므로 운송계약이 체결된다.
12. 분할선적이란 전량을 수회로 나누어 선적을 하게 되는 것을 말한다.
13. 무역계약에서 결제시기는 선지급, 동시지급, 후지급조건 등이 있다.
14. 신협회적하약관은 ICC(A), ICC(B), ICC(C) 조건으로 구분된다.
15. 인코텀스는 무역조건의 해석에 관한 국제규칙으로 국제상업회의소(ICC)가 1936년에 제정한 이래 무역거래관행의 변화에 부응하기 위해 여러 차례 개정되어 왔다.
16. 송금결제방식이란 수입자가 수출자에게 물품대금 전액을 외화로 송금(remittance)하여 지불함으로써 결제를 완료하는 방법이다.

■ 생각해보기

주제	신용장거래시의 수량과부족(more or less) 인정의 적용요건에 대하여 생각해 봅시다.
전문가 의견	신용장거래시의 수량과부족인정의 적용요건은 첫째, 신용장상에 수량의 과부족을 금지하는 문구가 없어야 한다. 둘째, 수량을 초과하여 선적하였다할 지라도 어음을 신용장금액을 초과하여 발행하는 것은 허용되지 않는다. 셋째, 비포장산물(bulk cargo)에만 적용된다고 신용장통일규칙에 규정되어 있다.

■ 평가문제

문항	유형	문제
1	객관식	특수청약(offer) 가운데 승낙(acceptance)이 청약자에게 도착하는 때에 물품의 재고가 없이 매진된 경우에는 그 승낙이 무효처럼 되어 매매계약이 성립할 수 없다는 것은? ① offer without engagement ② offer on sale or return ③ offer on approval ④ offer subject to prior sale 정답 ④ 해설 offer subject to prior sale(재고잔유조건 offer)은 승낙의 의사표시가 청약자에게 도달했을 때(또는 발신되었을 때) 미판매 재고가 남아 있는 분에 한해 유효하다는 조건으로 발행된 오퍼로서, free offer의 일종이며, 재고잔유조건오퍼 또는 선착순매매조건오퍼라고 부른다. 한정된 물량을 다수인에게 오퍼한 경우나 또는 매기가 활발한 물품의 경우에 발행되며 offer subject to being unsold라고도 한다.
2	주관식	품질의 결정방법 중에서 당사자가 제시한 견본과 동일한 품질의 물품을 인도하도록 약정하는 방법으로 무역거래에서 가장 널리 이용되고 있는 방법은 무엇인가? 정답 견본매매(sales by sample) 해설 견본매매(sales by sample)는 당사자가 제시한 견본과 동일한 품질의 물품을 인도하도록 약정하는 방법으로 무역거래에서 가장 널리 이용되고 있는 방법이다.
3	논술식	① 무역계약의 법적 성질에 대해 설명하시오. ② 일반적인 무역계약의 체결과정을 순서대로 설명하시오. ③ 분할선적과 할부선적을 비교 설명하시오. ④ 무역거래에서 하인(shipping mark)은 무엇이며 이것이 왜 필요한지에 대하여 설명하시오. ⑤ 청약(offer)에 기재되는 일반적인 내용들에 대해 설명하시오.
4	설명식	① 선적품질조건 ② 인코텀즈 ③ 반대청약 ④ 본선인도조건(FOB) ⑤ 추심결제방식

제11장 무역계약의 이행

제1절 신용장과 무역대금결제

1. 신용장의 개념과 유용성

1) 개념

신용장(Letter of Credit, L/C)은 수입자의 요청과 지시에 따라 수출자가 신용장에 명기된 조건에 일치한 서류를 제시하면 발행은행이 이와 상환으로 수출자 등에게 대금 지급을 약속하고 있는 발행은행의 조건부 지급확약서를 말한다.

2) 유용성

신용장은 신용도가 높은 수입국의 은행(발행은행)이 수입자를 대신하여 수출자에게 대금의 지급을 약속하는 것이기 때문에 수출입자 모두에게 유용한 대금결제방식이다.

2. 신용장의 당사자

1) 기본 당사자

첫째, 신용장 발행의뢰인(Applicant)은 수입국에 있는 자기의 거래은행에 신용장을 발행해 주도록 요청과 지시를 하는 수입자를 말한다.

둘째, 발행은행(Issuing Bank)은 발행의뢰인의 요청과 지시에 따라 수익자 앞으로 신용장을 발행하는 수입국에 있는 수입자의 거래은행을 말한다.

셋째, 수익자(Beneficiary)는 발행은행이 발행한 신용장에 의거하여 대금을 지급받아 이익을 누리는 수출자를 말한다.

넷째, 확인은행(Confirming bank)은 발행은행의 요청에 따라 발행은행이 발행한 신용장에 추가로 수익자에게 지급, 인수, 매입을 확약하고 있는 은행을 말한다.

2) 기타 당사자

기타 당사자는 직접적인 권리와 의무는 가지고 있지 않지만, 신용장거래의 원활한 운용을 위해 간접적으로 참여하거나 협조하는 자이다.

(1) 통지은행

통지은행(advising bank)은 수익자에게 신용장이 발행된 사실과 그 신용장의 내용을 통지할 때 전달역할을 담당하는 수출국에 있는 은행을 말한다. Notifying Bank 혹은 Transmitting Bank 등으로도 불리고 있다. 통지은행은 자기가 통지하는 신용장의 외면상의 진정성을 확인하기 위해 상당한 주의를 기울여야 한다.

(2) 매입은행

매입은행(negotiating bank)은 매입신용장이 발행된 경우 수출자가 제시한 환어음을 매입하는 은행을 말한다. 이를 네고은행(nego bank)이라고 부르기도 한다.

매입은행은 발행은행 앞으로 발행된 환어음이 신용장에 명시된 서류와 함께 제시되면 일정한 기간의 이자를 받고 그 환어음을 매입하고 어음가액을 지급한다.

(3) 지급은행

지급은행(paying bank)은 발행은행과 예치환계약을 체결하여 자행에 발행은행 명의의 예금계정을 설치하여 두고 신용장의 조건과 일치되는 서류가 제시될 때 또는 그러한 서류가 첨부된 환어음(sight bill, 일람출급)이 자행을 지급인으로 하여 제시될 때 발행은행의 예금계정에서 지급을 이행하는 은행을 말한다.

지정은행은 일치서류와 상환으로 전액을 지급하거나 자신 앞으로 발행된 환어음의 액면가액을 할인함이 없이 전부 지급한다.

(4) 인수은행

기한부 신용장(usance credit)은 신용장에 의해 발행되는 환어음이 기한부 환어음(usance bill)일 것을 조건으로 하는 신용장인데, 인수은행(accepting bank)은 기한부 신용장에 의거하여 발행된 기한부 환어음을 인수하는 은행을 말한다.

(5) 상환은행

상환은행(reimbursing bank)은 매입은행 등에 대한 상환을 발행은행의 본지점이나 제3의 은행으로 청구하는 경우 발행은행을 대신하여 상환업무를 수행하는 은행을 말한다. 상환은행은 발행은행의 해외지점이나 예치환거래은행이 된다.

3. 신용장의 거래절차

일반적으로 신용장거래는 다음 과정을 통해 결제가 이루어진다.

① 매수인인 수입자(발행의뢰인)는 외국의 수출자인 매도인(수익자)과 매매계약을 체결하면서 신용장(L/C)에 의한 대금지급이 이루어지도록 합의한다.

② 수입자는 관련 기관에 수입승인을 신청하여 수입승인을 받는다(수출입공고나 통합공고상 제한품목에 해당되는 경우에 한함).

③ 수입자는 자기의 거래은행(발행은행)에게 수출자 앞으로 신용장을 발행해 주도록 요청한다. 이때 수입자는 취소불능신용장 발행신청서를 명확하게 기재해야 한다. 그 이유는 발행신청서의 기재내용이 곧바로 신용장의 본문에 기재되는 내용이 되기 때문이다.

④ 신용장의 발행을 의뢰받은 수입국의 은행(발행은행)은 발행의뢰인의 지시를 준수하여 수익자 앞으로 신용장을 발행하여 수출자 소재의 외국의 환거래은행(통지은행)에게 신용장을 송부하여 신용장의 통지를 요청한다.

⑤ 수익자 소재지의 통지은행은 신용장의 외관상 진정성을 확인하여 수출자에게 신용장의 도착을 통지한다.
통지은행이 발행은행으로부터 확인(confirmation)의 추가를 요청받은 경우에는 별도의 확약 문언을 추가하여 신용장을 통지한다. 이것이 확인신용장이다.

⑥ 신용장을 수취한 수출자는 그 신용장조건이 매매계약과 일치하는지를 확인하고 해당되는 경우 관련기관에 신청하여 수출승인을 받는다.
더불어 CIF계약이나 CIP계약의 경우 수출자는 보험계약을 체결한다.

⑦ 수출자는 물품을 제조 또는 집하하여 계약에서 정해진 날짜 이내에 선적을 완료한다. 이에 앞서 CIF계약의 경우는 수출자가, FOB계약은 수입자가 계약서에서 합의한 내용대로 주 운송계약을 체결해야 한다.

⑧ 선적 이후 선하증권을 비롯하여 신용장에서 요구하는 각종 서류를 정비한다.

⑨ 서류의 정비가 완료되면 환어음을 발행하여 신용장에서 지정된 지급·인수 또는 매입은행에 이의 결제를 위해 제시한다.

⑩ 수출지의 매입은행 등은 환어음 및 제시서류와 상환으로 수출자에게 환어음대금을 지급한다.

⑪~⑫ 매입은행은 수출자에게 지급한 환어음대금을 결제받기 위해 발행은행에 환어음 및 첨부서류를 송부함과 동시에 환어음대금을 상환 청구하여 수출대금을 상환받는다. 이 경우 신용장에 별도의 상환은행이 있는 경우에는 매입은행은 서류는 발행은행 앞으로 송부하고, 수출대금은 상환은행으로부터 상환 받는다.

⑬ 발행은행은 매입은행 등으로부터 결제서류나 환어음이 도착하면 수입자에게 선적서류의 도착을 통지한다.

⑭ 수입자가 수입대금을 결제하면 발행은행은 결제서류를 인도한다. 그런데 만일 수입자가 발행은행에 대금을 지급하지 않고 운송서류를 찾아야 할 경우에는 수입자는 발행은행에 수입담보화물보관증의 성격을 가지고 있는 수입화물대도(Trust Receipt, T/R)를 발행은행에 제공해야 한다.

⑮ 선사는 화물이 목적항구에 도착하면 수입자에게 화물이 목적항에 도착하였다는 사실을 통지한다.

⑯ 화물 도착통지를 받고 운송서류를 은행을 통해 입수한 수입자는 선사에 선하증권을 제시하여 화물인도지시서(Delivery Order, D/O)를 발급받고 이를 현장책임자에게 제시하고 도착화물을 수령한다. 그런데 만일 화물은 이미 목적항에 도착하였으나 운송서류가 도착하지 않아 선사로부터 양륙화물을 인수할 수 없는 경우에는 수입화물선취보증장(Letter of Guarantee, L/G)을 은행으로부터 발급받아 선사에 제시함으로써 화물을 인도받을 수 있다.

그림 11-1 신용장거래의 결제절차

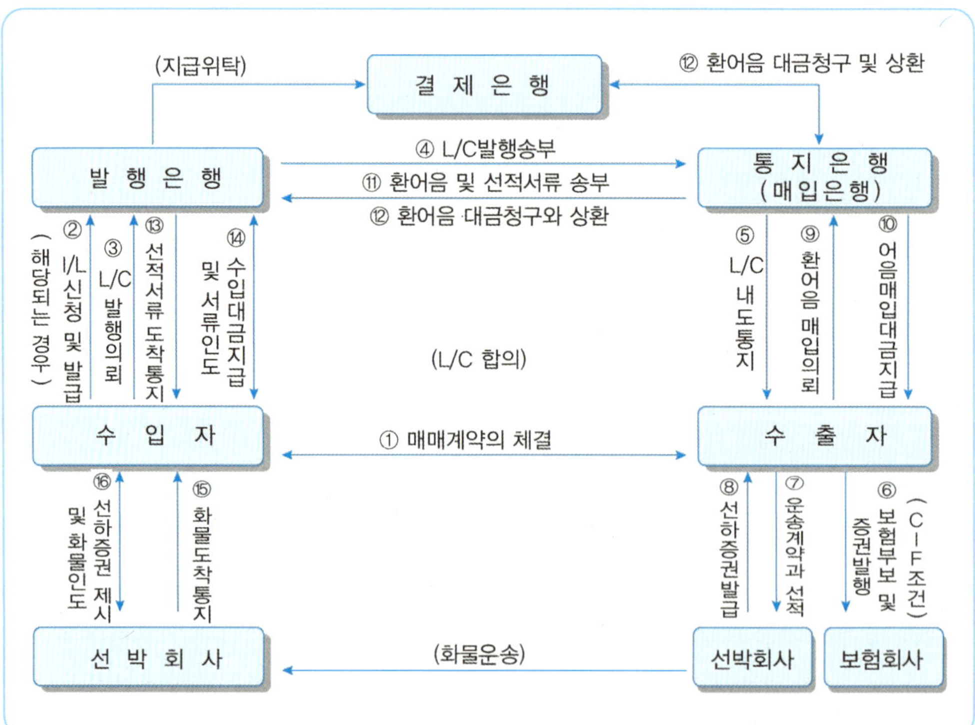

4. 신용장의 구분과 종류

1) 상업신용장과 클린신용장

상업신용장(commercial credit)은 수출입거래에서 대금결제용으로 이용되는 신용장을 말하며 '무역신용장(trade credit)'이라고도 부른다.

클린신용장(clean credit)은 '무담보신용장'이라고도 부르며 수출입거래의 대금결제에 사용되지 않고 상품 이외 거래를 수행하는 데 사용되는 신용장을 말한다. 클린신용장에는 여행자신용장과 보증신용장이 있다.

여행자신용장(traveller's credit)은 여행자의 현금휴대 위험을 없애고 편의를 위하여 여행자인 수익자가 발행한 어음을 매입하도록 발행은행이 자행의 본지점이나 환거래은행에 위임하고 이의 상환을 약속한 신용장이다.

보증신용장(stand-by credit)은 금융이나 채무보증 등을 목적으로 발행되는 특수한 무화환신용장(clean L/C)을 말한다.

2) 화환신용장과 무화환신용장

화환신용장(documentary credit)은 매입시 신용장의 조건에 따라 수출자가 발행하는 환어음에 상업송장, 선하증권 및 보험증권 등의 서류를 첨부할 것을 요구하는 신용장을 말한다. 현재 사용되는 대부분의 상업신용장은 화환신용장이다.

무화환신용장(non-documentary credit)은 매입시 신용장에 의해 발행되는 환어음에 담보물로서 운송서류가 첨부되어 있지 않은 신용장을 말한다. 이것을 클린신용장 또는 무담보신용장(clean credit)이라고도 한다.

3) 취소가능신용장과 취소불능신용장 및 조건부 취소불능신용장

취소가능신용장(revocable credit)은 수익자에게 사전에 통지하지 않고도 언제라도 발행된 신용장의 조건을 임의대로 변경하거나 취소할 수 있는 신용장을 말한다.

취소불능신용장(irrevocable credit)은 신용장이 발행된 후에 발행은행, 확인은행(만일 있는 경우) 및 수익자의 합의가 없이는 그 조건을 변경하거나 취소할 수 없는 신용장을 말한다. 대부분의 상업신용장은 취소불능신용장이다.

조건부 취소불능신용장(conditional irrevocable credit)은 형태는 취소불능신용장이지만, 조건 중에 매입을 보류하는 등 실질적으로는 취소불능이 아닌 신용장을 말한다. 즉, 신용장의 특별지시 란에 그 신용장의 이행이 발행은행이나 발행의뢰인 일방 당사자의 행위에 따라 좌우될 수 있는 내용을 포함한 악의적인 신용장이다.

4) 확인신용장과 무확인신용장

확인신용장(confirmed credit)은 수익자가 발행한 환어음에 대해 발행은행 이외의 제3은행이 별도로 추가적 확약을 하고 있는 신용장을 말한다. 확인은행의 이러한 확약은 발행은행의 그것을 보증하는 것이 아니라 별개의 독립된 약속이 된다.

무확인신용장(unconfirmed credit)은 신용장 발행은행 이외의 제3은행의 확약이 없이 오로지 발행은행의 지급확약으로만 구성된 신용장을 말한다. 무역거래에 사용되는 대부분의 상업신용장은 무확인신용장이다.

5) 상환청구가능신용장과 상환청구불능신용장

상환청구가능신용장(with recourse credit)은 환어음을 매입한 매입은행이나 이를 소지하고 있는 선의의 소지인 또는 배서인이 환어음의 지급인(발행은행)에 의하여 어떠한 이유로든 지급이나 인수가 거절될 때는 그 환어음의 발행인(수익자)에게 상환을 청구할 수 있도록 되어 있는 신용장을 말한다. 신용장에 상환청구에 관한 별도표시가 없거나 'with recourse'라는 용어가 있으면 모두 상환청구가능신용장이다.

상환청구불능신용장(without recourse credit)은 신용장에 'without recourse'라는 문구가 표시된 신용장을 말한다. 우리나라 어음법 제9조에서는 상환청구불능신용장을 인정하지 않고 있다.

6) 자유매입신용장과 매입제한신용장

자유매입신용장(freely negotiable L/C)은 매입은행에 아무런 제한이나 지정이 없는 신용장을 말한다. 이것을 매입은행개방신용장(circular negotiation form), 개방신용장(open credit), 보통신용장(general credit)이라고도 부른다.

매입제한신용장(restricted credit, negotiation restricted credit)은 수출자가 발행하는 환어음의 매입 등을 어느 특정은행으로 한정하고 있는 신용장으로 특수신용장(special credit), 지정신용장(straight L/C, nominated L/C)이라고도 한다.

이 신용장을 표시하는 문언은 'This credit is available through xxx Bank only' 또는 'Negotiation under this credit is restricted to xxx Bank' 등으로 되어 있다.

7) 우편신용장과 전신신용장

우편신용장(mail credit)은 신용장을 발행할 때 발행은행이 자기 은행의 양식을 사용하여 서신형식으로 신용장을 작성하여 우편으로 발송하는 신용장을 말한다.

전신신용장(cable credit)은 전신을 이용하여 발행하는 신용장을 말한다. 전신신용장은 우편신용장보다 수출자가 신속히 통지를 받을 수 있는 장점이 있는데 반해, 전신료가 비싸다는 단점이 있다.

전신신용장에는 Short Cable(약식전보), Full Cable(정식전보), Cypher(전신약어), 스위프트(SWIFT, Society for Worldwide Interbank Financial Telecommunication) 신용장 등이 있다. 요즘 대부분의 신용장은 SWIFT 형식으로 발행되고 있다.

약식전보의 경우에는 이후에 정식의 우편확인서(mail confirmation)가 송부되어야 하며 그것이 신용장 원본으로 간주된다.

8) 양도가능신용장과 양도불능신용장

양도가능신용장(transferable credit)은 신용장에 'Transferable'이라는 명시적인 문언으로 두어 원수익자(original beneficiary)가 신용장의 전부나 일부를 제2수익자에게 양도할 수 있도록 되어 있는 신용장을 말한다.

신용장에 별도의 명시가 없는 한, 신용장의 양도는 동일 국내나 타국으로도 양도할 수 있고 1회에 한하며 분할선적이 허용되는 경우에만 분할양도가 가능하다.

양도불능신용장(non-transferable credit)은 신용장상에 'Transferable'이라는 명시적인 문언이 없어 다른 당사자에게 양도할 수 없는 신용장을 말한다. 따라서 이 신용장은 오직 신용장에 지정된 원수익자만이 신용장을 사용할 수 있다.

9) 일람출급신용장과 기한부신용장

일람출급신용장(sight L/C)은 신용장에 의해 발행된 환어음 기간이 일람출급인 신용장을 말한다. 환어음이 지급인에게 제시되면 즉시 지급이 이루어진다.

기한부신용장(usance L/C)은 발행된 환어음의 기간이 기한부인 신용장을 말한다. 환어음이 지급인에게 제시되면 인수가 이루어지고 만기일이 내도하면 지급이 이루어진다.

10) 송금상환신용장과 상환신용장

송금상환신용장(remittance reimbursement credit)은 발행은행이 매입은행 등에게 직접 결제대금을 송금하여 상환하기로 되어 있는 신용장을 말한다.

상환신용장(reimbursement credit)은 발행은행이 아닌 타 은행(즉, 상환은행)을 지정하여 두고 매입은행 등이 그 상환은행에게 상환요청을 하면 상환은행이 발행은행의 계정을 차기(debit)하여 상환하기로 되어 있는 신용장을 말한다.

11) 특수신용장

(1) 회전신용장

회전신용장(revolving credit)은 일정기간 동안 신용장 금액이 자동적으로 갱신되어 다시 사용할 수 있도록 되어 있는 신용장을 말한다.

(2) 선대신용장

선대신용장(packing credit)은 수출자가 상품을 선적하기도 전에 미리 대금을 선지급 받을 수 있도록 권한을 부여하고 있는 신용장을 말한다.

(3) 연계무역신용장

연계무역은 물물교환, 구상무역, 대응구매, 제품환매 등의 형태로 거래당사국간 수출입의 균형을 유지하거나 통상협력의 수단으로 이용되는 수출입형태이다.

연계무역에서는 ㉠ 동시개설신용장(back to back credit) ㉡ 기탁신용장(escrow credit) ㉢ 토마스신용장(tomas credit) 등 특수신용장이 사용된다.

(4) 내국신용장

내국신용장(local L/C)은 국내 수출자가 수출용 원자재나 완제품을 국내에서 조달할 때 외국환은행이 물품대금 지급을 보장하는 지급보증서로, 물품공급자를 수익자로 하고 물품을 공급받는 자를 발행의뢰인으로 하여 발행되는 신용장을 말한다.

(5) Baby L/C

Baby L/C는 외국에서 원자재를 수입하여 제조한 후 수출하고자 할 때 원래 받은 신용장(master L/C)에 대해 원·부자재 수입용으로 새로 발행되는 신용장을 말한다.

(6) 보증신용장

보증신용장(stand-by credit)은 국내기업의 해외지사 운영자금이나 입찰보증 등에 필요한 자금 등을 현지은행에서 공급받는 경우, 그 채무를 보증할 목적으로 국내 외국환은행이 해외은행 앞으로 발행하는 신용장을 말한다.

(7) 연장신용장

연장신용장(extended credit)은 선적 전에 대금을 선지급 받는다는 점에서 Packing Credit와 유사하고, 매입과 동시에 매입금액이 갱신된다는 점에서 Revolving Credit의 성질을 결합한 신용장을 말한다.

5. 신용장의 구성과 기재 내용

일반적으로 신용장은 다음 사항들로 구성되어 있다. 그러나 경우에 따라서는 그 순서를 달리 하거나 일부 항목을 추가 또는 생략한 신용장들도 있다.

1) 신용장 자체에 관한 사항

(1) 발행은행과 발행일자, 신용장의 종류(type of credit)
(2) 신용장의 번호, 발행일자, 신용장의 유효기간 및 유효장소
(3) 발행의뢰인(applicant), 수익자(beneficiary), 통지은행, 통지번호
(4) 통화코드(currency code), 신용장금액, 신용장금액의 과부족 허용비율
(5) 신용장의 사용가능 은행, 신용장의 사용방법(method of availability)

2) 환어음에 관한 사항

환어음의 발행인(drawer), 지급인(drawee), 금액, 지급일 등

3) 선적에 관한 사항

선적항, 양륙항, 분할선적(partial shipment), 환적, 최종 선적날짜 등

4) 상품에 관한 사항

상품명세, 수량, 단가, 가격조건 등

5) 서류에 관한 사항

요구하는 서류의 종류, 통수, 충족 및 구비요건 등

6) 추가조건에 관한 사항

특정 선박지정, 신용장양도의 허용, 신용장번호 기재지시, 전신환상환 금지 등

7) 기타 사항

(1) 서류제시기한, 은행수수료의 부담자, 신용장통일규칙 준거문언 등
(2) 확약지시문언 및 상환방법(reimbursement method)
(3) 통지방법 지시 및 지급/인수/매입은행에 대한 지시

서식 11-1 신용장 사례

MT 700 ISSUE OF A DOCUMENTARY CREDIT		(메시지 형식 700 화환신용장의 발행)
Advice Number, Date : A0604-206-00123, 29 JULY, 2025		(통지번호 및 통지일자)
From :	NEW YORK COMMERCIAL BANK, NY. ①	(발신자 즉, 발행은행)
To :	SHINHAN BANK SEOUL, KOREA ⑧	(수신자 즉, 통지은행)
:27	sequence of total : 1/1	(총 메시지 중 본 메시지 수)
:40A	form of documentary credit : IRREVOCABLE ②	(신용장의 종류)
:20	documentary credit number : P-466878 ③	(신용장의 번호)
:31C	date of issue : 28 JULY, 2025 ④	(신용장 발행일자)
:31D	date and place of expiry : 10 NOVEMBER 2025 KOREA ⑤	(신용장의 유효기간 및 유효장소)
:50	applicant : GLOBAL ENTERPRISING CO., Inc. 25 W 31s St, NY 20001, USA ⑥	(발행의뢰인)
:59	beneficiary : INTERNATIONAL SEOUL TRADING CO., LTD. ⑦ NUMBER 15 DONGBANG BLDG 310 TEHERAN-RO, KANGNAM-KU, SEOUL KOREA, 06211	(수익자)
:32B	currency code/ amount : USD 60,000 ⑨	(통화코드 및 신용장의 금액)
:39A	pct credit amount tolerance : 0/0 ⑩	(신용장금액의 과부족 허용비율)
:41D	available with by name, address : ANY BANK ⑪	(신용장의 가용가능 은행)
	BY NEGOTIATION ⑫	(신용장의 사용방법)
:42C	drafts at : SIGHT ⑬	(환어음의 지급일)
:42A	drawee : NEW YORK COMMERCIAL BANK, NY. U.S.A ⑭	(환어음이 지급인)
:43P	partial shipment : ALLOWED ⑮	(분할선적)
:43T	transshipment : NOT ALLOWED ⑯	(환적)
:44A	loading on board/dispatch/taking in charge : BUSAN, KOREA ⑰	(본선적재/발송/수탁)
:44B	for transportation to : NEW YORK, U.S.A ⑱	(목적지)
44C	latest date of shipment : 28 OCTOBER, 2025 ⑲	(최종 선적날짜)
:45A	description of goods and/or services or performance ⑳	(물품 및/또는 서비스 또는 이행의 명세)
	500 DOZ OF 100% COTTON SHIRTS FOR MEN, OTHER DETAILS AS PER PURCHASE NOTE NO.123 DATED JUNE 30, 2025 @US$120.00 CIF NEW YORK INCOTERMS 2020	
:46A	documents required	(요구서류)
	+SIGNED ORIGINAL COMMERCIAL INVOICE IN TRIPLICATE ㉑	(상업송장)
	+FULL SET OF CLEAN ON BOARD OCEAN BILL OF LANDING MADE OUT TO THE ORDER OF THE NEW YORK COMMERCIAL BANK MARKED FREIGHT PREPAID AND NOTIFY ACCOUNTEE ㉒	(운송서류)
	+MARINE INSURANCE POLICIES OR CERTIFICATES IN DUPLICATE ENDORSED IN BLANK FOR 110PCT OF INVOICE VALUE. INSURANCE POLICES OR CERTIFICATES MUST EXPRESSLY STIPULATE THAT CLAIMS ARE PAYABLE IN THE CURRENCY OF THE DRAFTS AND MUST ALSO INDICATE A CLAIM SETTLING AGENT IN NEW YORK. INSURANCE MUST INCLUDE ICC(B) ㉓	(보험서류)
	+PACKING LIST IN TRIPLICATE ㉔	(포장명세서)
	+CERTIFICATE OF ORIGIN IN DUPLICATE ㉕	(원산지증명서)
	+INSPECTION CERTIFICATE IN DUPLICATE ㉖	(검사증명서)
	+CERTIFICATE OF WEIGHT AND MEASUREMENT IN DUPLICATE ㉗	(용적 및 중량증명서)
:47A	additional conditions	(추가조건)
	SHIPMENT MUST BE EFFECTED BY HYUNDAI SHIPPING CO.,ONLY ㉘	(특정선박편의 지정)
	THIS CREDIT IS TRANSFERABLE ㉙	(신용장 양도의 허용)
	ALL DOCUMENTS MUST BEAR OUR CREDIT NUMBER ㉚	(신용장번호 기재지시)
	T/T REIMBURSEMENT NOT ALLOWED ㉛	(전신환상환 금지)
:48	period for presentation : DOCUMENTS MUST BE PRESENTED WITHIN 14 DAYS AFTER THE DATE OF BILL OF LADING BUT WITHIN THE CREDIT VALIDITY ㉜	(서류제시기한)
:71B	charges : ALL BANKING COMMISSIONS AND CHARGES INCLUDING REIMBURSEMENT CHARGES OUTSIDE U.S.A ARE FOR ACCOUNT OF BENEFICIARY ㉝	(은행수수료의 부담자)
:49	confirmation instructions : WITHOUT ㉞	(확인지시 문언여부)
:53A	reimbursement bank : THE BANK OF AMERICA, SEOUL, KOREA ㉟	(상환은행)
:78	instructions to the paying/accepting/negotiating bank ㊱	(지급 /인수/매입은행에 대한 지시)
	DRAFTS MUST BE SENT TO DRAWEE BANK FOR YOUR REIMBURSEMENT AND ALL DOCUMENTS TO US BY COURIER SERVICE IN ONE LOT	
:72	sender to receiver information : THIS CREDIT IS SUBJECT TO UCP 600 (2007 REVISED) ㊲	(신용장통일규칙 준거문언)

6. 신용장통일규칙

1) 신용장통일규칙의 의의와 제정목적

신용장통일규칙(Uniform Customs and Practice for Documentary Credits, UCP)은 신용장거래를 할 때 지켜야 할 제반 준수사항과 해석기준을 규정하고 있는 국제통일규칙이다. 1920년에 설립된 국제상업회의소(ICC)가 제정하였다.

정식 명칭은 '화환신용장에 관한 통일관습 및 관례'이지만 실무에서는 간단히 '신용장통일규칙' 또는 'UCP'라고 부르고 있다.

이것을 제정한 목적은 신용장거래 당사자들의 권리와 의무, 신용장과 관련된 용어나 조건들의 해석을 명확히 함으로써 신용장거래가 원활히 이루어지도록 하는데 있다.

2) 신용장통일규칙의 제정과 개정

20세기에 들어 무역거래가 활발해지면서 신용장의 사용이 급증하였다. 그러나 각국의 법률이나 관습이 다르고 은행 마다 사용하는 양식이나 내용도 통일성이 결여되어 분쟁이 지속적으로 발생하였다. 이에 ICC는 1926년부터 논의한 초안의 반복수정을 거쳐 1933년에 신용장통일규칙을 최초로 제정하였다.

이후 무역관습의 변화에 부응하기 위해 1951년, 1962년, 1974년, 1983년, 1993년, 2006년에 이를 각각 개정하였다. 현행 UCP 600은 2007년 7월부터 사용되고 있다.

3) 신용장통일규칙의 적용과 우선 순위

신용장통일규칙은 신용장에 대한 국제적인 통일규칙이지만 ICC는 민간단체이므로 조약이나 법률과 달리 강제성이 없다. 따라서 당사자가 이 규칙을 신용장의 해석기준으로 삼겠다는 합의를 한 경우에만 UCP가 해석기준으로 효력을 발휘하게 된다.

한편 신용장해석과 관련한 규정 적용의 우선 순위는 계약자유의 원칙을 존중한다는 의미에서 첫째, 매매당사국의 국내 강행법규(어음법 등) 둘째, 당사자간의 특약이나 합의내용 셋째, 신용장통일규칙(UCP)이다.

4) 현행 신용장통일규칙(UCP 600)의 의의와 구성

UCP 600은 UCP의 제6차 개정을 의미하는 것으로 UCP가 1933년에 제정된 이래 6번째의 개정이 이루어졌다는 것을 뜻한다.

정식 명칭은 '화환신용장에 관한 통일규칙 및 관례, 2007년 개정, 국제상업회의소 출판물 번호 제600번'이다. UCP 600은 총39개 조항으로 구성되어 있다.

제2절 무신용장과 무역대금결제

1. 무역계약과 대금결제방식

무역계약은 매도인이 물품인도 의무를 부담하고 매수인은 대금지급 의무를 부담하는 쌍무적 채무부담을 원칙으로 하고 있다. 그 중 대금지급은 매도인의 물품인도에 대한 매수인의 가장 중요한 의무로서의 지위를 가지고 있기 때문에 그 의무의 이행은 당초 매매계약에서 합의된 결제수단과 방식대로 이루어져야 한다.

무역계약에서 이용되는 대금결제의 수단은 크게 물품결제, 현금결제, 환결제 및 환어음결제가 있으며 결제방식은 송금(remittance), 추심(collection), 신용장(L/C) 및 기타의 결제방식으로 구분된다.

2. 송금결제방식

1) 의의

송금결제방식(remittance basis)은 수입자가 상품의 인도 전·인도 후 또는 인도와 동시에 수출자에게 물품대금의 전액을 외화로 송금하여 지불함으로써 결제를 완료하는 방식이다. 이 결제방식은 대금과 환의 이동방향이 모두 수입상으로부터 수출자에게 같이 향한다고 하여 일명 '순환방식(順換方式)'이라고도 부르고 있다.

2) 종류

(1) 사전송금방식

사전송금방식은 수입자가 대금의 전액을 물품 선적 전에 외화나 은행수표 등으로 수출자에게 미리 송금하여 지불하고, 수출자는 일정기간 이내에 이에 상응하는 상품을 선적하는 방식이다. 이 방식을 단순송금방식 또는 사전지급방식이라고도 하며 T/T in Advanced 등으로도 불린다.

① 특징

사전송금방식은 수출자로서는 물품대금을 상품인도 전에 미리 받기 때문에 가장 좋은 결제방식이다. 그러나 수입자 입장에서는 물품을 인도받기 전에 대금을 송금하기 때문에 계약상품을 수출자가 선적하지 않거나 계약과 다른 물품을 선적할 때 발생되는 상업위험을 배제할 수 없는 매우 불리한 결제방식이다.

② 종류

사전송금방식은 계약을 체결할 때 송금방법을 우편으로 할 것인가 아니면 전신으로 할 것인가에 따라 우편환 송금방식과 전신환 송금방식으로 구분된다.

우편으로 송금할 경우는 수입자가 직접 송금수표를 우송하는 방식과 은행을 통해 우편환 및 전신환으로 송금하는 방식이 있다.

(가) 수표송금방식

수표송금방식(Demand Draft, D/D)은 수입자가 미리 물품대금에 상당한 현금을 은행에 불입하고 은행이 송금수표를 발행해 주면, 이를 수입자가 수출자 앞으로 직접 우송하여 결제하는 방식이다.

이 방식에서 송금수표의 우송 중 분실이나 도난의 위험은 모두 수입자가 부담하여야 하므로, 소액을 송금하고 물품을 인도 받을 경우에 주로 이용된다.

(나) 우편환 송금방식

우편환 송금방식은 수입자의 요청에 따라 송금은행이 송금수표를 발행하는 대신에 지급은행에 대해 일정한 금액을 지급하여 줄 것을 위탁하는 지급지시서(payment order)에 해당하는 우편환(Mail Transfer, M/T)을 발행하여 이를 송금은행이 직접 지급은행 앞으로 우송하는 방식이다. 우편환 송금방식은 대금의 지급지시를 우편으로 지급인에게 통지하는 것 이외에는 전신환 송금방식과 동일하다.

이 방식에서는 송금과정에서 발생하는 분실이나 도난의 위험은 모두 은행이 부담하기 때문에, 수입상으로서는 수표송금방식보다 안전한 결제방식이다.

그러나 지급지시서의 송부기간이 전신환송금보다는 길기 때문에 긴급을 요하지 않는 송금이나 소액송금에 주로 이용된다.

(다) 전신환 송금방식

전신환 송금방식은 우편환 송금방식과 동일하다. 다만, 지급지시서를 우편환으로 발행하는 대신에 전신환(Telegraphic Transfer, T/T)의 형식으로 발행하여 이를 송금은행이 직접 지급은행 앞으로 송신하는 방식이다.

이때 송금과정에서의 모든 위험은 당연히 은행이 부담한다. 이 결제방식은 송금방식 중에서 가장 안전한 결제방식이다. 왜냐하면 우편환 송금방식보다 송금과정이 신속하고 편리할 뿐 아니라 송금환의 분실이나 도난의 위험이 거의 없기 때문이다.

따라서 긴급을 요하는 대금의 송금이나 거액을 안전하게 결제하고자 할 때 주로 이용된다. 그러나 이 결제방식의 단점은 우편이 아닌 전신으로 이루어지기 때문에 전신료의 부담이 크다는 점이다.

(2) 동시결제방식

동시결제방식(concurrent payment)은 수입자가 물품이나 서류가 인도될 당시에 대금을 외화로 지급하는 것을 조건부로 수출입하는 방식을 말한다.

여기에는 상품인도결제방식(COD)과 서류상환결제방식(CAD)가 있다.

① 상품인도결제방식

상품인도결제방식(Cash On Delivery, COD)은 수출자가 상품을 선적한 후 선적서류를 자신의 대리인(주로 수입자의 국가에 소재) 또는 지사에게 송부하여 상품이 목적지에 도착하면 수입자가 품질이나 수량을 직접 검사 후에 상품을 인도 받으면서 대금을 현금으로 결제하는 방식이다.

이 결제방식은 주로 상품가격이 고가이며 동일 상품일지라도 상품의 색상, 가공방법, 순도 등에 따라 가격의 차이가 있는 보석류나 귀금속 상품, 그리고 육감에 의한 상품의 검사를 필요로 하는 경우의 소액거래에 이용된다.

② 서류인도결제방식

서류인도결제방식(Cash Against Documents, CAD)은 수출자가 상품을 선적 후 이를 증명하는 선적서류를 수입자의 대리인(주로 수출자의 국가에 소재) 또는 거래은행에 제시하여 선적서류와 상환으로 대금을 결제하는 방식이다.

이 방식에서 수출자는 상품을 선적하자마자 운송서류를 국내에 소재하고 있는 수입상의 대리인에게 인도하면서 대금을 받게 되므로 대금회수가 비교적 신속하다.

그리고 대금을 인도받으며 서류를 인도하기 때문에 대금이 안전히 회수되는 시점까지 물품의 소유권을 보유하게 된다. 그러나 문제는 수입자나 그 대리인이 여러 가지를 이유로 들어 대금지급을 지연하거나 거절한다면 이미 선적되어 목적지로 가고 있는 화물을 다시 회수해야 하는 불편이 있다.

수입자는 수출자가 제시하는 서류를 받고 대금을 지급하므로 선적의 확신은 가질 수 있다. 그러나 계약물품이 목적지에 도착한다는 보장이 없고 수출국에 있는 대리인이 자신의 업무를 불성실하게 수행하거나 수출자와 공모하여 선적도 하지 않는 상태에서 대금을 지급하는 경우에는 더 큰 문제가 발생할 수 있다.

(3) 사후송금방식

사후송금방식(later remittance after shipment)은 수출자가 수출대금을 받기 전에 수입자에게 상품이나 선적서류를 발송하고, 수입자는 상품을 수령한 후에 물품대금을 수출자에게 송금하여 결제하는 방식이다.

3. 추심결제방식

1) 의의

추심결제방식은 신용장이 없이 단순히 매매당사자간의 계약에 의거하여 수출자가 상품을 선적한 후 관련서류를 첨부한 화환어음을 수입자에게 제시하면 수입자가 그 어음에 대한 지급 또는 인수를 하여 결제하는 방법이다.

추심결제방식에는 지급인도조건(D/P)과 인수인도조건(D/A)이 있으며 이것을 '역환방식(逆換方式)'이라고도 부른다. 왜냐하면 대금결제는 수입자로부터 수출자에게 이루어지지만 환의 이동방향이 그 반대 방향으로 움직이기 때문이다.

추심결제방식은 송금결제방식에서 문제가 되었던 수입자의 상업위험을 커버할 수 있는 보다 발전된 방식이다. 그러나 이 방식은 신용장방식과 같이 은행이 수출자에게 대금지급을 보장하는 것이 아니라 매매당사자간의 계약에 의하여 대금결제가 이루어지는 순수 외상거래방식이기 때문에 매수인의 신용을 절대적인 조건으로 한다.

그러므로 신용이 두터운 본사와 해외의 자회사간 거래에 주로 이용되지만 최근에는 일반적인 무역거래에서도 그 비중이 점차 높아지고 있다.

2) 종류

무역거래는 거래방법에 따라 신용장에 의한 거래방식과 신용장이 수반되지 않는 무신용장방식으로 크게 구분할 수 있다. 이 무신용장방식 중의 하나가 추심결제방식이며 여기에는 지급인도조건과 인수인도조건이 있다.

(1) 지급인도조건

지급인도조건(Documents against Payment, D/P)은 수출자가 수입자와의 매매계약에 따라 물품을 자신의 책임 하에 선적을 한 후, 관련 서류가 첨부된 일람불환어음(documentary sight bill)을 수입자를 지급인으로 발행하여 자신의 거래은행(추심의뢰은행)에 추심을 의뢰하면, 수출자의 거래은행은 그러한 서류가 첨부된 환어음을 수입자의 거래은행(추심은행)으로 보내어 추심을 의뢰한다.

그러면 수입자의 거래은행은 그 환어음의 지급인인 수입상으로부터 대금을 지급받으며, 서류를 인도하고, 지급받은 대금은 추심을 의뢰하여 온 은행으로 송금하여 결제하는 방법이다. 유의할 점은 추심거래에 참여하는 모든 은행들은 수출자의 단순한 추심대리인으로서 대금의 추심이나 추심의뢰의 업무만을 수행한다는 것이다. 따라서 추심의뢰은행이나 추심은행은 환어음과 선적서류를 심사해야 할 의무가 없다.

(2) 인수인도조건

인수인도조건(Documents against Acceptance, D/A)은 수출자가 물품을 선적한 후, 관련 서류가 첨부된 기한부환어음(documentary usance bill)을 수입자를 지급인으로 발행하여 자신의 거래은행에 추심을 의뢰하면, 수출자의 거래은행은 그러한 서류가 첨부된 환어음을 수입자의 거래은행(추심은행)으로 보내어 추심을 의뢰한다.

그러면 수입자의 거래은행은 그 환어음의 지급인인 수입자로부터 환어음의 인수를 받으며 서류를 인도하고, 환어음의 만기일에 대금을 지급받아 추심을 의뢰하여 온 은행으로 송금하여 결제하는 방법이다.

(3) D/P와 D/A의 차이

D/P와 D/A의 가장 큰 차이는 D/P에서는 수출자가 일람출급 환어음을 발행하는데 비하여, D/A에서는 수출자가 기한부 환어음을 발행함으로써 수입자에게 환어음의 지급만기일만큼 D/P보다 더 오랜 시간동안 신용을 공여한다는 점이다.

3) 추심결제의 당사자

매매계약에 의해 환어음과 선적서류를 추심하는 과정에는 네 당사자 즉, 추심의뢰인, 추심의뢰은행, 추심은행 및 제시은행이 필요하다.

추심결제의 당사자는 아니지만 지급인(drawee)도 있는데 이는 제시은행으로부터 지급 또는 인수 후 만기일에 대금을 지급하는 자, 즉 수입자를 의미한다. 그러나 신용장 거래에서는 환어음의 지급인은 발행은행이 된다는 점에 유의해야 한다.

(1) 추심의뢰인

추심의뢰인(principal)은 계약물품을 선적하고 자신의 거래은행에 추심을 지시하는 자로 매도인인 수출자를 말한다. 추심의뢰인은 추심에 따른 은행수수료와 모든 비용을 부담해야 하며, 추심의뢰서에 그 비용을 지급인으로부터 추심하도록 명시하였더라도 그 지급인이 이를 거절한 때에는 의뢰인인 수출자가 최종적으로 부담해야 한다.

(2) 추심의뢰은행

추심의뢰은행(remitting bank)은 추심의뢰인으로부터 추심을 의뢰받은 수출국의 은행을 말한다. 추심의뢰은행은 추심의뢰인의 대리인의 성격을 가지고 있다.

따라서 추심의뢰은행은 추심의뢰인의 지시를 엄격히 따라야 하며 추심의뢰인의 동의가 없이는 그 지시를 변경할 수 없다.

(3) 추심은행

추심은행(collecting bank)은 추심의뢰은행 이외에 추심과정에 참여하는 은행을 말하는데, 추심의뢰은행이 요청한 추심의뢰서에 따라 지급인에게 추심하여 대금을 송부하는 은행이다. 이 은행은 추심의뢰은행의 대리인이므로 추심의뢰은행의 지시를 엄격히 따라야 하며 추심의뢰서에 기재된 지시에 따를 수 없다면 그 취지를 추심의뢰은행에게 즉시 통지해야 한다.

(4) 제시은행

제시은행(presenting bank)은 수입자인 지급인에게 환어음을 제시하는 수입국의 추심은행을 말하는데, 넓은 의미에서 추심은행에 포함된다. 추심은행이 수입자의 거래은행이 아닌 경우에만 제시은행이 존재한다.

4) 추심결제의 거래절차

(1) D/P방식의 거래절차

① 수출자와 수입자는 D/P방식의 결제조건으로 매매계약을 체결한다.
② 수출자는 매매계약에 일치한 물품을 통관하여 계약에서 합의된 기한 내에 계약상품의 선적을 완료한다.
③ 수출자는 관련서류들이 첨부된 일람불환어음(documentary sight bill)을 수입자를 지급인으로 발행하여 자신의 거래은행에 제시하면서 수입자의 거래은행에 환어음대금을 추심 의뢰하여 줄 것을 요청한다.
④ 수출자로부터 추심 요청을 받은 거래은행(추심의뢰은행)은 추심에 필요한 모든 지시사항을 기재한 추심의뢰서를 작성하여 수출자의 환어음과 선적서류를 첨부한 후 추심은행에 송부하고 수입자 앞으로 추심해 줄 것을 의뢰한다.
⑤ 서류를 접수한 수입자의 거래은행(추심은행)은 추심환어음과 선적서류를 접수하는 즉시 수입자에게 서류가 도착하였다는 통지서를 발송하고 환어음 대금을 지급할 것을 요청한다.
⑥ 은행으로부터 추심을 받은 수입자는 환어음의 지급을 한다. 그러면 수입자로부터 환어음의 지급을 받은 추심은행은 선적서류를 인도해 준다. 그 후 수입자는 선적서류를 가지고 통관절차를 거쳐 운송업자로부터 물품을 수령한다.
⑦ 수입자의 거래은행(추심은행)은 수입자로부터 지급 받은 추심대금을 추심의뢰서에 명기된 대로 추심의뢰은행에게 송금한다.
⑧ 수출자의 거래은행은 수출자에게 대금을 지급한다.

(2) D/A방식의 거래절차

① 수출자와 수입자는 신용장 없이 추심방식(collection), 즉 D/A방식의 결제조건으로 매매계약을 체결한다.

② 수출자는 계약물품을 계약기간 내에 수출통관 및 선적을 완료한다.

③ 수출자는 D/A계약서에서 요구하고 있는 상업송장, 선하증권, 보험서류 등 약정한 서류와 수입자 앞으로 기한부환어음(documentary usance bill)을 수입자를 지급인으로 발행하여 거래외국환은행(추심의뢰은행)에 추심을 의뢰한다.

④ 추심의뢰를 받은 수출자의 거래은행은 추심의뢰서를 작성하여 그 환어음과 관련 서류들을 수입자의 거래은행으로 추심을 위해 송부하여 인수를 요청한다.

⑤ 서류를 접수한 수입자의 거래은행인 추심은행은 수입자에게 운송서류가 도착하였다는 내용의 서류도착을 통지하며 수입자에게 제시한다.

⑥ 서류도착 통지를 받은 수입자는 운송서류에 하자가 없는 경우에 제시된 기한부어음에 'Accepted by ~'라고 배서하는 인수(Acceptance)의 서명표시를 하고 선적서류를 인도받는다.

⑦ 수입자의 거래은행은 수출자의 거래은행에 어음인수 통지서를 송부한다.

⑧ 수입자는 환어음의 만기일이 되면 거래은행에 지급한다.

⑨ 수입지의 거래은행은 수출자의 거래은행으로 대금을 송금한다.

⑩ 수출자의 거래은행은 송금받은 대금을 수출자에게 지급한다.

5) 추심결제의 증가 이유

추심결제방식은 수출대금 결제를 전적으로 수입자의 신용에 의존하기 때문에 수출자 입장에서는 대금회수가 어렵게 될 수도 있다. 그럼에도 불구하고 이 결제방식은 다음과 같은 이유들 때문에 최근 이용이 증가하고 있다.

첫째, 신용장거래는 신용장 발행수수료 등 수수료와 비용이 많이 소요되는데 반해 추심결제는 이러한 비용부담이 없다. 수입자로서는 이러한 각종 수수료의 절감 외에도 신용장 발행은행의 채권보전 조치에 따른 담보제공 부담에서도 벗어날 수 있다.

둘째, 세계무역시장은 경쟁이 격화됨에 따라 판매자 시장(seller's market)에서 구매자 시장(buyer's market)으로 전환되고 있다. 즉, 수출상품이 Buyer's Market인 경우 수출자는 수입자에게 유리하도록 외상조건인 추심결제조건을 제시함으로써 거래처를 계속 확보하는 등 수출경쟁 전략으로 추심결제방식을 이용하고 있다.

셋째, 오늘날에는 기업의 국제화로 많은 기업들이 세계 각지에 지사나 현지법인을 설치하고 있어 신용을 바탕으로 한 본·지사간의 무역거래가 증가되고 있다.

제3절 물품의 확보와 수출입통관

1. 수출물품의 확보

1) 수출물품 확보의 의의

무역절차상 수출신용장을 수취하고 난 후, 승인을 받아야 하는 품목의 경우 해당기관의 장의 수출승인을 받았으면 다음 절차는 수출물품의 확보이다. 수출물품의 확보는 무역계약의 차질 없는 이행을 위해 반드시 이루어져야 하는 필수과정이다.

2) 수출물품의 확보방법과 혜택

수출물품을 확보하는 방법에는 자가 생산설비나 공장의 유무에 따라 수출물품을 수출자의 자가 공장에서 직접 제조나 생산하는 방법과 수출물품 자체를 국내에서 구매하는 방법 및 외국에서 수입하는 방법이 있다.

또한 수출물품을 제조나 생산하기 위해서는 그 물품의 생산에 소요되는 원료를 확보하여야 하는데, 그 원료를 확보하는 방법도 국내에서 원료를 구매하는 방법과 외국에서 원료를 수입하는 방법이 있다.

우리나라는 수출을 진흥하기 위해 수출물품을 제조하거나 가공하는데 소요되는 원료의 조달은 내수용에 비해 금융과 세제상 다양한 혜택을 부여하고 있다.

그림 11-2 수출물품의 확보방법

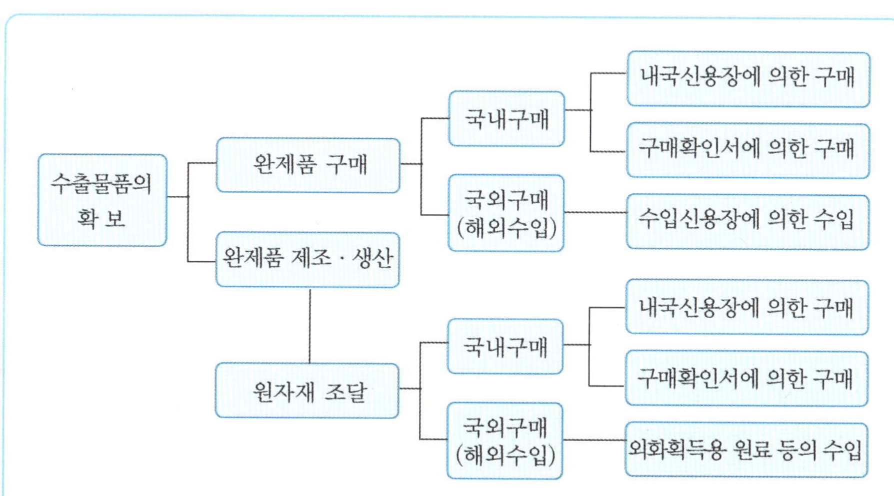

3) 외화획득용 완제품 및 원재료의 국내구매

수출용 완제품이나 소요되는 원재료를 국내에서 구매하는 방법에는 내국신용장에 의한 구매방법과 구매확인서에 의한 구매방법이 있다. 전자는 무역금융 관련 규정에 따른 구매방법이고, 후자는 대외무역법령에 따른 구매방법이다.

따라서 국내에서 외화획득용 완제품이나 원료를 구매하고자 하는 자는 외국환은행의 장 또는 전자무역기반사업자에게 내국신용장의 발행을 의뢰하거나 구매확인서의 발급을 신청할 수 있다.

(1) 내국신용장에 의한 구매

① 내국신용장의 정의

내국신용장(Local L/C)은 원수출신용장(Master L/C)의 수익자(수출자)가 국내의 상품공급자나 제조업자로부터 물품을 구입하여 수출을 이행하고자 할 때, 자신에게 내도된 원수출신용장을 담보로 상품의 공급자나 제조업자를 수익자로 하여 또 하나의 신용장을 발행할 경우 그 제2의 신용장을 말한다.

내국신용장으로 물품을 공급하는 공급업자나 제조업자는 내국신용장 발행은행의 지급확약을 보장받기 때문에, 안심하고 물품을 공급할 수 있는 장점 이외에도 무역 관련 법령에 따라 공급분에 대해 법인세와 물품세의 감면이나 면제, 무역금융의 혜택, 수출실적의 인정 등 많은 편익을 누릴 수 있다.

② 내국신용장의 이점

㉠ 발행의뢰인(수출자)

내국신용장은 은행이 공급대금의 지급을 보증하는 것이기 때문에 수출자는 내국신용장을 통해 수출용 원자재나 수출용 완제품을 간편하고 원활하게 조달할 수 있다.

㉡ 수혜자(공급자)

내국신용장은 수출자(발행의뢰인)의 거래은행이 그 공급대금의 지급을 보증한 것이므로 물품이나 원자재를 공급하는 업자 입장에서는 대금회수의 확실성이 보장된다.

또한 법에서는 내국신용장에 의해 물품을 인수하고 물품수령증명서를 정당한 사유없이 10일을 초과하여 지연 발급하는 경우에는 일정한 제재를 가하고 있기 때문에 중소공급업자는 물품대금의 적기 회수를 보장받게 된다.

그리고 수취한 내국신용장을 근거로 공급물품을 제조·가공하는데 필요한 자금을 지원받을 수도 있고 관세환급도 받을 수 있다. 게다가 내국신용장에 의한 공급실적은 대외무역법상 수출실적으로 인정되고 부가가치세 영세율의 적용대상이 된다.

(2) 구매확인서에 의한 구매

① 구매확인서의 의의

구매확인서는 물품구매자가 국내에서 구매하는 원자재(또는 완제품)가 수출물품을 생산하는데 사용되는 수출용 원자재(또는 완제품)라는 사실을 외국환은행 또는 전자무역기반사업자가 증명하는 서류를 말한다. 이것은 내국신용장 발행이 어려운 상황에 수출용 원자재나 완제품의 구매를 원활히 하기 위해 발행한다.

② 내국신용장과 구매확인서의 비교

내국신용장은 은행이 대금지급을 보장하는데 반해, 구매확인서는 대금지급의 문제는 거래당사자간의 계약에 의한 것으로 은행이 대금지급을 보장하지 않는다.

또한 내국신용장은 무역금융의 융자대상이 되는데 반해, 구매확인서는 무역금융의 융자대상이 되지 않는다.

그러나 두 제도의 공통점은 수출용 원자재나 완제품의 국내구매에 사용되고, 공급자의 수출실적으로 인정되며 부가가치세 영세율의 적용대상이 된다는 점이다.

| 표 11-1 | 내국신용장과 구매확인서 비교

구 분	내국신용장	구매확인서
관련 법규	무역금융관련규정(한국은행 총액한도 대출관련 무역금융취급세칙 및 절차)	대외무역법
발행(발급) 기 관	외국환은행	좌 동
수출실적	공급업체의 수출실적 인정	좌 동
부 가 세	영세율 적용	좌 동
지급 확약	발행은행이 지급확약	발급은행의 지급확약 없음
발행(발급) 조 건	원자재금융 한도 내에서 발행 (무역금융 수혜대상)	제한 없이 발급(발급근거 확인) (무역금융 수혜대상 아님)
발행(발급) 근 거	1. 수출신용장 2. 수출계약서(D/P, D/A등) 3. 외화표시 물품공급계약서 4. 외화표시건설, 용역공급계약서 5. 내국신용장 6. 당해 업체의 과거 수출실적	1. 수출신용장 2. 수출계약서(D/P, D/A 등) 3. 외화매입(예치)증명서 4. 내국신용장 5. 구매확인서 6. 수출신고필증 7. 외화획득에 제공되는 물품 등을 생산하기 위한 것임을 입증할 수 있는 서류
발행제한	차수 제한 없이 순차적으로 발급 가능	좌 동

4) 외화획득용 원료와 기재의 수입

(1) 개요와 지원정책

① 개요

외화획득용 원료와 기재(이하 원료 등)란 외화획득용 원료와 시설기재, 외화획득용 제품, 외화획득용 용역 및 외화획득용 전자적 형태의 무체물을 말한다.

여기에서 외화획득용 원료는 외화획득에 제공되는 물품과 용역, 전자적 형태의 무체물을 생산(제조, 가공, 수리, 재생, 개조 포함)하는데 필요한 원자재, 부자재, 부품 및 구성품을 말한다.

외화획득용 시설기재는 외화획득에 제공되는 물품 등을 생산하는 데에 사용되는 시설, 기계, 장치, 부품 및 구성품(물품 등의 하자를 보수하거나 물품 등을 유지하고 보수하는데 필요한 부품 및 구성품을 포함)을 말한다.

외화획득용 제품은 수입한 후 생산과정을 거치지 아니한 상태로 외화획득에 제공되는 물품 등을 말한다. (주)한국관광용품센터가 수입하는 식자재와 부대용품, 항만운송사업법에 따라 수입물품 공급업의 등록을 하고 세관장에 등록한 자(수입물품 공급업자)가 수입하는 선용품 및 군납업자가 수입하는 군납용 물품이 여기에 해당한다.

② 지원정책

우리나라는 수출물품 생산에 제공되는 원료 등에 대해서는 최대한 부담을 줄여주고 있다. 즉, 우리 수출상품의 국제경쟁력을 제고시키기 위한 정책수단으로서 외화획득용 원료 등의 조달에 대하여는 내수용과 비교하여 상역, 금융, 세제상 지원하는 정책을 유지해 오고 있다.

외화획득용 원료 등에 대한 각종 지원제도는 대응수출 등 외화획득 행위를 전제로 부여하기 때문에 대응수출 등 외화획득 행위가 이루어졌는지 여부에 대한 사후관리가 이루어지고 있다.

㉠ 수출입공고 등 적용배제

물품의 수출입은 수출입공고 등에 따라 수출입이 제한된다. 그러나 외화획득용 원료 등은 그 원료를 사용하여 제조·가공되는 물품이 수출된다는 점에서 수출입공고 등의 수입금지나 제한규정에도 불구하고 수입이 가능하도록 하고 있다.

㉡ 무역금융지원

수출물품의 제조나 가공에 소요되는 자금부담을 완화하기 위해 수출용 원자재의 수입이나 국내구매에 필요한 자금은 무역금융의 수혜를 받을 수 있도록 하고 있다.

2. 무역금융제도

1) 무역금융의 의의와 특징

(1) 의의

넓은 의미에서 무역금융은 무역거래와 관련하여 필요한 자금을 융통하거나 금융기관이 이를 지급하는 행위까지를 포함한다.

그러나 좁은 의미에서 무역금융은 무역업체가 이용할 수 있는 일반수출입금융 즉, 물품의 수출을 촉진하기 위해 직수출자 및 수출용 완제품과 수출용 원자재 생산자를 지원대상으로 하여 수출상품의 제조나 가공 등에 필요한 자금을 낮은 금리로 지원하는 정책금융을 말한다. 즉, 외국환은행이 수출업체에게 수출물품의 생산, 원자재 및 완제품 구매에 필요한 자금을 원화로 대출하는 단기 수출금융지원 제도가 무역금융이다.

다시 말하여 수출업체가 외국에서 일정 규모의 주문을 받아오면 이를 근거로 상품생산에 필요한 원자재나 완제품 구입자금 등을 국내의 거래은행이 낮은 이자로 빌려주는 제도가 금융무역이다.

(2) 특징

첫째, 무역금융은 수출을 지원하기 위한 금융이다. 수출물품의 생산 등에 필요한 수출업체 등의 소요자금을 적기에 지원함으로써 수출물품을 공급할 수 있게 한다.

둘째, 무역금융은 총액 대출방식에 의해 지원되며, 금리면에서 우대한다.

무역금융은 한국은행의 자금지원을 금융통화 운영위원회가 정한 총액 범위 내에서 금융기관별로 사전에 포괄적으로 배정하여 지원한다. 또한 무역금융은 일반 대출자금과 비교하여 금리에서 우대하고 있다.

셋째, 무역금융은 생산자금, 원자재 금융 등으로 구분하여 각 자금의 소요시기에 맞추어 지원함으로써 불필요한 금융지원과 중복금융을 방지하고 있다.

넷째, 내국신용장제도를 운용한다. 무역금융은 내국신용장이라는 독특한 제도를 이용하여 직수출자뿐만 아니라 국내의 수출용원자재 공급자도 무역금융을 수혜할 수 있도록 하고 있다.

2) 무역금융의 범위와 구분

(1) 범위

무역금융은 금융기관이 취급하는 원화 대출인데 금융기관의 신용정보 교환 및 관리 규약에 따라 적색 거래처로 분류된 기업체의 대출은 무역금융에 포함되지 않는다.

(2) 구분

무역금융은 자금용도에 따라 구분(용도별 금융)하거나 자금용도의 구분없이 일괄하여 지원(포괄금융)할 수 있다. 용도별 금융은 다음과 같이 구분된다.

첫째, 생산자금이다. 이것은 국내에서 수출용 원자재나 완제품을 제조·가공하거나 개발하는데 소요되는 자금을 말한다.

둘째, 원자재자금이다. 이것은 수출용 원자재를 해외로부터 수입하거나 내국신용장에 의하여 구매하는 데 소요되는 자금을 말한다.

셋째, 완제품 구매자금이다. 이것은 국내에서 생산된 수출용 완제품을 내국신용장에 의하여 구매하는데 소요되는 자금을 말한다.

한편, 포괄금융은 상대적으로 규모가 작은 기업에게는 자금용도를 구분하지 않고 수출신용장 금액의 일정비율 또는 과거 수출실적의 일정비율 상당액에 대해 일괄적으로 현금으로 융자하는 방식의 금융을 말한다.

즉, 복잡한 무역금융제도의 활용을 위한 전문인력이 없는 중소업체를 위하여 자금용도의 구분 없이 수출신용장 등의 금액 또는 과거 수출실적에 소정 융자단가를 곱한 금액을 일괄적으로 현금 융자함으로써 중소업체를 지원하고자 하는 제도이다.

대상업체는 융자한도의 결정 등 무역금융의 종합관리를 담당할 주거래은행을 선정하고 주거래 외국환은행은 대상업체를 선정하여 매년 자격여부를 재심사한다.

3) 무역금융의 융자대상과 방법

(1) 융자대상

무역금융은 직수출자(㉠ 수출신용장, D/P 또는 D/A, 그밖에 수출관련 계약서에 따라 물품 및 용역을 수출하고자 하는 기업 ㉡ 내국신용장 또는 구매확인서에 의해 수출용 원자재 또는 완제품을 제조, 가공하여 공급하고자 하는 기업 ㉢ 신용장이나 내국신용장에 의한 수출실적 보유기업으로 과거 수출실적을 기준으로 융자를 받고자 하는 기업)뿐만 아니라 수출용 원자재나 완제품을 국내에서 공급하거나 제조하는 업체들도 융자를 받을 수 있다.

(2) 방법

무역금융은 자금별(포괄금융의 경우에는 업체별)로 당해 업체가 보유한 수출신용장, 수출계약서 및 내국신용장 등을 기준으로 지원(신용장기준 금융)하거나 그 업체의 과거 수출실적을 기준으로 지원(실적기준 금융)할 수 있다. 전자는 수출신용장 등의 건별로 관리되므로 취급이 불편하나 후자는 융자대상 증빙제출이 불필요하여 취급이 편리하다.

3. 수출통관제도

1) 수출통관의 의의

수출하고자 하는 자는 세관의 수출통관절차를 밟아야 한다. 따라서 물품을 수출하고자 하는 자는 그 물품을 적재하기 전까지 그 물품의 소재지 관할세관장에게 수출신고를 하고 신고수리를 받아야 한다.

수출신고는 EDI방식 또는 인터넷을 통한 신고방식으로 신속하게 진행할 수 있다. 수출물품의 검사는 원칙적으로 생략하고 있으나, 우범기준에 따른 전산 선별 발췌검사 등 필요한 경우에는 예외적으로 실시하고 있다. 수출신고가 수리된 물품은 수출신고 수리일로부터 30일 이내에 우리나라와 외국을 왕래하는 운송수단에 적재해야 한다. 다만 최대 1년 이내 범위에서 적재기간 연장이 가능하다.

2) 수출통관절차

(1) 의의

수출통관절차는 수출하고자 하는 물품을 세관에 수출신고를 한 후 신고수리를 받아 우리나라와 외국 간을 왕래하는 운송수단에 물품을 적재하기까지의 절차를 말한다.

(2) 수출신고

수출신고는 수출물품의 소유자(화주)나 수출입통관을 전문으로 하는 국가공인자격인(관세사, 관세법인 및 통관취급법인)이 수출통관 EDI 시스템을 사용하거나 수출신고지원센터의 전산설비를 이용하여 전자문서로 수출신고서를 작성하여 관세청 통관시스템(UNI-PASS)에 전송하면 된다.

(3) 신고인과 수출심사

① 신고인

수출신고는 통관업무에 대해 전문지식을 가지고 있는 관세사, 관세법인, 통관취급법인 또는 하주의 명의로 해야 한다.

② 수출심사

수출하고자 하는 물품의 신고서류에 대해 심사담당 세관공무원은 종이서류 제출대상은 신고서류와 신고화면을 검토하여 대외무역법령 및 기타 법령에 의한 조건의 구비여부, 물품분류의 정확성, 기타 수출물품 통관을 위한 필요한 사항 등을 심사한다.

전자서류에 의한 수출신고를 접수·처리하는 세관공무원은 매 30분 간격으로 단말기를 조회하여 전송된 신고화면을 검토한 후 수출물품에 대한 품목분류의 정확성 등을 심사한다. 만일 종이서류에 의한 심사 또는 물품검사가 필요하다고 판단되는 경우에는 종이서류의 제출을 요구할 수 있다.

(4) 수출신고서의 작성 및 수리

수출신고된 물품에 대한 신고서의 처리방법은 시스템에 의한 자동수리, 세관직원에 의한 심사 후 수리, 세관직원에 의한 검사 후 수리 등 3가지가 있다. 세관장은 수출신고를 수리한 때 수출신고필증을 교부해야 한다.

① 자동수리

자동수리는 검사대상이나 서류제출 대상이 아닌 물품으로서 별도의 물품검사나 심사절차 없이 수출통관시스템에 의하여 자동으로 수리되는 것을 말한다.

검사대상이나 서류제출대상이 아닌 물품은 수출통관시스템에서 자동수리 된다.

② 심사 후 수리

심사 후 수리는 자동수리대상이 아닌 물품 중 검사가 생략되는 물품에 대해 세관원이 컴퓨터 화면을 통하여 ㉮ 신고내용은 수출신고서 작성요령에 따라 정확하게 작성하였는가? ㉯ 서류제출 대상물품은 아닌가? ㉰ 수출신고한 물품의 세번(HS)은 정확한가? ㉱ 기타 필요한 사항 등의 형식적인 요건을 심사한 후 즉시 수리하는 것을 말한다. 현재 수행되고 있는 대부분의 수출신고가 이 방법에 의해 처리되고 있다.

③ 검사 후 수리

검사 후 수리는 수출물품은 검사를 생략하는 것이 원칙이지만 수출시 현품의 확인이 필요한 경우와 우범물품으로 선별된 물품 중에서 세관장이 검사가 필요하다고 판단한 물품은 실제로 검사한 이후 수출신고를 수리하는 것을 말한다.

(5) 수출물품의 검사

수출물품에 대한 검사는 ① 서류제출 대상물품인 경우 ② 위조 상품의 수출 등 지적재산권 침해우려가 있는 경우 ③ 관세환급과 관련하여 위장수출의 우려가 있는 경우 ④ 분석을 요하는 물품의 경우를 제외하고, 원칙적으로 생략한다.

검사는 해당 물품이 장치되어 있는 장소에서 이행하되, 부정수출이나 부정환급 등 우범성이 있는 경우에는 물품을 보세구역에 반입하여 검사할 수 있도록 하고 있다.

(6) 수출신고서의 수리

수출신고물품에 대해 수출신고를 수리하면 세관장은 수출신고인에게 수출신고필증을 교부하게 된다.

세관장은 수출신고한 물품이 종이서류 제출대상으로서 검사생략인 경우에는 신고사항 및 관계신고서류에 이상이 없는 때에 심사 후 즉시 수리하고, 검사대상인 경우에는 물품검사 결과 신고사항과 현물이 일치하는 등 이상이 없는 때에 수리한다.

전자서류에 의한 수출신고 물품은 전산화면을 심사하여 신고사항에 이상이 없는 경우 즉시 수리한다.

(7) 수출신고필증의 교부

세관장은 신고서류가 제출된 경우 신고를 수리하는 경우에는 수출신고 수리인과 신고서 처리 담당자의 인장을 날인한 수출신고필증을 신고인에게 교부해야 한다.

만일 신고인이나 수출화주에게 교부된 수출신고필증이 통관시스템에 보관된 전자문서의 내용과 상이한 경우에는 통관시스템에 보관된 전자문서의 내용을 원본으로 한다.

(8) 수출신고의 정정 및 취소

수출신고번호가 부여된 후 신고내용을 정정하고자 할 때에는 수출신고 정정승인 신청서를 세관장에게 제출하여 승인을 받아야 한다.

3) 수출신고물품의 적재

(1) 의의

수출신고가 수리된 물품은 수출신고 수리일로부터 30일 이내에 우리나라와 외국간을 왕래하는 운송수단에 적재해야 한다. 그러므로 수출신고가 수리되었더라도 적재되지 않는 물품은 수출로 인정받을 수 없다.

관세청은 수출신고가 수리된 물품의 적재관리를 위하여 수출화물 EDI시스템과 수출통관시스템을 연계하여 활용하고 있으며, 수출물품에 대한 관세환급도 수출물품의 적재사실이 확인되어야 가능하도록 하고 있다.

(2) 적재기간의 연장 등

수출신고가 수리된 물품의 적재가 불가피하게 연장되어야 할 사유가 발생한 경우, 수출자는 적재기간 내에 세관장에게 적재기간 연장승인 신청서를 제출하여 승인을 받고 적재기간을 연장할 수 있다.

4. 수입통관제도

1) 수입통관의 의의

수입통관은 수입하고자 하는 자가 세관장에게 수입신고를 하면 세관장은 수입신고가 법령에 따라 적법하게 이루어진 경우에 이를 신고수리하고 신고인에게 수입신고필증을 교부하여 수입물품이 반출될 수 있도록 하는 일련의 과정을 말한다.

즉, 수입통관은 수입신고수리를 의미하는 것으로 수입신고를 받은 세관장이 신고사항을 확인하여 일정한 요건을 갖추었을 때 신고인에게 수입을 허용하는 것이다.

2) 수입통관절차

(1) 수신고의 시기와 신고인

① 수입신고의 의의

수입신고는 외국으로부터 물품을 수입하겠다는 최초의 의사를 세관장에게 표하는 것을 말한다. 수입신고를 하면 적용법령, 과세물건, 납세의무자가 확정된다.

② 수입신고의 시기

수입신고는 우리나라에 수입물품이 도착되기 전, 물품이 적재된 선박(항공기)이 도착된 이후, 보세구역 도착 전, 보세구역 도착 후 등 수입자(하주)가 수입물품의 신속통관과 물류비용 등을 고려하여 어떠한 시점에서도 가능하다.

수입신고시 물품을 어디에 두고 신고하느냐에 따라 출항 전 신고, 입항 전 신고, 보세구역 도착 전 신고, 보세구역 장치 후 신고 등으로 구분된다.

③ 전자서류에 의한 신고

관세청은 수입통관절차의 간소화와 수입물품에 대한 물류흐름을 빠르게 하여 업체의 물류비용을 절감하기 위해 수입물품에 대해 서류제출이 필요 없는 P/L(Paperless) 신고제도를 시행하고 있다.

④ 수입신고인

수입신고는 통관업무에 대해 전문지식을 가지고 있는 관세사, 관세법인, 통관취급법인 또는 수입화주가 직접 자기명의로 할 수 있다. 관세사는 관세사법에 따라 타인으로부터 통관의 위임을 받아 수입신고를 할 수 있도록 자격을 부여받은 전문가로 영업형태에 따라 개인관세사, 합동관세사, 관세법인, 통관취급법인으로 구분된다.

(2) 수입신고서의 기재와 제출서류

수입신고시에는 ① 품명, 규격, 수량, 가격 ② 포장의 개수 ③ 선적지 ④ 원산지 표시 ⑤ 통관고유번호 등이 기재된 수입신고서를 세관장에게 제출해야 한다.

(3) 수입물품의 검사

수입물품의 검사는 수입신고된 물품이 수입신고사항과 일치하는지와 관련 법규에서 정한 규정을 위반하는지 여부 등을 현품검사를 통해 확인하는 것을 말한다.

세관에 수입물품에 대한 신고를 하면 세관에서는 신고서의 형식적 요건과 법률적 수입요건, 신고시 제출서류 여부만 확인하고 신고를 수리하는 것이 원칙이다.

(4) 수입신고수리

① 수입신고수리의 의의

수입신고수리는 수입자가 신고한 내역에 대해 세관에서 이를 적법하고 정당하게 이루어졌다고 인정하여 통관을 허용하는 행위이다.

신고인이 신고필증을 교부받는 것으로 신고수리가 이루어진 것으로 간주하며, 수입신고수리가 된 물품은 내국물품이 되어 보세구역(창고)에서 반출할 수 있다.

② 수입신고필증의 교부

세관장은 수입신고를 수리한 때에는 수입신고서에 '수입신고 수리인'과 신고서 처리담당자의 인장을 날인한 후 이를 교부한다. 이때 교부한 신고필증과 통관시스템에 보관된 신고자료가 상이한 경우에는 통관시스템에 보관된 전자문서의 내용을 원본으로 하고 있다. 수입신고필증은 신고 후 5년간 보관해야 한다.

(5) 관세 및 제세납부

① 관세 등 징수결정 및 세액산출

관세액을 결정하는 방식에는 납세의무자가 스스로 관세액을 결정하여 세관장에게 신고하고 그 세액을 납부하는 신고납부 방식과 세관장이 납부세액을 결정하여 고지(告知)하면 납세의무자가 고지된 금액을 납부하는 부과고지 방식이 있다.

② 관세 등 납부

관세 등 납부는 관세사 사무실에서 납부서를 출력하여 수입자(납세의무자)가 편리한 국고수납 대리점인 금융기관에 납부하면 된다.

제4절 국제운송과 해상보험

1. 무역거래에서 국제운송과 해상보험

1) 국제운송과 해상운송

무역거래에서 매도인의 가장 중요한 의무는 약정물품을 인도하는 것인데 이러한 의무가 원만하게 이행하기 위해서는 국제운송이 반드시 필요하다.

수출입 하주들은 상품의 종류나 특성, 운송거리와 시간, 운송비, 운송의 안정성, 무역조건 등을 종합적으로 검토한 후에 적합한 국제운송의 형태를 선택하게 된다.

그런데 전 세계 교역량의 80% 이상이 바다를 통한 해상운송으로 이루어지고 있으며, 지형적으로 삼면이 바다로 둘러싸여 있는 우리나라의 경우도 물량을 기준으로 수출입화물의 99.7%를 해상운송에 의존하고 있다.

이와 같이 수출입물류의 흐름에서 해상운송의 역할은 참으로 막대하므로 국제운송은 결국 해상운송이 핵심을 이루고 있다.

국제무역환경이 변화되고 정보와 과학기술이 발달함에 따라 국제운송의 흐름이나 내용들도 변화되고 있기 때문에 이 분야를 연구하는 학생들이나 실무담당자들은 변화하는 시대에 적합한 국제운송을 체계적으로 이해하는 것이 필요하다.

2) 해상운송과 해상보험

무역거래가 원활하게 이루어지기 위해서는 운송인과 운송계약이 체결되어야 할 뿐 아니라 화물이 매수인에게 인도될 때까지의 운송 도중에 발생할 수 있는 예기치 못한 여러 가지 위험에 대비하여 보험계약도 체결되어야 한다.

만일 운송인이 운송 도중에 발생한 화물의 손해를 하주에게 전액을 배상해 준다면 하주가 별도로 보험자와 보험계약을 체결할 필요는 없을 것이다.

그러나 운송계약에 따른 운송인의 책임은 여러 이유로 제한되어 있고 해상사고에 대한 대부분의 책임들은 운송인의 면책위험이 되기 때문에 별도로 보험계약을 체결하는 것이 필요하다. 즉, 운송인의 책임에는 한도가 있고, 더욱이 불가항력이나 법률 또는 특약에 의해 면책되는 손해는 운송인에게 책임이 없기 때문에 보상을 받을 수가 없다.

그러므로 이러한 위험은 결국 하주가 부담해야 하는데 이들 하주가 부담하는 위험들은 해상보험으로 보상하고 있다. 해상보험은 항해에 따르는 사고로 인하여 생긴 손해를 보상하는 손해보험의 일종으로 적하보험과 선박보험으로 구분된다.

2. 국제운송의 형태

1) 의의

국제운송이란 물품이 생산된 장소와 수요가 있는 장소 사이에 존재하는 공간적 거리를 사이에 두고 물품을 국제적으로 이동시키는 행위를 말한다.

국제운송의 구체적인 실현은 수출절차와 수입절차의 이행을 통해 이루어진다.

2) 형태

(1) 해상운송

해상운송은 선박으로 바다를 통하여 화물을 국제적으로 운송하는 방식이다. 해상운송은 운송공간인 '바다', 운송수단인 '선박', 그리고 운송대상인 '화물'이 핵심을 이룬다.

해상운송은 대량화물이나 운송이 급박하지 않은 화물, 상품가격에 비해 고액의 운임을 부담할 수 없는 저렴한 운임으로 운송하고자 하는 경우에 주로 이용된다.

해상에서 운항하는 선박의 형태는 일반적으로 운송경로와 운임이 미리 정해져 있는 정기선(liner)과 운송수요에 따라 운행되는 부정기선(tramper)이 있다.

정기선의 대부분은 컨테이너선(container ship)이다. 화물의 컨테이너화는 하역작업을 신속히 처리함으로써 정기선 운행스케줄을 계획대로 진행시키게 한다.

(2) 항공운송

항공운송(air transport)은 항공기로 공로를 통하여 화물을 운송하는 방식이다. 항공운송은 주로 긴급화물, 소량화물, 고부가가치의 제품, 신선도 유지가 필요한 활어, 어패류, 꽃 등을 운송하며 운송시간의 단축과 긴급성에 대처할 수 있는 것이 특징이다.

(3) 육상운송

육상운송(overland transport)은 철도나 자동차를 통하여 육로로 화물을 운송하는 방식이다. 철도운송은 안전하고 운임이 저렴하나 고정비가 많이 소요된다. 자동차 운송은 운송의 시작과 도착을 마감하는 운송수단으로 주로 이용된다.

(4) 복합운송

복합운송(multimodal transport)은 두 가지 이상의 운송수단의 결합을 통해 단일의 복합운송인이 복합운송계약으로 복합운송서류를 발행하여 전 운송과정에 대해 하주에게 단일책임으로 운송하는 방식이다.

3. 해상운송의 형태와 운송계약

1) 정기선의 의의와 특징

정기선(liner)이란 사전에 정해진 항로와 일정 및 운임률표에 따라 정기적으로 반복 운항하는 선박을 말한다. 정기선은 공표된 운항일정에 따라 정해진 항로만을 운항하며 불특정 다수 하주의 소량화물을 주로 운송한다.

장거리 수송에 적합하며 해운동맹(shipping conference)이 맺어진 구간의 경우는 선사마다 운임에 있어 평등한 서비스를 하주들에게 제공하고 있다.

2) 정기선과 개품운송계약

정기선은 개개의 화물을 운송하는 계약하에 여러 하주들로부터 화물을 모아 혼합 적재하여 운송하는 방식을 취한다. 이것을 '개품운송계약'이라고 한다.

개품운송계약은 선사와 화물의 운송을 의뢰하는 송하인 사이에 맺어지는 계약을 말하며 이것은 일정한 형식을 필요로 하지 않는 불요식계약이다.

개품운송계약은 송하인이 선사 등이 발행한 배선표를 검토하여 적당한 선박을 선정한 다음, 선사에 선복을 신청(shipping request)하고 선사가 이를 승낙함으로써 성립된다. 그 운송계약의 증거로서 선복예약서(booking note)가 교부된다.

정기선로에 취항하는 정기선 운송의 대부분은 개품운송계약의 형태를 취하고 있으며 선박은 정기선이나 컨테이너선이 이용되고 있다.

정기선에서 운임은 기본운임과 화물의 형상과 항만사정, 화물의 특수성, 항해여건 등에 따라 부과되는 할증료(surcharge) 및 추가비용으로 구성된다.

3) 부정기선과 용선운송계약

(1) 부정기선의 의의와 특징

부정기선(tramper)이란 운송서비스가 불규칙적이고 운항기일이나 항로가 일정하지 않으며, 대량 하주 측의 요구에 따라 그 화물과 항로에 가장 적합한 적출항에 배선되어 대량의 화물(bulk cargo)을 운송하는 선박의 형태를 말한다.

정기선이 주로 제품, 잡화 등 일반화물의 수출입에 이용되는데 비해, 부정기선은 주로 광석, 석탄, 곡류, 목재 등 1회의 화물이 대량인 화물을 운송하는데 이용된다.

부정기선은 고정된 운항일정과 항로가 없기 때문에 항로의 자유선택이 가능하며, 그 당시의 수요와 공급에 의한 경쟁으로 운임이 결정되므로 운임이 탄력적이다.

(2) 부정기선과 용선운송계약

부정기선에서는 하주가 선사와 직접 또는 용선중개인(chartering broker)을 통해 선복의 일부나 전부를 용선하는 용선운송계약(Charter Party, C/P)을 체결하고 용선계약서를 교부 받는다.

용선운송계약은 선주(용선주)가 제공한 선박의 전부나 일부의 선복에 의해 화물을 운송할 것을 약정하고 그 보수로 용선료를 지급할 것을 약속하는 계약이다.

용선운송계약은 일부용선계약과 전부용선계약으로 구별된다. 전부용선계약은 다시 항해용선계약, 기간용선계약 및 나용선 계약으로 구분된다.

① 일부용선계약

일부용선계약(partial charter)은 용선운송계약을 체결할 때 선복의 전부를 빌리는 것이 아니라 일부만 차용하는 경우에 체결되는 계약이다.

② 전부용선계약

전부용선계약(whole charter)은 선복의 전부를 빌리는 경우에 체결되는 용선운송계약이다. 전부용선계약은 다음의 종류들이 있다.

㉠ 항해용선계약

항해 혹은 항로용선계약(voyage or trip charter)은 일정 항구에서 일정 항구까지 화물의 운송을 의뢰하는 하주(용선자)와 선사간에 체결되는 용선계약이다.

이 계약에서 적재 수량에 따라 운임을 계산하는 방식을 운임용선계약이라고 하며, 적량과는 관계없이 항해에 대한 운임을 포괄적으로 약정하는 선복운임에 의한 방식을 선복 또는 총괄용선계약(lump-sum charter)이라고 한다.

㉡ 기간용선계약

기간 혹은 정기용선계약(time charter)은 용선자가 선주로부터 일정기간 동안 용선하는 계약이다.

㉢ 나용선 계약

나용선 계약(bareboat charter)은 선주(임대인)가 선박만을 일정기간 용선자에게 대여하고 임차인인 용선자가 선장과 선원의 임명, 지휘, 감독을 담당함으로써 선박을 점유하는 계약이다. 이 계약은 주로 당사자간에 특별한 관계가 존재하거나 선주가 용선자의 운항능력, 관리능력 및 경험 등에 대하여 믿을 수 있는 경우에 체결된다.

나용선 계약은 '선박의 임대차 계약(demise charter)'이라고도 한다.

4. 해상운송의 선적과 인수절차

1) 재래식운송의 선적절차

(1) 운송계약의 체결

송하인은 하주가 출항 예정표를 선사로부터 입수하여 선사에 선적요청서(S/R)을 제출하고 선사가 이를 승낙하여 인수확약서(booking note)를 교부하면 운송계약이 체결된다.

(2) 선적지시서 교부

선사는 하주의 선복신청을 승낙한 후 선복장부(shipping book)에 기입하고 이를 토대로 선적지시서(Shipping Order, S/O)를 교부한다.

(3) 수출화물의 검량과 검수

화물이 소재장소에서 출하되어 부두장치장에 반입되면 검척인(measurer)과 검량인(weighter)의 검척과 검량을 받는다. 또한 개개의 화물의 용적과 중량을 계량하여 용적 및 중량표를 작성한다. 이것은 운임산정에 꼭 필요한 절차이다.

(4) 본선에 적재

물품이 선적항에 도착하면 선사는 제시된 수출신고필증의 진위를 확인한 뒤, 수출물품을 본선에 적재한다. 본선에서는 검수인의 입회하에 화물의 수량과 상태를 조사하여 검수표(tally sheet)를 작성하여 일등항해사에게 보고한다.

(5) 본선수취증의 입수

물품이 본선에 반입되면 선박의 운항책임자인 일등항해사(chief mate)는 선사가 발급한 S/O의 내용을 대조하여 화물을 수취한 다음 적재한다. 이때 화물을 수취한 증거로 일등항해사가 발행하는 수취증을 본선수취증(Mate's Receipt, M/R)이라고 한다.

(6) 선하증권의 발급 및 입수

송하인은 발급받은 본선수취증을 선사에 제출하면 선사는 이와 상환으로 송하인에게 선하증권(Bill of Lading, B/L)을 발급해 준다.

(7) 매입을 위한 서류정비

계약물품의 선적 이후 선사로부터 B/L을 입수하면 신용장결제의 경우 수출자는 신용장에서 요구하는 서류들을 정비하여 매입을 준비하게 된다.

2) 재래식운송의 인수절차

(1) 수입화물의 선적통지 수령

수출하주는 화물을 선적하면 즉시 전신으로 그 사실을 수입자에게 알려주기 위해 선적통지서를 발송한다. 이 통지서를 수령한 수입자는 선사나 그 대리점에게 조회하여 본선의 입항날짜 등을 확인한다.

(2) 본선도착 및 선사의 화물인수 요청

본선이 입항하면 선사는 수하인에게 본선의 도착을 통지하여 화물인수를 요청한다. 이것은 선하증권에 착하통지처(notify party)로 수입자가 기재되어 있는 경우이기 때문에 수입자는 자진해서 선사에 도착여부 등을 문의해야 한다.

착하통지처는 화물을 실은 본선이 목적항에 도착하면 선사는 화물을 찾아갈 사람에게 도착사실을 통지하게 되는데, 이때 통지처로 지정된 사람을 말한다.

이 도착통지가 접수되는 대로, 한편에서는 세관에 수입통관절차를 밟고 다른 한편에서는 선사에 대해 하수(荷受)의 절차를 취하게 된다.

(3) 수입 대금결제와 선하증권 등 서류입수

수입자는 수출자로부터 받은 선적통지서를 통해 수입품의 적재선명과 그 입항일자 등을 예측하여 은행절차를 통해 관계서류를 입수하게 된다.

보통 본선으로부터 화물을 인도받을 때에는 그 운송서류와 상환해야만 한다. 특히 신용장결제의 경우, 이 선하증권은 화환어음의 담보로서 수출지 은행에서 수입지 은행으로 송부되므로 수입자는 은행을 통해 수입대금을 결제하고 선하증권 등 화물의 인도청구에 필요한 서류를 입수하게 된다.

(4) 화물인도지지서의 확보 및 화물인수

은행으로부터 입수한 선하증권에 수하인이 배서하여 선사에 제출하면 선사는 화물인도지시서(Delivery Order, D/O)를 발급하고, 수하인은 이 D/O와 상환으로 선사로부터 수입화물을 인수한다.

즉, 선하증권의 소지인(보통은 수하인)이 선하증권을 선사나 그 대리인에게 제시하고 화물의 인도를 청구하면 선사 등은 그에게 D/O를 발행한다. 이후 수입자는 수입통관절차를 완료한 후 D/O를 선장이나 보세창고 관리인에게 제시한 후 수입물품을 수령한다. 수입지에서 화물의 인도는 선하증권과 바꾸어 인도하는 것이 원칙이지만, 선하증권은 분실의 염려가 있는 유가증권이므로 그 대용으로 D/O가 이용되고 있다.

5. 컨테이너 화물운송

1) 컨테이너운송의 의의

컨테이너(container)는 반복적으로 사용이 가능하도록 규격화된 수송도구이며 화물의 단위운송을 실현시켜주는 혁신적인 수송용구이다.

컨테이너는 직육면체의 거대한 박스이지만 현재 세계 수출입 물동량의 90% 이상을 컨테이너가 담당하고 있다. 비록 짧은 역사를 지니고 있음에도 컨테이너가 없는 무역은 이제 상상할 수 없을 정도로 그 중요성이 커지고 있다.

2) 컨테이너운송의 중요성

컨테이너운송은 컨테이너를 이용하여 화물을 운송하는 것이다. 컨테이너운송은 재래식에 비해 다음과 같은 의의와 중요성을 가진다.

첫째, 국제운송의 컨테이너화는 다양한 화물을 컨테이너라는 국제적으로 규격화된 용기를 통하여 육해일관수송을 할 수 있도록 만들었다는데 커다란 의의가 있다.

또한 컨테이너를 이용한 화물수송은 그 시스템의 합리성과 경제성 때문에 짧은 시일에 국제운송에 혁명적 변혁을 가져왔다. 따라서 현재는 국제간의 화물운송에서는 컨테이너를 빼놓고 생각할 수 없는 존재가 되었다.

둘째, 컨테이너운송은 물류의 모든 과정에서 육해공을 결합함으로써 경제성, 수익성, 안전성을 최대한으로 충족시킬 수 있다.

셋째, 컨테이너운송은 컨테이너라는 단위체를 매개로 각기 다른 운송수단의 호환성을 이용하여 일관운송이 가능하도록 함으로써 문전에서 문전까지의 운송서비스 실현이 가능하며 운송도중에 화물의 별도 이적이 없이도 일관하여 운송할 수 있다.

넷째, 컨테이너운송은 하주의 공장에서 제품을 적입하여 봉인한 컨테이너를 운송 도중에 적입된 화물을 꺼내 보거나 환적하지 않고 처음에 적입된 상태 그대로 하주가 원하는 장소까지 안전하고 빠르게 도착시킬 수 있다. 컨테이너의 이러한 특성 때문에 오늘날 컨테이너를 모체로 한 국제복합운송은 그 시스템의 합리성과 경제성으로 짧은 시일에 국제운송에 혁명적 변혁을 가져왔다.

다섯째, 컨테이너운송은 운송의 신속성, 안정성, 경제성과 같은 장점을 가지고 있기 때문에 물류부문의 포장, 수송, 하역 및 보관 등 전 운송과정에서 혁신적인 수송도구로 각광을 받게 되었고 지금은 국제간 화물수송의 주종을 담당하고 있다.

우리나라도 1970년대에 접어들면서부터 문전에서 문전까지의 서비스를 목표로 하는 컨테이너 화물운송이 많이 이용되고 있다.

6. 선하증권(B/L)

1) 선하증권의 의의와 기능

(1) 선하증권의 의의

선하증권(Bill of Lading, B/L)은 운송인이 그 증권에 기재된 화물을 수취하였음을 확인하고 그 화물을 지정 목적항까지 운송하여 그곳에서 본 증권의 정당한 소지인에게 이 서류와 상환으로 화물을 인도할 것을 약정하고 있는 유가증권이다.

B/L은 B/L상에 기재된 화물의 권리를 상징하는 서류이기 때문에 선하증권의 이전은 바로 화물의 권리이전을 의미한다. 오늘날 무역결제수단으로 널리 사용되는 것이 화환어음(documentary bill)이기 때문에 동 환어음을 취결하는데 B/L은 상업송장 및 해상보험증권과 함께 가장 기본이 되는 서류이다.

(2) 선하증권의 기능

첫째, 선하증권은 선장이나 선주의 대리인이 서명하여 발행하는 화물수취증이다.

둘째, 선하증권은 송하인과 운송인 사이에서 협정된 운송계약의 구체적인 내용이 담겨있는 증거서류의 역할을 한다.

셋째, 선하증권은 선하증권에 기재된 화물을 체화(體化)한 권리증권이다. 선하증권의 정당한 소지인은 증권에 기재된 화물을 처분할 수 있는 권한이 있다.

(3) 선하증권의 역할

① 선사

선사(운송인)에게 선하증권은 인수화물의 수량이나 외관상태를 명시하고 있는 화물의 수취증 외에 운송조건이나 운송약관 등을 명시한 서류가 된다.

② 수출자

수출자에게 선하증권은 화환어음을 매입할 때 선적사실을 증명하는 선적서류가 된다. 또한 선하증권은 매수인에게 선적사실을 통지할 때에도 이용되고 운송계약에 따라 발생한 보상금을 청구할 때에도 사용된다.

② 수입자와 은행 및 보험회사

수입자에게 선하증권은 화물인도를 청구할 때 사용되는 서류가 된다. 또한 운송계약에 따라 발생한 보상금이나 손해배상 등의 청구에도 사용되며 은행에게는 대금회수를 위한 담보서류로 사용된다. 보험회사에게 선하증권은 대위구상권의 증거서류가 된다.

7. 해상보험계약과 보험조건

1) 해상보험계약의 의의와 당사자

(1) 해상보험계약의 의의

해상보험은 항해사업에 부수하여 발생하는 손해를 보상하는 손해보험의 일종이다.

해상보험계약에서 보험자는 물품의 운송 중에 손해가 발생한 경우 그 계약에 의해 합의한 방법과 범위 내에서 피보험자에게 그 손해를 보상할 것을 약속하고 피보험자는 그 대가로 보험자에게 보험료를 지불할 것을 약속하게 된다.

(2) 해상보험계약의 당사자

① 보험자

보험자(insurer, assurer, underwriter)란 보험사고가 발생한 경우에 보험금을 지급하여야 할 의무를 부담하는 자 및 보험계약을 인수하는 주체를 말한다.

보통 보험회사(insurance company)가 되며 이들은 보통 보험대리점과 보험모집인 등의 조직을 운영하고 있다.

② 보험계약자

보험계약자(insurance policy holder)란 보험자와 보험계약을 체결하고 그 대가로 보험료(premium)를 납부하는 자를 말한다. 보험계약자는 보험자에 대해 고지의무, 위험의 변경과 증가의 통지의무 등을 부담한다. 영국 해상보험법(MIA)는 타인을 위한 보험계약을 인정하지 않기 때문에 보험계약자라는 개념은 존재하지 않는다.

③ 피보험자

피보험자(insured, assured)란 보험사고가 발생한 경우 손해를 보상받을 권리가 있는 자를 말한다. 해상보험에서 보험계약자와 피보험자는 항상 일치하는 것은 아니다. 즉, FOB계약이나 CFR계약은 수입자가 보험계약자이면서 자신을 피보험자로 보험계약을 체결하기 때문에 보험계약자와 피보험자가 수입자 자신으로 동일하다.

그러나 CIF계약이나 CIP계약은 보험계약자와 피보험자는 동일인이 아니기 때문에 타인을 위한 보험계약이 된다.

그런데 CIF계약이나 CIP계약에서는 이론적으로 수출자가 보험계약자가 되고 수입자가 피보험자가 되지만, 실제로는 수출자가 자신을 피보험자로 하여 보험계약을 체결하고 이후 입수한 보험증권에 배서하여 수입자에게 이를 양도하게 된다.

2) 해상보험계약에서 보험조건

해상보험계약에서 보험조건은 보험자의 보상범위를 말하는데 여기에는 기본조건과 부가위험 담보조건 등이 있다.

(1) 기본조건

① 구협회적하약관상의 기본조건

구협회적하약관상의 기본조건은 전위험담보조건(A/R), 분손담보조건(WA) 및 분손부담보조건(FPA)이 있다.

전위험담보조건(All Risks, A/R)은 법률이나 약관에 의해 면책되는 것을 제외한 모든 멸실이나 손상을 보상해 주는 조건이다.

분손담보조건(With Average, WA)은 전손과 공동해손은 물론 단독해손인 분손도 보험증권에 열거된 손해들은 보상해 주는 조건으로 '단독해손 담보조건'이라고도 한다.

분손부담보조건(Free from Particular Average, FPA)은 담보되는 위험에 의해 발생한 전손과 공동해손은 보상되지만, 단독해손인 분손은 원칙적으로 보상되지 않는 조건으로 '단독해손 부담보조건'이라고도 한다.

② 신협회적하약관상의 기본조건

신협회적하약관은 구협회적하약관의 A/R, WA, FPA 조건에 각각 대응되는 조건으로 ICC(A), ICC(B), ICC(C) 조건이 있다.

이중에서 보험자가 보상하는 담보범위는 A/R 조건 또는 ICC(A) 조건이 가장 넓으며 FPA 조건 또는 ICC(C) 조건이 가장 좁다. 반면 A/R 조건 또는 ICC(A) 조건은 보험료가 가장 비싸며 FPA 조건 또는 ICC(C) 조건은 보험료가 가장 저렴하다.

(2) 부가위험 담보조건

ICC(A) 조건은 포괄책임주의를 채택하고 있기 때문에 면책위험이 아닌 한 각종 부가위험을 포괄적으로 보상받을 수 있다.

이에 비해 ICC(B) 조건이나 ICC(C) 조건은 열거책임주의를 채택하고 있기 때문에 기본조건에 열거된 담보위험으로 발생한 손해만을 보상받을 수 있다.

따라서 열거위험 외의 위험을 추가적으로 보상받으려면 별도의 특약이 필요하다.

특약에 의해 추가보험료를 납부하고 보상받는 위험을 '부가위험'이라고 한다. 이때 보상의 대상이 되는 하나하나 위험들을 부가조건 또는 부가약관이라고 부르고 여기에는 도난·발화·불착, 투하(jettison) 및 갑판유실 등이 있다.

8. 담보위험과 면책위험

1) 담보위험과 면책위험의 의의

(1) 담보위험의 의의

담보위험(covered risk)이란 보험자가 그 위험에 의하여 발생한 손해를 보상할 것을 약속한 위험을 말한다. 그 위험으로 인해 생긴 손해를 보험자가 보상한다는 의미에서 이를 '피보험위험' 또는 '보험사고'라고도 부른다. 보험자는 피보험위험만을 보상하기 때문에 피보험자는 피보험위험이 아닌 위험은 보상을 받을 수 없게 된다.

(2) 면책위험의 의의와 사유

면책위험(excluded risk)이란 보험자가 보상할 손해가 발생하였음에도 일정한 사유에 의해 보험자의 책임이 면하게 되는 위험이나 사유를 말한다.

면책위험은 절대적 면책위험과 상대적 면책위험으로 구분된다. 절대적 면책위험은 어떠한 경우에도 보험자가 면책되는 위험을 말한다. 공서양속에 반하거나 보험의 본질상 인정할 수 없는 위험들이 여기에 해당한다.

상대적 면책위험은 성격으로는 면책위험이지만 전쟁, 동맹파업, 폭동 및 시민의 소요 위험 등 특약에 의하여 보험자가 손해보상의 책임을 지는 위험을 말한다.

해상보험에서 위험발생으로부터 보험자를 면책시키는 사유는 다음과 같다.

첫째, 전쟁이나 파업, 지진과 같은 거대 위험을 일반 보험료로 부담하기에는 위험의 규모가 지나치게 큰 손해인 경우이다. 이러한 위험들은 보험자가 보험사업을 합리적으로 경영하는데 도움을 주기 위해 면책으로 인정한 것이다.

둘째, 차량의 녹이나 부식, 농산물의 부패와 같은 피보험목적물의 성질이나 하자, 자연소모 등 피보험목적물의 성질상 발생하게 되는 손해인 경우이다.

셋째, 우연성이 결여되어 있는 손해인 경우이다. 보험자는 우연한 보험사고에 대해 보험금을 지급하게 되기 때문에 우연성의 결여는 보험사고의 발생 전제가 되는 위험의 조건이 상실된 것이다. 그러므로 이것은 보험사고가 될 수 없다.

보험자는 우연한 보험사고에 대해 보험금을 지급하기 때문에 불가피하거나 필연적인 위험은 보험자가 보상하는 해상위험의 요건이 되지 않는다.

넷째, 위험을 부담하는 것이 공공질서에 위배되는 손해인 경우이다. 공서 양속에 반하는 것은 반사회적인 것이므로 특약으로도 담보할 수 없는 면책사유가 된다.

다섯째, 보험계약자나 피보험자의 고의나 중대한 과실이 있는 손해인 경우이다. 이 취지는 보험계약자 등의 도덕적 위험을 강하게 견제하고자 한 것이다.

2) 협회적하약관상의 담보위험과 면책위험

(1) 구협회적하약관상의 담보위험

구협회적하약관은 1963년부터 신협회적하약관이 제정되어 사용된 1982년까지 사용되었던 약관으로 ICC(A/R), ICC(WA), ICC(FPA) 조건이 있다.

그리고 ICC(A/R)은 전위험담보조건, ICC(WA) 조건은 분손담보조건(또는 단독해손담보조건), ICC(FPA)는 분손부담보조건(또는 단독해손 부담보조건)이라고 부르고 있다.

A/R조건은 포괄책임주의의 위험부담방식을 채택하고 있기 때문에 면책위험을 제외하고는 보험자가 모든 손해를 보상하게 된다.

이에 반해 ICC(FPA) 조건과 ICC(WA) 조건은 열거책임주의를 채택하고 있기 때문에 특약에 의하지 않거나 열거위험에 포함되지 않은 손해는 보상하지 않게 된다. 이 조건에서 보상받기 위해서는 면책위험에 해당되어서도 안 되고 담보위험으로 열거되거나 특약되어야만 한다.

(2) 신협회적하약관상의 담보위험

1982년의 신협회적하약관에서 보험자의 보상범위는 구협회적하약관과 거의 비슷하다. 협회적하약관 ICC(A), ICC(B), ICC(C)는 구약관의 전위험담보조건(A/R), 분손담보조건(WA)와 분손부담보조건(FPA)에 각각 대응한 것이다.

ICC(A)는 보험자의 보상범위가 가장 큰 조건이며 보험자의 보상범위가 가장 작은 조건은 ICC(C)이다. ICC(A)는 동 약관에 규정된 면책위험이 아닌 한 보험자가 모든 위험을 담보하는 조건이기 때문에 보상범위가 가장 넓은 조건이다.

즉, 포괄책임주의 방식을 채택하고 있는 ICC(A)상 담보위험은 제4조(일반면책약관), 제5조(불내항 및 부적합면책약관), 제6조(전쟁면책약관), 제7조(동맹파업면책약관)를 제외한, 모든 일체의 위험이 된다.

열거되지 않은 사항은 담보위험에서 제외되는 열거책임주의 방식을 채택하고 있는 ICC(B)에서는 제4조(일반면책약관), 제5조(불내항 및 부적합면책약관), 제6조(전쟁면책약관), 제7조(동맹파업면책약관)은 당연히 제외되고, 제1조에서 보험자가 부담하도록 구체적으로 열거되어 있는 위험이 담보위험이 된다.

열거책임주의를 채택하고 있는 ICC(C)에서는 제4조(일반면책약관), 제5조(불내항 및 부적합면책약관), 제6조(전쟁면책약관), 제7조(동맹파업면책약관)는 당연히 제외되고 제1조에서 보험자가 부담하도록 열거되어 있는 위험이 담보위험이 된다.

그런데 ICC(C)는 ICC(B)보다 보상범위가 적기 때문에 제1조에 열거된 담보위험의 수가 ICC(B)보다 적다.

표 11-2 신협회적하약관의 담보위험

조항	담 보 위 험	(A)	(B)	(C)
제1조	1. 화재·폭발	○	○	○
	2. 본선 또는 부선의 좌초, 교사, 침몰 또는 전복	○	○	○
	3. 육상운송용구의 전복 또는 탈선	○	○	○
	4. 선박, 부선, 운송용구의 물이외의 타물과의 충돌·접촉	○	○	○
	5. 피난항에서의 화물의 양화	○	○	○
	6. 지진, 화산의 분화 또는 낙뢰	○	○	×
	7. 공동해손 희생손해	○	○	○
	8. 투하	○	○	○
	9. 갑판유실	○	○	×
	10. 본선, 부선, 선창, 운송용구, 컨테이너, 지게차, 보관장소에 해수나 호수 및 하천수의 유입	○	○	×
	11. 본선 또는 부선에 선적·양화작업 중 바다나 갑판에 추락한 포장단위당 전손	○	○	×
	12. 기타 일체의 위험	○	×	×

(3) 신협회적하약관상의 면책위험

신협회적하약관상의 면책위험을 간략하게 나타나면 다음과 같다.

표 11-3 신협회적하약관상의 면책위험

약관 조항	면 책 위 험	(A)	(B)	(C)
제4조	1. 피보험자의 고의적인 불법행위	×	×	×
	2. 통상의 누손, 중량 또는 용적의 통상적인 감소 또는 자연소모나 마모	×	×	×
	3. 포장이나 준비의 불충분 또는 부적합	×	×	×
	4. 피보험목적물의 고유의 하자나 성질	×	×	×
	5. 지연	×	×	×
	6. 선박소유자·관리자·용선자 또는 운항자의 지급불능(도산) 또는 채무불이행	×	×	×
	7. 어떤 자나 어떤 자들의 불법행위에 의한 의도적인 손상이나 파괴	○	×	×
	8. 원자핵무기 등에 의한 손해	×	×	×
제5조	9. 불내항 및 부적합	×	×	×
제6조	10. 전쟁	×	×	×
제7조	11. 동맹파업	×	×	×

제5절 무역서류의 정비

1. 무역서류의 구분

1) 기본서류와 기타 서류의 구분

무역거래에서 서류는 어느 경우에나 반드시 필요한 기본서류와 필요한 경우에 한하여 요구되는 기타 서류로 구분된다.

3대 기본서류는 운송서류, 보험서류, 그리고 상업송장이다. 그런데 결제할 때 환어음에 첨부되어야 하는 기본서류는 무역조건이 무엇인가에 따라 달라진다.

CIF계약에서 기본서류는 운송서류와 보험서류, 상업송장이 된다. FOB계약에서는 매수인이 보험계약을 체결하기 때문에 선하증권을 포함한 운송서류와 상업송장이 수출자가 구비해야 하는 기본서류가 된다.

기타 서류는 포장명세서, 영사송장, 세관송장, 검사증명서, 중량증명서, 품질증명서 등이 있다. 기타 서류는 모든 거래에 반드시 필요한 서류는 아니기 때문에 계약서나 신용장에서 요구하고 있는 경우에만 제공하면 된다.

2) 서류의 작성자에 따른 구분

무역서류는 서류의 작성자를 기준으로 수출자 자신이 직접 작성해야 하는 서류와 관련 기관(선사, 보험회사, 기타 기관 등)이 작성 및 발행하는 서류가 있다.

전자에 해당되는 것은 상업송장, 환어음, 포장명세서 등이다. 후자에 해당되는 것은 운송서류, 보험서류, 원산지증명서, 세관송장, 영사송장, 검사증명서, 분석증명서, 용적증명서, 중량증명서 등이다.

3) 원본과 사본의 구분

계약서나 신용장에서는 원본서류의 제시를 요구하는 경우가 많다. 그런데 문제는 어떠한 서류가 원본서류(original documents)인가 하는 것이다.

원본서류는 서류 자체에 원본, 즉 'Original'이라는 표시와 함께 발행자의 서명이 있어야 하며, 서명은 육필, 천공, 스탬프, 기계 및 전자방식 중 어느 것으로 가능하다.

UCP 600에서는 운송서류(선하증권이나 항공화물운송장 등)나 보험서류(보험증권 등) 등 핵심서류를 제외한, 기타서류는 신용장에서 여러 통을 요구할 경우에도 1통의 원본에 나머지는 사본서류로 충당하여도 좋다고 규정하고 있다.

2. 운송서류

1) 운송서류의 의의와 중요성

(1) 운송서류의 의의

운송서류(transport documents)란 운송인이 하주와 운송계약을 체결하고 화물을 본선에 적재·발송·수탁하였음을 증명하기 위해 발행하는 서류를 말한다.

실무에서는 이것을 '선적서류(shipping documents)'라 부르는 경우도 많다. 그러나 신용장통일규칙(UCP)은 '운송서류'라는 용어를 사용하고 있다. 가장 대표적인 운송서류는 선하증권(B/L)이다.

(2) 운송서류의 중요성

추심결제나 신용장결제의 경우에는 매도인이 계약화물을 선적한 후 수입자나 신용장 발행은행 앞으로 환어음을 발행하고, 여기에 환어음의 담보가 되는 운송서류를 첨부하여 외국환은행을 통해 대금을 추심이나 매입하게 된다.

이 경우 수출자는 계약상의 당연한 의무로서 계약물품의 인도를 입증하는 서류들을 준비하여 제시해야 한다.

특히, 신용장결제는 독립추상성에 바탕을 둔 서류거래이기 때문에 여기에 관련되는 은행들은 오로지 수출자가 구비하여 제시하는 제반서류만을 심사함으로써 대금의 지급 여부를 결정하게 된다. 따라서 대금결제와 관련된 가장 중요한 사항 중의 하나가 바로 적격한 요건을 갖춘 운송서류 및 제반서류의 구비와 제시이다.

2) 운송서류의 구성과 종류

운송서류는 보통 복통수(複通數)로 구성된다. 대개의 경우 계약서나 신용장에 필요한 서류의 명칭이나 통수가 명시되어 있다. 그런데 만일 특별한 명시가 없을 때에는 보통 3통(full set)이 1조가 된다.

운송서류는 운송인이 하주와 운송계약을 체결하고 화물을 본선에 적재(loading on board), 발송(dispatch), 수탁(taking in charge)하였음을 증명하는 서류이므로 운송서류는 운송방식 만큼이나 다양하다. 대표적인 것으로는 해상 혹은 해양선하증권, 비유통성 해상화물운송장, 용선계약부 선하증권, 항공운송서류, 도로·철도·내수로 운송서류, 특사배달, 우편수취증, 복합운송서류 등이 있다.

현재 가장 많이 이용되고 있는 방식은 선박을 이용한 해상화물운송이기 때문에 운송서류도 해상선하증권을 비롯하여 해운운송 관련 서류들이 많이 이용되고 있다.

3) 운송서류의 정규성

수출자가 계약서나 신용장 조건에 따라 구비하거나 제시해야 하는 운송서류는 다음의 정규성(regularity)을 갖추어야 한다.

첫째, 운송서류는 유효성(validity)과 적법성(regality)을 갖춘 서류이어야 한다.

둘째, 운송서류는 현재 무역거래에서 통용되는 양식의 운송서류이어야 한다.

셋째, 운송서류는 제시기한이 경과되지 않은 서류이어야 한다.

4) 신용장에서 요구하는 선하증권의 요건

신용장거래에서 화환어음을 매입할 때 제시되어야 되는 가장 중요한 운송서류는 선하증권이다. 따라서 어느 신용장이든 다음과 같은 선하증권의 요건이 명문으로 기재되어 있다.

예문 FULL SET OF CLEAN ON BOARD OCEAN BILL(S) OF LADING MADE OUT TO ORDER OF THE SHIPPER, BLANK ENDORSED, MARKED FREIGHT PREPAID NOTIFY ACCOUNTEE.

(1) Full Set B/L(전통제시 선하증권)

Full Set B/L은 선사가 발행하는 원본(original) 선하증권 모두가 제시되어야 한다는 것을 의미한다. Full Set는 서류의 일부가 아닌 전체 운송서류를 말한다.

특별히 언급이 없는 한, 원본 선하증권은 3통이 발급되며 원본에는 모두 선박회사의 서명과 함께 First Original, Second Original, Third Original이라는 'Original' 표시가 되어 있다.

원본 3통의 선하증권이 발행되는 이유는 유가증권인 선하증권이 발급된 이후에 분실되면 재발행 등의 복잡한 법리적 문제가 발생하기 때문이다.

목적항에서 화물을 찾을 때에는 이 중 하나의 원본서류만 선사에 제시하면 화물을 인도받을 수 있기 때문에 이후에 제시되는 선하증권은 자동적으로 무효가 된다.

그러나 운송방법이 항공운송인 경우에는 비록 신용장에서 Full Set 운송서류를 요구한다 하더라도 1통의 항공화물운송장(AWB)만 제시해도 상관없다.

왜냐하면 항공화물운송장(AWB)은 Original 1(carrier용), Original 2(consignee용), Original 3(shipper용)으로 용도가 각각 지정되어 있어 수출자가 이를 부당하게 사용할 여지가 없기 때문이다.

(2) Clean B/L(무고장 선하증권)

Clean B/L은 무고장 선하증권이 제시되어야 한다는 것을 의미이다. 이것은 화물이 양호한 상태로 선적 또는 수취하였다는 것을 증명하는 선하증권이다. 따라서 하자상태를 표시한 Foul B/L은 당연히 수리가 불가능하다.

그런데 실무에서는 비교적 경미한 고장문언이 비고란에 기재된 Foul B/L이 발행되는 경우도 있는데, 이 경우 수출자는 선박회사에 파손(혹은 손상) 화물보상장(letter of indemnity, L/I)을 제출해야 한다. 파손화물보상장은 Foul B/L을 무고장 선하증권으로 변경하기 위해 수출자가 선사에 제출하는 일종의 각서를 말한다.

한편, FCL Cargo의 경우에는 선사가 화물의 적재상태를 알 수 없기 때문에 선사는 선하증권의 비고란에 'Shipper's Load and Count'라는 부지약관(unknown clause)을 표시하는데 이러한 B/L도 은행은 Clean B/L로 수리한다.

(3) On Board B/L(본선적재 선하증권)

On Board B/L은 화물이 실제로 특정 선박에 적재되었다는 취지가 기재된 선하증권이 제시되어야 한다는 것을 의미한다.

그런데 운송방법이 컨테이너에 의한 복합운송이나 항공운송은 물리적으로 본선적재 이후에 운송서류가 발급되는 것이 불가능하다. 따라서 이러한 운송형태는 본선적재(on board) 조건을 완화하여 Received 운송서류도 수리할 수 있도록 하고 있다.

(4) Ocean B/L(해양선하증권)

Ocean B/L은 해양항로를 운항하는 선박에 화물이 적재된 것을 나타내는 선하증권이 제시되어야 한다는 것을 의미한다.

무역거래에 사용되는 선하증권은 모두가 해양 또는 해상선하증권이다. 이와 반대되는 선하증권으로는 선적항과 양륙항이 모두 동일 국내가 되는 Local B/L이 있다.

(5) Order B/L(지시식 선하증권)

Order B/L은 지시식 선하증권이 제시되어야 한다는 것을 의미한다. 지시식 선하증권이란 유통을 목적으로 B/L의 수하인 란에 특정의 수하인명을 기재하지 않고 단순히 'to order', 'to order of shipper', 'to order of … bank'와 같이 지시인(order)만 기재하여 발행하는 선하증권을 말한다. Order B/L에서는 B/L의 정당한 소지인이 곧 하주가 된다. Order B/L이어야만 선하증권을 양도할 수 있기 때문에 대부분의 무역거래에서는 원칙적으로 지시식 선하증권을 요구하고 있다.

(6) Blank Endorsed B/L(백지배서 선하증권)

Blank Endorsed B/L은 백지배서한 선하증권이 제시되어야 한다는 것을 의미하며 'Endorsed in Blank B/L'이라고도 부른다.

화물의 수취인은 하주의 지시인이어야 하지만, 하주는 특정인을 수취인으로 지시하지 않고 백지배서하여 은행에 B/L을 매입(negotiation) 또는 추심(collection)을 위해 제시하게 된다. 백지배서를 요구하는 목적은 다른 배서에 비해 은행이 자유롭게 화물을 지배할 수 있도록 한 것이다.

(7) Freight Prepaid or Collect B/L(운임선지급 또는 후지급 선하증권)

선불운임(Freight Prepaid)은 송하인이 선적지에서 선적이 이루어지기 이전까지 지불하여야 하는 운임을 말하며, 후불운임(Freight to Collect)은 수하인이나 그 대리인이 화물의 양륙항이나 목적지에서 지불하여야 하는 운임을 말한다.

Freight Prepaid or Collect B/L은 운임선지급 또는 운임후지급 선하증권이 제시되어야 한다는 것을 의미한다. 운임의 지급시기는 무역조건에 따라 결정된다.

가격조건이 CFR, CIF, CPT, CIP계약의 경우는 수출자가 선적지에서 운임을 지급하기 때문에 선하증권에 'Freight Prepaid(운임선지급, 운임지급필, 선불, Paid)'라고 표시되어 있어야 한다. 선불운임의 경우 운임산출의 기초가 되는 용적이나 중량은 선적지에서 측정된 적량이 된다. 그 용적이나 중량은 선하증권(B/L)에 기재되고 그것이 운임을 산출하는 기초가 된다.

그러나 FCA, FOB계약의 경우는 선박이 양륙항에 도착한 후 화물을 찾을 때 운임을 지급하게 되므로 선하증권에 운임착지급의 의미로 'Freight Collect(운임후불, 운임미지급, 후불)'라고 표시되어 있다.

(8) Notify Accountee(착하통지처 결제인)

'Notify Accountee'는 'Notify Party : Accountee'의 의미이다. 이것은 착하통지처가 결제인으로 적혀있는 선하증권이 제시되어야 한다는 것을 의미한다.

즉, 본선이 양륙항에 도착하면 선사는 화물을 인도해 갈 사람에게 화물의 도착 사실을 통지하게 되는데 그 통지처를 Accountee(결제인)로 작성하라는 의미이다.

일반적으로 선하증권의 'Consignee' 란은 지시식으로 기재되기 때문에 착하통지처는 수입자이나 수입자가 지정한 통관업자가 기재된다.

만일 착하통지처를 발행은행으로 지정하게 되면 선하증권의 'Consignee' 란에는 반드시 'to the order of issuing bank'라고 기재되어야 한다.

5) 선하증권 이외의 운송서류

운송서류의 종류는 운송방식 만큼이나 다양하다. 가장 일반적인 운송서류인 해상선하증권 외에도 다음과 같은 운송서류들이 있다.

(1) Sea Waybill

Sea Waybill(해상화물운송장, SWB)은 운송계약의 증거와 화물수취의 증거로 선사가 발행하는 서류이지만 선하증권과 달리 유가증권은 아니다.

선하증권과 해상화물운송장은 양자택일이기 때문에 동일 건에서 선하증권(B/L)이 발행되면 해상화물운송장(SWB)은 발행되지 않는다.

이 서류는 인접 국가간의 무역에 있어 운송화물의 수송시간 단축의 이점을 살리기 위해 기명식의 비유통성으로 발행하여 화물 도착 즉시 신속하게 화물을 수취인에게 인도할 수 있도록 한 것이다. 이러한 장점 때문에 유럽지역 등에서는 최근 선하증권을 대신하여 이 서류가 많이 사용되고 있다.

이 서류는 운송계약의 존재를 입증하는 것일 뿐 원래부터 'Non-negotiable'로 발행되기 때문에 유통성이 없고 양도가 불가능하다.

(2) Air Waybill

Air Waybill(항공화물운송장, AWB)은 항공운송의 가장 기본적인 서류로 항공여객운송에서 항공권, 해상화물운송에서 선하증권(B/L)과 같은 성격을 가지고 있다.

항공화물운송장은 송하인과 항공사(운송인) 사이에 운송계약이 체결되었다는 증거서류인 동시에, 하주로부터 화물을 수령하였다는 수령증, 운임과 제요금의 명세서 겸 청구서의 기능을 가지고 있다. 항공화물운송장에는 송하인과 수하인의 성명, 주소, 출발지 공항과 운임지불방식 등이 기재되어 있다.

항공화물운송장은 해상운송의 선하증권에 해당하는 것이지만, 원칙적으로 기명식으로 발행되기 때문에 선하증권과는 달리 유통성이 없는 것이 특징이다.

즉, 해상선하증권이 유가증권인데 반하여 항공화물운송장은 수취 증서에 불과하기 때문에 이 운송장을 소지하였어도 화물의 인도를 청구할 수 없다.

(3) Multimodal Transport Documents

Multimodal Transport Documents(복합운송증권, MTD)는 컨테이너 운송수단의 발달로 송하인의 문전에서 수하인의 문전까지 적어도 두 가지 이상의 다른 운송방법에 의해 운송되는 복합운송이 이루어지는 경우에 발급되는 운송서류이다.

서식 11-2 선하증권(Bill of Lading)

① Shipper/Exporter
INTERNATIONAL SEOUL TRADING CO., LTD.
NUMBER 15 DONGBANG BLDG 310 TEHERAN-RO
KANGNAM-KU, SEOUL, KOREA 06211

⑫ B/L No. WPGE - 0128

LOIDY'S CONTAINER SERVICE

HYUNDAI SHIPPING CO., LTD.

Received by the Carrier from the Shipper in apparent good order and condition unless otherwise indicated herein the Goods, or the container(s) or package(s) said to contain the cargo herein mentioned, to be carried subject to all terms and conditions provided for on the face and back of this Bill of Lading by the vessel named herein or any substitute at the Carrier's option and/or other means of transport, from the place of receipt or the port of loading to the port of discharge or the place of delivery shown herein and there to be delivered unto order of assigns. If required by the Carrier, this Bill of Lading duly endorsed must be surrendered in exchange for the Goods or delivery order.

In accepting this bill of Lading, the Merchant (as defined by Article 1 on the back hereof) agrees to be bound by all the stipulations, exceptions, terms and conditions on the face and back hereof, whether written, typed, stamped or printed, as fully as if signed by the Merchant, any local custom or privilege to the contrary notwithstanding, and agrees that all agreements or freight engagements for and in connection with the carriage of the Goods are superseded by this Bill of Lading.

② Consignee
TO ORDER

③ Notify Party
GLOBAL ENTERPRISING CO., INC.
25 W 31s St, New YORK, NY
10001, USA

④ Pre-carriage by

⑤ Place of Receipt
BUSAN CY

⑥ Ocean Vessel
'EVER GREEN'

⑦ Voy. No.
V-47

⑧ Port of Loading
BUSAN, KOREA

⑨ Port of Discharge
NEW YORK, USA

⑩ Place of Delivery
NEW YORK, CY

⑪ Final destination (for the merchant's reference only)

⑬ Container No.	⑭ Seal No. ⑮ Marks & Nos	⑯ No. of Containers or Pkgs	⑰ Description of Goods	⑱ Gross Weight	⑲ Measurement
FSCU3227240 / 20'	314165	5 CARTONS		7,325.00 KGS	8,180 CBM
〈ISTC〉 NEW YORK C/T NO : 1-5 USE NO HOOKS MAKE IN KOREA			COTTON SHIRTS FOR MEN STYLE NO. 10 TOTAL 20 FT × 1 CONTAINER LCL/LCL "FREIGHT PREPAID"		

⑳ Total Number of Containers or Packages(in words) SAY : FIVE (5) CARTONS ONLY.

㉑ Freight & Charge	㉒ Revenue Tons	㉓ Rate	㉔ Per	㉕ Prepaid	㉖ Collect
FREIGHT PREPAID				₩ 51,380.	
C.F.S. CHARGE + THC				₩ 42,176.	
WHARFAGE				₩ 3,044.	
DOC's FEE				₩ 15,000.	

㉗ Freight Prepaid At
SEOUL, KOREA

㉘ Freight Payable At

㉙ Place of Issue
BUSAN, KOREA

㉚ Total Prepaid In

㉛ No. of Original B/L
THREE(3)

㉜ Date of Issue
OCTOBER 25, 2025

Laden on Board the Vessel

㉝ Date : OCTOBER 25, 2025

㉞ AS A CARRIER
HYUNDAI SHIPPING CO., LTD.
SEOUL, KOREA

㉟ BY CHANG-GEUN YOO

3. 보험서류

1) 보험서류의 의의와 종류

(1) 보험서류의 의의

보험서류(insurance documents)란 보험자와 피보험자가 합의한 보험계약 내용과 담보범위 등을 명시하고 있는 서류를 말한다.

보험서류는 운송서류(선하증권)와 상업송장과 함께 3대 무역서류에 해당하지만, 수출자에게 보험가입의 의무가 있는 무역조건(CIF조건이나 CIP조건)인 경우에만 매입을 위해 제시되어야 하는 필수서류가 된다.

신용장거래에서 일반적으로 요구하는 보험서류 관련 문언은 다음과 같다.

예문 1) INSURANCE POLICY OR CERTIFICATE IN DUPLICATE, ENDORSED IN BLANK FOR 110% OF THE INVOICE VALUE COVERING INSTITUTE CARGO CLAUSES(A/R), WAR CLAUSES, SRCC(STRIKE, RIOT, CIVIL COMMOTION).

예문 2) INSURANCE POLICY OR CERTIFICATES MUST EXPRESSLY STIPULATE THAT CLAIMS ARE PAYABLE IN THE CURRENCY OF DRAFT AND MUST ALSO INDICATE A CLAIM SETTLING AGENT IN KOREA.

(2) 보험서류의 종류

① 보험증권

보험증권(insurance policy)은 피보험자가 매번 건별로 보험회사(보험자)와 보험계약을 체결할 경우에 보험회사가 발급하는 보험계약의 증명서류이다. 보험증권은 유가증권은 아니지만 유가증권과 같이 배서나 인도를 통해 타인에게 양도될 수 있다.

② 보험증명서

보험증명서(insurance certificate)는 보험에 가입한 사실을 증명하여 보험자가 발행하는 서류로, 6개월이나 1년 등 일정기간 동안 포괄예정보험으로 계약한 상태에서 해당 물동량에 대해 발행하는 보험서류이다. 보험증권에 비해 매번 보험계약을 체결하여야 하는 번거로움을 없애고 관련 비용도 절감할 수 있는 장점이 있다.

포괄예정보험에서 처음에는 보험증권이 발행되나 이후부터 보험에 가입할 상황이 발생할 때마다 발급되는 것이 보험증명서이다.

③ **부보각서**

부보각서(cover note, 보험승낙서, 보험승인서)는 피보험자 또는 보험계약자가 직접 보험자를 상대하지 않고 보험중개인(insurance broker)을 통해 보험에 가입할 경우에 보험중개인이 발급해주는 보험관련 서류이다.

이 서류는 보험중개인이 피보험자의 요청에 따라 보험자에게 이 조건대로 보험계약을 체결하겠다는 의미에서 발행하는 서류이기 때문에 이 서류만으로는 보험계약이 확실히 체결되었는지의 여부는 확인할 수 없다.

또한 이 서류는 발급되었으나 보험중개인이 아직 보험계약을 체결하지 못하여 보험자로부터 정식의 보험증권을 발급받지 못한 사이에 사고가 발생하게 되면 보상을 받지 못하는 문제가 발생할 수 있다.

따라서 신용장통일규칙(UCP)에서는 은행은 이러한 보험서류는 수리하지 않도록 규정하고 있다.

2) 신용장에서 요구하는 보험서류의 요건

(1) 유효한 보험서류의 종류와 발행자

신용장에서 요구하는 유효한 보험서류에는 보험증권과 보험증명서뿐 아니라 일정 조건하에서 발행되는 보험 확정통지서(declaration)가 있다.

이들 서류에는 문면상 보험회사, 보험자 또는 그 대리인(agent)이나 이들 대리업자(proxies)가 발행하고 서명한 것이 나타나 있어야 한다. 대리업자는 UCP 600에서 새롭게 보험서류의 발행 및 서명자로 추가되었다.

(2) 보험서류의 발행통수

보험서류는 보통 2통이 원본으로 발행된다. 만일 2통 이상의 원본이 발행되었음을 표시하고 있는 보험서류는 그 발행된 원본 전통이 제시되어야 한다.

이 중 원본 1통으로 보험계약상의 채무(보험금의 청구)가 이행되면 나머지 원본서류는 자동적으로 무효가 된다.

(3) 보험서류의 발급일자

보험서류의 발급일자는 선적날짜(date of shipment)보다 늦어서는 안 된다. 이것은 물품의 선적날짜와 보험가입일 사이의 위험부담 공백을 없애기 위한 것이다.

그러나 소급보험(retroactive insurance)의 명시적인 문언이 있는 경우에는 이들 선적날짜보다 늦은 날짜에 발급된 보험서류도 유효하게 수리될 수 있다.

(4) 보험금액

보험금액은 보험자가 보상해 주는 최고한도액으로 '부보금액'이라고도 한다. 신용장 거래에서 보험금액은 물품의 CIF가격이나 CIP가격의 110%이어야 한다.

그러나 서류로부터 CIF가격이나 CIP가격을 결정할 수 없는 경우에는, 보험금액 산정의 기초가 되는 금액은 지급이나 매입이 요청되는 금액 또는 송장에 표시된 물품 총가액 중에서 보다 큰 금액이 된다.

부보금액을 물품가액의 100%로 하지 않고 10%를 가산하여 110%로 한 것은 보험사고가 발생하지 않아 정상적인 매매가 이루어졌다면 수입자는 최소한 10%의 이익을 보았을 것으로 추정하여 이 희망이익금까지 보상해 준다는 의미이다.

희망이익이란 화물이 목적지에 도착하면 기대할 수 있는 이익을 말한다.

(5) 부보통화

보험서류의 부보통화는 신용장에 표시된 통화와 동일해야 한다. 통화가 서로 다르면 CIF가격의 110%를 보상받더라도 환율변동에 따라 신용장금액과 차이가 있을 수 있고 통화가치의 변화에 따른 불편함이 있기 때문이다.

(6) 보험에 의해 보상되는 범위

보험사고 발생시 보험에 의해 보상되는 범위는 확실하고 명백한 보험 전문용어로 신용장에 표기되어야 한다. 따라서 신용장에서 보험서류의 담보위험을 약정할 때 '통상의 위험(usual risk)', '관례적 위험(customary risks)' 등과 같이 부정확하고 불명확한 용어를 사용해서는 안 된다. 그럼에도 이러한 용어가 사용되었다면 은행은 아무런 책임없이 제시된 대로 이를 수리한다.

(7) 보험기간

보험기간이란 보험자의 책임이 개시한 때부터 종료할 때까지의 기간을 말한다. 해상보험에서 보험기간은 운송의 개시를 위해 창고나 보관장소에서 피보험목적물이 최초로 이동한 때부터(시기), 보험증권에 기재된 목적지에서 운송차량이나 그 운송용구로부터 양하가 완료된 때까지(종기)로 하는 것을 원칙으로 하고 있다.

(8) 보험자의 면책비율부적용

보험서류에는 소손해면책율(Franchise)이 표시될 수 있다. 그러나 신용장이 소손해를 보상받을 수 있는 면책비율부적용(irrespective of percentage, IOP)을 요구하는 경우는 이러한 면책비율 조항을 포함하고 있는 보험서류는 수리되지 않는다.

4. 상업송장

1) 상업송장의 의의와 용도

(1) 상업송장의 의의

상업송장(commercial invoice)은 수출자가 직접 작성하는 서류이다. 상업송장은 선하증권이나 보험증권과 같이 구체적인 권리를 나타내는 서류는 아니지만, 선적된 상품의 대금청구서이기 때문에 모든 무역거래에서 필수적으로 요구하는 기본서류이다.

무역서류 중에서 상품의 명칭 및 규격과 단가(unit price), 금액 등이 함께 표기되는 서류는 상업송장 밖에 없다.

(2) 상업송장의 용도

첫째, 상업송장은 계약상품의 정확한 규격, 개수, 수량, 가격, 포장상태, 하인 등이 기재되어 있으므로 상품의 설명서와 구매서의 역할과 함께 계약상품의 순단가, 결제방식 등을 명기하고 있는 매매계산서와 대금청구서의 역할을 한다.

둘째, 상업송장은 모든 무역거래의 필수 구비서류이다. 특히 수출지 은행에서 환어음을 매입할 때 화환어음의 담보물권이 되는 서류에는 이들 담보물의 명세서나 계산서의 역할을 하는 상업송장이 반드시 포함되어 있다.

셋째, 상업송장은 계약의 존재와 이행사실을 입증하는 증거서류가 된다. 그리고 수입지에서 수입물품의 진실성과 과세표준액을 산정할 때에 가장 중요한 근거서류가 된다.

2) 상업송장의 종류

상업송장은 용도에 따라 상거래용으로 작성되는 상업송장과 세관이나 주재국 영사관에서 작성되는 공용송장으로 분류된다. 또 작성 시기와 용도에 따라 상업송장은 선적송장과 견적송장으로 구별되며, 공용송장은 세관송장과 영사송장으로 구별된다. 보통 송장이라고 하면 상업송장 중에서 선적송장을 의미한다.

(1) 상업송장

① 선적송장

선적송장(shipping invoice)은 실제로 선적된 화물의 내용과 가격을 구체적으로 명시하고 있는 송장이다. 보통 상업송장이라고 하면 이 송장을 의미한다.

수출자가 자기의 위험과 비용으로 해외의 수입자에게 상품을 판매하는 경우에 사용되는 송장이라는 의미에서 수출송장이라고도 부른다.

② 견적송장

견적송장(pro-forma invoice)은 수출자가 거래를 유발하기 위한 수단으로 작성하거나 수입허가나 외환배정을 받기 위한 수입자의 요청에 따라 장차 그가 매입할 상품의 내용을 개괄적으로 작성하여 발송하는 송장이다. 이를 '가송장'이라고도 부른다.

이 송장은 외환사정이 좋지 않은 국가에서 수입자가 이 서류를 근거로 정부에서 외환배정을 받아 그 범위 내에서 수입하고자 할 때 주로 사용된다.

견적송장은 일종의 'Free Offer'로 간주되기 때문에 견적송장에 표시된 상품의 가격은 법적 구속력이 없다. 견적송장은 주로 사전 정보제공이나 선적물품에 대한 자료가 되는 견적서 역할을 한다.

(2) 공용송장

공용송장(official invoice)은 상업송장의 진실성을 증명할 수 있도록 그 내용에 대해 관계관청의 증명을 받게 한 송장이다. 공용송장에는 세관송장과 영사송장이 있다.

① 세관송장

세관송장(customs invoice)은 수출자가 수입국 세관에 송장내용의 진실성을 선언하고 있는 송장이다. 수입화물의 과세를 결정하거나 덤핑을 방지하기 위해 주로 사용되며, 쿼터품목의 기준량을 계산하거나 수입통계를 작성하기 위해서도 사용된다.

송장에 영사의 확인을 받을 필요는 없으나 뒷면에 있는 원산지란에는 수출국의 국명이 기재되어야 한다.

이 송장은 국가별로 요구하는 양식이 다르기 때문에 지정된 양식을 사용해야 하며 캐나다, 뉴질랜드, 남아연방공화국, 호주나 기타 아프리카 국가들이 요구하고 있다.

② 영사송장

영사송장(consular invoice)은 수입국이 수입세의 탈세방지, 수출국의 덤핑방지, 수입과세가격의 산정, 수입상의 외화도피 등의 목적으로 송장 기재사항의 정확성에 대해서 수출국에 주재하고 있는 수입국 영사의 확인을 받은 송장이다.

실제거래에서 매매가격보다 높게 송장에 기재하여 차액을 외국에 남겨놓음으로써 외화를 도피하는 경우를 'Over-Invoicing'이라고 하고, 계약금액보다 낮게 금액을 기재하여 수입자가 관세를 포탈하는 경우를 'Under-Invoicing'이라고 한다.

영사송장은 대부분 해당 국가에서 지정한 양식을 사용하며 기재내용은 상업송장과 비슷하다. 국가에 따라서는 특정 서식을 사용하지 않고 상업송장에 영사가 사증(visa)한 것을 사용하는 경우도 있다.

5. 기타서류

1) 개요

무역거래에서는 기본서류 외에도 기타서류를 요구하는 경우가 많다. 기타서류의 제출을 요구하는 이유는 첫째 수입국의 외환 및 관세 등 무역관련 법규에서 그러한 서류의 구비를 요구하고 있기 때문이며, 둘째 서류를 통해 자신의 요구조건이나 이익을 보다 확실히 보장받기 위해서이다.

기타서류에는 원산지증명서, 포장명세서, 수익자증명서, 검사증명서 등이 있다.

2) 원산지증명서

원산지증명서(certificate of origin, C/O)는 해당 물품이 그 국가에서 생산되거나 제조되었다는 것을 증명하는 공문서이다. 이 서류는 원산지나 생산지를 판별하고자 하는 목적과 외환관리나 덤핑방지 등 수입정책상의 목적으로 주로 이용된다.

원산지증명서는 보통 수출국에 주재하는 수입국 영사가 발급하는데 우리나라의 경우는 대한상공회의소와 세관에서 발급하고 있다.

3) 포장명세서

포장명세서(packing list)는 포장된 상품의 목록을 상세히 기재하고 있는 서류이다. 여기에는 선적화물의 포장 및 포장 단위별 명세, 단위별 순중량, 총중량, 포장의 일련번호 등이 기재되어 있다. 이 서류는 수출자가 수입자 앞으로 작성하며, 상업송장을 보충하기 위한 서류이기 때문에 대부분의 기재내용이 상업송장과 거의 일치한다.

4) 수익자증명서

수익자증명서(beneficiary certificate)는 수출자가 자기 화물이 계약서나 신용장에 명기된 사항과 동일하게 선적되었음을 스스로 선언하여 수입자 앞으로 발행하는 서류이다. 이 서류의 기재내용은 다양하며 특별히 정해진 양식도 없다.

5) 검사증명서

검사증명서(inspection certificate)는 계획된 대로 검사가 진행되었음을 증명하기 위해 발행되는 서류이다. 특히, 물품이 일정 요건에 충족되어야 하는 경우에 요구되며 이 서류의 발행은 곧 수출상품의 품질조건에 하자가 없음을 증명하는 것이 된다.

제6절 환어음 결제

1. 환어음

1) 환어음의 의의와 성질

(1) 환어음의 의의

환어음(Bill of Exchange, B/E)이란 환어음의 발행인이 제3자, 즉 지급인에게 기재된 일정한 날짜에 증권상에 기재된 금액을 증권상의 채권자(수령인 또는 그의 지시인)에게 지급할 것을 요구하는 무조건의 지급위탁서를 말한다.

(2) 환어음의 성질

첫째, 환어음의 발행인(서명자)은 채권자인 수출자이다.

둘째, 채무자(신용장거래의 경우는 발행은행)가 실제로 지급을 이행할 환어음의 상대방은 환어음의 배서에 의해 지정된 자나 환어음의 정당한 소지인이다.

셋째, 환어음은 요식증권이므로 다른 유가증권에 비해 엄격한 형식이 요구된다. 따라서 환어음의 효력이 발생하려면 필수 기재사항들이 반드시 기재되어야 한다.

2) 환어음의 당사자

(1) 발행인

환어음의 발행인(drawer)은 환어음을 발행하고 서명하는 자 즉, 채권자인 수출자가 된다. 발행인은 환어음의 우측 하단에 서명하여 이를 발행한다.

(2) 지급인

환어음의 지급인(drawee)은 환어음을 지급하는 자 즉, 신용장 발행은행이나 상환은행(reimbursing bank) 및 수입자(추심결제의 경우)가 된다.

(3) 수취인

환어음의 수취인(payee)은 환어음의 지급을 받는 자로 환어음의 발행인이 될 수도 있고 발행인이 지정하는 제3자도 될 수 있다. 신용장에 근거를 두고 발행하여 외국환은행에 매입을 의뢰하는 경우의 수취인은 동 서류를 매입한 외국환은행이 된다.

완전한 환어음을 소지하고 있는 자를 '선의의 소지인'이라고 한다.

3) 환어음의 준거법과 발행통수

(1) 환어음의 준거법

어음행위는 원칙적으로 행위지 어음법이 적용된다. 따라서 우리나라 수출자가 국내에서 발행하여 국내 은행에 매입하는 환어음은 우리나라 어음법이 적용된다.

(2) 환어음의 발행통수

국내거래의 대금결제용으로 주로 사용되고 있는 약속어음(promissory note)은 보통 1통이 발행되는 단독어음(sola or sole bill)이다.

그러나 무역거래의 대금결제용으로 사용되고 있는 환어음은 항상 같은 내용의 것을 제1권(first bill of exchange)과 제2권(second bill of exchange)으로 2통을 작성하여 발행하는 조어음(set bill, 복수어음)이다. 그 이유는 환어음의 우송 중 분실이나 연착으로 인한 어음 유통상의 장해를 방지하기 위함이다. 매입이 이루어지면 보통 제1권에는 운송서류 원본(original)이 첨부되고 제2권에는 운송서류 부본(duplicate)이 첨부되어 각각 다른 항공편을 통해 수출지 은행에서 수입지 은행으로 우송된다.

4) 환어음의 종류

(1) 일람출급어음과 기한부어음

일람출급어음(sight bill, demand bill)은 수취인(환어음 소지인)이 환어음의 지급인에게 환어음을 제시하면 지급인이 일람하는 즉시 지급하는 환어음이다.

기한부어음(usance bill, term bill, time bill)은 환어음의 발행이나 제시가 이루어진 후에 일정 시간이 경과되어야 지급되는 환어음이다.

(2) 화환어음과 무화환어음

화환어음(documentary bill)은 환어음에 운송서류가 첨부되는 것이다. 무화환어음(clean bill)은 환어음에 운송서류가 첨부되지 않은 것으로 '무담보어음'이라고도 한다.

(3) 지급인도어음과 인수인도어음

지급인도어음(D/P Bill)은 수하인이 환어음 대금을 결제하지 않으면 운송서류를 거래은행으로부터 수령할 수 없도록 되어 있는 환어음이다.

인수인도어음(D/A Bill)은 수입지 은행이 어음이 제시했을 때 수하인이 환어음 대금을 지급하지 않고 이를 인수함으로써 운송서류를 수령할 수 있는 환어음이다.

5) 환어음의 기재사항과 해석

(1) 필수 기재사항

필수 기재사항은 환어음에 반드시 기재되어야 하는 사항으로, 만일 어느 하나라도 누락되면 환어음으로서의 법적 효력이나 구속력을 갖지 못하게 된다.

① 환어음의 표시문구 : 환어음임을 표시하는 문구로 환어음 상단 중앙에 'BILL OF EXCHANGE'라고 인쇄되어 있다. 이를 '환어음의 표제'라고도 부른다.

② 일정금액의 무조건 지급위탁문언 : 일정금액을 지급한다는 뜻의 'PAY TO ~ THE SUM OF ~'가 이 문언이다. 무조건의 위탁은 지급에 조건이 없다는 것으로 'PAY TO ~ OR ORDER'가 이것이다. 'PAY TO ~'는 '~에게 지급하시오'를 의미하고 TO ~ 다음에는 수취인(통상은 환어음 매입은행)을, 'THE SUM OF ~' 다음에는 지급통화와 금액을 문자로 기재한다. 'OR ORDER (or their Order)'는 '또는 ~은행의 지시인'을 말한다. 이 금액을 지급함에 있어 조건을 붙이거나 지급방법이 한정된다면 이것은 무조건의 지급지시가 아니다.

③ 지급인(drawee) : 지급인은 환어음 제일 하단 좌측에 'TO ~' 다음에 기재되는 자이다. 지급인은 발행은행이나 발행의뢰인, 또는 제3의 은행이 된다.
신용장이 'drawn on issuing bank'인 경우에는 발행은행이 지급인이 되며, 'drawn on ~' 이하가 발행은행이 아닌 다른 은행이 기재되는 경우는 Reimbursing Bank가 지급인이 된다.

④ 지급지(place of payment) : 지급지는 환어음 금액이 지급될 일정한 지역을 말하며, 신용장에 별도 명시가 없는 한, 도시명만 표시된다. 지급지는 실제로 존재하는 지역이어야 하기 때문에 현재 존재하지 않는 지역을 표시하면 무효가 된다.

⑤ 지급 만기일 : 지급 만기일은 환어음 금액이 실제로 지급되는 날짜이다. 환어음의 문언 중 'at ~ sight'의 at ~ 다음에 기재되는 것이 만기일의 표시이다.
신용장의 경우 지급만기일의 표시는 크게 일람출급과 기한부 2가지가 있다. 일람출급일 경우 'at xxx sight of' 로 표시되며, 기한부일 경우 'at xxx days after sight' 또는 'at xxx days after B/L date'의 형식으로 기재된다.
만일 지급일이 'at 30 days after date'인 경우 환어음의 발행일이 4월 10일이면 만기일은 4월 11일~30일까지 20일간 그리고 5월 1일~10일까지 10일간 총 30일간이 되어 5월 10일이 된다.

⑥ 수취인(payee) : 수취인은 환어음의 금액을 지급받는 자이다. 이는 환어음의 발행인이 될 수도 있고 발행인이 지정하는 제3자가 될 수도 있다.

어음상의 문언 중 'PAY TO ~' 다음에 기재되는 자가 수취인인데, 신용장거래의 경우는 보통 매입은행이 기재된다. 환어음상에 수취인을 표시하는 방법과 관련하여 우리나라 어음법은 기명식(예) Pay to SHINHAN Bank)과 지시식(예) Pay to SHINHAN Bank or Order)에 의한 발행만을 인정하고 있다.

⑦ 발행일 : 발행일은 환어음이 발행된 날짜이며 신용장 유효기일 이내이어야 한다.

⑧ 발행지 : 발행지는 환어음이 발행된 장소를 말하는데 보통 'Seoul Korea'와 같이 도시명만 표시해도 된다. 발행지의 표시는 어음법 적용의 근거가 된다.

⑨ 발행인의 기명날인 : 발행인은 신용장의 수익자나 양도받은 경우에는 양수인이 된다. 발행인은 환어음의 우측 하단에 서명과 기명날인을 해야 한다.

(2) 임의 기재사항

임의 기재사항은 기재되지 않아도 그 효력에 영향을 미치지 않는 사항들이다.

⑩ 환어음 번호 : 특별한 의미는 없고 참조의 편리성을 위해 기재한다.

⑪ 복본번호에 관한 문언 : 환어음은 2통을 한 조로 하여 발행되기 때문에 환어음에 'THIS FIRST BILL OF EXCHANGE(SECOND OF THE SAME TENOR AND DATE BEING UNPAID)'로 기재된다. 그 이유는 이러한 번호가 없으면 복본으로 발행되어 2통이 각각 독립적으로 유통될 수 있기 때문이다.
복본으로 발행된 환어음은 각각 법률적으로 동일한 효력을 갖고 있으며 그 중의 어느 1통에 의해 지급이 완료되면 나머지는 자동적으로 효력을 상실하게 된다. 'SECOND OF THE SAME TENOR AND DATE'는 동일 내용과 일자의 제2통, 'BEING UNPAID'는 지급이 되지 않았다면(If it is unpaid)의 의미이다.

⑫ 복기금액 : 'THE SUM OF ~' 이하에 문자로 금액을 복기한다. 표제(숫자)금액과 복기(문자)금액이 불일치할 경우에는 문자금액을 우선한다.

⑬ 대가수취 문언 : 'VALUE RECEIVED'이다. 동 문언은 발행인이 환어음의 대가를 영수하였다는 의미로 '대가 수령함'으로 번역된다. 수출자가 환어음과 상환으로 신한은행으로부터 수출대금을 수령하였다는 의미이다.

⑭ AND CHARGE THE SAME TO ACCOUNT OF ~ : 발행인이 지급인에게 지시하는 내용으로, 본 환어음이 지급인에 의해 결제되면 그 자금은 'ACCOUNT OF ~' 이하에 기재된 ACCOUNTEE로부터 대금을 수령하라는 의미이다.

⑮ 신용장에 관한 문언 : 이 문언은 'DRAWN UNDER ~ L/C NO ~ DATED ~'에 기재된다. 'DRAWN UNDER ~' 이하에는 신용장 발행은행이 기재되며 'L/C NO' 뒤에는 신용장번호가 기재되나 D/P · D/A인 경우에는 계약서 번호가 기재된다.

서식 11-3 환어음(Bill of Exchange)

① BILL OF EXCHANGE

⑩ No. 2345 ⑦ Date Nov. 3. 2025 ⑧ Seoul. Korea.
For U.S 60,000

⑤ AT * * * SIGHT OF ⑪ THIS FIRST BILL OF EXCHANGE (SECOND OF THE SAME TENOR AND DATE BEING UNPAID) ② PAY TO ⑥ THE SHINHAN BANK, LTD OR ORDER THE SUM OF ⑫ SAY US DOLLARS SIXTY THOUSAND ONLY

⑬ VALUE RECEIVED AND ⑭ CHARGE THE SAME TO ACCOUNT OF GLOBAL ENTERPRISING CO., INC. N.Y U.S.A

⑮ DRAWN UNDER NEW YORK COMMERCIAL BANK, NEW YORK, U.S.A
L/C NO. P-466878 DATED JULY. 28. 2025.

TO ③ NEW YORK COMMERCIAL BANK ⑨ INTERNATIONAL SEOUL TRADING CO., LTD.

NEW YORK E. J. Han

④ U.S.A E. J. Han
Vice President

환 어 음

번호 : 2345 발행일자 및 발행지 : 2025. 11. 3. 서울, 대한민국
금액 : 미화 6만 달러

이 제1환어음을 일람 후에 (만일 동일 지급기간 및 일자의 제2환어음이 지급되지 않았다면) 아래 금액을 신한은행 또는 그의 지시인에게 지급하여 지급하십시오.

미화 6만 달러 정

대가 수령하였으며 동일 어음금액을 미국 뉴욕소재 글로벌엔터프라이징에게 청구하십시오. 이 환어음은 2025년 7월 28일자에 미국 뉴욕의 뉴욕상업은행이 발행한 신용장 번호 P-466878호에 의거하여 발행된 것임.

지급인 및 지급지 발행인의 기명날인
E. J. Han

뉴욕상업은행, 뉴욕 (주)국제서울무역
미국 부사장

2. 수출대금의 회수

오늘날 무역결제는 환어음을 결제수단으로 하고 신용장을 결제방식으로 하며 환어음의 담보로서 운송서류를 첨부하는 방식으로 대부분 이루어지고 있다.

이 방식은 은행이 개입함으로써 수출자와 수입자의 이해관계를 가장 잘 조화롭게 하는 동시에 가장 발전된 형태의 결제제도로 평가되고 있다.

화환어음 결제방식에서 수출대금을 회수하는 방법에는 크게 신용장이 있는 화환어음에 의한 결제방식과 신용장이 없는 화환어음에 의한 결제방식이 있다.

이때 신용장방식에 의한 거래에서 사용되는 환어음은 일람지급어음(sight bill)과 기한부어음(usance bill)이며, 무신용장거래인 추심결제방법에 의한 수출입에서 발행되는 환어음은 D/P어음과 D/A어음이다.

1) 신용장이 있는 화환어음에 의한 결제방식

신용장이 있는 화환어음에 의한 결제방식은 수출자가 약정물품을 선적한 다음, 발행은행을 지급인으로 환어음을 발행하고 거기에 운송서류를 첨부하여 수출지의 거래은행이나 그 신용장에 지정된 은행에 매입을 의뢰하면 매입은행이 그것과 상환으로 수출환어음 금액을 지급함으로써 수출자가 선적상품의 대금을 회수하는 방법이다.

2) 신용장이 없는 화환어음에 의한 결제방식

본지사간의 거래와 신용을 바탕으로 한 거래가 증가하면서 최근에는 신용장이 없는 화환어음방식을 이용하여 대금을 회수하는 방법도 널리 사용되고 있다.

신용장이 없는 화환어음에 의한 결제방식(D/P나 D/A 등 추심결제방식)에서 수출지 은행은 수출자로부터 추심을 의뢰받은 환어음과 운송서류를 수입지에 있는 지점이나 거래은행 앞으로 발송하게 된다.

운송서류를 접수한 지점이나 거래은행은 그 서류를 수입자에게 전달하게 된다. 이때 수출자가 발행한 수출환어음에 지급인도라고 명시된 지급인도어음(D/P Bill)일 경우에는 수입자가 그 어음금액을 지급하지 않으면 매입은행의 지점이나 거래은행은 운송서류를 수입자에게 넘겨주지는 않는다.

또한 수출환어음에 인수인도어음(D/A Bill)일 경우에는 수입자가 어음금액을 언제까지 지급하겠다고 하는 책임을 인수하면 매입은행의 지점이나 거래은행은 운송서류를 수입자에게 인도하게 된다. 운송서류를 인수한 수입자는 수입지의 선사에 그것을 제시하고 약정물품을 수령하게 된다.

학습정리

1. 현행 수출입공고상의 국제적인 상품분류방식은 HS방식이다.
2. 수출입승인은 대금결제사항이 제외된 상태로 수출입공고에 의해 수출입이 제한된 물품 등을 수출입이 가능 하도록 허가하여 주는 절차이다.
3. 신용장의 기본 당사자에는 발행의뢰인, 발행은행, 수익자, 확인은행(있는 경우)이 있다.
4. 취소불능화환신용장이란 발행되면 기본 당사자 전원의 합이 없이는 취소가 불가능하며, 환어음에 운송서류가 첨부된 신용장을 말한다.
5. 개품운송계약은 개개의 화물을 운송하는 계약 하에 여러 하주로부터 화물을 모아 혼합 적재하여 운송하는 방식이다.
6. 정기선운송은 무역화물을 운송할 때에 정기선을 이용하는 방식이다.
7. 컨테이너(container)운송은 반복적으로 사용이 가능하도록 규격화된 수송도구이며 화물의 단위운송(unit load)을 실현시켜주는 혁신적인 운송방식이다.
8. 선하증권은 선주가 선적을 위하여 그 화물을 수취한 것을 증명하고, 이것을 도착항에서 일정 조건하에 수하인이나 그 지시인에게 인도할 것을 약정한 유가증권이다.
9. 해상보험계약은 일종의 낙성계약이기 때문에 계약자가 보험의 청약을 하고 보험자가 인수의 승낙을 했을 때에 성립된다.
10. 구협회적하약관은 단독해손부담보조건, 분손담보조건, 전위험담보조건이 있다.
11. 신협회적하약관은 ICC(A), ICC(B), ICC(C)조건이 있다.
13. 운송서류(transport documents)란 수출화물의 선적 및 선적과 관련된 여러 사실을 증명하는 선하증권 등 수출자가 수입자에게 제공하는 여러 서류를 말한다.
14. 유효한 보험서류에는 보험증권과 보험증명서가 있는데, 이는 각기 문면상 반드시 보험회사, 보험업자 또는 그 대리인이 발행하고 서명한 것이다.
15. 상업송장이란 환어음과 같이 수출자가 직접 작성하는 서류로 모든 무역거래에서 필수적으로 요구되는 매매계산서와 대금청구서의 역할을 한다.
16. 수출자가 운송서류를 갖추어 거래외국환은행에 제시하면 그 대가로 은행으로부터 수출대금을 회수하게 되는 Nego 절차를 수출대금회수라고 한다.

■ 생각해보기

주제	신용장거래는 많은 장점에도 불구하고 한계성이 존재한다. 수입자와 수출자의 입장에서 신용장거래가 가지는 한계성에 대하여 생각해 봅시다.
전문가 의견	우선 수입자로서는 수출상이 추상성을 악용하여 전혀 다른 상품을 선적하고 서류만 신용장 조건대로 작성하여 제시하면 은행은 반드시 대금지급을 하므로 수입상은 상품이 정확하게 수입될 것이라는 보장이 없다. 한편 수출자로서는 수입상이 독립추상성의 특성을 악용하여 수출상이 매매계약 내용을 성실히 이행하였음에도 불구하고 서류상의 오류를 트집잡아 지급을 거절하거나 가격할인을 요구하는 경우가 있다.

■ 평가문제

문항	유형	문제
1	객관식	부정기선운송의 특징과 거리가 먼 것은? ① 주로 Bulk Cargo의 대량운송에 이용되고 있다. ② 항로가 일정하지 않고 필요시에 운항된다. ③ 항로를 선택하기 어렵기 때문에 일반적으로 해운동맹에 가입한다. ④ 수요와 공급에 의하여 운임이 결정된다. 정답 ③ 해설 부정기선운송의 특징은 다음과 같다. ① 고정된 운항일정과 항로가 없으므로 항로의 자유선택이 가능하다. ② 대량의 화물(bulk cargo)을 주요 대상으로 한다. ③ 운임이 그 당시의 수요와 공급에 의한 완전경쟁으로 결정하게 된다.
2	주관식	국제상업회의소(ICC)가 제정한 신용장업무를 취급할 때 지켜야 할 제반사항 및 해석의 기준을 규정한 국제규칙을 무엇이라고 하는가? 정답 신용장통일규칙(UCP) 해설 신용장통일규칙(Uniform Customs and Practice for Documentary Credits ; 일명, UCP)은 국제상업회의소(ICC)가 제정한 신용장업무를 취급할 때 지켜야 할 제반사항 및 해석의 기준을 규정한 국제규칙이다.
3	논술식	① 무역운송에서 개품운송계약과 용선운송계약을 비교 설명하시오. ② 우리나라 수입화물의 통관과 그 절차를 순서대로 설명하시오. ③ 컨테이너화물운송의 선적절차를 재래식화물을 중심으로 설명하시오. ④ 해상보험에서 담보위험과 면책위험을 신협회적하약관의 내용을 중심으로 비교 설명하시오. ⑤ 신용장에서 요구하는 일반적인 운송서류의 요건을 설명하시오.
4	설명식	① 정기선운송 ② 내국신용장 ③ 외화획득용 원료의 수입 ④ 신용장통일규칙(UCP) ⑤ 환가료

제12장 무역계약의 종료

제1절 무역계약의 종료와 계약위반

1. 무역계약의 종료

1) 무역계약 종료의 의의와 사유

(1) 무역계약 종료의 의의

계약의 종료(termination or discharge of contract)란 유효하게 성립된 계약의 효력이 일정한 이유로 소멸되어 계약이 없었던 상태로 되돌아가는 것을 말한다.

(2) 무역계약의 종료 사유

대부분의 무역거래에서는 무역계약의 내용들이 모두 이행되어 정상적으로 종료된다. 무역계약은 당사자가 약정한 제반의무사항을 완전하게 이행하여 그 목적을 달성함으로써 종료되는 것이 가장 이상적이고 바람직하다.

그러나 무역계약은 정상적인 계약의 이행 이외에도 기존에 예상했던 것과 달리 정상적으로 이행되지 못한 상태에서 종료되는 경우도 대단히 많다. 그 대표적인 것이 당사자의 합의, 기간의 만료, 이행불능, 계약위반 등에 의한 종료이다.

① 계약의 이행에 의한 종료

무역계약의 종료 원인으로 가장 바람직한 것은 매도인과 매수인이 본래 의무를 제대로 이행함으로써 종료되는 것이나. 즉, 매도인은 약정된 물품을 인도하고 매수인은 약정된 대금을 지급하면 무역거래는 원만하게 종료된다.

② 당사자의 합의에 의한 종료

무역계약은 계약자유의 원칙과 당사자 자치의 원칙에 따라 당사자들의 합의에 의해 성립되지만 당사자들의 합의에 의해서도 종료된다.

③ 기간의 만료에 의한 종료

무역계약에서 계약이 유효하게 존속하는 기간(예를 들어 상법상 5년 등)을 정하고 있는 경우 그 기간이 만료되면 계약관계는 그 시점에서 종료된다.

④ 이행불능에 의한 종료

이행불능(frustration)이란 당사자가 무역계약에서 맺은 채무를 이행할 수 없는 경우를 말한다. 이를 '계약의 목적달성 불능'이라고도 부른다.

계약물품의 멸실이나 파괴, 위법(전쟁, 수출입의 금지 등)과 같은 불가항력으로 인하여 계약체결 후 이행이 채무자의 귀책사유가 없는 이유로 불능이 된 경우에는 계약이 종료된다. 이행불능이 발생한 경우 당사자의 채무는 그 시점에서 자동적으로 면제된다. 이행불능에는 원시적 이행불능과 후발적 이행불능이 있다.

⑤ 계약위반에 의한 종료

무역계약의 위반(breach of contract)이란 무역거래에서 매도인과 매수인 중 어느 일방이 계약내용으로 규정된 국제상거래관습, 그 계약의 명시적 혹은 묵시적 약정사항, 계약의 취지, 각종 조약 및 강행법규에 적합한 급부나 이행을 하지 않은 것을 말한다.

채무자가 책임을 져야 하는 사유로 본질적인(중대한) 계약위반을 하게 되면 상대방은 계약해제의 의사표시를 함으로써 계약을 종료시킬 수 있다.

2) 무역계약 종료의 효과

무역계약이 성립되면 매도인에게는 물품인도의 의무가, 매수인에게는 물품인수와 대금지급의 의무가 기본적으로 발생되고 계약에 의한 그 밖의 의무들도 부수적으로 발생하게 된다. 계약이 종료될 때까지 모든 계약관계는 유효하게 존속하지만 계약이 해제되면 계약이 종료되어 매매당사자의 의무는 소멸되게 된다.

그런데 그 종료는 모든 채권과 채무관계까지도 소멸되는 것은 아니다. 왜냐 하면 계약이 종료되더라도 책임이 있는 사유로 상대방에게 손해를 입힌 당사자는 이에 대한 손해배상의 의무를 부담해야 하기 때문이다.

계약위반으로 인해 손해를 입은 당사자는 상대방으로부터 손해배상과 이자를 지급받을 권리가 있으므로 계약해제는 거의 모든 경우에 손해배상을 수반하게 된다.

그러나 계약해제에 의한 매매당사자의 여러 가지 의무의 소멸에도 불구하고, 소송이나 중재와 같은 분쟁해결수단에 관한 합의내용이나 계약해제에 의한 당사자의 권리와 의무에 관한 계약내용까지도 소멸하는 것은 아니라는 점은 유의해야 한다.

2. 무역계약의 위반과 당사자의 구제

1) 무역계약 위반의 의의와 유형

(1) 의의

무역계약은 당사자가 체결한 계약내용대로 이행됨으로써 종료되는 것이 가장 바람직하다. 그러나 수출자 또는 수입자의 귀책사유에 의한 계약위반이 있는 경우에는 이 문제를 해결해야만 비로소 그 무역계약이 종료하게 된다.

무역계약의 위반(breach)이란 무역계약의 성립으로 일정한 의무를 부담한 자가 채무의 내용에 적합하게 그 의무를 이행하지 않는 것을 말한다.

즉, 무역계약이 성립된 이후 일방 당사자가 계약내용의 일부나 전부를 정당한 사유없이 이행하지 않거나 불완전하게 이행한 행위를 말하며 계약의 불이행이라고도 한다.

(2) 유형

계약위반의 유형에 대해 대륙법계는 이행지체, 불완전이행 및 이행불능을 들고 있다. 이에 비해 영미법에서는 불완전이행을 이행지체의 한 형태로 보아 계약위반의 유형으로 보지 않는 대신에, 이행거절을 계약위반의 유형으로 간주하고 있다. 나머지에 대해서는 대륙법계와 같은 입장이다. 그러나 Vienna Convention(1980)에서는 계약위반의 유형을 이와 같이 구분하지 않고 있다. 즉, 비엔나협약에서는 계약위반의 유형을 규정하지 않고 매매당사자의 계약위반에 대한 구제방안에 대해서만 상세한 규정을 두고 있다.

① 이행지체

㉠ 의미

이행지체(delay in performance)란 채무자가 채무를 이행해야 할 시기에 있고 그 채무의 이행이 가능함에도 불구하고 채무를 이행하지 않는 것을 말한다. 선적의 불이행이나 대금 미지급 등이 대표적이며, 계약위반의 가장 일반적인 형태이다.

㉡ 성립요건

이행지체가 성립되기 위해서는 채무의 이행시기가 도래해야 하고 이행이 가능해야 하며 채무자의 귀책사유에 의해 채무가 이행되지 않아야 한다.

㉢ 효과

이행지체의 경우 타방 당사자(채권자)는 의무이행을 청구할 수 있으며 상대방이 이에 응하지 않을 경우 손해배상의 청구나 계약해제도 할 수 있다.

② 이행거절

㉠ 의미

이행거절(rejection of performance)이란 채무자가 계약에서 정한 자신의 채무를 이행기의 도래 전에 이행할 의사가 없음을 표명하는 것을 말한다.

이행거절은 사전적 계약위반인데 비하여 이행지체는 사후적 계약위반이기 때문에 양자는 시기적으로 서로 대립되는 개념이다.

㉡ 성립 요건

이행거절은 이행기간이 오기를 기다리지 않고, 채무자가 이행의 거절의사를 상대방에게 통지하는 시점에서 계약위반이 된다. 이행거절의 의사는 명시적 혹은 묵시적인 방법으로 표시되어야 한다.

㉢ 효과

상대방이 이행거절을 했다 하더라도 타당 당사자는 계약을 소멸처리하지 않고 이행기간까지 이행하여 줄 것을 요구할 수 있으며, 이행기간 도래 이전에 계약을 해제하고 손해배상을 청구할 수도 있다.

③ 이행불능

㉠ 의미

이행불능(impossibility of performance)이란 계약 체결 후 당사자들이 책임질 수 없는 사유로 계약을 이행할 수 없게 되었거나 상황이 계약을 체결할 때에 예상했던 것과 완전히 달라져 더 이상 계약을 이행할 가치가 없어진 경우를 말한다.

대표적인 경우는 수출입금지로 수출입행위가 위법(illegality)이 된 경우 등이 있다.

그런데 당사자의 행위에 의해 이행이 불가능한 경우는 계약위반에 해당하는 이행불능이 되므로 이 경우 채권자는 손해배상을 청구하거나 계약을 해제할 수 있다.

㉡ 유형과 구별

이행불능은 원시적 이행불능과 후발적 이행불능이 있다.

원시적 이행불능은 무역계약 체결 당시에 이미 계약달성이 불가능했거나 계약목적물이 소멸하여 계약 자체가 성립되지 않는 경우를 말한다. 후발적 이행불능은 계약은 체결 당시 유효하게 성립되었으나 추후에 예상치 못한 불가항력적 상황의 발생으로 계약의 이행이 불가능해진 경우를 말한다. 대표적인 후발적 이행불능은 불가항력의 발생, 계약 체결 후 법률이나 규정변동으로 인한 정부의 수출입금지 조치 등이다.

불가항력(force majeure)과 이행불능(frustration, 계약의 좌절)은 자기가 책임지거나 감당할 수 없는 사유들로 인하여 당사자로 하여금 당초 계약에서 의도하였던 계약내용의 이행을 불가능하게 만든다는 점에서는 서로 동일한 공통점을 가지고 있다.

그러나 이행불능이 계약의 존속을 무의미하게 하여 계약이 자동적으로 소멸되는 것인데 반하여, 불가항력은 계약 전체를 소멸시키는 것이 아니라 계약당사자의 면책만을 인정하고 있다는 차이점이 있다.

불가항력은 주로 당사자가 그의 고의나 과실의 유무에도 불구하고 의무이행의 절대적 책임을 부담해야 하는 불이익을 사전에 제한하기 위해 사용된 개념이다.

ⓒ 효과

이행불능의 경우 계약당사자의 향후 계약이행 의무는 면제된다. 그러나 이행불능은 당사자가 임의로 판단할 사항은 아니며 사전에 계약에 명시하거나 법원 등에서 이행불능임을 판정받아야만 인정된다.

④ 불완전이행

㉠ 의미

불완전이행(incomplete performance)이란 어느 일방이 계약을 이행하였으나 이것이 계약의 내용에 따른 완전한 이행이 아니라 불완전한 이행이기 때문에 상대방에게 손해를 발생시킨 경우를 말한다.

이행지체나 이행불능이 소극적 사유에 의해 침해된 것인데 반해, 불완전이행은 완전하지는 않지만 이행이라는 적극적 행위를 통하여 침해된 것이다.

불완전이행이 되려면 이행행위가 있고 그 이행이 불완전해야 하며 채무자에게 고의나 과실 등의 귀책사유가 있어야 한다. 따라서 이행행위가 전혀 없다면 이행불능이나 이행지체가 된다.

㉡ 성립 요건

불완전이행은 주로 물품의 수량이나 품질 등이 충족되지 못한 경우에 성립되지만, 하자있는 제품을 인도하였거나 채무의 이행방법이 불완전한 경우에도 성립된다.

ⓒ 효과

불완전이행의 경우 타방 당사자는 계약의 완전한 이행 및 대체품 인도를 청구하거나 대금감액을 청구하는 등의 조치를 취할 수 있고, 경우에 따라서는 이행기간을 연장해주고 추가기간 내에 이행할 것을 요청할 수도 있다. 또 손해배상을 청구할 수도 있으며 불완전이행이 보완 불가능한 본질적인 하자인 경우에는 계약도 해제할 수 있다.

2) 계약위반에 대한 당사자의 구제방법

(1) 계약위반과 비엔나협약

당사자 일방의 계약위반에 대한 상대방의 구제방안은 현실적 이행을 강제하는 방식과 손해를 배상받는 방식이 있다.

우리 민법을 비롯한 대륙법계에서는 가능한 한 본래 계약에서 약속되었던 급부의 내용을 그대로 실현하도록 하는 것이 채권자에게 유리할 뿐 아니라 계약의 본래 취지에도 부합한다는 이유로, 현실적 이행을 강제하는 방식을 원칙으로 하고 그것이 불가능한 경우에는 손해배상에 의한 권리구제도 행사할 수 있도록 하고 있다.

이에 비해, 영미법계에서는 계약위반의 경우 약속된 채무에 대체되는 수단으로 보상적 구제, 즉 금전의 배상을 명하는 손해배상을 청구하는 것을 원칙으로 하고 예외적으로만 현실적인 강제이행을 행사하도록 하고 있다.

비엔나협약(1980)에서는 양 법계에서 보이는 커다란 차이들을 적절히 타협·조정하고 있다. 즉, 비엔나협약은 계약자유의 원칙을 존중하되, 계약위반의 경우에도 일단 체결된 계약은 가능한 한 유지되도록 한다는 계약유지의 이념을 특히 강조하고 있다.

비엔나협약은 당사자의 계약위반에서 비롯된 상대방의 손해 정도에 중심을 두어, 그것이 심각할 경우(본질적 계약위반)에만 계약을 해제할 수 있도록 하고 있다.

(2) 구제의 개요와 구제방법의 종류

구제(remedy)란 일정한 권리가 침해당하게 되는 경우 이를 시정 또는 보상하게 하는 것을 말한다. 무역계약 위반시 구제방법에는 매도인이 계약을 위반한 것에 대한 매수인의 구제방법과 매수인이 계약을 위반한 것에 대한 매도인의 구제방법이 있다.

비엔나협약은 계약위반의 형태에 대해서는 규정하지 않고 계약위반에 대한 구제수단에 대해서만 상세한 규정을 설정하고 있는 바, 이를 열거하면 다음과 같다.

첫째, 매도인의 계약위반에 대한 매수인의 구제방법으로는 계약대로의 이행청구권(약정물품인도의 청구권, 대체물품인도의 청구권, 부적합보완의 청구권), 이행기간의 추가설정권, 대금감액의 청구권, 물품의 인수거절권, 계약해제권 및 손해배상의 청구권을 규정하고 있다.

둘째, 매수인의 계약위반에 대한 매도인의 구제방법으로는 계약대로의 이행청구권, 이행기간의 추가설정권, 물품명세 지정권, 하자보완권, 대금지급의 청구권, 계약해제권 및 손해배상청구권을 규정하고 있다.

계약위반의 경우 이러한 여러 권리구제수단 중 한 가지만 선택하여 행사하여야 하는 것은 아니기 때문에 두 가지 이상을 병행으로 행사할 수도 있다.

(2) 매도인의 계약위반에 대한 매수인의 구제방법

매수인의 구제방법에는 다음과 같은 계약이행 청구권, 추가 이행기간 설정권, 대금감액 청구권, 물품인수 거절권 등이 있다. 이중에서 대체품인도 청구권, 대금감액 청구권 및 물품인수 거절권은 매수인만이 가질 수 있는 권리이다.

① 계약이행 청구권

㉠ 의미

비엔나협약은 계약의 현실적 이행측면에서 매수인은 매도인에게 그 의무의 이행을 요청할 수 있는 권리를 부여하고 있다.

계약이행 청구권이란 계약을 해제하지 않는 대신 당초의 계약대로 그 의무를 이행해 줄 것을 요구하는 것을 말한다. 이를 특정이행 청구권이라고도 한다.

예로 매도인이 독점생산하거나 유일한 생산능력 보유자로서 오직 그 매도인으로부터만 공급받을 수 있는 경우에는 다른 거래처로부터 그것을 입수할 수 없다.

이 경우에는 비록 매도인이 이해지체로 계약을 위반하였다 하더라도 계약을 해제하지 않고 당초 계약내용 대로 물품을 인도해 줄 것을 요청하는 것이다.

㉡ 제한

매수인이 계약의무를 이행하기를 요구하는 경우에는 매도인이 이에 부응케 하는 차원에서 그 요구와 모순되는 권리구제 수단을 행사해서는 안 된다. 예를 들어 매수인이 계약해제를 선언할 때에는 계약이행 청구권은 상실하게 된다. 그러나 매수인은 계약이행청구권을 행사하더라도 이행지체 등으로 인한 손해배상은 청구할 수 있다.

㉢ 이행청구의 유형

매수인의 매도인에 대한 계약이행 청구의 유형에는 다음과 같은 것들이 있다.

첫째, 약정품인도의 청구권이다. 이것은 매도인이 당초 약정한 계약물품을 아예 인도하지 않은 경우에 그 인도를 청구할 수 있는 권리이다.

둘째, 대체품인도의 청구권이다. 이것은 하자에 대해 기간을 합리적으로 설정하여 계약물품에 상응하는 대체품을 청구하는 것이다. 이 권리는 대체품이 없는 경우에는 행사될 수 없고, 반면 대량으로 생산되는 공산품 등에 행사될 수 있다.

여기에서 유의할 점은 비엔나협약에서 이 권리는 후술할 계약해제와 함께 본질적 계약위반이 있는 경우에만 행사할 수 있는 권리구제수단이라는 점이다.

셋째, 부적합보완의 청구권이다. 이것은 인도된 물품의 하자가 경미하거나 대체품을 인도받는데 시간적 여유가 없는 경우에 행사할 수 있는 권리이다.

② 추가 이행기간 설정권

㉠ 의미

이행지체나 불완전이행의 경우에는 계약이행의 청구나 대체품 인도를 청구하기 위해서는 채무이행 기간의 연장(추가기간 설정)이 필연적으로 수반되어야 한다.

매도인이 의무를 불이행하였거나 계약위반을 한 경우에는 상당한 합리적 기간을 정하여 그 이행을 최고(催告, demand)한 후, 그 기간 내에도 그 채무(의무)를 이행하지 않을 때에는 매수인은 계약을 해제할 수 있는 것이 원칙이다.

그런데 만일 채권자가 이러한 계약해제를 원하지 않는다면 이행기간의 연장을 통해 채무자로 하여금 그 채무를 완벽하게 이행하도록 기회를 줄 수 있다.

추가 이행기간 설정권은 매수인이 매도인에게 추가적으로 불이행한 의무에 대해 이행을 위한 시간적 여유를 주는 것을 말하며 '추가 이행기간 지정권'이라고도 한다.

추가 이행기간 설정권은 매도인과 매수인 모두에게 인정되는 권리구제수단이다.

추가기간의 설정은 'The last date when we can accept delivery will be July 1, 2025.'와 같이 확정적이고도 최종적인 인도날짜를 특정해야 한다.

㉡ 제한

매도인이 계약의 이행을 거절한 경우를 제외하고, 추가 이행기간을 정하고 있는 기간 동안에는 매수인은 다른 구제수단을 매도인에게 청구할 수 없다.

그렇다고 할지라도 매수인은 그로 인하여 이행의 지연에 대한 손해배상을 청구할 권리는 박탈당하지는 않는다.

추가기간의 설정은 인도불이행의 경우에만 적용되며, 추가기간 내에도 매도인이 물품을 인도하지 않으면 매수인은 그 계약을 해제할 수 있는 권리를 가진다.

③ 이행기 경과후의 하자보완권

매수인에 의한 이행기간의 추가설정이 없는 경우, 당초 이행기간의 경과 후에도 매도인이 계약이행을 보완할 수 있는가가 문제가 될 수 있다.

매매거래는 당사자의 협력과 양보를 바탕으로 한 것이므로 비엔나협약에서는 '물품이 계약과 일치하지 아니한 경우로서 모든 상황을 고려하여 불합리하지 아니한 때에, 매수인은 매도인에게 그 부적합을 보완하도록 청구할 수 있다.'고 규정하고 있다.

이것은 계약유지를 위해 매도인이 물품인도일 이후에도 일정한 요건 하에 이행의 치유를 할 수 있도록 한 것이다. 즉, 매수인이 계약을 해제하는 대신 매도인이 하자있는 물품 대신 적합한 대체물품을 제공하거나 하자있는 부분을 수리하거나 인도수량의 보충 및 불량품의 교체인도 방법 등으로 치유할 수 있도록 한 것이다.

④ 대금감액 청구권

매수인은 인도된 물품이 계약과 일치하지 않은 경우, 대체품인도의 청구권이나 부적합보완의 청구권 대신 대금감액의 청구권을 선택적으로 행사할 수 있다.

즉, 매도인이 계약을 위반한 경우 계약위반자에 대한 제제도 부여할 필요가 있기 때문에 계약을 해제하지 않는 대신 그 대가로 대금의 감액을 청구할 수 있다.

대금감액의 청구권이란 매도인이 계약을 위반한 경우 해당 물품의 손해분에 상응하는 만큼의 대금을 낮춰줄 것을 청구하는 권리를 말한다.

그러나 매수인의 대금감액 청구권은 이행기간 전에 매도인이 물품을 인도하였다가 하자를 보완한 경우, 이행기간 경과 후에 하자를 보완한 경우, 매수인이 이러한 매도인의 보완(이행)을 받아들이지 않고 거절한 경우 및 계약을 해제하는 경우에는 행사할 수 없다.

⑤ 물품인수 거절권

㉠ 의미

물품인수 거절권이란 매수인이 수령한 물품이 계약에서 정한 적격물품이 아닐 때 수령한 물품을 인수하지 않고 거절하는 권리를 말한다.

이것은 매도인이 약정된 인도기일 전에 물품을 인도하는 경우나 계약에서 정한 수량보다 많은 물품을 인도하는 경우 그 초과분에 대해서도 행사할 수 있다.

㉡ 요건

첫째, 매수인이 수령한 물품을 검사하여 물품이 계약에 부적합함을 입증해야 한다.

둘째, 물품의 검사 결과 그 부적합성이 본질적 계약위반을 구성해야 한다. 즉, 매수인이 기대하는 이해관계를 본질적으로 훼손하는 경우에만 이 권리를 행사할 수 있다.

셋째, 물품인수거절에 대한 의사를 매도인에게 통지해야 하며, 매수인은 수탁자로서 당해 물품에 관하여 관리의무를 다해야 한다.

그런데 다음과 같은 때는 매수인의 물품인수 거절권은 상실되는 것으로 해석된다.

첫째, 물품이 계약에 부적합한 것일지라도 매수인이 그 물품을 인수할 뜻을 매도인에게 통지하는 경우이다.

둘째, 매수인이 자기에게 인도된 물품에 대해 매도인의 소유권과 양립할 수 없는 행위를 한 경우이다. 예를 들어, 매수인이 수령한 물품을 담보물로 이용하거나 재매각하여 제3자에게 이를 선적, 발송, 인도하는 경우이다.

셋째, 매수인이 상당한 기간이 경과되기까지 거절의사를 표시하지 아니하고 물품을 계속 보유하는 경우이다.

⑥ 계약해제권

㉠ 의미

계약해제란 당사자 일방의 의사표시로 계약의 효력을 소급적으로 소멸시킴으로써 그 계약이 처음부터 없었던 것과 같은 법률효과를 발생시키는 것을 말한다.

매수인의 계약해제권은 계약위반이 본질적 계약위반에 해당될 경우에 단행될 수 있는 최종적인 권리 구제수단이며, 매도인의 계약위반에 대한 가장 강력하고 부정적인 권리 확보수단이다.

㉡ 요건

매수인이 계약을 해제할 수 있는 경우는 첫째, 매도인이 자신의 의무를 이행하지 않음으로써 본질적 계약위반이 된 경우 둘째, 인도불이행의 경우에 매수인이 설정한 추가 이행기간 내에도 매도인이 물품을 인도하지 않았거나 이 기간 내에 인도하지 아니할 것을 표명한 경우이다.

본질적인 계약위반은 그 계약위반으로 인하여 상대방이 계약을 통해 얻을 수 있다고 기대되는 권리가 실질적으로 박탈할 정도로 손해를 끼치는 경우를 의미한다.

㉢ 방법

계약해제권의 행사는 그 뜻을 상대방에게 통지함으로써 이루어지게 된다. 왜냐하면 계약해제의 의사표시는 상대방에게 도달한 때 효력을 발생하기 때문이다.

계약해제의 의사표시는 특별한 형식을 요하지 않고 해제의 의사를 알리면 족하다.

㉣ 제한

매수인의 계약해제권은 매수인이 추가 이행기간을 설정하였거나 매도인이 보완기간을 정하여 불이행을 보완할 의사를 밝혔을 때, 매수인이 물품검사나 부적합 통지의무를 위반하였을 경우에는 행사할 수 없다. 그리고 계약을 해제하는 경우에는 대금감액의 청구도 요구할 수 없도록 하고 있다.

⑦ 손해배상청구권

비엔나협약에서는 매도인이 계약상의 의무를 위반한 경우 매수인은 손해배상을 청구할 수 있으며, 이러한 손해배상청구권은 다른 모든 권리구제수단과 병행하여 행사할 수 있도록 규정하고 있다. 즉, 손해배상청구권은 계약이행 청구권, 대금감액 청구권 등과 함께 행사할 수 있고 나아가 계약해제권과도 함께 행사할 수 있다.

그러나 실무상 대금감액의 청구권은 그것으로 손해가 보상될 수 있는 경우가 대부분이기 때문에 손해배상청구권과 병행하여 행사되는 경우는 거의 없다.

(3) 매수인의 계약위반에 대한 매도인의 구제방법

비엔나협약에서는 매도인의 계약위반에 대한 매수인의 구제와 대응하여 매수인이 의무를 이행하지 않은 경우 매도인이 행사할 수 있는 권리구제방법도 규정하고 있다.

매도인의 구제방법 중 계약해제권과 손해배상청구권은 매도인과 매수인 모두에게 인정되는 권리이며, 물품명세 지정권은 매도인만이 가지는 권리이다.

① 계약이행 청구권

매수인의 계약위반을 한 경우 매도인은 매수인에게 당초의 계약내용 대로 대금지급이나 인도의 수령 또는 기타 의무를 이행하도록 청구할 수 있다.

계약이행 청구권이란 매도인이 매수인에게 미완성된 매수인의 의무를 완수하라고 요청할 수 있는 권리를 말한다. 매도인에게 인정된 계약이행의 청구권은 매수인이 매도인에게 계약의 이행을 요구할 수 있는 권리와 대응하여 인정하는 권리이다.

② 추가 이행기간 설정권

비엔나협약은 매수인이 계약을 불이행한 경우 매도인이 바로 계약해제권을 행사하기보다는 그 불이행이 계약의 본질에 해당하지 않는 한, 계약유지의 이념을 충분히 살려 나머지 미완성의 의무를 이행할 수 있는 합리적인 추가기간을 지정하여 그 이행을 요구할 수 있도록 규정하고 있다.

추가 이행기간 설정권이란 매도인이 매수인에게 추가적으로 불이행한 의무를 이행할 수 있도록 시간적 여유를 주는 것을 말한다. 이것은 매도인과 매수인 모두에게 인정되는 권리구제수단이다. 이행기간을 추가적으로 설정했음에도 매수인이 그 추가 지정된 기간 내에 그 의무를 이행하지 않는 경우, 매도인은 계약을 해제할 수 있다.

③ 물품명세 지정권

매수인이 물품의 규격이나 형태, 크기, 품질수준 등 물품의 명세를 결정하기로 한 무역계약에서는 매수인이 적정한 시기에 이것을 결정하여 매도인에게 알려주어야만 매도인이 그 물품을 생산, 가공, 조립 등을 하여 인도할 수 있다.

그럼에도 매수인이 이를 결정하여 매도인에게 통지하지 않는 경우에는 매도인에게 스스로 이를 결정할 수 있는 권한이 부여되는데, 이것이 물품명세 지정권이다.

④ 하자보완권

하자보완권이란 무역계약상의 하자가 계약의 본질적인 침해가 아니라 아주 경미할 경우 위반 당사자가 스스로 하자를 보완할 수 있도록 기회를 주는 권리를 말한다.

매도인의 하자보완권과 매수인의 하자보완권은 서로 상응하는 권리이다. 비엔나협약에서는 매도인의 물품 및 서류인도의무와 관련하여 하자보완권을 인정하고 있다.

한편, 매도인이 매수인의 입장을 고려하여 매수인에게 이러한 자진 보완내용을 수락할 것인지 여부를 알려주도록 요구하였으나, 매수인이 합리적인 기간 내 그 요구에 응답하지 않은 경우, 매도인은 그 요구시 제시된 기간 내 하자보완을 요구할 수 있다.

따라서 매도인은 이러한 보완 기간 중에는 이와 모순되는 권리구제권, 예컨대 계약해제권 등을 행사해서는 안 된다.

⑤ 대금지급 청구권

무역계약에서 매도인은 매수인에게 인도의 수령이나 기타 의무를 이행할 것을 요청할 수 있을 뿐 아니라 대금지급을 청구할 수 있는 권리가 있다.

매도인은 대금지급의 청구권을 행사하기 이전에 지급을 위해 추가 기간을 합리적으로 지정할 수도 있다. 다만, 매수인으로부터 그 지정기간 내 지급을 이행하지 않겠다는 뜻을 수령하지 않는 한, 매도인은 그 지정기간 중에는 손해배상 청구권을 제외하고 계약위반에 대한 어떠한 구제권도 행사할 수 없다.

⑥ 계약해제권

매도인의 계약해제권은 매수인이 대금지급 의무를 이행하지 않은 경우에 행사되는 것이 일반적이다. 비엔나협약에서 매도인의 계약해제권(제64조)은 매수인의 계약해제권(제49조)의 내용과 동일하게 규정되어 있다.

매도인의 계약해제권은 매수인의 계약위반이 본직적인 위반에 해당하거나 매수인이 의무를 이행하도록 상당한 기간만큼 추가 기간을 매도인이 설정할 수 있다. 즉 추가 기간 내에 매수인이 대금지급 의무나 물품인수 의무를 이행하지 않은 경우, 또는 이 기간 내에 그 의무를 이행하지 않을 것임을 매도인에게 표명한 경우에 매도인은 매수인에게 계약해제권을 행사할 수 있다.

또한 매수인이 대금을 지급하지 않은 경우 정당한 사유 없이 물품을 인수하지 않는 경우, 또는 매수인이 약정기간 내에 신용장을 발행하지 않은 경우 등도 그 위반이 본질적 계약위반을 구성하기 때문에 매도인은 계약해제권을 행사할 수 있다.

⑦ 손해배상 청구권

손해배상 청구권은 매도인과 매수인 모두에게 인정되는 권리이다. 매수인이 계약에서 약정한 의무를 이행하지 않을 경우 매도인은 손해배상을 청구할 수 있다. 이러한 손해배상 청구권은 여타 구제권리가 행사되어도 제한받지 않고 행사될 수 있다.

제2절 무역클레임과 중재

1. 무역클레임의 의의와 발생원인

1) 의의

무역클레임이란 계약을 이행하는 과정에서 당사자 중 일방이 고의나 과실로 계약의 일부나 전부를 불이행함에 따라 발생된 손해를 구제받기 위해 손해를 입은 당사자가 가해자에게 손해배상 등을 청구하는 것을 말한다.

무역클레임은 매도인이나 매수인이 각각 상대방에게 제기할 수 있지만 매수인이 매도인에게 제기하는 경우가 압도적으로 많다. 그러므로 무역클레임이라 하면 매수인이 매도인에게 제기하는 손해배상청구 등을 의미하는데, 이때 매매당사자 중 피해자를 '클레임 제기자'라 부르고 손해책임자를 '가해자 또는 피제기자'라고 부른다.

2) 발생원인

무역클레임의 발생원인은 무역계약의 성립과 계약조건들의 이행과정에서 나타나는 직접적인 원인과 환경적 요인 등에 기인하는 간접적인 원인으로 구분된다.

(1) 직접적인 원인

① 무역계약 상담이나 체결과정의 미흡

무역거래에서는 상담이나 계약을 체결하는 과정에서 계약조건에 대한 오해, 착오, 불충분한 합의, 부주의 등이 클레임 발생의 직접적 요인으로 작용하는 경우가 많다.

② 무역계약서 내용의 미비

무역거래에서는 계약서에 나타난 제반사항들만이 유일한 당사자의 합의사항으로 간주된다. 그러므로 무역계약서 내용의 미비는 곧바로 클레임 발생의 직접적인 원인이 된다. 따라서 무역계약 상담이나 체결과정에서 합의된 사항들은 빠짐없이 무역계약서에 반영되어야 한다.

③ 무역계약의 이행불완전 또는 계약불이행

무역거래에서는 어느 한 당사자가 무역계약의 이행과정에서 계약이행(물품인도나 대금결제 등)을 불완전하게 하거나 불이행하는 등 계약조건을 제대로 이행하지 못함으로써 클레임이 제기되는 경우가 많다.

(2) 간접적인 원인

① 사용 언어의 상이

무역거래에서 사용 언어의 상이는 상호간의 의사소통을 어렵게 할 뿐 아니라 의미전달이나 해석상의 오해를 초래하여 클레임 발생의 원인이 된다.

② 무역전문용어의 몰이해나 의견 차이

무역거래에서는 무역에 관한 특수한 전문용어들이 사용된다. 이러한 용어들의 이해는 오랜 실무상의 경험과 지식이 필요한데, 간혹 이러한 전문용어들에 대한 의견차이나 몰이해가 클레임의 발생 원인이 되는 경우도 있다.

③ 도량형의 차이

무역거래에 사용되는 도량형의 단위는 국가마다 그 해석 기준이 서로 상이하기 때문에 이러한 도량형의 차이가 클레임을 발생시키는 원인이 되기도 한다.

④ 사전 신용조사의 미비

무역거래에서는 거래상대방의 신용상태에 관한 정확한 정보를 입수한 후에 거래하는 것이 바람직하다. 신용조사를 하지 않거나 불충분한 조사상태에서 거래를 하게 되면 그것이 클레임 발생의 원인이 되기도 한다.

⑤ 상대국 법규의 몰이해

무역거래에서는 상대국의 식품위생법이나 공업소유권, 무역규제법, 독점금지법, 덤핑방지법, 환경관리법 등 관련 법규나 제도를 제대로 이해하지 못하거나 저촉되면 그것이 무역클레임의 발생 원인이 되는 경우가 있다.

⑥ 상관습 및 법률의 상이

무역거래에서는 각국의 법과 상관습이 서로 상이하여 그것이 무역클레임 발생의 원인이 되기도 한다. 무역거래에서 나타나는 이러한 문제점을 해소하기 위해 국제무역단체들은 인코텀즈 등 무역거래에 적용되는 통일규칙들을 제정하고 있다.

⑦ 무역실무 지식의 부족

무역거래는 복잡한 업무절차 뿐 아니라 제조업자, 수출입업자, 은행, 운송과 보험회사, 세관, 무역관계기관 등이 복합적으로 개입한다. 이때 당사자가 무역업무에 익숙하지 않아 제대로 이행하지 못하면 그것이 클레임을 발생시키는 원인이 된다.

2. 무역클레임의 분류

1) 제기자에 따른 분류

무역클레임은 제기자에 따라 수출자가 제기하는 클레임과 수입자가 제기하는 클레임으로 구분되지만 대부분의 클레임은 수입자가 수출자에게 제기하는 클레임이다.

2) 제기내용에 따른 분류

(1) 금전을 내용으로 하는 클레임

① 손해배상의 청구

손해배상청구란 금전적 손해를 입은 당사자가 피해를 입힌 상대방에게 손해를 금전으로 계산하여 이에 상응하는 배상을 청구하는 것을 말한다.

② 대금지급의 거절

대금지급의 거절이란 매수인이 계약을 이행해야 할 시기가 도래하였음에도 매도인에게 대금지급 의무의 이행을 거절하겠다는 의사를 표시하는 것을 말한다.

③ 대금감액의 청구

대금감액의 청구란 매수인이 그 물품을 인수하되 매도인에게 계약가격보다 감액된 상품가격으로 인수하겠다고 요구하는 것을 말한다.

(2) 금전 이외의 청구를 내용으로 하는 클레임

① 화물의 인수거절

화물의 인수거절이란 현저히 저질인 물품이 공급된 경우나 상이한 물품이 공급된 경우에 매수인이 계약물품의 일부나 전부의 인수를 거절하는 것을 말한다.

② 계약이행의 청구

계약이행의 청구란 계약(채무)을 이행하도록 요청하는 것을 말한다. 계약이행의 청구는 신용장의 발행요청, 대금의 송금과 화물의 선적 등이 있다.

③ 잔여계약분의 계약해제

잔여계약분의 계약해제란 1차 도착한 상품의 품질이 불량하다든가 규격이 상위해 판매가 곤란할 경우 나머지 분의 계약을 해제하는 것을 말한다.

3. 무역클레임의 내용

1) 품질에 관한 클레임

무역클레임에서 가장 기본적이며 많은 건수를 차지하는 것이 품질에 관한 클레임이다. 품질에 관한 클레임은 품질불량, 규격상위, 변색, 변질 등이 있다.

2) 수량에 관한 클레임

수량에 관한 클레임은 수량 감소(diminution)나 감량(light weight), 중량 계산단위의 상위, 과소선적이나 초과선적, 수량의 부족(short weight)이나 과다 등이 있다.

3) 선적에 관한 클레임

선적에 관한 클레임은 고의나 부당한 지연선적(delayed shipment)과 선적 불이행(nonfulfillment of shipment), 부적(non-delivery) 등이 있다.

4) 대금결제에 관한 클레임

대금결제에 관한 클레임은 대금 미지급, 신용장의 미발행이나 발행지연, 계약조건과 상이한 신용장의 발행 등이 있다. 넓은 의미에서 부정송장이나 계산 착오도 여기에 포함되며 매도인이 매수인에게 제기하는 클레임의 핵심을 이룬다.

5) 운송에 관한 클레임

운송에 관한 클레임은 운송중의 파손, 분실(missing), 도난(pilferage), 난폭한 취급, 부당한 초과운임의 요구 등이 있다.

6) 보험에 관한 클레임

보험에 관한 클레임은 부보태만이 대표적이다. 이것은 보험계약체결 당사자가 계약에 합의된 보험조건과 상이하게 보험계약을 체결한 경우에 제기되는 클레임이다.

7) 포장 및 하인에 관한 클레임

포장 및 하인에 관한 클레임은 포장불량이나 불완전포장 등이 대표적이다. 하인의 누락과 하인상위 등 하인에 관한 클레임도 넓은 의미에서 포장에 관한 클레임이다.

4. 무역클레임의 예방

1) 무역클레임 예방의 의의

무역클레임의 예방이란 무역클레임이 발생하여 손해배상청구 등이 제기되기 전에 미리 대처하여 클레임의 발생을 막는 모든 활동을 말한다.

'클레임의 예방은 중재나 조정보다 낫다.'는 말과 '최근에는 임상의학보다는 예방의학의 중요성이 부각되고 있다.'라는 말은 모두 사전적인 예방대책이 사후의 적절한 조치나 해결방법보다도 더 중요하다는 것을 의미하고 있다.

이것은 또한 무역클레임은 실제로 클레임이 발생한 후에 그것을 어떻게 해결할 것인가의 문제보다도 클레임의 발생을 사전에 예방하는 것이 무엇보다도 중요하다는 의미도 내포하고 있다.

2) 무역클레임 예방의 중요성

전술과 같이, 무역클레임의 발생은 부득이한 현상이라 하더라도 클레임이 발생한 후에 그것을 어떻게 효율적으로 해결할 것인가 하는 문제보다 사전에 어떻게 클레임을 예방할 것인지가 더 중요하다. 그 이유는 다음과 같다.

첫째, 무역클레임 처리와 해결에 매달리게 되면 본연의 수출입업무에 전념하지 못하게 됨으로써 회사로서는 큰 손실을 입게 된다.

둘째, 일단 무역클레임이 발생하게 되면 이를 해결하는데 불가피하게 부가적인 시간과 비용이 발생하므로 원활한 무역거래에 지장을 받게 된다.

셋째, 마켓클레임이 아닌 이상, 클레임 제기자이든 가해자이든 클레임이 발생되면 양당사자 모두 손해를 입을 수밖에 없다.

넷째, 무역거래에서 클레임이 발생하면 가해자는 피해자의 손해를 보상해 주어야 하므로 경제적으로 손해를 입을 뿐 아니라 정상적인 거래도 지장을 초래하게 된다.

다섯째, 무역클레임이 제기되어 그 해결이 이루어질 때까지 상당히 많은 시간이 소요되고 많은 정력을 쏟아야 하므로 정신적, 육체적 고통이 수반된다.

여섯째, 무역클레임이 발생된 후 그것이 당사자 간에 우호적으로 해결되지 않으면 상대방과의 거래가 더 이상 지속되기가 어렵다. 어렵게 거래가 성사되었는데 클레임으로 인해 거래가 단절되면 거래처를 잃어버리게 된다.

일곱째, 무역클레임은 해당 기업뿐 아니라 국가의 경쟁력과 이미지와도 밀접한 관계를 맺고 있다. 그러므로 무역클레임이 제기되면 클레임을 제기당한 당사자뿐만 아니라 크게는 그 국가의 이미지까지도 실추 당하게 된다.

5. 무역클레임의 해결방법

1) 우선 순위

무역클레임을 해결하는 방법을 말할 때 '중재는 소송보다 낫고, 타협이나 화해는 중재보다 낫다'는 말이 있다. 이 의미는 무역클레임이 발생하면 당사자가 서로 우호적으로 해결하는 것이 가장 바람직하며 그렇지 못할 경우에는 어쩔 수 없이 제3자의 개입을 통해 해결할 수 밖에 없다는 뜻이다.

결국, 절차의 번잡성이나 비용 등을 종합적으로 고려했을 때 무역클레임을 해결하는 가장 바람직한 순서는 타협이나 화해 〉 알선 〉 조정 〉 중재 〉 소송 순서가 된다.

2) 당사자간의 해결방법

당사자간의 해결방법은 당사자가 직접 교섭하여 우호적으로 해결하는 것으로 가장 이상적인 분쟁해결방법이다. 왜냐하면 당사자는 클레임의 발생 원인이나 상황 등을 가장 잘 알고 있고 당사자가 직접 타협하여 해결하면 상대방과의 거래관계도 계속 유지할 수 있기 때문이다. 여기에는 청구권의 포기와 타협이나 화해가 있다.

(1) 청구권의 포기

청구권의 포기는 클레임을 제기하는 것을 포기하고 단순경고를 함으로써 앞으로의 주의를 촉구하여 클레임을 해결하는 방법이다. 이 방법은 클레임의 액수가 적을 경우에 향후 같은 실수를 되풀이하지 않도록 하는 주의와 경고를 주는 정도에서 클레임의 청구권을 포기하는 경우에 이용된다.

(2) 타협이나 화해

타협(compromise)이나 화해(reconciliation)는 쌍방의 타협으로 적당한 수준의 금전적인 보상이나 대체상품의 송부 등 당사자간에 합리적인 방법으로 합의안을 도출하여 제3자의 개입 없이 클레임을 우호적으로 해결하는 방법이다. 가장 바람직한 분쟁의 해결방법이며 거의 대부분의 클레임은 이 방법을 통해 해결되고 있다.

3) 제3자의 개입을 통한 해결방법

제3자의 개입을 통한 해결방법은 쌍방이나 일방의 감정이 대립되어 제3자의 냉정한 판단이 필요하거나 당사자가 원만하게 분쟁을 해결할 수 없는 경우에 분쟁을 해결하는 방법이다. 여기에는 알선, 조정, 중재, 소송이 있다.

(1) 알선

① 의의

알선(recommendation)은 상공회의소나 상사중재원과 같은 공정한 제3자의 기관이 당사자의 요청에 따라 사건에 개입하여 원만한 타협이 이루어지도록 조언하고 양 당사자가 그 조언을 수용함으로써 분쟁을 해결하는 방법이다.

② 특징

알선의 경우 알선안을 받아들이기 위해서는 당사자의 절대적 협력이 필요하며 알선안 그 자체는 강제력이 없다. 그러나 일선을 담당하는 제3자 기관이 양 당사자에게 강한 영향력을 미치는 경우에는 알선으로도 분쟁이 해결되는 경우가 있다.

③ 공통점과 차이점

알선이나 조정과 중재는 모두 제3자의 개입을 통해 분쟁을 해결하는 방법이라는 공통점이 있다. 그러나 알선이 조정이나 중재와 다른 점은 알선은 조정이나 중재에 비하여 비형식적이며, 당사자 일방의 의뢰에 의해서도 알선절차가 진행된다는 점이다.

(2) 조정

① 의의

조정(mediation)은 양당사자가 공정한 제3자를 조정인(mediator)으로 선임하여 분쟁의 해결방안을 제시해 줄 것을 부탁하고, 그 조정인이 제시하는 해결안(조정안)에 양당사자가 자주적으로 합의함으로써 분쟁을 해결하는 방법이다.

조정은 알선과 흡사하지만 구조면에서 알선보다 더 형식적이며, 조정은 중재절차의 한 부분으로 취급되지만 알선은 중재와 다른 성격을 가지고 있다. 또한 알선과 조정은 권고의 성격을 가지고 있으나 중재는 사법적이고 기능적이며 판정을 내린다.

② 특징

첫째, 당사자 중 어느 일방 당사자가 마음대로 조정에 붙일 수 없다.

둘째, 당사자들은 조정안을 수락해야 할 의무가 없다. 따라서 어느 일방 당사자가 조정안에 불만이 있거나 불복하면 그 조정은 실패로 돌아가게 된다.

셋째, 조정안은 법률적 구속력이 없다. 그러나 분쟁의 당사자가 조정안을 수락하게 되면 그 조정안은 중재판정과 동일한 구속력을 가지게 된다.

넷째, 조정은 중재나 소송에 비해 단시일 내에 분쟁을 해결할 수 있는 방법이다.

(3) 중재

① 의의

중재(arbitration)는 당사자 합의로 사법상의 법률관계를 법원의 소송절차에 의하지 않고, 사적인 제3자인 중재인(arbitrator)을 선임하여 그 분쟁을 그에게 맡기고 중재인이 내린 판정에 양 당사자가 절대적으로 복종함으로써 분쟁을 해결하는 방법이다.

② 특징

중재는 당사자간에 중재합의가 있어야 하고 중재인의 판정에 절대 복종해야 하며 그 결과는 법원의 확정판결과 동일하여 강제성을 가진다. 또한 외국중재판정의 승인 및 집행에 관한 유엔협약(New York Convention, 1958)에 가입한 외국에서도 그 집행이 보장되기 때문에 국제적인 효력이 인정된다.

③ 비교

알선과 조정 및 중재는 모두 제3자의 개입을 통한 분쟁해결방법이며 소송보다 신속하고 비공식적이고 단심제로서 상소절차가 없다는 유사점들을 가지고 있다.

그러나 중재는 분쟁해결을 중재로 해결한다는 당사자의 합의가 반드시 이루어져야 한다는 점에서는 조정과 같지만, 조정은 조정인이 내린 조정안을 수락할 것인지의 여부는 오로지 당사자의 자유의사에 속하는데 반하여, 중재의 경우는 양 당사자가 중재판정을 거부할 수 없다는 데 차이가 있다.

또한 알선은 당사자 일방의 요청이 있을 때에도 가능하지만, 조정과 중재는 당사자 사이에 합의가 반드시 있어야 한다는 차이가 있다.

(4) 소송

① 의의

소송(litigation, suit)은 국가기관인 법원의 판결에 따라 당사자간의 분쟁을 공권력을 이용하여 강제적으로 해결하는 최후의 분쟁해결방법이다. 이 해결방법은 무역클레임이 상호간의 대화로는 도저히 해결할 수 없는 경우에 주로 이용된다.

② 특징

소송은 중재와 비교하여 3심 등 복잡한 소송절차, 비용의 과다 발생, 공개주의 원칙에 따른 비밀공개 등의 단점을 가지고 있다. 또한 외국과의 사법협정이 체결되어 있지 않기 때문에 그 판결은 외국에서 승인 및 집행이 보장되지 않는다.

6. 소송과 중재의 비교

1) 분쟁의 신속해결

법원의 소송은 3심 제도로 운영되는데 반해, 중재는 우리나라를 포함한 거의 모든 국가들이 단심제도로 운영되고 있다. 따라서 소송에 비해 중재는 매우 짧은 단계를 거쳐 판정에 도달하게 되므로 분쟁을 신속히 해결할 수 있다.

2) 비용의 절감

법원의 소송은 변호사의 보수를 비롯하여 매 심급마다 높은 인지대로 인해 중재보다 많은 비용이 소요된다. 이에 반해, 중재는 단심제이기 때문에 소송에 비해 시간이 절약되고 경비가 저렴하여 경제적이다.

3) 적합한 중재인의 선정

중재는 무역관습 등 무역거래 분야에 정통한 중재인을 통해 분쟁을 해결하는 방법이기 때문에 법관에 의한 판결보다 적합한 전문가들을 중재인으로 선정할 수 있다.

4) 절차의 비공개

법원의 소송절차는 공개주의에 입각하여 진행되기 때문에 회사의 영업이나 거래방식, 운영비용, 손익에 관한 비밀들이 대외에 노출될 수 있다. 그러나 중재는 비공개주의에 입각하여 절차를 공개하지 않는다.

5) 판정의 효력

중재판정의 국내적 효력은 당사자간에는 법원의 확정판결과 동일한 효력이 있으며, 국제적 효력은 뉴욕에서 채택된 '외국중재판정의 승인 및 집행에 관한 유엔협약(The United Nations Convention on the Recognition and Enforcement of Foreign Arbitral Awards, 일명 뉴욕협약)'에 따라 외국에서도 그 집행을 보장받을 수 있다.

그러므로 국내 유일한 상설중재기관인 대한상사중재원(KCAB)이 내린 중재판정도 본 협약 체약국간에서는 그 승인 및 집행을 외국에서 보장받을 수 있다.

이에 반해 소송에 의한 법원의 판결은 국내적으로는 강제력이 있으나 국제적으로는 주권침해 논란 등 집행력에 문제가 있다.

학습정리

1. 무역계약은 계약자유의 원칙 또는 당사자 자치의 원칙에 따라 당사자들의 합의에 의해 성립되고 합의에 의해 당사자들을 구속하며 당사자들의 합의에 의해 종료된다.
2. 이행불능이란 당사자가 무역계약에서 맺은 채무를 이행할 수 없는 경우를 말한다. 대표적인 경우로는 수출입금지로 수출입행위가 위법이 된 경우이다.
3. 무역계약의 위반(breach of contract)이란 무역계약의 성립으로 일정한 의무를 부담한 자가 채무의 내용에 적합하게 그 의무를 이행하지 않는 것을 말한다.
4. 이행지체(delay in performance)이란 채무자가 채무의 이행기에 있고 그 채무의 이행이 가능함에도 불구하고 채무를 이행하지 않는 것을 말한다.
5. 계약이행 청구권이란 계약을 해제하지 않는 대신 당초의 계약대로 그 의무를 이행해 줄 것을 요구하는 것을 말한다. 이를 '특정이행 청구권'이라고도 한다.
6. 하자보완권이란 무역계약상의 하자가 아주 경미할 경우 매수인 본인이 스스로 하자를 보완할 수 있도록 기회를 주는 권리를 말한다.
7. 무역클레임은 매도인이나 매수인이 각각 상대방에게 제기할 수 있지만 매수인이 매도인에게 제기하는 경우가 압도적으로 많다.
8. 손해배상청구는 금전적 손해를 입은 당사자가 피해를 입힌 상대방에게 손해를 금전으로 계산하여 이에 상응하는 배상을 청구하는 것이다.
9. 수량에 관한 클레임은 수량의 감소, 감량, 수량의 부족이나 과다 등이 있다.
10. 무역클레임을 해결하는 방법을 말할 때 '중재는 소송보다 낫고, 타협이나 화해는 중재보다 낫다'는 말이 있다.
11. 절차의 번잡성이나 비용 등을 종합적으로 고려했을 때 무역클레임을 해결하는 가장 바람직한 순서는 타협이나 화해 〉 알선 〉 조정 〉 중재 〉 소송 순서가 된다.
12. 제3자의 개입을 통한 무역클레임의 해결방법은 쌍방이나 일방의 감정이 대립되어 제3자의 냉정한 판단이 필요한 경우에 분쟁을 해결하는 방법이다.
13. 중재는 당사자의 합의로 사법상의 법률관계를 법원의 소송절차에 의하지 않고, 사적인 제3자인 중재인을 선임하여 그 분쟁을 그에게 맡기고 중재인이 내린 판정에 양 당사자가 절대적으로 복종함으로써 분쟁을 해결하는 방법이다.

■ 생각해보기

주제	무역클레임을 제기받은 경우의 검토사항들로서는 어떠한 것들이 있는지 생각해 봅시다.
전문가 의견	무역클레임을 제기받은 경우의 검토사항으로는 (1) 클레임사항이 계약조건의 미비에 의한 것이 아닌가? (2) 클레임이 인도 후 합리적인 기간 내에 제기된 것인가? (3) 하자사항을 입증할 입증자료가 있는가? (4) 물품의 검사는 공인검정기관에 의하여 합리적인 기간 내에 행하여졌는가? (5) 손해청구금액은 합리적인 산출근거에 따라 산출된 것인가?

■ 평가문제

문항	유형	문제
1	객관식	다음 중 무역클레임의 직접적인 원인이라고 볼 수 없는 것은? ① 상관습과 법률의 상위 ② 신용조사의 미비 ③ 계약조건의 충족 ④ 계약서 내용의 불명료
		정답 ③ 해설 무역클레임의 직접적 요인은 무역계약의 체결과정에서 과실, 오해, 착오, 부주의 등에 의하여 발생하며, 이행과정에서 품질불량, 수량의 부족, 포장불량, 선적불이행, 대금의 지불거절 등 많은 요인이 클레임의 직접적 요인으로 작용하고 있다.
2	주관식	무역클레임의 해결방법 중 당사자쌍방이 타협에 의하여 완전하게 해결을 할 수 없는 경우에, 양 당사자가 공정한 제3자를 조정인으로 선임하고 조정인이 제시하는 조정안에 양 당사자가 자주적으로 합의함으로써 분쟁을 해결하는 방법을 무엇이라고 하는가?
		정답 조정(mediation) 해설 조정(mediation)은 양 당사자가 조정으로 분쟁을 해결할 것이라는 것을 사전에 합의되어야 하며 절대로 당사자 중 어느 일방의 당사자 마음대로 조정에 붙일 수 없다. 당사자는 조정안을 수락해야 할 의무가 없다.
3	논술식	① 무역계약위반의 여러 유형들에 대해 설명하시오. ② 비엔나협약에서 규정하고 있는 매도인의 계약위반에 대한 매수인의 구제방법을 설명하시오. ③ 무역클레임이 발생하는 직·간접적인 원인들을 상세하게 설명하시오. ④ 국제상사중재제도의 특징을 설명하시오. ⑤ 소송과 중재제도의 장단점을 비교 설명하시오.
4	설명식	① 이행불능 ② 계약이행청구권 ③ 대한상사중재원 ④ 뉴욕협약 ⑤ 조정

제 Ⅳ 부

무역경영

제13장

기업의 국제화와 국제경영

제1절 기업의 국제화

1. 기업의 국제화의 정의와 필요성

1) 정의

21세기 세계경제 중 두드러진 현상이 세계화 혹은 글로벌화(globalization)이다.

세계화는 국경의 개념으로 구분되었던 시장들이 하나의 큰 시장으로 통합하는 것을 의미한다. 이러한 의미에서 세계화는 국제화(internationalization)와 비교된다.

국제화는 종전의 국가단위로 시장이 구성되었던 상황에서 한 국가에 있던 기업이 다른 국가로 진출한다는 것을 의미하는 반면, 세계화는 국경에 따른 시장구분의 의미 자체가 없어져 전세계 시장을 하나로 보고 전략을 수립한다는 것을 의미한다.

과거에는 '기업의 국제화'라는 용어를 많이 사용하였으나, 최근에는 국제화라는 용어 대신에 세계화 또는 글로벌화라는 표현을 많이 사용하고 있다.

2) 필요성

첫째, GATT와 WTO 체제 출범 이후 무역과 투자의 진입장벽이 상당히 낮아지게 됨으로써 기업들은 시장의 글로벌화 전개가 가능하게 되었다.

둘째, 대부분의 국가들은 국내시장이 이미 포화상태가 되었거나 시장을 확대시키기 위해서라도 해외시장의 중요성이 더욱 커지게 되었다.

셋째, 기업들이 규모의 경제를 통해 비용절감과 품질고도화를 이룩하기 위해서는 좁은 국내중심의 기업경영보다는 넓은 해외중심의 기업경영이 필요하게 되었다.

바야흐로, 지금은 전 세계적으로 최적의 장소를 찾아 경영자원을 배치하고 통합하는 국제경영활동을 전개해야만 기업들이 생존할 수 있는 경쟁시대가 도래하였다.

2. 기업의 국제화의 의의와 목적

1) 의의

기업의 국제화는 기업들의 활동이 세계의 여러 국가로 확대되어 가는 과정을 의미하는 동시에, 기업들이 국제경쟁력을 향상시킴으로써 세계일류 수준으로 변화되어가는 과정을 의미한다.

또한 기업의 국제화는 기업의 시장이 세계시장으로 확대된다는 것과 해외시장 진입방식의 고도화와 다양화를 통해 기업들의 수준이 높아진다는 것을 의미하기도 한다.

기업들의 활동이 국제적으로 확대된다는 것은 다음의 의미를 내포하고 있다.

첫째, 기업활동의 지리적 범위가 한 국가로부터 세계 여러 국가로 넓어진다는 것을 의미한다. 기업들은 보통 국내시장으로부터 소수의 해외시장으로 침투한 후 이를 발판으로 전 세계시장으로 확대하게 된다.

둘째, 세계에서 여러 사업을 동시에 수행할 수 있도록 기업들의 사업범위(business scope)가 넓어진다는 것을 의미한다. 즉, 국제적으로 사업의 다각화가 이루어진다는 것이다.

셋째, 기업들이 세계 여러 국가 중 가장 효율적인 국가에서 경영활동을 수행할 수 있도록 기능범위가 넓어진다는 것을 의미한다. 예를 들어 생산, 원자재조달, 연구개발, 재무, 인사 등의 활동이 세계 여러 국가에서 수행되는 것이다.

넷째, 현지시장에 대한 기업들의 개입수준이 심화된다는 것과 새로운 국가나 해외사업에 참여하는 방식이 다양해지고 고도화된다는 것을 의미한다. 기업의 국제화는 기업이 지향하는 목표에 근거를 두고 이루어지는 기업활동이기 때문에 기업의 경영목표와 외국의 환경에 적응하는 속도에 따라 각각 다른 단계를 거치며 심화되게 된다.

기업들의 국제화는 주로 초기에는 간접수출과 직접수출 등 수출방식을 통해 해외시장으로 진출을 시작하고 그 후에는 라이센싱 계약이나 해외에 판매지사나 자회사를 설립하며, 경험과 지식이 충분히 획득된 후에는 해외직접투자나 현지에 생산회사를 설립하는 단계로 발전한다.

2) 목적

기업들이 국제화를 추구하는 목적은 기업의 생존과 성장을 위해서이다. 생존과 성장에는 많은 매출과 이익이 필요한데, 이것은 기업의 활동범위를 보다 확장하여 더 넓어진 시장을 확보하여 사업활동의 범위와 지리적 범위를 확장시킴으로써 가능하다. 기업의 국제화는 새로운 이익의 기회를 포착하는 중요한 수단이 되기 때문이다.

3. 기업의 국제화의 촉진요인

1) 국제간 무역과 투자의 자유화 확대

1995년 WTO 체제의 등장에 따른 관세 등 무역장벽의 감소와 자유무역협정(FTA)의 체결 증가는 국가간 상품이나 투자의 자유로운 이동을 확산시킴으로써 기업들이 국제화를 추진하는 토대가 되었다.

2) 기술발달과 정보화 시대의 도래

교통과 운송기술 및 정보통신의 발달은 기업들이 글로벌화를 추진하는데 중요한 원동력이 되었다. 특히 IT기술의 발달은 통신과 수송, 여행수단을 보편화시켜 전 세계 소비자들의 선호를 바꾸었고 경험을 공유할 수 있게 하였다.

또한 인터넷과 월드 와이드웹(WWW)의 보편화는 국가간의 시간과 공간 영역을 축소하였고 글로벌 경제를 위한 정보 흐름을 뒷받침하였다.

3) 세계시장의 동질화

미국 중심의 소비문화가 전 세계로 확산됨에 따라 각국 소비자들의 기호와 선호도가 국제적으로 동질화되었다. 이것은 세계 각국의 소득수준이 높아지고 있을 뿐만 아니라 통신기술의 발달과 여행자유에 따라 각국 소비자들의 상호교류가 늘어나는 것, 그리고 각국 소비자들의 욕구가 유사해지고 있는 것에도 원인이 있다.

이에 따라 최근 산업재와 원자재는 세계적 표준화가 상당 부분 이룩되었고 소비재는 기호와 선호도, 경영제도, 법적 규제 등으로 현지화가 급격히 이루어지고 있다.

4) 블록경제의 등장

블록경제는 정치적으로나 경제적으로 깊은 관계가 있는 여러 국가들이 결집하여 역내 경제교류를 촉진하는 한편, 역외 국가들에 대해서는 차별대우를 공동으로 취함으로써 폐쇄적이면서도 개방적으로 경제관계를 맺는 경제나 경제권을 의미한다.

유럽연합(EU) 등 블록경제의 등장은 기업들의 역내투자나 진출기회를 확대시켰다.

5) 기업들의 적극적인 해외진출 전략

기업들의 적극적인 해외진출 전략의 실행은 협소한 국내시장을 벗어나는 성과를 거두었을 뿐 아니라 국제간의 교역을 활발하게 함으로써 기업들의 국제화를 촉진시켰고 전 세계를 하나의 단일시장으로 통합되는데 중요한 역할을 담당하였다.

4. 기업의 국제화의 중요성과 글로벌화 및 현지화

1) 중요성

기업의 국제화가 이루어지면 무역과 투자의 장벽이 낮아지고 수출입물류가 발전한다. 또한 국제적 수요에 부합하는 새로운 제품과 서비스가 출현하게 되고 국가간 및 기업간 유대관계가 심화된다.

2) 글로벌화 및 현지화의 관계

국제화는 국가간의 관계에 초점을 맞춘 것으로 종전 국가단위로 시장이 구성되었던 상황에서 한 국가에 있던 기업이 다른 국가의 시장으로 진출하는 것을 의미한다.

세계는 시간과 공간적으로 더욱 좁아지고 있으며 지구촌이라는 하나의 시장을 형성해 가고 있다. 이러한 상황에서 글로벌화 혹은 세계화는 기업이 국가 단위로 각기 다른 전략을 취하는 것에서 벗어나 세계 시장을 하나의 시장으로 보고 본사 주도로 동일한 전략을 수행하는 것을 말한다. 또한 국경에 따른 시장 구분이 의미가 없어져 세계시장이 단일화 되어가는 현상을 의미하기도 한다.

국제화와 글로벌화의 공통점은 두 개념 모두 개방화와 자유화를 기초로 하고 있다는 점과 국가나 지방이라는 지리적 단위를 뛰어넘고 국경의 개념이 사라진다는 점, 그리고 하나의 지역, 종교, 문화의 특수성보다는 다원성과 보편성을 더 강조하고 여러 국가, 지역, 문화, 경제의 상호의존 및 상호거래를 전제로 한다는 점이다.

반면, 국제화와 글로벌화의 차이점은 글로벌화가 국제화 개념보다 상위개념으로 국제화는 글로벌화의 필요조건이 된다는 점이다.

이와 유사한 개념으로 현지화(localization)라는 용어가 많이 사용되고 있다. 현지화는 해외시장의 지역별로 권한위임을 통해 시장수요(needs)에 맞는 제품을 차별화하여 현지에서의 경쟁력을 강화시켜 나가는 실행방식을 말한다.

즉, 현지에서 원자재, 부품 등의 조달을 확대하고 인력의 구성측면에서도 현지인 비중을 확대하여 투자기업이 현지에 뿌리를 내리도록 하는 것이다.

또한 현지화는 투자기업이 현지에서 국내기업과 마찬가지로 하나의 기업으로 정착하여 현지에서의 경제적 변화에 능동적으로 대처하고 현지 사회와의 조화로운 성장을 도모하는 것이다.

기업의 국제화와 글로벌화는 현지화가 어느 정도 진척되었을 때 진행되는 것이 보통이나 최근에는 글로벌화와 현지화가 동시에 나타나기도 한다. 이를 '세방화(世方化)' 혹은 '글로컬라이제이션(glocalization)'이라고 부르고 있다.

5. 기업의 국제화의 환경요인과 동기

1) 기업 국제화의 환경적 요인

(1) 시장요인

최근 시장의 글로벌화가 진행됨에 따라 각국 소비자들의 생활패턴과 기호가 동질화되고 있으며 경제발전으로 세계 어디에서나 상품의 소비자들이 존재하고 있다.

따라서 제품이 경쟁력을 확보하면 세계의 어느 시장이든 진출이 가능하기 때문에 이윤의 극대화라는 목표를 달성하기 위해 기업들은 적극적으로 국제화를 추진한다.

(2) 비용요인

기업이 경쟁력을 높일 수 있는 가장 확실한 방법 중의 하나가 비용절감이다. 비용절감은 세계시장을 고려한 규모의 경제를 통해 달성할 수 있다. 우리나라 자동차 산업의 경우도 국내시장의 협소함을 해외시장에 대한 수출로 극복하고 있다.

(3) 경쟁요인

WTO 체제가 출범한 이후 세계시장에서 기업들의 경쟁은 한층 치열해지고 있다.

이제는 협소한 국내시장만을 방어하는 소극적 전략으로는 더 이상 생존이 어려운 시대가 되었기 때문에 기업들은 국제화를 적극적으로 추진하게 되었다.

(4) 정부요인

WTO 체제가 출범한 이후 무역정책의 큰 흐름은 자유화를 통해 국제간 상품이나 서비스의 이동을 자유롭게 하는 것이다. 이러한 흐름 속에 각국 정부들이 취해오던 관세나 비관세 장벽들이 제거되고 있고 정치체제나 이념들도 무너져 개방화되고 있다.

이는 기업들이 전 세계적 관점에서 기업을 경영하도록 하는 요인이 되고 있다.

2) 기업 국제화의 동기

(1) 기업들의 해외진출 이유와 효과

기업들이 해외에 진출하려면 오랜 기간 동안 현지기업들에게 유리하게 형성되어 있는 정치, 경제, 사회, 법률, 제도, 환경과 소비자의 현지국가 기업이나 제품에 길들여진 기호도 등 여러 가지 불리한 점들을 감수해야 한다.

그럼에도 불구하고 기업들이 국제화를 위해 외국시장에 진출하려는 이유와 효과는 다음과 같은 점들을 기대하기 때문이다.

① 기존시장의 유지와 새로운 시장개척

기업들은 기존시장을 계속 유지하거나 새로운 시장을 개척하기 위해 국제화를 추진한다. 여기에는 방어적 시장추구 형태와 공격적 시장추구 형태가 있다.

방어적 시장추구 형태란 기존 수출대상국의 관세장벽이나 정부의 각종 수입규제 때문에 기업이 그 수출시장을 상실할 위험이 있을 경우 그 국가에서 생산하여 직접 판매하거나 우회하여 수출할 목적으로 해외에 생산설비 등을 투자하는 것을 말한다.

공격적 시장추구 형태란 잠재 시장규모가 큰 새로운 시장을 확보할 목적으로 해외시장에 적극적으로 진출하는 것을 말한다.

② 생산효율성의 추구

어느 기업이든 기업경영의 목표는 보다 많은 이익을 획득하는데 있다. 이를 실현하기 위하여 많은 기업들은 노동력 등 생산요소의 가격이 상대적으로 저렴한 지역이나 국가에 진출하여 제품을 생산함으로써 생산효율성을 추구하고 있다.

③ 자원개발을 통한 주요 원자재의 확보

기업들은 해외의 풍부하고 저렴한 자원개발에 참여함으로써 국내시장이나 다른 해외시장에 필요한 자원이나 원료를 안정적으로 획득하기 위해 국제화를 추진한다.

이러한 목적의 달성은 주로 천연자원이 부족한 국가의 기업들이 천연자원이 풍부한 국가들의 광업, 어업, 임업 등의 분야에 적극적으로 투자하는 경우이다.

우리나라 기업의 경우는 1968년에 인도네시아의 삼림개발을 목적으로 투자한 한국남방개발(주)이 자원개발형 직접 투자의 시초였고, 그 이후 원유의 안정적 확보를 위한 중동국가들과의 합작투자, 철광석 확보를 위한 호주와의 합작투자 등이 이루어졌다.

④ 첨단기술과 선진 경영기법의 습득

기업들은 세계시장에서 첨단기술이나 선진 경영기법을 습득하기 위해 현지국가에서 직접 사업활동을 영위하거나 합작투자를 통해 국제화를 추구하고 있다.

대표적인 사례는 기업들이 최첨단의 반도체 기술을 습득하기 위해 미국의 실리콘밸리에 투자하는 것 등이다.

⑤ 경영자의 의지와 유휴시설의 활용

기업들은 기업 확장에 대한 경영자의 강력한 의지와 욕구충족을 위해 국제화를 추진하기도 한다. 다른 제품의 생산으로 전환될 수 없고 그 제품의 생산에만 사용되는 시설의 경우 시장의 확대는 반드시 필요하기 때문에 해외로 진출한다.

⑥ 우위성 확보와 시장 확대

기업들은 정치적으로 안정된 생산기지 확보와 지리적 입지우위성의 확보하기 위해 해외에 진출한다. 또한 자동차, 조선, 철강 등 국내의 시장규모가 매우 적은 경우, 또는 국내시장이 포화상태나 과도한 경쟁상태에 놓여 있는 경우에 수출이나 투자를 통해 시장을 확대시키기 위해 해외로 진출한다.

⑦ 경쟁기업에 대한 견제

기업들은 경쟁 기업체에 대한 견제의 목적으로 국제화를 추진하기도 한다. 예를 들어 어느 경쟁관계에 있는 기업이 국제화 전략을 추진하면 경쟁기업의 경쟁우위 확보를 방지하기 위해 또 다른 경쟁관계에 있는 기업도 동반하여 진출함으로써 국제화가 이루어지게 된다.

대표적인 사례는 삼성전자와 LG전자 중 한 회사가 특정 국가에 진출하면 다른 회사도 이에 대응하여 동반 진출하는 경우이다.

⑧ 제품수명주기의 활용과 위험분산

제품수명주기는 기업이 새로 시장에 출시한 제품이 도입기–성장기–성숙기–쇠퇴기의 단계를 거친다는 것으로 각 단계에 따라 그 제품의 매출액과 순이익이 달라진다.

기업들은 제품이나 기술의 수명주기를 연장하기 위해 수출이나 해외생산을 통해 시장을 개척하려고 한다. 왜냐하면 우리나라 시장에서 수요가 거의 사라진 성숙기 후반 이후의 제품이 동남아에서는 도입기가 될 수 있기 때문이다.

또한 국가나 산업에 따라 발전단계가 다르고 경기상황도 차이가 있기 때문에 기업들은 경쟁상황이나 수요패턴의 변화에서 오는 판매량 감소를 최소화하기 위해 해외시장에 진출한다. 우리나라에서는 수요가 감퇴된 산업임에도 타국에서는 수요가 증가할 수 있고 국내의 경기는 침체되었지만 타국은 경기가 활황일 수 있기 때문이다.

⑨ 기타

기업들은 이질적이고 다양한 시장에서의 활동을 통해 글로벌 학습능력을 확보하기 위해 또한 해외로 수송비용이 과다하게 발생하거나 수송자체가 어려운 경우에는 현지에 생산시설들을 투자하는 수단으로 해외에 진출한다.

(2) 진출을 받아들이는 국가의 이유와 효과

해외기업의 진출을 받아들이는 국가들은 경제성장, 고용창출, 유휴자원의 개발과 활용, 고도의 선진화된 기술이나 경영능력을 전수받는 등의 효과를 기대하고 있다.

6. 기업의 국제화 단계

기업의 국제화는 기업이 처한 상황 등에 따라 다음의 네 단계를 거쳐 이루어지게 된다.

1) 국내시장 지향단계

국내시장 지향단계는 본사가 위치하고 있는 본국의 국내시장 수요만을 충당할 목적으로 기업이 경영활동을 전개하는 단계이다.

이 단계는 기업들이 해외시장에 진입하기 이전의 활동 단계로, 생산과 판매 등 영업활동이 자국시장을 목표로 이루어진다. 이 단계는 해외시장의 높은 위험과 경험이 부족하고 자본과 경영능력이 비교적 열세인 중소기업들이 주로 지향한다.

2) 수출시장 지향단계

수출시장 지향단계는 국내시장 지향단계를 성공적으로 수행한 기업들이 추구하는 다음 단계로, 생산은 국내에서 이루어지고 판매는 해외시장을 지향하는 형태이다.

이 단계는 해외시장에 대한 중요도와 관심도가 늘어남에 따라 국내생산과 더불어 수출에 의한 해외시장 개척을 최초로 시작하는 단계이다.

초기에는 사업의 위험부담이 적은 간접수출방식으로 진출하다가 점차 직접수출방식으로 전환하게 된다. 현재 우리나라 무역회사의 대부분이 여기에 해당한다.

3) 해외직접투자 지향단계

해외직접투자 지향단계는 수출시장 지향단계를 성공적으로 수행한 기업들이 추구하는 다음 단계이다. 이 단계는 수출시장 지향단계에서 직·간접수출을 통해 구축된 현지시장에 대한 경험을 토대로, 더 많은 이윤을 창출하기 위해 현지국가의 생산시설을 이용하여 직접 생산하거나 판매하는 형태이다.

기업들은 관세 등 수입규제가 많을 때 이를 우회하기 위한 수단으로 이 단계를 활용하거나 모국보다도 유리한 입지조건을 활용하기 위해 이 단계를 활용하고 있다.

4) 세계시장지향 생산단계

세계시장지향 생산단계는 해외직접투자 지향단계를 성공적으로 수행한 기업들이 추구하는 다음 단계이다. 기업의 국제화가 가장 많이 진전된 단계이다.

이 단계에서 기업들은 전 세계시장을 하나의 자원 조달원, 생산기지, 판매시장으로 보고 생산과 마케팅 등 기업의 모든 활동을 범세계적 차원에서 계획하고 실행한다.

제2절 기업의 국제경영

1. 국제경영의 의의와 필요성

1) 의의

국제경영(international business)은 둘 이상의 국가에 걸쳐 다양한 형태의 경영활동을 전개하는 기업들의 경영활동을 의미한다.

또한 기업이 국경을 넘는 사업활동을 경영목표로 하거나 학문적 연구의 대상으로 하는 분야를 말하며 국경을 초월하여 이루어지는 모든 공적·사적인 상업 활동을 국제경영이라 부르고 있다.

국제경영의 핵심적 분야는 재화, 서비스, 기술, 자본, 노하우, 인력 등 국제거래의 효율적 관리를 수행할 목적으로 경영활동이 이루어지고 있는 정치, 경제, 사회, 문화, 기술적 환경에 대한 제반 경영환경에 대한 분석과 기업의 국제경영전략 및 국제경영활동의 주체인 다국적기업들이다.

2) 필요성

기업들은 현재 국내시장뿐 아니라 세계시장에서 활동하고 있다. 최근 시장환경은 급변하고 있다. 따라서 급속하게 변화하고 있는 세계시장환경에 능동적으로 적응하지 못한다면 기업들은 효율적인 국제경영활동을 전개할 수 없게 되었다.

특히, 글로벌화 현상이 급속히 진행되고 있는 21세기 기업경영 환경에서는 어떠한 기업과 국가라도 경제적 고립주의를 채택한다는 것이 불가능하기 때문에 국제경영은 매우 중요하고 필수불가결한 기업의 성공요인으로 부각되고 있다.

왜냐하면 글로벌 시장에 참여하는데 실패한 국가나 기업들은 경제적 영향력을 점차 잃어가게 될 것이고 이것은 국민들의 생활수준 저하라는 좋지 못한 결과를 초래하게 될 수도 있기 때문이다.

그러나 국제경영의 대열에 성공적으로 참여하는 기업들은 국민생활의 질적 개선뿐만 아니라 보다 나은 국제사회에서의 위치 확보도 가능하게 될 것이고, 한걸음 더 나아가 세계의 중심 기업으로 부상할 수 있게 된다.

따라서 국제경영은 치열한 경쟁이라는 세계화 시대의 도전적 명제에 대하여 적극적으로 대처하여 일류기업으로 부상할 것이냐, 아니면 국경 없는 세계경제 속에서 영원한 2류 기업으로 떠다닐 것이냐 하는 문제의 선택에서 핵심이 되는 과제가 된다.

2. 국제경영의 환경과 위험

1) 국제경영의 환경

(1) 상이한 사회문화적 환경

국제경영에서는 상이한 사회와 문화적 환경 속에서 기업들이 활동을 하게 된다.

(2) 상이한 경제적 환경

국제경영은 상이한 경제환경 속에서 기업활동을 전개해야 하는 특성이 있기 때문에 경영활동에 많은 제약이 따르게 된다.

(3) 이질적 기업 환경

국제경영은 이질적인 기업환경과 부정확한 기업정보를 가지고 활동을 하게 된다.

(4) 이질적인 행정제도

국제경영은 현지 정부와 이해관계를 가지기 때문에 현지국의 이질적인 제도적 장치에 의해 어렵고 불리한 상황에 직면할 수도 있다.

2) 국제경영의 위험

(1) 이문화간 위험

국제경영은 국제간에 수행되는 기업들의 경영활동이기 때문에 언어, 제도, 종교 등 이문화간 위험이 반드시 존재한다.

(2) 정치적 위험

국제경영은 국제간에 수행되는 기업들의 경영활동이기 때문에 정부개입(보호무역정책이나 투자 장벽) 등 정치적 위험 혹은 국가위험(country risk)이 존재한다.

(3) 국제금융 위험

국제경영은 국제간에 수행되는 기업들의 경영활동이기 때문에 기업들이 전혀 예상하지 못한 금리나 환율 및 물가변동에 따라 기업들이 손실을 입을 가능성이 있다.

(4) 상업적 위험

국제경영은 국제간에 수행되는 기업들의 경영활동이기 때문에 거래 파트너의 잘못 선정, 진입시점이나 진입방식의 잘못 선택 등으로 상업적 위험이 발생할 수 있다.

3. 국제경영의 특징

1) 국내경영과 국제경영의 공통점

국내경영과 국제경영의 공통점은 둘 다 기업차원의 경영활동이라는 점, 국내외 시장에서 핵심 이해관계자(소비자, 채권자, 주주 등)를 만족시키는 기업들의 경영활동이라는 점, 그리고 궁극적으로 기업가치의 극대화를 목표로 한다는 점 등이다.

2) 국내경영과 국제경영의 차이점

국내경영과 국제경영의 차이점은 사업 및 경영활동이 이루어지는 장소가 외국시장이라는 점, 국경을 넘어 수출이나 해외직접투자와 같은 고도의 기업 경영활동을 수행하며 그 결과를 포함한다는 점, 국내시장과 다른 이질적인 외국환경으로부터 기인하는 각종 위험에 직면한다는 점 등이다.

국제경영 활동은 국경을 넘어서 수행되기 때문에 국제경영자는 국내경영에서는 그렇게 중요하게 다루지 않는 새로운 환경요소, 서로 다른 정부규제, 서로 다른 문화, 법률체계, 사회관습 등으로부터 오는 갈등에 잘 대처하는 능력을 가지고 있어야 한다.

그러므로 경영의 기본원칙은 동일하게 적용될지라도 그것을 적용하는 방법과 그 과정에서 만나게 될 복잡성 및 부담감의 강도는 국제경영이 국내경영보다 훨씬 크다.

표 13-1 국내경영과 국제경영의 비교

국내경영	국제경영
1. 단일언어와 문화권에서 활동	1. 상이한 언어와 문화권에서 활동
2. 상대적으로 동질시장 상대	2. 이질적이며 다양한 시장 상대
3. 자료가 충분하고 정확	3. 자료수집이 어렵고 부정확
4. 정치적 요인이 상대적으로 덜 중요	4. 정치적 요인이 매우 중요
5. 정부간섭이 상대적으로 미약	5. 비즈니스 결정에 정부간섭이 높음
6. 국수주의가 도움이 됨	6. 국수주의로 피해가 발생
7. 안정적 사업환경	7. 변화가 심한 사업환경
8. 통일된 재무구조	8. 다양한 재무기준
9. 단일통화 사용(환위험으로부터 안전)	9. 복수통화 사용(환위험에 노출)
10. 한정된 경쟁자 상대	10. 국제적 경쟁자 상대
11. 시간과 거리제약이 미약	11. 시간과 거리제약이 발생
12. 권한과 책임소재 명료	12. 상대적으로 권한과 책임소재 불명료
13. 조직구조와 의사소통체계가 단순	13. 조직구조와 의사소통체계의 복잡성
14. 재무적 통제가 용이	14. 재무적 통제가 어려움

제3절 기업의 국제경영 방식

1. 의의

기업들이 국제경영의 방식으로 해외시장에 진출하는 경우 처음부터 해외직접투자(FDI)부터 시작하는 경우는 드물고, 간접수출 → 직접수출 → 라이센싱 및 프랜차이징 → 계약생산 → 해외직접투자의 방식으로 점진적으로 발전해 간다.

기업들은 어떤 경우에 수출이 유리하고 어떤 경우에 계약이나 해외직접투자방식이 유리할 것인가를 종합적으로 고려하여 해외에 진출하는 방식을 결정하게 된다.

일반적으로 운송비용과 관세가 높으면 수출보다는 계약에 의한 진출이나 해외직접투자방식이 유리하고, 노하우의 이전이 용이하거나 계약에 의한 해외진출이 법적으로 보호가 잘 이루어진다면 해외직접투자보다는 계약에 의한 진출방식이 유리하다.

2. 간접수출과 직접수출

기업이 국제화 단계에서 처음으로 사용하는 형태가 수출이다. 수출은 비교적 적은 위험부담으로 해외에 진출하는 방법이지만 관세와 수송비용이 높은 단점이 있다.

1) 간접수출

(1) 의의

간접수출이란 수출국내에서 요구되는 수출 관련 기능을 제조업체가 스스로 수행하지 않고 수출 대행업체나 수출중개인 등 외부기업에 의존하는 방식으로 제품을 해외로 판매하는 방식을 말한다. 이 방식에서는 외부기업에 의존하여 수출업무를 처리하기 때문에 매우 간편하지만 가장 소극적인 해외에 진출하는 방식이다.

(2) 장점

첫째, 간접수출은 직접수출에 비해 해외사업 운영에 따르는 비용부담과 리스크가 적기 때문에 수출클레임을 경감시킬 수 있고 수출의 제반 경비도 절약할 수 있다.

둘째, 간접수출은 직접수출에 비해 추가적인 인력이나 자본의 투입 없이 수출할 수 있고 수출 중간상을 활용하기 때문에 수출거래에 대한 안정성이 확보된다.

셋째, 간접수출은 수출 담당부서나 해외사무소, 지사, 자회사 등을 별도로 운영하지 않아도 되기 때문에 비용이 절감된다.

(3) 단점

첫째, 간접수출은 중간상이 개입하는 만큼 해외고객과 직접 의사소통이 어려우며 이익이 적고 중개인에 대한 의존도가 높아 불리한 거래조건을 감수해야 한다.

둘째, 간접수출은 제조업체가 해외시장에 대한 신속한 정보나 지식을 획득하거나 경험을 축적하기 어렵고 자사 제품이 해외에서 어떻게 판매되든 통제하기 어렵다.

셋째, 수출대행의 경우 수출대행 업체들은 제품수출에 따른 사전 및 사후서비스를 소홀히 함으로써 제조업체의 명성을 손상시킬 수 있다.

2) 직접수출

(1) 의의

직접수출이란 제조업체가 수출관련 제반업무를 타인에게 위임하지 않고 수출 관련 전담부서나 계열 무역회사를 통해 직접 수출업무를 수행하는 방식을 말한다.

이것은 기업들이 수행하는 국제 활동의 가장 일반적인 형태이다.

이 단계에서 물량이 많아지고 해외 수요가 더욱 늘어나면 수출기업들은 외국에 상품을 판매할 지사나 현지법인을 설립하게 된다.

(2) 장점

첫째, 직접수출은 해외시장에 대한 마케팅 계획을 제조업체 자신이 직접 수행하기 때문에 유통경로 선택, 수출가격 및 광고전략 등 해외마케팅 활동에 대한 통제권을 직접 행사할 수 있고 중개인에 대한 의존도를 줄일 수 있다.

둘째, 직접수출은 해외고객이나 바이어와의 직접적인 접촉이나 유대관계를 통해 해외 현지시장에 대한 지식이나 경험을 신속 정확하게 획득하거나 축적할 수 있다.

셋째, 직접수출은 중간상이 개입하지 않음으로써 독자적인 해외시장 구축이 가능하고 매출이익이 극대화된다.

(3) 단점

첫째, 직접수출은 간접수출에 비해 추가적인 자금, 인력, 마케팅, 생산시설 투자 등 비용부담이 많으며 해외사업 운영에 소요되는 위험이 크다.

둘째, 직접수출은 해외시장에 대한 매출액의 증대와 비례하여 제조업체 내부에 수출을 전담하는 인원이나 부서 또는 별도의 수출 전담기업을 설치해야 한다.

셋째, 수출기업이 해외에서의 마케팅을 담당할 현지 지점이나 해외 자회사까지 운영해야 할 경우에는 인적, 재무적 경비도 그 만큼 증가하게 된다.

3. 계약에 의한 해외진출

1) 라이센싱

(1) 의의

라이센싱(licensing)이란 특정 기업(licensor)이 보유하고 있는 특허, 상표, 디자인, 노하우, 기술 등과 같은 지적재산을 외국에 있는 다른 기업(licensee)들에게 일정한 조건으로 활용할 수 있도록 허가해 주는 대신에, 일정한 대가(royalty)를 지급하기로 계약을 체결하여 해외시장으로 진출하는 경영방식을 말한다.

여기에서 라이센서(licensor)는 재산재산권 등을 가지고 있는 자로 라이센스 공여자를 말하며 라이센시(licensee)는 권리를 대여받는 자로 라이센스 도입자를 말한다.

라이센시는 라이센싱 계약을 통해 특정 제품을 생산, 사용, 양도, 판매, 전시를 할 수 있고 그 보상으로 로열티를 지급하게 된다.

라이센싱계약은 속성식품(fast-food) 체인과 제약회사 등에서 많이 활용되고 있다. 라이센싱계약은 국제 기술이전의 한 형태이기 때문에 '기술수출'이라고도 부른다.

(2) 차이

라이센싱계약은 기술이나 노하우를 주요 판매대상으로 하고 있다는 점에서 일반상품을 판매대상으로 하는 수출과 차이가 있다. 또한 주식에 투자하는 등 직접적인 자본 투하가 수반되지 않는다는 점에서 해외투자에 의한 진출방식과도 차이가 있다.

또한 라이센싱계약의 핵심은 무형자산의 이전이기 때문에 기술원조계약이나 실물자산이 이전하는 턴키계약(turn-key contract)이나 단지 전문적 서비스만을 제공하는 경영관리계약 등과도 차이가 있다.

(3) 장단점

첫째, 라이센싱은 기술수출 이외에 별도의 다른 투자 없이도 로열티를 통한 이윤의 창출이 가능하며 자신이 보유한 지적재산권을 보호할 수 있다.

둘째, 라이센싱은 수입장벽이나 해외직접투자 규제를 우회하여 수출할 수 있기 때문에 정치적 리스크에 대한 노출을 최소화할 수 있다.

라이센싱은 이상의 장점 때문에 선호되지만, 다음과 같은 단점들도 가지고 있다.

첫째, 라이센싱은 라이센서가 보유하고 있는 무형자산이 외부로 유출되는 것이 불가피하며 현지에서 생산하는 경우에 비해 위험은 작지만 이익(수익률)이 낮다.

둘째, 라이센시는 계약기간 동안 기술에 대한 지식과 노하우를 축적할 수 있다. 이에 따라 라이센시가 라이센서의 새로운 경쟁자로 등장할 수 있다.

2) 프랜차이징

(1) 의의

현재 우리나라 어느 지역에서든 사람들은 CGV에서 영화를 보고 VIPS에서 점심을 먹고 Starbucks에서 커피를 마실 수 있다. 그 이유는 바로 프랜차이징 때문이다.

프랜차이징(franchising)이란 같은 상품을 같은 이름의 다른 상점에서 같은 가격과 서비스를 제공받도록 하는 계약방식을 말한다.

즉, 특정 기업이 보유하고 있는 상표나 상호의 사용권을 타 기업(franchisee)에 부여하고 추가로 원료, 부분품 또는 서비스 등 최종제품의 중요한 성분을 계속해서 일괄공급 내지 판매하는 권리를 보장해 주는 계약방식이다.

프랜차이징계약은 영업본부(franchiser, 가맹본사)와 가맹점(franchisee) 사이의 관계이다. 프랜차이징계약에서 가맹점은 영업본부의 상표와 상호, 영업방식을 사용하여 제품과 서비스를 판매할 수 있는 권리를 가지는 동시에 이러한 권리에 대한 대가(가맹비, 로열티)를 가맹 본사에 지급할 의무를 부담하게 된다.

이에 반해, 영업본부는 가맹점들에게 상호, 상표 등의 사용권을 허가해 주고 가맹점의 정상적인 기업경영 활동을 지원해 주어야 한다.

영업본부가 가맹점에게 지원하는 분야는 상표, 상호, 제품, 자재의 사용권과 판매권 이외에 품질관리, 경영방식, 조직운영도 포함된다.

(2) 등장과 발전

프랜차이징은 19세기에 등장하여 1960년대에 성행하기 시작했으며 1970년대 이후에는 해외시장의 진입전략으로 크게 각광을 받고 있다.

프랜차이징을 통해 해외시장으로 진입한 가장 성공적이고 대표적인 예는 피자헛, 코카콜라, 맥도널드, KFC 등과 같은 음식점과 힐튼(Hilton), 쉐라톤(Sheraton) 등 호텔업계 등과 같은 서비스 업종에서 많이 나타나고 있다.

(3) 차이

프랜차이징은 라이센싱의 한 형태이다. 그러나 라이센싱은 주로 기술의 권리나 노하우를 대상으로 하는 반면, 프랜차이징은 상호나 상표 등에 대한 사용허가 외에도 점포 내 진열, 대고객 서비스기법 등 마케팅과 관련된 노하우를 계약대상으로 한다.

프랜차이징은 품질관리, 조직운영, 마케팅 등 경영활동을 위한 추가적인 지원이 따른다는 점에서 라이센싱보다 더 강한 계약의 형태이다. 또한 프랜차이징은 라이센싱보다는 가맹점의 운영에 폭넓은 지원과 강력한 통제가 이루어질 수 있다.

(4) 활용

프랜차이징은 성격상 완제품 형태로는 해외시장에 수출될 수 없는 경우로서, 생산공정이나 관리시스템이 상대방에게 쉽게 이전될 수 있는 경우에 매우 활용가치가 높은 계약방식이다. 그러한 의미에서 이 방식은 장차 합작투자 내지 단독투자를 위한 과도기적 진출방식으로 활용되기도 한다.

(5) 장단점

① 영업본부(franchiser)

프랜차이징은 영업본부(가맹본사)의 입장에서는 재무투자가 적은 방식이므로 위험부담이 적고 각 점포는 독립 자영업자에 의해 운영되기 때문에 매일의 영업에 직접적으로 관여하지 않아도 된다. 또한 본사의 적은 조직으로도 수익창출이 가능하며 자사제품과 서비스를 안정적으로 공급할 수 있다.

그러나 프랜차이징은 다음과 같은 단점들을 가지고 있다.

첫째, 프랜차이징은 영업본부와 가맹점 사이의 외부화된 거래관계이기 때문에 가맹본사의 기술이나 브랜드가 가맹점에게 유출될 위험이 항상 존재한다.

둘째, 프랜차이징은 직접 생산하거나 마케팅을 수행하는 것보다는 수익성이 낮다.

셋째, 프랜차이징은 계약내용에 포함되지 않은 사항은 가맹점이 독자적으로 의사결정을 할 수 있으므로 영업본부의 입장에서는 가맹점을 통제하기 어렵다. 이로 인해 가맹점과 갈등이 발생할 가능성이 있다.

넷째, 프랜차이징 관계를 통해 영업본부의 경영 노하우와 기술을 배운 가맹점이 계약기간이 종료된 이후에 새로운 경쟁자로 나타날 수 있다.

다섯째, 프랜차이징에서는 현지정부가 국내산업보호 등을 이유로 프랜차이징 방식을 강하게 규제할 가능성이 있다.

② 가맹점(franchisee)

가맹점 입장에서는 이미 잘 알려지고 널리 인식된 브랜드를 사용하기 때문에 사업성공의 가능성이 높고 마케팅과 광고전략의 수행 등에서 독립적 운영도 가능하다. 또한 훈련과 노하우 등을 영업본부로부터 지속적으로 지원받을 수 있다.

그러나 프랜차이징은 초기 투자비가 발생하고 로열티를 지속적으로 지불해야 한다. 또한 영업본부로부터 물품이나 장비의 공급 및 구매요구가 필연적으로 수반되는데 그 과정에서 영업본부의 우세한 협상력 때문에 적절하지 않은 기술 및 관리시스템의 공급이나 구매를 강요당할 가능성이 있다.

3) 계약생산

(1) 의의

계약생산(contract manufacturing)이란 어느 기업이 진출 대상국에 있는 제조업체에게 일정한 계약조건으로 제품을 생산하도록 하고 이를 현지시장이나 제3국 시장에 판매하는 방식을 말한다. 이것을 '생산계약' 또는 '하청생산'이라고도 부르며 성격상 라이센싱과 해외직접투자의 중간 형태이다.

과거 우리나라에서 생산되어 수출되는 공산품의 상당량이 외국 수입자의 상표가 붙어 세계시장에서 판매되었으나, 최근에는 우리나라가 계약생산의 주문자가 되어 베트남이나 중국 등에서 활발하게 제품이 생산되고 있다.

(2) 활용

계약생산은 현지 정부의 규제 등의 장벽 때문에 통상적인 수출경로를 통해서는 해외고객에게 제품을 공급할 수 없는 경우, 그리고 해외 고객에게 자사가 제품을 직접 공급할 수 있는 생산 여력이 미치지 못한 경우, 현지시장이 협소하여 직접투자형태로 진출하는 것이 타당하지 않는 경우에 주로 이용된다.

(3) 유형

① OEM

OEM(Original Equipment Manufacturing, 주문자상표 부착생산방식)이란 공급자(제조자)는 주문자(매수인)가 제공한 설계에 따라 특정 상품을 제조하고 주문자의 상표를 부착하여 주문자에게 공급하는 방식을 말한다.

이 방식에서는 높은 인건비 등의 문제로 선진국의 업체들이 개도국의 업체에 제품의 설계도를 주어 제품의 생산을 의뢰하고, 완성된 제품은 선진국 업체의 상표를 부착하여 유통하게 된다. 따라서 이 방식은 주문자가 만들어준 설계도나 요청사항 그대로 생산하는 단순 하청생산 방식이다.

② ODM

ODM(Original Development Manufacturing, 제조업자 개발 생산방식)이란 주문자가 설계와 개발능력을 갖춘 제조업체에게 제품의 생산을 위탁하면 제조업체는 이 제품을 개발 및 생산하여 주문자에게 납품하고 주문업체는 이 제품을 직접 유통하거나 판매하는 형태를 말한다. 주로 기술력을 보유한 제조업체에서 제품을 개발하면 판매망을 보유한 유통업체에서 납품을 받아 유통에 집중하는 시스템이다.

ODM방식은 OEM방식과 달리 '주문자가 요청한 사양이나 요건에 따라' 제조업체(공급자)가 주문 상품을 설계하거나 개발한 후 주문자의 주문에 따라 생산 및 공급하게 된다. 즉, OEM방식은 단순 하도급 생산형태이지만, ODM방식은 주문자의 요구에 따라 제조업체(공급자)가 주도적으로 제품을 생산하는 형태이다.

(4) 차이

계약생산은 라이센싱과 해외직접투자의 중간적 성격을 띠고 있지만, 지분 참여가 없다는 점에서는 해외직접투자와 차이가 있다. 또한 계약생산은 기술제공이라는 측면에서는 라이센싱과 비슷하고 현지생산이라는 점에서는 해외직접투자와 비슷하지만, 생산된 제품을 주문자가 직접 판매한다는 점에서 라이센싱과 다르고, 생산에 대한 기술제공이나 기술적 지원 이외에 자본투자가 없다는 점에서 해외직접투자와 다르다.

(5) 장단점

① 수출국의 입장

수출국의 입장으로 볼 때 계약생산은 다음과 같은 장점들이 있다.

첫째, 계약생산은 수출 확대와 기술 축적이 용이하고 해외시장에 진출하기 위해 필요한 생산설비 구축과 운영에 필요한 투자를 절감할 수 있다.

둘째, 계약생산은 수입국가 소비자계층의 내셔널리즘을 회피(수입국가 상표 부착의 경우)할 수 있고, 직접투자에 비해 소규모의 자원을 투입해도 된다.

이에 비해 계약생산은 다음과 같은 단점들이 있다.

첫째, 품질이나 납기측면에서 적합한 현지의 생산업체(제조업체)를 발굴하는 것이 쉽지 않을 뿐 아니라 적합한 제조업체가 나타났다 하더라도 만족할 만한 품질과 일정한 품질수준을 유지하기 위해서는 막대한 기술원조가 요구되는 경우가 많다.

둘째, 자가 브랜드 상품의 수출보다 저가로 수출되어 수출 채산성 면에서 불리하며 새 모델의 개발 등 독자적인 운영모색에 한계가 있다.

셋째, 수출국 상품의 이미지 제고 및 해외시장 개척에 불리하며 제조업자의 생산과 품질보증을 위해서는 기술이전과 지원이 필요하다.

넷째, 현지 제조업체가 미래의 경쟁자가 될 수 있는 잠재적 위험을 감수해야 한다.

② 수입국의 입장

수입국 입장으로 볼 때 계약생산은 판매나 마케팅 부담의 해소, 기술지원의 확보, 기술축적, 무역장벽을 극복할 수 있는 장점이 있다. 그러나 스스로 시장을 개척하는 것에 취약하고 단순한 하청기업으로 전락할 수 있는 단점이 있다.

4) 턴키계약

(1) 의의

턴키계약이란 국내기업(시공자)이 해외에서 발전소, 생산공장, 산업설비, 석유시추시설 등의 공장이나 산업시스템을 발주 받아 이를 건설 내지 시공하고, 가동할 준비가 완료되면 발주자에게 공장이나 시설물을 인도하는 공사방식을 말한다.

즉, 하나의 기업 또는 컨소시움(consortium)에 참여한 기업들이 해외의 어떤 프로젝트의 모든 과정(계획, 자금조달, 조직, 관리 등)을 진행하여 최종적으로 생산시설(플랜트)이나 건축물을 완성하여 발주자에게 납품하는 수출방식이다.

이를 '플랜트 수출(plant export)', '일괄수주계약' 또는 '턴키운영'이라고도 부른다.

한 단계 더 나아가, 플랜트가 완성된 상태로 납품하면서 해외의 발주자가 그 사업을 독자적으로 영위할 수 있도록 경영관리나 근로자 훈련과 같은 추가적인 서비스를 제공할 의무를 부담하는 방식도 있는데, 이를 턴키 플러스(turnkey plus)라 부른다.

(2) 유의점

턴키계약의 실행은 막대한 비용과 시간이 소요되기 때문에 복잡한 협상과정을 거치게 되고 계약서에는 계약당사자의 의무와 책임 등이 상세하게 명시되어 있다.

5) 관리계약

(1) 의의

관리계약이란 경영에 관한 지식이나 경험, 기술 등의 노하우를 보유하고 있는 기업이 자금이나 설비를 갖고 있는 기업과 계약을 체결하여 한 파트너는 시설을 소유하고 다른 한 파트너는 경영을 담당하는 형태의 경영방식을 말한다.

기업이 해외기업으로부터 경영활동을 관리할 권한을 부여받고 일정기간 그 외국기업에게 경영서비스를 제공하고 그 대가를 받는 형태로 시장에 진출하는 방식이다.

관리계약은 주로 공공부문, 금융, 호텔업 등 전문 서비스부문에서 사용된다. 국제관리계약만 체결되는 경우는 드물고 대개 합작투자나 턴키계약의 일환으로 사용된다.

(2) 장단점

관리계약에서는 기업이 경영서비스를 수출하면서 부수적으로 해외기업의 경영에 직간접으로 참여함으로써 원료나 부품, 장비 등을 수출할 수 있는 장점이 있다. 그러나 일정기간에 걸쳐 일정액의 적은 수수료만을 받게 되는 단점도 있다.

4. 투자에 의한 해외진출

1) 해외직접투자

(1) 의의

해외직접투자란 투자기업이 외국에 있는 투자대상 기업에 대한 경영권의 지배나 경영에 참여할 목적으로 유형의 경영자원뿐 아니라 기술, 특허, 상표권, 마케팅 노하우 등 기업의 제반 무형자원을 패키지 형태로 해외에 이전시키는 방식을 말한다. 이 방식은 주로 기업이 국제화하는 마지막 단계에서 선택되는 것이다.

(2) 유형

① 단독투자

㉠ 의의

단독투자는 모든 자본금을 단독으로 투자하는 것을 말한다. 단독투자는 적당한 사업파트너가 없거나 강력한 독점적 기술력이나 시장지배력이 예상될 경우에 기업들이 이익을 극대화하기 위해 진입하는 투자형태이다.

㉡ 활용

다국적기업들은 세계에 산재해 있는 자회사에 모회사 전략의 일부를 분담시키고 그 활동을 범세계적 시야에서 조정함으로써 기업전체의 경영효율을 높이기를 원한다.

그렇게 하기 위해서는 완전소유의 해외 자회사에 대한 통제력의 확보가 불가결하므로 단독투자 방식이 활용된다. 이것은 미국의 다국적기업이 취해 온 방식이다.

㉢ 장단점

단독투자는 기업이 단독으로 투자하기 때문에 경영과 관련된 의사결정이 신속하고 상황 변화에 즉각적으로 대처할 수 있다. 또한 성공적인 투자일 경우에는 막대한 이윤이 고스란히 기업의 몫으로 돌아가므로 이윤창출의 극대화를 이룰 수 있다.

반면에 새로운 시장개척 비용이 필요하고 기술개발에 대한 압박의 단점이 있다.

② 합작투자

㉠ 의의

합작투자(joint venture)란 경쟁관계에 있는 2개 이상의 기업들이 상호이익을 위해 일부 사업이나 기능별 활동부문에서 경쟁기업과 일시적으로 협조적인 관계를 맺음으로써 특정기업체 운영에 공동으로 참여하는 것을 말한다.

오늘날에는 합작투자라는 전통적인 용어 대신에 전략적 제휴(strategic alliances)라는 용어를 더 많이 사용하고 있다. 이 방식은 외국에 생산설비를 건설하거나 신제품 개발에 소요되는 비용을 여러 투자기업들이 서로 분담하는 것을 목적으로 한다.

㉡ 활용

다국적기업들이 기술격차를 이용하여 해외에 진출하기 시작하였던 1950~1960년대에는 합작투자보다 단독투자방식을 많이 이용하였다. 그러나 경쟁이 격화되고 신기술 개발이 지연되는 등 독점적 우위의 확보가 어려워짐에 따라 최근 들어서는 합작투자를 통한 해외진출방식을 많이 이용하고 있다.

합작투자방식은 다음과 같은 경우에 특히 선호되는 방식이다.

첫째, 현지 정부의 제한 때문에 단독투자방식을 이용할 수 없는 경우

둘째, 필요로 하는 원료나 자원을 현지 파트너가 생산하고 있어 원료나 자원의 입수가 현지 진출을 위한 전제조건이 되는 경우

셋째, 해외사업운영에 필요한 자본 및 경영능력 부족을 해결하고자 하는 경우

넷째, 해외사업 경험이나 협상력이 부족한 경우 등

㉢ 장단점

합작투자는 단독투자와 비교하여 상대적으로 적은 자본이 투입되며 사업추진에 소요되는 투자자금이나 각종 위험을 합작기업과 분담할 수 있다.

또한 현지정부가 요구하는 투자나 무역장벽을 극복할 수 있고 참가기업이 가지고 있는 강점을 그대로 가지고 시장에 진입할 수 있다. 그리고 합작 파트너로부터 현지상황에 대한 정보를 습득함으로써 현지 네트워크 형성에 유리하며 합작 파트너를 가짐으로써 지역사회에 기여할 수 있다.

이에 반해, 합작투자는 합작 파트너와 경영전략 및 방법에 차이가 있는 경우 의견의 조정이 어렵고, 합작 파트너에게 자신의 기술이나 노하우가 이전되어 장차 경쟁기업이 될 위험이 있다. 또한 지분의 분할소유로 인해 통제와 이익이 제한된다.

2) 해외간접투자

해외간접투자란 경영에 대한 통제권에는 관심이 없고 단순히 배당금이나 이자수입을 목적으로 외국 기업의 주식이나 증권을 취득하거나 해외사업에 대부하는 방식을 말한다. 이를 '포트폴리오 투자'라고도 부른다. 해외간접투자는 배당수익이나 이자수익 등만을 노리는 단순한 자본의 국제적 이동이기 때문에 기업경영에 직접 참가할 목적으로 해외에 자금이나 시설을 투자하는 해외직접투자와 구별된다.

학습정리

1. 기업의 세계화란 전 세계기업을 대상으로 생존하기 위하여 자사의 국제경쟁력을 향상시키는 과정을 말한다.
2. 기업경영이 국제화되는 원인은 정보통신과 교통기술의 발달, 글로벌 경쟁의 심화, 소비성향의 동질화, 무역장벽의 축소 등이다.
3. 기업의 국제화의 동기는 기존 시장 유지 및 새로운 시장개척, 원가절감, 자원개발, 첨단기술 및 지식습득, 경쟁기업에 대한 견제 및 기타 요인들이다.
4. 기업의 국제화 과정은 국내시장 지향단계(국내기업), 수출시장 지향단계(해외지향기업, 수출기업), 해외직접투자 지향단계(현지지향기업, 다국적기업), 세계시장 지향단계(세계기업)로 구분된다.
5. 국제경영은 2국 이상의 국가에서 기업 활동을 하는 것을 의미한다.
6. 간접수출의 단점은 중간상이 개입하는 만큼 이익이 적다는 점, 현지시장의 정보를 거의 획득하지 못한다는 점, 자사 제품이 해외에서 어떻게 판매되든 통제를 못한다는 점 등이다.
7. 직접수출은 현지 마케팅활동을 통제할 수 있고 현지 시장정보를 획득할 수 있으며 간접수출에 비해 매출 규모가 크다는 장점이 있다.
8. 국제라이센싱(international licensing)은 특정 기업이 보유하고 있는 특허, 상표 및 상호, 노하우 등을 외국기업이 일정기간 사용하도록 허가하고 그 대가를 수취하는 것을 목적으로 하는 경영방식이다.
9. 프랜차이징(franchising)은 영업본부(franchisor)와 가맹점(franchisee)사이의 관계로부터 출발하는데, 가맹점에게 상호, 상표 등의 사용권을 허가해 주고, 영업본부의 관점에서 가맹사의 정상적인 경영활동을 지원해 주는 방식이다.
10. 프랜차이징을 통해 해외시장으로 진입한 가장 성공적이고 대표적인 예는 코카콜라, 맥도널드 햄버거, 켄터키 치킨, 버거킹 등이다.
11. 계약생산은 국제기업이 진출대상국에 있는 기존의 제조업체로 하여금 일정한 계약조건을 전제로 제품을 생산하도록 하고 이를 현지시장이나 제3국에 판매하는 방식을 말한다.
12. 합작투자는 단독투자와 비교하여 상대적으로 적은 비용이 투입되며 사업추진에 소요되는 투자자금이나 각종 위험을 합작기업과 분담할 수 있다.

■ 생각해보기

주제	기업들이 글로벌화하는 동기 중의 하나가 '해외자원을 개발하기 위한 것이다.'라는 의미를 생각해 봅시다.
전문가 의견	해외의 풍부하고 저렴한 자원을 개발해 수입하기 위해서 국제화를 추진할 수 있다. 특히 이러한 동기는 주로 천연자원이 부족한 국가들이 광업, 어업, 임업 등의 분야에서 자원개발을 통한 원재료의 안정적 확보를 추구하게 된다. 이러한 전략적인 동기에서 해외에 직접투자 하는 기업들을 자원추구형기업(resource seekers)이라 부른다. 한국기업의 경우는 1968년에 인도네시아의 삼림개발을 목적으로 투자한 남방개발의 경우가 자원개발형 직접투자의 효시이다.

■ 평가문제

문항	유형	문제
1	객관식	국제경영의 특성으로 보기 어려운 것은? ① 경영목표의 세계성　② 경영계획의 폐쇄성 ③ 조직관리의 통합성　④ 조직운영의 유기성 정답 ② 해설 국제경영의 특성으로는 ① 경영목표의 세계성 ② 경영계획의 보완성 ③ 조직관리의 통합성 ④ 조직운영의 유기성 ⑤ 정보처리의 신속성 ⑥ 경영전략의 적극성 ⑦ 경영활동의 현지 적응성 등이다.
2	주관식	기업의 국제경영 유형중의 하나로서 특정기업이 보유하고 있는 특허, 상표 및 상호, 노하우 등을 외국기업이 일정기간 사용하도록 허가하고 그 대가를 수취하는 것을 목적으로 하는 경영방식을 무엇이라고 하는가? 정답 국제라이센싱(international licensing) 해설 국제라이센싱(international licensing)은 특정기업이 보유하고 있는 특허, 상표 및 상호, 노하우 등을 외국기업이 일정기간 사용하도록 허가하고 그 대가를 수취하는 것을 목적으로 하는 경영방식이다.
3	논술식	① 기업들이 국제화하는 동기와 단계를 설명하시오. ② 프랜차이징의 장단점을 영업본부(franchiser)와 가맹점(franchisee)을 중심으로 비교하여 설명하시오. ③ 계약생산의 방식 중 OEM방식과 ODM을 비교하여 설명하시오. ④ 해외직접투자와 해외간접투자의 차이점을 비교하여 설명하시오.
4	설명식	① 글로벌화(globalization)　② 노하우(know-how) ③ 계약생산(contract manufacturing)　④ OEM ⑤ 선도기업추종형(follow the leader)

제14장

다국적기업과 해외직접투자

제1절 다국적기업

1. 다국적기업의 의의와 용어

1) 의의

사람과 같이 기업들도 국적(nationality)이 있다. 미국에서 생겨나 그곳에서 사업을 하는 있는 회사는 미국 기업이고 한국에 있는 회사는 한국 기업이다.

그러한 의미에서 다국적기업(multinational corporation, MNC)이란 말 그대로 여러 나라의 국적을 가지고 있는 회사를 말한다.

즉, 다국적기업은 범세계적 시장을 대상으로 하여 경영활동을 전개하는 기업으로서 2개 이상의 국가에서 생산과 판매활동을 하는 다수의 해외 자회사나 지사를 소유하거나 통제하며 이들의 활동을 본사에서 총괄하는 기업을 말한다.

처음에는 한 국가에서 시작되었지만 차츰 전 세계로 뻗어나가 세계 각지에서 같은 회사의 이름으로 공장이나 자회사, 지사 등을 두고 생산과 판매활동을 세계적으로 전개하는 기업이 다국적기업이므로 이 회사들에게는 국적과 국경이 큰 의미가 없다.

다국적기업은 자본만을 국제적으로 이동시키는 것이 아니라 인력, 기술, 서비스, 경영관리능력 등 토지를 제외한 모든 경영자원들을 국제적으로 이동시킨다.

2) 용어

다국적기업은 초국적 기업(transnational corporation), 세계기업(world enterprise), 국제기업(international corporation), 글로벌기업 등으로 불리고 있다.

UN은 '국경의 한계를 넘어선 기업' 이라는 의미에서 '초(超)국적 기업'이라는 용어를 사용하고, 우리나라는 다국적기업과 국제기업이라는 용어들이 많이 사용하고 있다.

2. 다국적기업의 구성과 등장 배경

1) 국내기업과 다국적기업의 차이

국내기업은 하나의 국가 안에서 기업들의 활동에 필요한 자원을 획득하고 재화나 서비스를 국내에 판매한다. 대부분의 중소기업들이 여기에 속한다.

이에 반해, 다국적기업은 다수국에 영업 및 제조거점 확보, 즉 많은 국가에 직접 투자한 자회사를 가지고 국제적인 규모로 종합적인 경영활동을 전개하는 기업이다. 그러므로 다국적기업은 국가간의 경계를 초월하여 경영활동을 수행한다.

2) 다국적기업의 구성과 요건

다국적기업은 여러 국가에 투자를 하지만, 어느 한 국가에 본사를 두고 최소한 하나 이상의 다른 국가에 자회사나 현지법인을 설치하여 관리한다. 이 중에서 본사를 '모회사(母會社)'라고도 하며 현지법인을 '자회사(子會社)'라 부른다.

다국적기업은 여러 국가에서 중요한 경영활동을 전개하지만 본국에 기반을 두고 관리하는 형태이기 때문에 현지의 자회사들은 중앙 본사의 지시에 의해 운영된다.

이와 같이 다국적기업이 되기 위해서는 적어도 2개국 이상에서 해외생산 자회사를 가지고 그 자회사들이 본사에 의해 계획 및 통제가 이루어져야 한다.

3) 다국적기업의 등장 배경

첫째, 다국적기업이 등장한 배경은 영리를 쫓는 기업의 특성과 깊은 관계가 있다.

장사가 잘되면 더 큰 이윤을 추구하기 위해 한 국가에서만 사업하는 것에 만족하지 않게 된다. 돈을 벌 기회를 찾아 다른 나라에도 관심을 갖게 되고, 따라서 하나 둘씩 외국에 공장과 회사를 세우면서 다국적기업이 되는 것이다.

둘째, 국가마다 자국의 국내산업을 보호하기 위해 외국에서 들어오는 물건에 비싼 세금을 물리거나 수입 자체를 막는 등 무역장벽이 심해지자, 기업들은 아예 공장과 회사를 그런 국가에 세워 운영하는 것이 유리하다는 생각을 가지게 된다.

특히 세계무역을 자유화하는 것을 약속한 세계무역기구(WTO) 체제가 등장하면서 다국적기업들의 활동은 더욱 활발해지고 있다. 왜냐하면 보다 값싼 노동력과 자원을 찾아 가장 알맞은 장소에 공장이나 회사를 세우는 일이 훨씬 쉬워졌기 때문이다.

셋째, 한 국가 안에서 어느 회사가 너무 커지면 정부는 제일 큰 회사가 혼자 시장을 좌우하는 것을 막는 법(독과점방지법)을 만들거나 환경 규제를 까다롭게 한다. 이러한 규제를 피해 기업들이 해외로 진출하였고 이들은 다국적기업으로 발전하였다.

3. 다국적기업의 특징과 발전 단계

1) 다국적기업의 특징

(1) 기업규모의 거대화

다국적기업은 거대한 자본력과 강력한 생산능력 및 마케팅 능력을 바탕으로 생산과 판매(매출) 규모가 대규모로 이루어지기 때문에 매우 큰 경제력을 가지고 있다.

예로 UNCTAD가 선정한 2020년 1위의 다국적기업인 로열더치쉘(Shell)의 연간 매출액은 3,1317억 달러이고 2위 기업인 토요다의 매출액은 2,754억 달러였다. 이 기간 삼성전자의 매출액이 1,976억 달러임을 감안하면 이들 경제력의 규모를 알 수 있다.

(2) 고도의 독점적 기술보유

다국적기업이 가지고 있는 독점적 우위의 원천은 탁월한 기술능력의 보유이다. 기술력에 바탕을 둔 독점적 우위는 현지 소비자의 기호, 법규 및 제도 등 '외국비용'의 불리함을 극복하게 하는 중요한 역할을 하고 있다.

(3) 세계적 생산과 판매망 및 조직 구축

다국적기업은 2개국 이상에 걸쳐 모기업, 자회사, 생산거점 등 대규모 판매망과 조직들을 가지고 있다. 예로 스위스의 네슬레(Nestlé)는 세계 100여 개 국가에 300개가 넘는 자회사 보유하고 있고 총매출 중 해외매출 비중이 73%를 차지하고 있다.

(4) 경영전략의 초국가성 및 경영활동의 세계지향성

다국적기업이 수행하는 연구개발, 생산, 활동, 판매 및 서비스 등 경영전략과 경영활동은 국경이나 국가라는 개념을 초월하여 다수 국가에서 전개된다.

(5) 의사결정의 집권화

다국적기업은 기업의 의사결정과 전략이 피라미드형 계층조직의 상층부에서 이루어진다. 주요 의사결정과 전략은 세계적 차원에서 이루어지며, 전 세계의 자회사들은 이러한 의사결정과 전략을 바탕으로 활동하게 된다. 이러한 집권화 전략은 현지국의 경제주권을 위협한다는 인식이 많아 양자 간에 마찰이 발생하는 경우도 있다.

(6) 최고 경영층의 다국적성

다국적기업의 최고 경영층은 본사 소재국의 경영진이거나 각국에서 임용된 외국 전문가들로 구성되어 있다.

2) 다국적기업의 발전 단계

다국적기업들은 보통 다음과 같은 경영활동 태도를 가지면서 발전하게 된다.

(1) 자국 중심주의

자국 중심주의는 본국(home country)에서 사용하는 경영방침, 가치관, 회사 운영방침 등을 외국에서도 그대로 적용하는 태도이다. 현지국의 자회사에 대한 통제권은 모회사에 귀속되며, 모회사 중심으로 모든 권한과 의사결정들이 이루어진다.

그러므로 해외시장은 본국에서 생산한 제품의 수출시장으로 인식하여 현지국의 이해나 적응에 관심을 두지 않고 책임자도 본국에서 파견한다. 이것은 의사소통이 없이 본사에서 이루어지는 일방적 명령체계이고 자원의 배분도 본사에서 결정한다.

국제화시대에 기업들은 자기중심적이고 자국 중심적인 본국 중심적 경영태도를 벗어나 전 세계적인 관점에서 사고하고 행동하는 기업경영 방식이 필요하다.

(2) 현지시장 중심주의

현지시장(local market) 중심주의는 현지상황에 대한 이해와 적응을 최우선으로 고려하여 현지 자회사 중심으로 의사를 결정하는 태도이다. 이 방식에서는 현지인들을 우선 채용하고 '로마에 가면 로마법을 따라야 한다.'는 태도로 경영활동을 수행한다.

이 방식에서는 본국과 현지국에 보편적으로 적용될 경영방식을 모색하고 이러한 방식을 현지에 수행할 때에는 현지 조건에 맞추어 수정하여 적용한다.

(3) 지역시장 중심주의

지역시장(regional market) 중심주의는 동질적 국가들을 지역적으로 블록화하여 지역단위로 독자적인 경영활동을 전개하는 태도이다.

현지국의 시장과 경제, 사회 등 환경조건이 유사한 지역을 하나로 묶고 그 지역을 중심으로 경영활동을 수행하는 방식이다. 이 방식에서는 각 지역별로 지역통괄 회사를 설치하고 이들에게 상당한 의사결정 권한을 부여한다.

(4) 세계시장 중심주의

세계시장(global market) 중심주의는 기업 경영자가 전 세계를 하나의 무대로 보며 특정국가나 국적에 구애받지 않고 경영활동을 수행하는 태도이다. 이 방식에서는 그 상황, 그 나라에 적합한 경영방식과 그 자리에 가장 적합한 경영자가 누구인가를 경영활동의 기준으로 삼고 범세계적 통합전략이 구상된다.

4. 다국적기업의 발전과 현황

1) 다국적기업의 역사

다국적기업은 언제부터 시작되었을까? 문헌에 나타난 최초의 다국적기업 형태는 영국, 프랑스, 네덜란드 등이 금과 비슷한 가치를 가지고 있었던 후추(pepper)를 인도로부터 가져가기 위해 17세기 초에 세웠던 '동인도 회사'로 알려져 있다.

그러나 현재와 같은 의미의 '다국적기업'이란 용어는 1963년 릴리엔탈(David Eli Lilienthal)이 저술한 그의 책 '다국적기업의 경영'에서 처음으로 사용되었다.

2) 다국적기업의 발전

다국적기업이 구체적인 모습을 드러낸 것은 제2차 세계대전 이후이다. 제2차 세계대전 이후 국가간 무역과 국제투자의 급증은 다국적기업의 놀라운 발전을 가져오는 원동력이 되었다. 1950년대 이후에는 미국을 비롯한 선진국의 대기업들이 해외직접투자를 증가시키면서 다국적기업으로 등장하였다.

이후 자회사들이 진출한 현지 국가들과 충돌하던 1970년대와 1980년대를 거치면서 다국적기업은 다양한 형태로 현지의 적응능력을 더욱 확대시켜 나아갔다.

최근의 다국적기업들은 자회사 진출국가와 대립하기보다는 진출국가의 경제발전에 적극적으로 기여하려고 노력하고 있으며, 현지 국가에 대한 사회적 책임도 강화함으로써 진출국과 다국적기업 모두가 모두 상생하는 모습으로 발전하고 있다.

미국에서 시작된 다국적기업의 공세는 이후 유럽과 아시아에서 또 다른 형태의 다국적기업을 출현시키며 하나의 세계적 현상으로 발전하였다.

3) 다국적기업의 현황

다국적기업의 경영활동은 국내와 국외를 구별하지 않기 때문에 기업의 이익이 있는 곳이면 그 곳이 어디인지를 불문하고 진출하고 있다.

따라서 Coca-Cola(음료), Starbucks(커피전문점), KFC(패스트푸드) 등 우리가 일상에서 접하는 거의 모든 수입품들이 다국적기업의 제품이다. 우리나라의 대표기업인 현대(Hyundai)나 삼성(Samsung)도 해외에 지사를 설립하거나 현제 생산공장을 가지고 있기 때문에 다국적기업이다.

전 세계 다국적기업의 수는 1970년에 약 7,000개에서 2010년에 약 9만 개로 증가하였고 이들이 전 세계에 가기고 있는 자회사도 50만개가 넘는 것으로 추산되고 있다. 갈수록 다국적기업이 세계경제에서 차지하는 비중이 높아지고 있다.

(1) 국외기업

Motorola, Nestlé, Nintendo, Sony, Nike, McDonald's, Benetton, Del Monte, Pizza Hut 등 우리가 일상에서 접하는 다국적기업들은 무수히 많다.

Pizza Hut의 경우 미국에서 생겨난 기업이지만 현재 100여 국가에 2만 9천여 개의 매장을 가지고 있고 우리나라에도 '한국 피자헛'이라는 회사를 세워 사업하고 있다.

UNCTAD가 발표한 '세계투자보고서'에 의거하면 세계에서 가장 큰 다국적기업은 General Electric Company(GE, 미국)이며, 2위는 영국계 이동통신 그룹인 Vodafone, 3위는 미국의 최대 자동차회사인 General Motors Corporation으로 나타났다.

GE는 1920년대에 이미 세계 18개국에 공장을 세웠고 2005년의 경우 자산규모는 6천 733억 달러(606조 원), 매출은 1천 497억 달러(135조 원)로 매출 규모가 말레이시아, 싱가포르, 체코, 뉴질랜드의 같은 해 국내총생산(GDP)보다도 많았다.

웬만한 국가의 경제규모보다 한 다국적기업의 매출 규모가 오히려 더 큰 것이다.

현재 다국적기업의 본사를 가장 많이 보유하고 있는 국가는 미국이고, 일본, 영국, 독일, 프랑스, 캐나다, 스위스, 네덜란드 등이 다음 순서이다.

현재 우리나라에는 GE, IBM, 모토롤라, 전기, 전자, 금융 등 각 계열의 미국계 자회사, Sony, Honda 등의 가전과 자동차 산업의 일본계 자회사, 그밖에 Volkswagen 등 유럽의 대규모 다국적기업들이 많이 진출해 있다.

(2) 국내기업

돈과 기업이 국경을 초월하여 자유롭게 움직이는 것이 피할 수 없는 현재의 추세이기 때문에 우리 기업들도 다국적기업으로 변신하기 위해 많이 노력하고 있다.

실제로 우리나라에서 탄생한 회사 중 일부 기업들, 특히 삼성, 현대, LG 등 국제적 경쟁력을 갖춘 기업들은 이미 다국적기업으로 깊숙이 자리매김하고 있다.

미국의 경제 매거진 포춘(Fortune)지가 2023년에 발표한 글로벌 500대 기업에는 미국 기업이 124개사, 우리나라 기업이 15개사(삼성전자, 현대자동차, SK㈜, LG전자, LG화학, 기아자동차, POSCO, KB금융, 현대모비스, 삼성중공업, GS 칼텍스, 현대중공업, 한국전력, 한화 등)로 나타났다. 이중 삼성전자와 현대자동차는 2017년에 이어 2018년 이후에도 계속 100위권 안에 들어 있다.

글로벌 500대 기업들이 대부분 다국적기업인 것을 감안하면 세계 10위권의 수출액을 자랑하는 국가 치고는 우리나라 출신의 다국적기업이 많지 않은 편이다.

일본은 47개 회사가 들어있다. 중국은 145개사가 들어있는데 이것은 1990년 중국 본토에 본사를 둔 글로벌 500대 기업이 0개이던 중국이 미국을 추월한 수치이다.

5. 다국적기업의 해외진출 요인

1) 내부적 요인

(1) 해외시장 개척 및 확대

대부분의 다국적기업은 그 활동의 동기를 보다 높은 이익을 실현하는데 두고 있다. 이를 위해서는 새로운 해외시장의 개척과 확보가 필수적이다. 이것은 내수시장의 불황을 해외시장에서 극복할 수 있는 유용한 수단이 되기도 한다.

(2) 원자재의 개발과 확보

기업들의 원자재에 대한 의존도는 산업의 성격에 따라 상이하지만 원자재를 지향하는 기업들은 원자재의 가용성과 가격변동에 매우 민감하다. 따라서 자국 내에서 충족할 수 없는 부족한 자원을 확보하기 위해 다국적기업들은 해외시장으로 진출한다.

(3) 국내시장 방어 및 제품이익주기 연장

외국계 기업으로부터 국내시장을 보호하기 위해서는 상대국으로 동종 사업을 진출시켜야 한다. 다국적기업들은 침투된 국내시장 부분을 상대국 시장에서 충당하려는 의도에서 해외시장으로 진출한다.

또한 다국적기업들은 제품의 수명이 쇠퇴기에 있는 제품의 경우는 해외시장으로의 수출을 통해 수명을 연장함으로써 이익을 창출하기 위해 해외시장으로 진출한다.

(4) 차별화된 제품개발과 마케팅전략 실현

다국적기업들은 각국 시장별로 특화된 제품의 개발과 마케팅을 위해 해외시장에 자회사나 지사를 설치한다. 예를 들어 맥도널드의 경우 차별화된 제품개발과 마케팅전략을 실현하기 위해 이슬람권에서만 판매하는 생선 햄버거를 개발하고 있다.

(5) 저렴한 인건비 및 생산력의 해외이전

다국적기업들은 노동집약적 산업의 경우 인건비가 저렴한 국가로 진출하며 능률성을 도모하기 위해 자국 내에서 구식이 되거나 남는 공장시설을 해외로 이전시킨다.

(6) 규제회피

기업들은 행동에 제약이 많은 곳을 피하고 활동이 자유롭고 많은 지원을 받을 수 있는 곳을 찾아다닌다. 이에 따라 다국적기업들도 세금이 적고 규제가 없어 기업을 경영하기가 수월한 국가에 지사를 설치하거나 본사를 아예 옮겨 버리기도 한다.

2) 외부적 요인

(1) 무역장벽의 회피

다국적기업들은 상품을 직접 수출할 때 발생하는 무역장벽을 회피하기 위한 수단으로 기술이전이나 해외직접투자를 한다. 최근 WTO의 출범과 관세나 비관세 장벽이 점차 철폐됨에 따라 다국적기업의 해외시장 진입은 훨씬 용이한 환경이 되었다.

(2) 정보통신과 교통기술의 발달

기업의 다국적화를 촉진하는 토대는 정보통신기술과 교통기술의 발달이다. 정보통신과 교통기술의 발달이 해외기업간의 경영관리를 원활하게 하는 원동력이 되고 있다.

특히 페이스북(Facebook)이나 트위터(Twitter)와 같은 최근 모바일 정보통신기술의 발달과 항공 및 교통산업의 발달은 시간적 격차와 공간적 거리를 급속도로 좁혔으며, 사람과 물자의 이동속도와 생활과 문화의 전파속도를 빠르게 변화시켰다.

(3) 소비성향의 동질화

글로벌 브랜드의 영향력이 점차 커지면서 전 세계 사람들의 소비성향도 비슷해지고 있다. 이러한 흐름 속에서 '한류(韓流, korean wave)'도 한국을 넘어 유럽과 북미, 남미 대륙까지 큰 영향을 미치고 있다. 이러한 현상은 다른 기업들에게도 영향을 미쳐 다국적기업들이 해외로 진출하는 원인이 되고 있다. 일본 자동차업체가 이러한 동질화된 소비자의 욕구를 최대한 활용하여 성공하고 있는 것은 잘 알려진 사실이다.

Toyota, Honda, Nissan은 국가별로 상이한 디자인 등 부차적 요인보다는 모든 국가의 소비자에게 공통적으로 나타나는 안전성과 경제성 등 기본적인 소비자 욕구에 치중한 신제품들을 속속 개발하고 있다.

(4) 세계의 동질화 현상

통신과 교통기술 등 외부경제의 발전과 경제적·사회적·문화적 구조의 동질화 현상이 진전됨에 따라 세계는 하나의 경영관리 가능권역 내에 들게 되었다. 이에 따라 다국적기업들은 세계적인 관점에서 경영관리를 수행하기 위해 다양한 국가로 진출하고 있다.

(5) 글로벌 경쟁의 가속

기업들의 글로벌 경쟁이 가속화됨에 따라 이를 극복하기 위한 방편으로 다국적기업들은 땅값과 세금이 저렴하고 인건비가 싼 국가의 인력을 고용하며 기술력이 높은 국가에서 기술을 전수받고 원료가 풍부한 국가에서 원료를 구매하기 위해 진출한다.

6. 다국적기업의 효과와 영향

1) 본국에 미치는 효과

(1) 생산요소의 확보효과

다국적기업들이 해외에 진출하면 천연자원이나 원료를 안정적으로 확보할 수 있고 값싼 노동력을 해외에서 확보할 수 있는 효과가 있다.

(2) 이익획득 및 국제수지 개선효과

다국적기업들이 해외에 진출하면 해외에서 판매함으로써 이익을 획득하게 되며 이들은 장기적으로는 본국의 국제수지를 개선시키는 효과에도 기여할 수 있다.

(3) 시장확보 및 수출증대효과

다국적기업들이 해외에 진출하면 현지국의 여러 수입 장벽들을 회피하면서 해외시장을 확대할 수 있고, 현지국에 대한 진출만큼 수출을 증대시킬 수 있는 효과가 있다.

(4) 고용효과

다국적기업들이 해외에 진출하면 자본, 기계, 설비 등 각종 물적 자산의 이전뿐 아니라 기술 인력의 파견도 필요하기 때문에 국내고용을 창출하는 효과가 나타난다.

2) 현지국에 미치는 효과

(1) 기술이전 및 경제개발효과

다국적기업들은 현지국가에 자본과 기술 등 생산요소와 경영, 노하우 등을 이전하기 때문에 기술이전을 통한 현지국의 경제발전에 기여하게 된다.

(2) 고용 및 소득증대효과

다국적기업이 진출하면 현지국은 새로운 기술과 경영기법의 도입으로 생산성 향상과 고용증대가 나타나고 근로자들의 수입을 창출함으로써 소득을 증대시키게 된다.

(3) 경제성장효과

다국적기업이 진출하면 현지국은 단기적으로는 자본유입과 생산증대로 수출이 증가하기 때문에 국제수지 개선을 통한 국내총생산(GDP)의 성장에 도움이 된다.

그러나 장기적으로는 수입의존도가 너무 커지게 되면 국제수지가 악화될 수 있다.

3) 다국적기업의 긍정적 영향

다국적기업은 산업시설이 별로 없는 나라에 공장을 짓고 세금도 내며 일자리도 만들어 주는 등 경제발전에 도움을 준다. 또한 현지국가에 부족한 자본이나 기술 등과 같은 자원을 공급해주고 기업들의 국제경쟁력을 강화시켜 준다. 그리고 전 세계에 경영자원을 최적으로 분배시켜 주며 기술혁신과 새로운 기술의 보급을 확대시킨다.

(1) 고용의 창출

개발도상국이나 후진국들은 제품을 직접 생산할 수 있는 원료, 기술, 설비 등이 부족하기 때문에 해외 기업들이 생산하는 상품에 의존할 수밖에 없다.

따라서 이들 정부는 고용창출을 위해 다국적기업이 자기 나라에 투자하기를 적극적으로 희망한다. 다국적기업이 우수한 기술과 설비를 가지고 그 지역에 진출하게 되면 그 해당국의 근로자들을 고용함으로써 일자리를 창출하는 효과가 나타나기 때문이다.

(2) 자본과 기술제공을 통한 경제발전

다국적기업은 막대한 자금력을 바탕으로 개발한 기술을 현지 자회사에 이전하거나 판매함으로써 저개발국들에게 경제발전에 필요한 자본이나 기술을 제공한다.

(3) 국제경쟁력 강화

다국적기업들은 선진화된 경영노하우나 기업문화를 전파시킴으로써 진출한 국가의 국제경쟁력을 높이는데 기여한다. 또한 현지기업들은 다국적기업의 경영기법이나 기술을 배우는 동시에 다국적기업들과 경쟁을 하면서 국제경쟁력을 강화하게 된다.

(4) 자원의 최적배분과 소비자잉여의 증대

다국적기업은 자본의 생산력이 낮은 국가에서 최적의 생산거점으로 자본을 이동시켜 생산 활동을 전개하기 때문에 세계적 차원에서 자원의 최적배분을 구현하고 있다.

또한 소비자들은 보다 양질의 다양한 상품을 싼 값에 다국적기업으로부터 구입할 수 있기 때문에 선택의 기회가 확대되는 등 소비자 잉여가 증대된다.

(5) 기술혁신과 신기술의 보급

다국적기업은 기술혁신을 도모하고 신기술을 개발한다. 개발된 기술은 현지 자회사에 이전하거나 라이센싱의 형태로 현지기업에 판매하기 때문에 현지국의 기술력 향상을 지원하는 효과가 있다.

4) 다국적기업의 부정적 영향

다국적기업은 다음과 같은 문제점들을 야기하기도 한다. 우선 다국적기업은 힘이 약한 현지국 산업이나 기업들에게 피해를 줌으로써 경쟁력이 약한 기업들은 쇠퇴할 수 있고 다국적기업의 가격 횡포가 있게 되면 소비자는 피해를 입게 된다. 심지어 다른 나라에서 벌어들인 이익을 자기 나라로 유출시킬 가능성도 있으며 자본독점을 통해 현지국의 경제성장을 저해할 가능성도 있다.

또한 다국적기업과 현지국 간에는 법 적용 등에서 갈등이 발생할 수 있고 투자규모가 클수록 현지국의 경제적 자주권의 영역이 좁아짐으로써 현지국들이 경제적으로 종속 당할 위험도 있으며 다국적기업의 보유 여부에 따라 국가간 빈부격차가 커진다.

(1) 국내산업의 위축

다국적기업은 진출한 국가의 경제성장을 위해서가 아니라 진출하는 자기 기업의 경제적 이익에 초점이 맞추어져 있다. 그러므로 그 지역 사회의 산업을 위축시킬 수 있고 공해에 의한 자연환경 파괴도 초래할 수 있다.

이에 대한 반성으로 다국적기업들은 책임있는 경영활동을 통해 세계의 경제, 사회, 문화적 측면에서 부정적인 영향을 줄이려는 '지속 가능한 개발'을 제시하기도 하였다.

(2) 기업의 쇠퇴와 소비자 피해

현지국 기업들은 다국적기업으로부터 익힌 경영기법이나 선진기술을 통해 국제경쟁력을 강화할 수도 있지만, 상대적으로 경쟁력이 약한 기업들은 쇠퇴할 수도 있다.

또한 다국적기업의 가격 횡포가 있으면 소비자가 역으로 피해를 입는 경우도 있다.

(3) 자본의 유출

다국적기업이 창출한 이익은 진출한 국가에 재투자되지 않고 주로 모국으로 송금하기 때문에 현지국의 자본이 국외로 유출되는 문제가 발생한다. 즉, 현지 국내기업에 투입이 될 자본을 가로채서 해외(모국)로 유출시킬 가능성이 있다.

이는 현지 국가경제에 악영향을 주기 때문에 일부 국가들은 외국 현지기업이 모국으로 송금하는 이익금을 제한함으로써 자본유출을 방지하려고 노력하고 있다.

(4) 현지국과의 갈등

현지국 정부는 사회와 국가의 안전, 자립경제와 국가이익을 최대화하려는 목표를 두고 있기 때문에 다국적기업과의 목표 차이로 인해 상호간의 이익이 충돌하게 된다.

(5) 자본독점을 통한 현지국 경제성장의 저해

다국적기업은 자본의 독점으로 인하여 현지 국가의 경제성장을 저해하기도 한다. 다국적기업이 진출하는 초기에는 자본을 가지고 들어오지만, 진출한 국가에서 자리를 잡게 되면 그 국가의 자본시장에서 자본을 공급 받으면서 자본을 독점하게 된다.

규모가 큰 다국적기업에서 자본을 독점하게 되면 다국적기업이 진출해 있는 국가의 경제적 발전을 위한 자본이 부족하게 된다.

(6) 현지국가 경제의 종속화

다국적기업의 폐해를 겪은 중남미계 학자들이 주장하는 종속이론의 핵심은 세계는 공업화를 이룩하여 잘사는 중심부와 그렇지 못한 주변부의 국가군으로 구성되는데, 주변부 국가들은 산업화를 시도하지만 다국적기업들 때문에 자립적 산업화가 아닌 종속적 산업화가 되어 생산활동이나 원료조달과 같은 하급 기능만을 수행하며, 중심부 국가는 연구개발과 금융을 포함한 핵심적 기능을 수행한다는 것이다.

종속주의는 다원화되고 있는 세계경제를 너무 단순화시켜 선진국과 개발도상국을 대립관계로 보았고 양자는 모든 면에서 지배와 종속의 관계를 지닌다고 가정한다.

이것은 세계경제 질서가 점차 다극화되고 있으며 선진국간의 경쟁도 치열해지고 있는 점을 무시하는 한계가 있다.

종속주의 견해는 선진국의 후진국에 대한 착취수단으로 보고 있다. 그러나 다국적기업은 개발도상국이나 후진국의 산업화에 필요한 기술, 자본, 경영노하우를 이전시켜줌으로써 개발도상국의 산업발전에 기여하고 있다는 점을 간과해서는 안 될 것이다.

미국에서 미국인을 고용하고 미국에 세금을 내는 한국기업은 해외에서 영업하는 미국기업들보다도 미국의 이익에 더 유리하다.

(7) 국제분업체계 형성의 저해

종속적 견해를 가진 학자들은 선진국 간에 이루어지는 투자의 경우는 타당성이 인정되지만, 후진국에 진출하는 경우에는 세계경제 전체의 후생이 증대되는 것이 아니라 경쟁력이 약간 국내기업의 쇠퇴를 가져오기 때문에 다국적기업의 해외진출이 오히려 국제분업체제의 형성을 저해한다고 주장하고 있다.

(8) 빈부격차

다국적기업들이 전 세계 무역의 80% 정도를 독차지하고 있어 다국적기업이 없는 가난한 나라와 이를 많이 보유하고 있는 선진국간 격차가 더욱 커지고 있다.

제2절 해외직접투자

1. 해외직접투자의 개념과 구분

1) 개념

해외투자(oversea investment)는 장래 수익을 목적으로 국내의 자본이나 기술, 인력 등의 생산요소를 해외에 투자하는 것을 말한다.

해외투자는 투자자의 경영참가 여부에 따라 해외직접투자와 해외간접투자로 구분되는데, 일반적으로 해외투자라고 하면 해외직접투자를 의미한다.

해외직접투자(Foreign or outward Direct Investment, FDI)는 한 나라의 기업이 다른 나라에서 새로운 사업체를 설립하거나 기존 사업체의 인수를 통하여 이를 통제할 수 있는 투자지분을 획득하여 장기적인 관점에서 직접 경영에 참여하는 것을 목적으로 투자하는 것을 말한다.

즉, 투자기업이 외국의 투자대상기업에 대한 경영지배나 경영참여를 목적으로 단순히 화폐가 이동하는 자본이동뿐만 아니라 유형·무형의 경영자원, 즉 경영자를 핵심으로 하고 실질적으로는 경영관리상의 지식과 경험, 특허, 노하우, 마케팅기법 등을 포함한 광범한 전문적, 기술적 지식, 판매·원료구입·자금조달 등 시장에서의 지위, 상표, 및 연구개발을 위한 조직 등을 패키지(package)형태로 해외에 이전시키는 기업 활동이 해외직접투자이다.

해외직접투자는 기업체들이 활용할 수 있는 해외시장에 대한 진출전략 중에서 가장 중요하고 복잡한 전략으로 평가되고 있다.

그것은 해외직접투자는 자본뿐 아니라 제품, 기술, 특허, 경영관리 능력이나 노하우 등과 같은 기업의 각종 경영자원이 패키지 형태로 동시에 이동되기 때문이다.

2) 구분

해외직접투자에서는 해외직접투자를 하는 국가를 '투자 모국(母國)'이라 부르고 해외직접투자를 받아들이는 국가를 '투자 수입국(受入國)이'라고 부른다.

그런데 우리나라에서는 투자방향에 따라 그 이름이 달리 불리고 있음에 유의해야 한다. 즉, 우리의 투자가 해외로 진출할 때에는 '해외투자'라고 부르고 반대로 우리가 외국의 투자를 받아들일 때에는 '외국인투자'라고 부르고 있다.

본 교재에서는 해외투자 중 해외직접투자에 관련된 내용을 중심으로 살펴야 한다.

2. 해외직접투자의 효과와 구별

1) 효과

해외직접투자는 경영의 실질적인 부분이 국경을 넘어 움직이기 때문에 양국의 경제에 미치는 효과가 매우 크다.

해외직접투자는 오늘날 신보호무역주의의 만연으로 각국이 관세 및 비관세장벽을 강화함에 따라 수출에 많은 어려움을 겪고 있는 기업들이 해외시장진출을 위해 활용할 수 있는 가장 적극적인 대안으로 각광을 받고 있다.

한편, 개발도상국이나 후진국 등 해외직접투자를 받아들이는 국가들도 해외투자를 적극적으로 유치하고 있다. 그것은 직접투자를 유치하면 고정자산을 형성할 수 있을 뿐 아니라 고용창출을 통해 경제성장을 이룰 수 있기 때문이다.

2) 다른 해외진출방식과 구별

(1) 해외간접투자

해외직접투자는 경영지배나 통제권을 행사할 목적으로 투자하는 것이다. 이에 반해, 해외간접투자는 경영지배나 통제권의 행사가 목적이 아니라 단순히 배당금이나 이자수입을 취득하는 것이 목적이다. 이와 같이 해외직접투자와 해외간접투자의 근본적인 차이는 피투자기업에 대한 경영통제권의 행사 유무에 있다.

그러므로 투자 주체가 피투자국에 부동산을 취득하여 공장을 짓거나 해외 현지법인이나 지점을 설립하여 현지기업을 직접 지배하거나 경영하는 경우에는 해외직접투자로 분류되고, 투자 주체가 경영통제권을 행사하지 않으면 해외간접투자로 분류된다.

(2) 수출

해외직접투자는 국내의 자본이나 기술 등 생산요소를 해외로 이전하여 현지국의 노동이나 토지 등의 생산요소를 이용하여 제품을 생산하거나 판매하는 활동이다.

이에 반해, 수출은 자국 내외의 여러 생산요소들이 결합되어 제품(또는 부품, 반제품)의 형태로 국경을 넘어 해외로 이전되는 현상이다.

(3) 라이센싱

해외직접투자는 해외 자회사 등의 조직을 직접 만들어 기업이 가지고 있는 독점적 우위를 활용하는 방식이다. 이에 반해, 라이센싱은 기업이 가지고 있는 독점적 우위를 현지 기업에 제공하는 대신 그 대가를 받는 방식이다.

3. 해외직접투자의 특성과 과정

1) 특성

(1) 경영지배 목적

해외직접투자의 목적은 증권투자나 배당소득만을 목적으로 하는 해외주식 매입과는 달리, 해외사업에 대하여 직접적으로 영향력을 행사하여 경영지배를 하는 것이다.

(2) 자본 및 경영자원 수출

해외직접투자는 현지기업의 실질적 지배를 목적으로 하는 자본수출에 있다. 이와 병행하여 부수적으로 각종 경영자원이 이동하게 된다. 이때 소요되는 필요자본은 현지국의 자본시장에서도 조달할 수도 있다.

(3) 경영활동 확대

해외직접투자는 다국적기업들이 경영영역을 확대하는 활동이다. 해외시장에서 제3국과의 경쟁이 심화되면 현지생산 등을 통해 현지시장 기반의 확보와 생산원가 절감에 주력하게 되는데, 해외직접투자는 바로 이러한 때에 이루어진다.

따라서 해외직접투자는 한 기업이 국내지향 및 해외지향의 경영에서 현지지향 및 세계지향의 경영으로 전환하기 위한 필요조건이다.

2) 과정

(1) 국가간의 순차적 진입

기업들은 세계의 여러 국가에 투자할 때 보통 동시다발적으로 진출하지 않고 문화, 언어, 경제적 환경이 비슷한 국가로부터 상이한 국가 순서로 순차적으로 진입한다.

(2) 사업부의 점진적 확충

보통 최초의 투자는 경쟁우위가 강한 사업이 이루어지고 점차적으로 경쟁우위가 약한 사업분야가 진입한다. 그러므로 투자기업이 경쟁우위가 있으면 신설투자가 유리하고, 외국의 경쟁우위를 흡수할 목적이라면 인수합병이나 합작투자가 더 유리하다.

(3) 점진적인 기능 심화

기업들의 해외직접투자는 마케팅 단계, 제품의 단순조립이나 공장설립의 단계, 현지에서의 판매·생산단계, 그리고 사업의 전 세계적 총괄단계로 점차 심화된다.

4. 해외직접투자의 동기

기업들은 일반적으로 다음과 같은 목적과 동기에서 해외직접투자를 수행한다.

1) 생산효율성 추구형

생산효율성 추구형은 생산비를 절감하기 위해 생산요소의 가격이 상대적으로 저렴한 지역으로 생산시설을 이전하여 생산 활동을 전개하는 형태를 말한다.

이것은 선진국들이 국내임금의 상승에 따른 원가상승의 문제를 해결하기 위해 임금이 상대적으로 싼 개도국이나 후진국에 진출하여 현지국의 저렴한 노동력을 이용하려는 투자방식이기 때문에 '노동력 지향형'이라고도 부른다.

최근 우리나라 기업들이 노동력이 풍부하고 인건비가 싼 동남아 지역이나 중국 등으로 생산 공정의 일부 또는 전부를 이전하는 경우가 여기에 해당한다.

이러한 투자형태에서 생산공정 전부가 해외로 이전하면 그만큼 국내고용은 줄어들게 된다. 그러나 기업이 국내에 핵심 생산설비는 남겨두고 보조적인 생산설비만을 해외로 이전하면 국내고용에 미치는 영향이 그리 크지 않을 수도 있다.

해외의 저임금 노동력을 활용함으로써 생산단가를 낮추고 제품의 생산을 확대한다면 결과적으로 국내 설비에 대한 자본이 더욱 확충되고 국내고용도 늘어날 수 있다.

2) 지식추구형

지식추구형은 외국의 선진기술이나 고도화된 경영기법을 습득하기 위한 목적으로 이루어지는 형태를 말한다. 이것은 '기술확보형'이라고도 부르며 대표사례는 삼성과 LG가 기술을 습득하기 위해 실리콘밸리에 현지법인을 설치한 것이다.

3) 정치적안정 추구형

정치적안정 추구형은 소유권의 몰수나 정부규제 등과 같은 정치적 위험을 회피할 목적으로 정치적으로 안정되어 있는 지역으로 투자를 하는 형태를 말한다.

4) 고객추종형

고객추종형은 부품업체가 완제품 생산업체의 필요를 채워주기 위해 동반하여 진출하거나 금융, 보험, 운송업 등의 회사가 자국기업이 많이 진출해 있는 국가에 이러한 서비스를 제공하기 위해 진출하는 형태를 말한다.

5) 시장추구형

시장추구형은 관세나 비관세 등 수출대상국의 보호무역정책을 피하거나 새로운 해외시장의 개척을 목적으로 현지생산이나 현지판매를 전개하는 형태를 말한다.

이러한 투자는 해외직접투자의 가장 대표적인 형태이다. 기업들은 세계경제의 개방화와 국제화 추세에 맞추어 선진국들의 보호주의 압력에 대처할 목적으로 성장전략으로서 해외시장을 확보하는데 주요 역점을 두고 있다.

시장추구형 투자의 유형에는 방어형 시장추구형와 공격형 시장추구형이 있다.

(1) 방어적 시장추구형

방어적 시장추구형은 수입국의 무역규제가 심할 경우, 기존의 수출시장을 방어하거나 유지하기 위해 해당 국가에 직접 투자를 하거나 또는 우회 수출기지를 확보할 목적으로 제3국에 해외직접투자를 하는 형태를 말한다.

예를 들어 수출 대상국이 높은 관세를 부과하고 있다면 해외직접투자를 통해 그 나라에서 직접 생산함으로써 높은 관세를 회피하고 기존 수출시장을 유지할 수 있다.

1970년대 말 미국이 가전산업에 대한 수입규제를 강화하자, 당시 금성사(현 LG전자)가 미국 시장을 지키기 위해 미국에 칼라 TV공장을 세운 것이 대표적인 사례이다.

(2) 공격적 시장추구형

공격적 시장추구형은 투자대상국의 내수시장이나 인접국의 새로운 시장을 확보할 목적으로 해외직접투자를 하는 형태를 말한다.

1995년에 설립된 삼성자동차를 르노자동차가 2000년 7월에 인수한 것도 중국시장을 확보하기 위해 한국시장을 전진기지로 활용하기 위한 전략이었다.

6) 경제협력형

앞에서 설명한 시장추구형 투자방식은 1980년대 이전까지 주로 자본이 풍부하고 기술과 경영기법이 우수한 선진국 기업이 다른 나라에 진출할 때 주로 활용되었다.

그러나 1980년대 이후는 상호 경제협력이라는 성격으로 전환되었다.

경제협력형은 정부의 개발원조나 직접 차관과 관련하여 투자 현지국의 요청에 따라 민간기업이 해당국에 진출하여 경영활동을 전개하는 유형의 투자방식을 말한다.

우리나라의 경우도 경제력이 커지고 국제적 지위가 높아짐에 따라 단순히 이윤을 위한 해외직접투자뿐 아니라 개발도상국이나 후진국의 경제성장을 돕는 투자도 요구에 부응하고자 최근에는 이러한 투자방식을 많이 이용하고 있다.

7) 자원추구형

자원추구형은 자원의 확보를 위해 각종 원자재가 풍부하고 저렴한 자원보유국에 자본이나 기술을 투자하거나 직접 자원개발에 참여하는 형태를 말한다.

이것은 부존자원이 풍부한 지역에 자원개발투자를 통해 얻어진 원료를 투자기업체의 생산활동에 활용하기 위해 국내로 반입하거나 본사국의 타기업에 수출하거나 제3국에 판매하는 형태로 '자원확보형' 또는 '천연자원 지향형'이라고도 부른다.

기업들은 자원을 확보하기 위해 장기 공급계약을 체결할 수도 있지만 이것보다 자원을 직접 생산하는 것이 유리한 경우에는 해외직접투자방식을 선택하게 된다.

이러한 투자 목적은 막대한 자본투입, 높은 위험부담과 함께 투자가 장기간에 걸쳐 이루어지는 특징을 가지고 있다.

우리나라와 같이 부존자원이 빈약한 나라의 기업들은 개발이익의 참여뿐 아니라 자원의 저렴하고도 안정적인 확보를 위해 이러한 투자형태의 자원개발을 적극적으로 추진할 필요가 있다. 실제로 상당수의 우리 업체들이 현재 인도네시아의 원목과 원유개발, 알라스카의 유연탄 개발, 베트남의 해양 유전개발 등에 참여하고 있다.

8) 선도기업 추종형

선도기업 추종형은 과점적 시장경쟁구조 하에서 한 선도기업이 해외직접투자를 행하면 이와 경쟁관계에 있는 다른 경쟁기업이 재빠르게 뒤따라 투자하는 형태를 말한다.

이러한 투자는 선도기업에 잠재적 시장의 선점을 빼앗기지 않으려는 전략의 일환으로 추진된다.

9) 경영여건 지향형

경영여건 지향형은 국내보다 해외의 기업경영 여건이 좋을 경우 국내에 투자하는 대신 해외직접투자를 선택하는 형태를 말한다.

이러한 해외직접투자는 국내경제에 상당한 부정적 영향을 주게 된다. 왜냐하면 국내 기업경영 여건이 좋았다면 국내에서 설비를 확장하여 고용이 되었을 텐데 기업이 해외투자를 선택함으로써 국내에서 이와 같은 기회가 사라지기 때문이다.

10) 기타

이상의 동기 이외에, 기업들은 생산단계의 국제적 분산을 통해 안정적인 생산활동을 추구하고자 다수 국가에 분산하여 투자하는 경우도 있다.

5. 해외직접투자의 유형

해외직접투자는 ① 투자의 공급자를 기준으로 민간투자와 공공투자 ② 투자기간의 길이를 기준으로 1년 미만의 단기투자와 장기투자 ③ 장기투자의 경우 투자지분이나 자회사의 설립방식에 따라 단독투자와 합작투자, 신설투자와 인수합병으로 구분된다.

여기에서는 단독투자와 합작투자, 신설투자와 인수합병을 중심으로 살펴본다. 왜냐하면 일반적인 의미에서 해외직접투자는 민간기업들이 장기간에 걸쳐 단독투자와 합작투자 그리고 신설투자와 인수합병 방식으로 투자하는 것을 말하기 때문이다.

1) 단독투자

(1) 의의

단독투자(sole venture 또는 wholly-owned subsidiary)는 해외사업 투자자가 단독으로 투자 소요액 100%를 전액 투자하여 해외투자 대상기업의 소유권과 경영권을 완전히 소유하고 통제하는 형태의 직접투자를 말한다.

이것은 투자자가 현지 파트너와 합작투자를 하여 공동으로 지분을 소유할 때 발생하는 소유권과 수익분배 등에 대한 갈등을 회피하기 위해 선택하는 진출방식이다.

또한 범세계적 경영관리조직 내에 해외활동의 모든 기능을 통합적으로 통제하고자 할 때도 투자방식으로 선택하는 경우도 많다.

(2) 장점

첫째, 단독투자는 모든 기업의 활동을 투자기업이 스스로 결정하고 운영하기 때문에 다른 기업과의 의견 충돌이나 불필요한 마찰을 근본적으로 회피할 수 있다. 따라서 투자기업에 대한 투자자의 완전한 통제가 가능하다.

둘째, 단독투자는 합작 파트너가 없기 때문에 투자기업의 기술이나 노하우, 기타 기업의 기밀들이 외부로 누설되지 않으며 기업활동에 대한 의사결정이 신속하다.

(3) 단점

첫째, 단독투자는 위험부담이 매우 크다. 왜냐하면 거액의 자금이 소요되는 대규모 사업의 경우 단독으로 추진하기 어려울 뿐 아니라 만일 이러한 사업을 단독으로 추진하다 실패하게 되면 그에 따른 손실을 투자기업 혼자 감당해야 하기 때문이다.

둘째, 단독투자는 투자기업이 현지국가에 대한 각종 정보들을 스스로 획득해야 하고 단독투자를 금지하는 국가에는 진입 자체가 불가능하다.

2) 합작투자

(1) 의의

합작투자(joint venture)는 서로 다른 국가의 2개 이상의 기업체들이 특정 목적을 달성하기 위해 각 기업의 경영자원과 능력을 결합하여 특정의 기업체를 설립하고 그 경영에 공동으로 참여하는 형태를 말한다.

해외직접투자는 외국에서 기업경영에 참가하는 투자활동이기 때문에 외국자본에 지배되는 불안감을 많이 가지고 있을 뿐 아니라 내셔널리즘이 강한 국가에서는 큰 반감을 사는 경우가 많다. 이것을 회피하기 위해 취해지는 형태가 합작투자방식이다.

(2) 장점

현지기업과의 합작을 통해 얻을 수 있는 장점은 다음과 같은 것들이 있다.

첫째, 정치적 측면에서는 투자대상국 정부가 외국기업체에 부과하는 차별적인 장벽을 현지기업과 합작투자를 통해 제거할 수 있다. 현지국과 협력관계도 유지할 수 있고 지역사회에 기여한다는 평가를 받음으로써 현지의 정치적 위험을 회피할 수 있다.

둘째, 경제적 측면에서는 투자자금과 각종 위험을 현지국 합작기업과 분담할 수 있기 때문에 투자자본을 절약할 수 있고 경영활동상의 투자위험을 경감할 수 있다.

또한 투자대상국이 외국기업 단독의 자산매입 등을 금지할 때 합작투자를 통해 그 나라 파트너의 기존 판매량과 거래처들을 신규투자 없이 그대로 활용할 수 있다.

그리고 합작 파트너로부터 현지상황에 대한 정보를 습득할 수 있고 현지의 네트워크 형성에도 도움을 받을 수 있으므로 노동력 등 인적자원을 쉽게 구할 수 있다.

셋째, 사회적 측면에서는 현지에서 현지기업들과 합작투자를 함으로써 사회적으로 기업에 대한 이미지를 개선시킬 수 있다.

(3) 단점

첫째, 합작투자는 합작 파트너와는 경영문화와 방식 등의 차이로 제품개발이나 경영정책 등 여러 분야에서 의사결정에 충돌할 가능성이 있으며 의사결정이 지연될 수 있다.

둘째, 합작투자는 합작선 사이에 항상 힘의 불균형 문제가 나타난다. 이러한 힘의 불균형으로 인해 교섭력이 약한 합작파트너는 합작성과를 분배하거나 경영의사를 결정함에 있어 불리한 위치에 있게 되어 갈등관계가 형성될 가능성이 있다.

셋째, 합작투자는 기업 자신이 가지고 있는 독점적인 기술 등이 합작 파트너에게 유출되거나 이전될 가능성이 높다. 그러므로 일시적 합작이 종료되면 합작 파트너가 자신의 새로운 경쟁기업으로 부상하게 될 위험도 있다.

3) 신설투자

(1) 의의

신설투자(green field investment)는 해외 진출기업이 투자 대상국에 직접 부지를 확보하고 새로운 생산 공장이나 사업장을 짓는 방식으로 투자하는 형태를 말한다.

우리나라 기업이 해외에 신설투자했던 대표적인 사례는 현대자동차의 체코 공장과 기아자동차의 미국 조지아(Georgia) 공장의 설립이다.

(2) 장점과 단점

투자자 입장에서 신설투자는 직접 생산시설을 통제할 수 있고 투자규모에 알맞게 설비규모를 조정할 수 있다. 또한 현지 인력을 필요한 만큼 유연하게 선택할 수 있으며 최신의 생산기술과 경영기법을 활용할 수 있다. 투자를 받는 대상국 입장에서도 신규의 고용창출 효과와 기술이전의 효과가 큰 장점이 있다.

그러나 투자자 입장에서 신설투자는 새로운 생산시설을 설립하기 때문에 초기 투자비용이 많이 들고 정상 조업까지 오랜 시간이 걸리는 단점이 있다.

4) 인수합병

(1) 의의

인수합병(Mergers & Acquisitions, M&A)은 해외에 진출한 기업이 이미 건설되어 있는 공장이나 회사를 인수하거나 합병하는 방식으로 투자하는 형태를 말한다. 이를 '브라운필드 투자(brown field investment) 방식'이라고도 부른다.

여기에서 인수는 한 기업이 다른 기업의 주식이나 자산을 취득하면서 경영권을 획득하는 것이며, 합병은 두 개 이상의 기업들이 하나의 기업으로 합쳐지는 것이다.

이 투자방식은 경기가 좋지 않아 기업의 인수가격이 낮을 때 선호된다. 보통 개발도상국에 대한 투자는 신설투자방식이 많고 선진국에 투자는 인수합병방식이 많다.

인수합병투자의 대표적 사례는 르노의 삼성자동차 인수(2000년)이다.

(2) 장점과 단점

인수합병방식은 이미 존재하는 기업이나 시설을 이용하는 것이기 때문에 초기 설립비용이 많이 들지 않고 정상 조업까지 시간이 오래 걸리지 않는 장점이 있다.

그러나 실패한 기업을 인수할 때는 회생시키기 위한 위험이 따르며 인수기업을 통합하는 과정에서 상당히 높은 수준의 경영관리 기술이 필요한 단점이 있다.

6. 해외직접투자의 현황과 과제

1) 해외직접투자의 발전

(1) 제1차 세계대전 이전

해외투자가 본격적으로 이루어진 것은 19세기 후반이다. 제1차 세계대전 이전까지 주요 자본 수출국은 영국, 프랑스, 독일이었고, 주요 자본 수입국은 미국, 캐나다, 오스트레일리아, 스웨덴, 이탈리아, 아르헨티나, 인도 등이었다.

이 시기의 해외직접투자는 해외투자 전체의 30% 정도만을 차지하였다. 그 이유는 이 시기는 주로 증권이나 공채매입 등 해외간접투자가 주류를 이루었기 때문이다.

(2) 제1차와 제2차 세계대전

제1차와 제2차 세계대전 중에는 미국을 중심으로 해외직접투자가 이루어졌다. 그러나 1920년대 말 대공황으로 국제자본시장이 붕괴되었고 세계경기가 침체됨으로써 해외직접투자는 전체적으로 위축되었다. 그런데 해외직접투자의 증가세가 해외간접투자의 증가세보다 높았다. 이 시기에 해외직접투자 비중의 약 65%를 차지하였던 미국은 채권국으로 탈바꿈하면서 영국과 더불어 해외투자시장을 주도하였다.

(3) 제2차 세계대전 이후

제2차 세계대전 이후 해외직접투자는 각국의 개방경제정책으로 인해 크게 증가하였는데 특히 1950년대 후반 미국 기업의 유럽 진출을 중심으로 본격적으로 이루어졌다.

전후에 해외직접투자가 크게 증가된 것은 첫째, 개방경제체제의 진전과 통신과 수송수단의 발달로 기업활동의 세계화가 가능해졌고 둘째, 기술발전에 따른 생산력의 확대로 대기업들은 새로운 시장개척과 확보가 필요했으며 셋째, 블록경제의 형성과 보호무역주의의 만연으로 무역장벽이 높아지는 것에 주요 원인이 있었다.

2) 우리나라의 해외직접투자 현황과 과제

(1) 우리나라의 해외직접투자 유형

① 1990년 이전

1990년 이전 우리나라의 해외직접투자는 저조하였으며 자원 및 시장지향형 해외직접투자가 대부분을 차지하였다. 즉, 우리나라의 경우 1959년 미국 내 부동산 취득을 계기로 해외직접투자가 시작은 되었으나 1967년까지는 실적이 거의 없었다.

그러던 중 1968년 삼림 개발을 위해 인도네시아에 직접 투자한 것을 계기로 해외직접투자가 본격화되기 시작되었다. 이 시기는 주로 원유나 철광석 등 자원을 확보하기 위한 투자가 주종을 이루었다.

1970년대에는 외국에 조미료 공장을 설립하는 등 제조업분야에서 시장지향형 해외직접투자도 있었으나 1990년대까지 해외직접투자는 전반적으로 저조한 상태였다.

② 1990년대

우리나라는 해외투자의 기본적인 정책방향을 해외자원 개발, 수출증대, 해외건설 촉진, 해외진출 기반확대 등에 두었다.

경제의 국제화 및 개방화 시대를 맞아 해외직접투자가 급증하기 시작한 1990년대 우리나라의 해외직접투자 유형은 노동력 지향형 투자가 주종을 이루었다.

특히 1990년대 전반의 해외직접투자는 해외의 저임금 노동력을 확보하기 위한 목적으로 이루어졌고 주로 섬유, 의복, 신발 등과 같은 경공업 부문에서 이루어졌다.

이 부문에서 해외직접투자가 급증한 것은 국내 임금상승 등으로 국내생산으로는 더 이상 국제경쟁력을 확보하기가 어렵다는 판단에 따라 기업들이 생산기지를 임금이 싼 국가로 이전한 것이 원인이 되었다. 이와 같은 유형의 해외이전은 국내 산업과의 연계성이 낮아 국내고용을 위축시키는 결과를 가져왔다.

1990년대 후반부터 우리나라의 해외직접투자는 경공업체가 생산설비를 해외로 이전한 것과는 다른 성격으로 변화되었다. 1990년대 후반에는 경제위기로 인하여 해외직접투자가 약간 둔화되었지만, 이후 경제가 회복되면서 자동차, 전기, 전자 등 중화학공업 부문의 해외직접투자가 상당히 증가하였다.

③ 2000년 이후

2000년 이후 우리나라의 해외직접투자 유형은 노동력 및 시장지향형 해외직접투자가 주종을 이루었고 중화학 및 반도체 등 고기술 첨단산업의 해외직접투자 비중도 점차 높아졌다. 이들 중화학공업 및 고기술 산업에서는 핵심적인 생산설비는 국내에 남기고 보조적인 생산공정만 해외로 이전하는 형태로 해외직접투자가 이루어짐에 따라, 해외 생산시설과 국내 생산설비의 연계성이 유지되도록 하였다.

즉, 세계 각지의 생산설비를 연계적으로 활용하면서도 해외에서의 생산활동이 국내 생산기반을 유지하고 강화할 수 있는 방식으로 이루어진 것이다.

조선업의 경우, 저임금 노동력을 활용하려는 목적으로 직접투자를 통해 해외에서 선박 블록을 만든 이후 국내에 들여와 완성 배로 건조하였다. 이러한 해외직접투자는 기업들이 경쟁력을 키우고 산업구조를 고도화하는 긍정적인 효과를 얻을 수 있었다.

(2) 우리나라의 해외직접투자 현황

① 투자규모

2022년 우리나라의 해외직접투자액은 772억 달러로, 전년(768억 달러) 대비 0.4% 증가하였다. 이것은 2002년 약 40억 달러, 2006년 약 120억 달러, 2016년 약 250억 달러, 2018년 약 498억 달러에 비해 괄목할만한 성장을 보인 것이다.

② 업종별 투자

2022년 우리나라의 업종별 해외직접투자는 금융 및 보험업(30.0%), 제조업(28.9%), 부동산업(7.5%), 정보통신업(4.1%), 과학 및 기술서비스업(2.7%), 도매와 소매업(2.6%), 광업(2.4%), 건설업(0.5%) 순위이다.

과거에는 자원확보와 수출확대를 목적으로 한 해외직접투자가 대부분을 차지하였으나, 최근 업종별 해외직접투자는 제조업과 금융 및 보험업이 주종을 이루고 있다. 이것은 2008년 글로벌 금융위기 이전과 다른 모습을 나타내고 있는 것이다.

최근 저금리 기조가 장기화됨에 따라 글로벌 자산가격 상승 기대가 높아지면서 국내 연기금 및 금융기관을 중심으로 금융 및 부동산업 투자가 크게 증가하였다.

최근의 해외직접투자는 국내경제에 긍정적인 효과를 미친 것으로 판단된다. 우선 해외 금융 및 부동산업의 투자 확대는 국내기관의 수익률을 제고시켰고 신흥국 시장에 대한 판로도 확대되었다. 다만, 해외 부동산과 같은 직접투자 자산은 향후 다시 글로벌 금융불안이 발생하게 되면 대외 리스크의 국내 파급경로로 작용할 소지도 있다.

③ 지역별 투자

2022년 우리나라의 지역별 해외직접투자는 북미(31.7%), 아시아(20.2%), 유럽(15.6%), 중남미(11.5%), 대양주(1.9%), 중동(0.1%), 아프리카(0.1%) 순이고 국가별로는 미국(29.2%), 케이만군도(9.5%), 중국(8.5%), 베트남(2.8%), 홍콩(0.9%) 순이다.

우리나라의 해외직접투자는 주로 아시아(특히 동남아시아)와 유럽과 미주 지역에 편중되어 있다. 그러나 최근 수출시장 다변화라는 측면에서 유럽지역에 대한 투자 증가 추세는 매우 바람직하다 할 수 있다.

북미나 유럽 지역에는 무역업 및 제조업이 주종을 이루고 있고 동남아시아 지역에는 제조업 및 자원개발형 투자가 주종을 이루고 있다.

그런데 중남미와 아프리카 지역에는 투자실적이 아직 미미한 상태이다. 이것은 지리적으로 멀다는 점 외에도 다양한 언어, 문화, 관습, 기후 등의 투자환경에 우리나라 기업이 익숙하지 못하였다는 데에도 원인이 있는 것으로 판단된다.

(3) 우리나라 해외직접투자의 과제

최근 주요 선진국들은 해외직접투자의 장점을 활용하기 위해 세계 각지를 대상으로 투자처를 확대하고 있다.

주요 선진국의 경우 2000년~2005년 국내총생산(GDP) 및 총투자 대비 해외직접투자 비율이 각각 2.5%와 12.5%에 이른다. 대만과 말레이시아의 경우도 각각 1.2%와 4.8%에 달하고 있다. 이에 반해, 우리나라는 0.6%와 2.1%에 불과하다.

이것은 우리 기업들이 글로벌 경쟁력을 확보하여 선진국 기업들과 어깨를 나란히 하려면 보다 많은 해외직접투자가 요구된다는 점을 시사하고 있다.

우리나라의 해외직접투자 실적이 저조한 요인은 그동안 우리 경제가 만성적인 외환부족 상태로 국제수지 방어에 비중을 두었기 때문에 해외투자에 대한 관심이 국민경제 전반으로 확산되지 못하였고, 기업들도 기술수준의 낙후와 국제경영능력의 부족, 해외사업의 경험부족 등으로 해외직접투자에 어려움이 있었기 때문이다.

향후 우리나라의 해외직접투자는 더욱 활발해질 것이다. 그러나 최근 해외직접투자가 급격히 증가하면서 우리 경제의 앞날에 대해 걱정하는 목소리도 나오고 있다.

주된 이유는 해외직접투자로 생산설비가 해외로 이전되고 자금도 유출된다는 것이다. 기업들이 해외에 투자하는 대신 국내에 투자하면 국내생산도 확대되고 고용도 확대되는데 해외에 투자함으로써 이러한 효과를 보지 못한다는 것이다.

또 기술이 이전될 경우 장래 그 국가의 경쟁기업이 성장하여 우리 기업을 위협하는 '부메랑 효과(Boomerang effect)'가 나타날 수 있다는 우려도 있다.

그러나 해외직접투자는 경제, 사회, 문화적인 측면에서 많은 긍정적인 효과가 있다.

따라서 중요한 것은 제기되는 과제들을 해결하면서 해외직접투자 확대 과정에서 나타날 수 있는 부정적 영향을 최소화해야 한다는 점이다.

첫째, 해외직접투자가 확대되어도 핵심 생산설비를 국내에 남겨 두기 위해서는 투자대상국에 비해 기술적 우위에 있어야 한다. 이는 기술혁신이 지속되어야 한다는 것을 의미한다. 그러므로 국내 경영여건이 외국에 비해 열악하여 국내투자를 포기하는 일이 없도록 기업경영 여건을 개선해 주어야 한다.

둘째, 개발도상국의 경제협력 요구사항에 대해 최대한 협조하는 자세를 가져야 하며 우리나라의 국제적인 이미지를 흐리게 하는 투자행위는 하지 말아야 한다.

셋째, 과도한 국내임금의 급격한 상승 역시 적정 수준 이상의 해외직접투자를 부추기는 요인이 되기 때문에 물가안정의 유지정책이 필요하다.

넷째, 제조업 생산체계의 현지시장 진출에 따른 산업공동화를 방지하기 위해 해외진출업체들의 국내 복귀도 적극 지원해야 한다.

학습정리

1. 다국적기업은 말 그대로 여러 나라의 국적을 갖고 있는 회사를 말한다.
2. 다국적기업은 자본만을 이동시키는 것이 아니라 기술, 서비스, 경영관리능력 등 토지를 제외한 모든 경영자원을 이동시키면서 국제적인 경영활동을 전개하고 있다.
3. 다국적기업의 특징은 기업규모의 거대화, 고도의 독점적 기술력 보유, 세계적 생산과 판매망 및 조직 구축, 의사결정의 집권화, 경영활동의 세계지향성 등이다.
4. 다국적기업은 현지국가에 부족한 자본이나 기술 등과 같은 자원을 공급해주고 고용을 증대시키며 국제경쟁력을 강화시켜 준다.
5. 다국적기업은 국내산업의 위축, 경제성장 저해, 자본의 유출, 소비자 피해, 현지국의 주권에 관한 문제, 현지국 경제의 종속화 등의 부정적 측면이 있다.
6. 해외투자는 투자자의 경영참가 여부에 따라 해외직접투자와 해외간접투자로 구분되는데 일반적으로 해외투자라고 하면 해외직접투자를 의미한다.
7. 해외직접투자는 금리·배당 소득 등을 목적으로 한 해외간접투자와 달리 경영의 실질적인 부분이 국경을 넘어 움직이기 때문에 양국의 경제에 미치는 의미가 크다.
8. 최근에는 글로벌 보호무역기조 심화 등으로 저임금 활용보다는 현지시장 진출 목적의 수평적 투자가 크게 증가하고 있다.
9. 단독투자는 해외사업 투자자가 단독으로 투자소요액 100%를 전액 투자하고 수행하여 해외투자 대상기업의 소유권과 경영권을 완전소유 통제하는 형태이다.
10. 합작투자는 사업에 소요되는 투자액을 2개 기업 이상이 공동으로 출자하여 특정기업의 소유와 경영에 공동으로 참여하는 형태이다.
11. 신설투자는 해외진출기업이 투자 대상국에 기업 스스로 용지를 확보하고 새로운 생산 공장이나 사업장을 직접 새로 짓는 방식으로 투자하는 형태를 말한다.
12. 인수합병방식에 의한 투자의 대표 사례는 르노의 삼성자동차 인수(2000년)와 중국진출을 위한 롯데마트의 네덜란드계 마크로(Makro) 체인점 인수(2007년)가 있다.
13. 우리나라의 경우 과거에는 주로 자원 확보 및 수출 확대를 목적으로 한 해외직접투자가 이루어져 왔으나, 최근 업종별 해외직접투자는 제조업과 금융 및 보험업이 해외직접투자의 주종을 이루고 있다.
14. 우리나라는 해외투자의 기본적인 정책방향을 해외자원개발, 수출증대, 해외건설 촉진, 해외진출 기반 확대 등에 두었다.

■ 생각해보기

주제	국제기업들이 행하는 합작투자의 단점에 대하여 생각해 봅시다.
전문가 의견	첫째, 중요한 의사결정을 둘러싼 합작 파트너간의 갈등과 이에 따른 의사결정의 지연이다. 합작파트너는 경영방식 등의 차이로 인해 기업의 제품개발, 성과배분 등 여러 분야에서 충돌의 가능성이 존재한다. 둘째, 합작투자는 국제기업 자신이 가지고 있는 독점적인 우위가 상대 합작파트너에게 유출될 가능성이 높다. 그러므로 합작이 종료되면 합작파트너가 자신의 새로운 경쟁자로 부상하는 경우도 많다. 셋째, 국제합작투자는 힘의 불균형으로 인해 교섭력이 약한 합작파트너는 합작성과의 분배나 경영의사결정에서 불리한 위치에 있게 된다.

■ 평가문제

문항	유형	문제
1	객관식	다국적기업이 해외로 진출하는 내부적 요인으로 보기 어려운 것은? ① 해외시장 개척 및 확대 ② 원자재의 개발 및 조달 ③ 국내시장 방어 ④ 무역장벽의 회피 정답 ④ 해설 다국적기업의 해외진출 내부적 요인으로는 ① 해외시장 개척과 확대 ② 원자재의 개발과 조달 ③ 국내시장 방어 ④ 제품이익주기 연장 등이며, 무역장벽의 회피는 다국적기업들이 해외로 진출하는 외부적 요인이다.
2	주관식	경영활동의 대상이 되는 국가의 수, 기업소유권자의 국적의 수, 최고경영층의 국적의 소유권 수가 2이거나 그 이상인 경우로서, 국제기업, 초국가 기업, 세계기업, 지구기업, 무국적기업 등으로 불리고 있는 것은? 정답 다국적기업(multinational enterprise) 해설 다국적기업(multinational corporation or enterprise)은 경영활동의 대상이 되는 국가 수, 기업소유권자의 국적의 수, 최고경영층의 국적의 소유권 수가 2이거나 그 이상인 경우를 말한다.
3	논술식	① 다국적기업의 특징을 설명하시오. ② 다국적기업들이 해외로 진출하는 대내외적 요인들을 설명하시오. ③ 다국적기업의 긍정적 효과와 부정적 효과를 설명하시오. ④ 해외직접투자와 해외간접투자의 장단점을 상호 비교 설명하시오. ⑤ 신설투자방식과 인수합병방식에 의한 투자의 장단점을 비교 설명하시오.
4	설명식	① 다국적기업 ② 지식추구형 FDI ③ 지역시장 중심주의 ④ 해외간접투자 ⑤ 국제합작투자

제 15 장

국제마케팅과 전략

제1절 국제마케팅

1. 국제마케팅의 의의와 목표

1) 의의와 특징

국제마케팅(international marketing)이란 이익 등 기업목적을 달성하기 위해 개별 기업이 전 세계 2개국 이상을 대상으로 수행하는 마케팅활동을 말한다.

즉, 정보화와 세계화의 진전으로 기업들의 환경이 변화하고 경영활동 범위가 국제적으로 확장됨에 따라 기존의 마케팅활동을 글로벌기업의 차원에서 수행하려는 마케팅 전략이 새롭게 등장하였는데, 이것을 '국제마케팅'이라 부르고 있다.

국제마케팅 활동은 국내마케팅 활동에 비해 복잡하고 위험하기 때문에 글로벌 차원에서의 경영다각화와 시장다변화 등을 종합적으로 고려하여 수행해야 한다.

또한 국제마케팅에서는 국제시장의 세분화를 통해 표적시장을 선정하고 각 나라의 특성과 환경에 잘 적응할 수 있도록 제품(product), 가격(price), 유통(channel), 촉진(promotion) 등에 관한 전략을 모두 믹스(mix)하는 종합계획의 수립이 필요하다.

2) 특징과 목표

국제마케팅은 본질적으로 수출, 라이센싱, 프렌차이징, 해외직접투자(FDI)의 방법으로 기업들이 해외시장에 진입하는 마케팅 과정인데, 최근에는 개인과 소비자들의 욕구를 충족시켜주는 고객중심의 마케팅이 특히 강조되고 있다.

국제마케팅을 통해 기업들은 국제시장에서 판매 가능한 제품과 서비스들을 개발하여 유통활동을 수행함으로써 이윤을 창출하고 시장을 확보하는 것을 목표로 삼고 있다.

2. 국제마케팅의 차이와 필요성

1) 국제마케팅과 국내마케팅의 차이

국제마케팅과 국내마케팅은 마케팅(marketing)이라는 기본적 원리는 차이가 없다. 그러나 국제마케팅은 다음과 같은 점 들에서 국내마케팅과 차이가 있다.

첫째, 한 국가의 단일시장에서 마케팅 활동을 수행하는 국내마케팅과 달리, 국제마케팅은 기업들의 마케팅 활동이 2개국 이상에서 수행된다.

둘째, 국제마케팅은 표적시장이 해외에 있기 때문에 한 국가에서 마케팅 활동을 수행하는 국내마케팅보다 복잡하고 위험의 발생가능성이 높다.

셋째, 국제마케팅은 국내마케팅과 달리, 적용되는 시장환경에 차이가 나기 때문에 기업의 조직과 마케팅, 프로그램 등 전략의 구사에서도 차이가 난다.

넷째, 국제마케팅은 국내마케팅과 달리 생산요소(자본, 인력), 재화, 용역 등이 국제적으로 이전되는 활동이므로 적합한 해외시장 진입방식의 선택이 매우 중요하다.

2) 국제마케팅의 필요성

(1) 세계시장의 국제화와 범세계화 심화

현재 세계는 하나의 거대한 시장으로 되고 있으므로 어떤 기업들도 세계경제의 상호의존도의 심화와 세계시장의 범세계화의 경향에서 벗어날 수가 없게 되었다.

(2) 소비자의 요구 증대

전 세계적으로 이국적인 신상품에 대한 수요와 양질의 제품을 저렴한 가격으로 소비하고자 하는 소비자들의 수요가 지속적으로 증가하고 있다.

(3) 시장개방화의 가속

세계적 개방화와 자유화 추세는 자국 경제의 체질개선과 효율성 증대뿐 아니라 기업들의 글로벌화를 위한 새로운 기회요인이 되고 있다.

(4) 국내시장의 포화상태

국회예산정책처가 35개 OECD 회원국과 중국, 인도 등 신흥국 6개국을 대상으로 1996년~2015년까지 세계 41개국의 GDP 대비 내수 비중을 추산한 결과, 우리나라는 61.9%로 27위에 그쳤다. 이것은 국내시장이 포화상태로 진입한 것을 의미한다. 국내 소비자들에게 주로 의존했던 기업들은 해외시장의 필요성이 더욱 높아진 것이다.

3. 국제마케팅의 관리 이념과 발전 단계

1) 관리 이념

국제마케팅의 관리 이념은 최고경영자가 가지는 국제경영전략의 태도에 따라 다음과 같이 4가지로 구분된다. 여기에서 국제경영전략이란 국제기업이 목표를 달성하기 위해 제한된 자원을 효율적으로 활용하는 최적의 의사결정 과정을 말한다.

(1) 본국중심주의

본국 또는 자국중심주의는 모든 국제마케팅 활동이 본국을 중심으로 이루어져야 한다는 사고방식이다. 해외사업 활동과 관련된 모든 의사결정이 본사의 가치와 이익을 중심으로 이루어지는 형태로, 국제화 수준이 낮은 중소 수출기업들이나 국제경영의 초기단계에 있는 기업들이 주로 가지고 있는 사고방식이다.

이러한 철학을 가지고 기업활동을 수행하는 기업들은 해외마케팅을 국내마케팅 비해 부수하는 2차적인 것으로 간주할 뿐 아니라 해외시장을 잉여생산물의 배출창구나 국내시장의 수급을 맞추는 정도의 수단으로 간주한다.

(2) 현지중심주의

현지중심주의는 해외사업 활동과 관련된 모든 의사결정이 각 현지국의 특성이 최대한 반영되도록 현지 자회사 중심으로 이루어져야 한다는 사고방식이다.
이 방식은 '현지시장은 현지인이 가장 잘 알고 있다.'는 사고를 기본으로 하고 있기 때문에 현지시장에 맞는 목표와 전략을 수립하여 실행하게 된다.

우리나라 대우자동차가 1990년대 중반에 수행한 폴란드나 카자흐스탄 등 신흥국가에 투자한 사례가 여기에 해당한다.

(3) 지역중심주의

지역 혹은 권역 중심주의는 유럽, 미주, 아시아 등 지역 혹은 권역별로 본사제도를 도입하여 각 지역 특성에 적합한 경영정책을 수립하여야 한다는 사고방식이다.

(4) 세계중심주의

세계중심주의는 전 세계를 하나의 단일시장으로 보는 사고방식이다. 이것은 세계시장을 전제로 마케팅활동에 대한 계획을 조정 및 통합하여 경제효율성과 현지시장의 요구를 충족시키기 위해 글로벌 마케팅전략을 전개하는 방식이다. 이러한 철학을 가지고 경영활동을 수행하는 기업들을 흔히 '범세계적 기업'이라 부른다.

2) 국제마케팅의 발전 단계

국제마케팅은 기업들이 해외시장에 개입하는 정도인 국제화 수준에 따라 다음 단계를 거치면서 발전하게 된다.

(1) 수출 마케팅단계

수출 마케팅단계는 국내마케팅에서 국제마케팅으로 확장되는 처음 단계이다. 수출국의 생산자나 수출자가 수입자에게 수출판매를 하는 단계이다.

수출마케팅은 상품생산의 기반은 국내에 있고 판매대상을 외국시장으로 하는 기업활동의 초기 단계이다. 주로 해외의 불특정 다수시장을 대상으로 국내시장의 한계를 극복하여 수익성을 극대화하기 위한 방법으로 활용된다.

(2) 해외 마케팅단계

해외 마케팅단계는 수출 마케팅단계보다 한 단계 더 진보한 개념으로, 자국에서 생산된 제품을 단순히 수출만 하는 것이 아니라 기술제휴를 비롯한 합작투자 등을 통해 현지에서 생산하거나 현지에서 판매하는 해외사업 활동의 단계이다.

또한 기업이 현지시장에 진출하여 현지에서의 마케팅활동을 전개하여 더 많은 부가가치를 얻는 단계이다. 이 경우 본사 입장에서는 해외마케팅이 되지만 현지국 자회사 입장에서는 현지의 국내마케팅이 되는 것이다.

(3) 다국적 마케팅단계

다국적 마케팅단계는 세계의 특정한 다수시장을 대상으로 마케팅의 활동영역이 확대되는 단계이다. 이 단계는 다국적기업들이 다수의 해외시장에 자체 생산시설을 갖추고 생산과 마케팅 활동을 수행하며, 개별 시장국의 환경여건의 차이를 인정하고 독특한 시장 환경에 적응하는 차별화된 마케팅 활동을 전개한다.

(4) 글로벌 마케팅단계

글로벌 마케팅단계는 본국과 외국을 구분하지 않고 전 세계를 하나의 시장으로 간주하여 수행하는 마케팅 단계를 말한다. 이 단계에서는 세계를 하나의 시장으로 보고 각 시장의 이질성을 고려하면서도 세계시장의 공통성에 초점을 맞추어 마케팅활동을 전개한다. 이러한 의미에서 이를 '범세계적 마케팅단계'라고도 부른다.

이 단계에서는 해외시장국간의 차이보다 유사성이 더 강조되며 해외시장간의 통합과 조정을 통해 기업전체의 시너지 효과를 발휘하도록 마케팅활동을 전개한다.

4. 국제마케팅의 촉진 요인과 제약 요인

1) 촉진 요인

첫째, 제2차 세계대전 이후 지구촌을 갈라놓았던 동서 진영의 이념 대립과 체제 경쟁이 종결됨에 따라 세계는 빠른 속도로 하나의 글로벌 체제를 형성하였다.

둘째, IT 혁명과 교통수단의 발달은 세계가 하나의 생활권을 형성하도록 하였다.

특히 정보통신기술의 혁명은 필요한 지식과 정보를 신속하게 획득할 수 있도록 하였고 교통수단의 발달은 세계의 시간과 공간의 거리를 단축하였다.

셋째, 시장경제의 급속한 확산은 전 세계의 무한경쟁을 가속화시켰으며 소비자 기호의 동질화 현상은 표준화된 마케팅 전략의 전제조건이 되었다.

넷째, 전세계적인 무역장벽과 외환규제의 완화는 개별국가들간의 상호의존을 확대시켰고 기술혁신의 가속화는 제품들의 수명주기를 단축시켰다.

다섯째, 막대한 연구개발비용의 투자는 그 결과로 생산되거나 파생된 상품 등을 판매할 세계시장을 필요로 하였다. 최근 기업의 기술혁신이 급속하게 이루어짐에 따라 기업들의 연구개발비 투자가 크게 증가하였는데, 이는 기업들로 하여금 투자비용의 회수를 위한 세계시장 진출을 추진하도록 하였다.

여섯째, 다국적기업들의 사업형태 자체가 세계시장을 목표로 신제품 개발과 광고 및 생산입지의 세계화로 전환됨으로써 세계경제의 상호의존성을 증대시켰다.

2) 제약 요인

첫째, 국민의 가치관, 태도, 관습, 신념, 의사소통 등 특정 국가나 지역에 존재하는 고유의 문화와 제도는 국제마케팅의 제약요인이 되고 있다.

둘째, 기업의 소유지분을 규제하는 법률, 현지 종업원의 고용과 관련된 법률, 투자지분 및 투자원금의 회수와 본국 송금의 제약과 관련된 법률 등 자국 기업의 보호를 위해 취해지는 현지국의 법적 규제들은 국제마케팅의 제약요인이 되고 있다.

셋째, 노동조합, 시민단체, 대학생 및 지식인 등이 전개하는 조직화된 반(反) 국제화 운동은 개발도상국의 실업문제, 환경오염, 대중문화의 예속화 등 글로벌화의 부정적 효과를 지적함으로써 국제마케팅의 제약요인이 되고 있다.

넷째, 기업들이 경쟁력이 있는 제품을 가지고 있으면서도 미래를 내다보지 못하는 구태 의연하고 근시안적 경영태도 역시 국제마케팅의 장애요인이 되고 있다.

다섯째, 연구개발을 정치 군사적 목적으로 제한하는 경우나 외국에 대한 불신과 맹목적인 민족주의 등도 국제마케팅의 제약요인이 되고 있다.

5. 국제마케팅의 관리 단계

1) 국제마케팅 계획

(1) 의의

국제마케팅 계획이란 글로벌기업이 일정기간 내에 달성하고자 하는 목표와 이 목표를 달성하는데 필요한 방안들을 종합적으로 계획하는 것을 말한다.

국제마케팅 계획은 국제마케팅 관리의 기초단계이다. 왜냐하면 정확한 국제마케팅 계획이 수립되었을 때 국제마케팅 관리도 올바르게 수행될 수 있기 때문이다.

국제마케팅 계획은 무엇보다도 시장에서의 오류를 피하기 위해 또는 올바른 시장기회를 발견하기 위해 반드시 필요하다.

(2) 유형

국제마케팅 계획에는 최고경영자가 경영의 모든 수준에 대한 목표와 계획을 설정하는 하향식 계획수립(top-down planning) 방식과 조직의 각 하부부문에서 그들이 할 수 있다고 생각되는 최고수준의 목표와 계획을 수립한 다음 상위경영층에 제출하여 승인을 받는 상향식 계획수립(bottom-up planning) 방식이 있다.

(3) 구성요소

국제마케팅 계획의 구성요소는 제품계획과 시장계획이 핵심을 이루며, 국제마케팅계획을 수립하기 위해서는 국가 및 지역에 관한 정보, 시장 환경정보, 유통정보, 소비자정보, 광고 매체정보 및 상품에 관한 상세정보 등도 추가적으로 필요하다.

2) 국제마케팅 조사

(1) 의의

국제마케팅 조사란 기업의 국제마케팅 활동과 관련된 제품, 가격, 유통경로, 판매촉진 등에 관한 정보를 체계적으로 수집, 분석, 검토하는 것을 말한다.

(2) 방법

국제마케팅의 조사방법에는 문헌조사, 관찰조사, 전문가 조사, 사례조사 등이 있다. 문헌조사는 기업이 처한 마케팅의 문제점을 파악하기 위해 기존에 발표된 2차 자료를 검토하는 것을 말하고, 관찰조사는 조사자가 직접 또는 관찰 도구의 활용을 통해 소비자들의 제품 구매와 사용과정을 체계적으로 관찰하는 방법을 말한다.

전문가 조사는 기업이 처한 문제나 해결책에 대한 아이디어를 얻기 위해 어떤 산업이나 기업에 대한 경험과 지식을 갖춘 전문가를 통해 정보를 얻는 방법을 말한다.

사례조사는 기업의 내외부적 활동 또는 특정 부서에 대한 집중 분석을 통해 현재의 문제점을 파악하고 그에 대한 해결방안을 찾는 방법을 말한다.

(3) 단계

국제마케팅 조사는 주로 다음과 같이 네 가지 단계를 거쳐 이루어진다.

첫째, 문제의 정의이다. 이것은 실제로 누가 구매하는가, 얼마나 구매하는가, 언제 구매하는가, 어떻게 구매하고 있으며, 어디에서 구매하는가, 누가 의사결정을 하는지 등 일련의 구매의사결정을 정의하는 단계이다.

둘째, 자료의 수집이다. 이것은 앞에서 언급한 문제의 정의에서 제기된 각종 사항들에 대한 해결책을 제시할 수 있는 모든 자료를 실제로 수집하는 단계이다.

셋째, 자료의 분석이다. 이것은 수집된 자료를 과학적이고 종합적인 분석방법을 동원하여 합리적인 마케팅 의사결정에 도움이 될 수 있도록 철저히 분석하는 단계이다.

넷째, 모형의 설정 및 결과의 활용이다. 이것은 분석된 자료를 기술적 또는 계량적으로 모형화하고 구체적으로 마케팅활동에 적용하는 단계이다.

3) 국제마케팅 조직

국제마케팅 조직이란 국제마케팅 계획을 합리적으로 수행하기 위한 관리수단으로서 국제마케팅 관리자가 관리해야 할 관리체계를 말한다.

국제마케팅 조직에는 기능별 조직, 지역별 조직, 제품별 조직이 있다. 기능별 조직은 업무를 담당하는 사람을 한 부서에서 함께 일하게 하며 조직을 수평적으로 지능적인 전문화에 따라 분류하는 조직이다. 가장 일반적인 조직의 형태이다.

지역별 조직은 진출지역의 확대로 지역의 다양성이 증가됨에 따라 기능별 조직을 지역별, 산업별로 발전시킨 조직이다. 제품별 조직은 기업의 취급하는 상품이 다양화됨에 따라 해당 제품별로 담당 부서를 두고 있는 조직이다.

4) 국제마케팅 통제

국제마케팅 통제란 국제마케팅 관리의 최종단계로서 설정한 계획이 원안대로 수행될 수 있도록 계획과 결과와의 차이를 비교하며 수정하는 관리활동을 말한다.

즉, 국제마케팅의 계획, 실행 및 결과를 포괄하는 본사와 자회사의 국제 마케팅활동 전반에 대해 지속적이고 체계적으로 검토하는 것이다.

6. 국제마케팅의 환경분석

1) 해외시장 진입전략의 목표수립

국제마케팅의 환경분석에서는 우선 해외시장에 진입하려는 기업의 목적과 전략 및 중점 분야가 명확하게 설정되어야 한다.

이 단계에서 진입하고자 하는 시장과 목표 등이 구체적으로 제시되어야만 다음 단계인 기업의 내부와 외부환경에 대한 평가와 분석이 용이해지기 때문이다.

해외시장에서 달성하고자 하는 목표를 구체적으로 설정하기 위해서는 먼저 해외시장에 대한 환경분석이 선행되어야 한다.

2) 외부환경의 분석

해외시장에 진출하려는 기업은 새로운 시장환경에 대한 정확한 정보수집이 필요하다. 그러므로 해외시장 진입전략을 수립하기 위한 조사활동의 대부분은 새로운 시장환경에 대한 정보를 수집하는데 투입되어야 한다.

왜냐하면 현지국의 상황이나 여건 등 환경 분석을 소홀히 하면 해외시장진입은 실패할 가능성이 높기 때문이다. 외부환경의 분석은 다음과 같은 사항이 핵심을 이룬다.

(1) 현지국의 진입조건 분석

현지국의 진입조건이란 진입하려는 현지국가에서 소유지분을 제한하거나 외국인에 대해 시장진입을 금지하고 있는 등 기업의 자원을 현지로 이동시키는 것과 관련되는 법률적인 조건을 말한다. 이러한 조건들에 대한 분석을 토대로 기업은 해외시장 진입전략으로 수출이나 계약생산, 또는 합작투자나 라이센싱 등을 선택하게 된다.

(2) 현지국의 거시적 환경분석

환경분석(environmental analysis)이란 경영자가 자신의 사업활동과 관련된 다양한 환경요인들의 현황과 변화추세를 파악하고 그것들이 포함하고 있는 전략상의 시사점을 종합적으로 분석하는 활동을 말한다.

거시적 환경 분석이란 정치, 경제, 사회, 문화, 기술적 요인 등 기업의 장기적 미래에 영향을 주는 여러 가지 환경 요인들을 제품 또는 시장을 중심으로 분석하고 검토하는 것을 말한다. 거시환경 변수로는 정치, 경제, 사회, 문화, 기술적 환경 등이 있다.

해외시장에 진출하려는 기업은 현지국의 경제, 법률, 사회, 문화 등 거시적 환경에 대한 정보수집과 그의 분석이 필요하다.

특히 해외시장에 처음 진입하는 기업은 이러한 분석활동이 없이는 전략을 수립할 수 없음을 유의해야 한다.

거시적 환경은 기업에게 기회와 위협을 동시에 제공하고 있으며 보다 넓고 광범위한 영향을 미치고 있는 거시적 환경의 틀 속에서 관리되어야 한다. 따라서 거시적 환경분석의 목적은 환경으로부터의 기회와 위협요소를 발견하는데 있다. 기회의 발견은 변화하는 환경 가운데서 자신이 활용할 수 있는 특별한 기회를 발견하는 것이다.

거시적 환경분석은 이와 같이 중장기적인 기회와 위협의 발견을 가능하게 하여 줌으로써 마케팅 관리자에게 일종의 조기경보 시스템으로서의 역할을 수행해 주고 있다. 거시적 환경요소들은 다음과 같은 8가지 요소로 구성되어 있다.

① 인구통계적 환경

인구통계적 환경이란 인구 수, 밀도, 지리적 분포, 연령별 구조, 성별 구조, 국적별 구조, 인종별 구조, 직업별 구조, 출생지별 구조, 기타의 인구통계적 구조에 대해서 연구하고 조사하는 것을 말한다.

기업의 매출이나 이익에 영향을 미치는 가장 중요한 요인은 시장의 크기와 그 시장을 구성하고 있는 구매자의 특성이기 때문에 인구통계적 환경에 대한 연구하고 조사하는 활동은 매우 중요하다.

② 정치적 환경

정치적 환경이란 특정사회의 조직이나 개인에게 영향을 미치거나 이들의 활동에 제한을 가하는 법률, 국가가 제정한 각종 정책이나 제도적 규제, 정부기관이나 압력집단 등의 활동 등을 말한다. 정치적 환경에는 정부 차원에서 진흥하거나 제재하고자 하는 세금, 노동법, 무역 제재, 환경법, 관세, 정치적 안정성 등을 포괄하고 있다.

정부가 법을 정하여 기업의 활동을 제한하는 목적에는 첫째로 기업 상호간의 관계에서 약한 기업을 보호하기 위한 위함이고 둘째는 불공정한 기업행위로부터 소비자를 보호하기 위함이다.

③ 경제적 환경

경제적 환경이란 저축률, 이자율, 환율, 물가상승률, 환율, 소득분포, 부동산 가격, 경제성장률, 금리, 인플레이션 정도, 국민소득 증가율, 경제발전 단계, 물류구조나 비용, 소비구조의 변화, 가계수지 동향 등 소비자의 구매력과 소비구조에 영향을 미치는 모든 경제적 요인들을 말한다.

예를 들어 환율과 물류비용은 수출과 수입가격에 영향을 끼치는 중요한 요소이다.

④ 사회적 환경

사회적 환경이란 교육환경과 교육수준, 가치관 변화, 보건인지도, 인구성장률, 연령대 분포, 직업 태도, 여성의 사회참여, 시민단체의 발언권, 안전 관련 요소, 사회간접자본(SOC)의 확충 정도 등 해외시장에 영향을 미치고 있는 제도나 사회문화적인 외부조건들을 말한다.

사회적 환경은 사상이나 가치 및 인간의 행동양식 등을 포함하고 있다. 그러나 사회적 환경은 어디까지나 인간에 의해 형성된 것이므로 시대와 사회에 따라 변화된다.

사회적 환경요소에 따라 기업의 제품과 경영방식이 영향을 받을 수 있다. 예를 들어 고령인구가 많다면 노동력이 줄고 노인제품에 대한 수요가 많아진다.

⑤ 문화적 환경

문화적 환경이란 특정 사회의 기본적 가치관, 인식, 신념, 선호도 및 행동 등에 영향을 미치고 있는 제도나 영향력을 말한다. 사람들은 특정 사회 속에서 성장하며 그 사회는 사람들에게 기본적인 신념이나 가치관을 만들어 준다. 이러한 신념이나 가치관은 지속성이 있기 때문에 쉽게 변화하지 않는 속성이 있다.

⑥ 자연적 환경

자연적 환경이란 마케팅 관리자가 기업의 투입물로서 필요로 하거나 마케팅활동에 의해 영향을 받는 자연자원을 말한다.

마케팅 관리자는 각종 자연적 환경문제에 적절히 대응하기 위하여 다음과 같은 세 가지 자연환경의 변화추세에 대해 주의를 기울여야 한다.

첫째, 원자재의 부족에 대처하여야 한다. 둘째, 에너지 비용이 상승하고 있음을 인식해야 한다. 셋째, 환경오염이 증가하고 있으며 이는 기업들의 사회적 비용을 증가시킬 수 있음을 인식해야 한다. 넷째, 자연환경의 보전과 공해 방지를 위한 정부의 규제와 간섭이 증대되고 있음을 인색해야 한다.

⑦ 기술적 환경

기술적 환경이란 연구개발(R&D) 활동, 자동화, 기술혁신 등 시장에 영향을 미치고 있는 제도나 영향력을 말한다. 즉, 기술적 환경은 새로운 기술을 창조하고 새로운 제품과 시장기회를 창조하는데 영향을 미치는 모든 영향력을 말한다.

기술적 환경은 기술투자와 품질, 비용 및 혁신에 영향을 끼치는 중요한 요소가 된다. 이러한 기술적 환경은 기존의 산업을 사멸시키기도 하고 새로운 산업을 탄생시키기도 하기 때문에 오늘날 기업의 운명을 결정하는 중요한 요인이 되고 있다.

⑧ 환경적 환경

환경적 환경이란 생태학적 요소와 환경적 요소를 말한다. 날씨, 기후, 기후변화 등을 포함하며 이들 요소들은 관광, 농업, 보험업계 등에 중요한 영향을 미친다.

기후변화의 문제가 대두되면서 환경적 요소는 생산품의 경영과 새로운 시장개척, 현존하는 제품의 단종과 변화, 제품의 시장 축소나 소멸 등에도 영향을 미치고 있다.

(3) 현지국의 미시적 환경분석

① 의의

거시적 환경분석은 기업의 외부요인을 중심으로 하는 외부 환경요인을 분석하는 것인데 반해, 미시적 환경분석은 기업의 내부요인을 중심으로 하는 내부 환경요인을 분석하는 것이다. 미시적 환경분석을 통해 무엇이 시장에서 중요한지 파악할 수 있고 소비자들의 심리도 이해할 수 있다.

② 대상

미시적 환경분석은 시장 전체의 규모, 매출 변화, 시장 성장률 등을 분석하여 앞으로 시장이 어떻게 움직일 지를 파악할 수 있는 시장 트렌드의 분석과 제품의 라이프 사이클, 그리고 기업 내부의 독특한 경영 철학과 기업 나름의 사회적 가치, 인적·물적 자원, 기업과 그 구성원이 가지고 있는 비전까지도 모두 포함한다고 할 수 있다.

미시적 환경분석은 소비자분석, 경쟁분석, 기업분석이 핵심을 이룬다.

첫째, 소비자분석에서는 소비자 행동에 영향을 미치는 문화적, 사회적, 인구 통계적, 심리적인 요인을 평가가 핵심을 이룬다. 여기에는 1인당 국민소득, 소득분배, 인구의 통계적 특성, 상관습, 구매패턴과 구입과정 등이 포함된다.

둘째, 경쟁분석에서는 경쟁사의 목표, 현재와 미래의 전략, 능력 등에 대한 평가가 핵심을 이룬다. 여기에는 경쟁기업의 규모, 능력, 정부와의 연관성, 기술의 종류와 수준, 기업간 협정, 기술도입 계약 현황 등이 포함된다.

경쟁환경의 분석은 기업이 마케팅 전략을 입안하는 데 가장 큰 영향을 미치는 부분이다. 모든 기업들은 경쟁분석을 통해 새로운 시장을 찾기를 원할 뿐만 아니라 경쟁 기업보다 더 높은 시장 점유율을 유지하기 위해 최선의 노력을 다한다.

셋째, 기업분석에서는 자사 분석과 협력사 분석이 핵심을 이룬다. 자사 분석에서는 자사의 과거와 현재 전략, 성과와 원가 분석, 내부능력 분석, 경쟁사에 대비하고 소비자들이 중요하게 생각하는 강점을 분석한다. 협력사 분석에서는 협력사의 교섭력, 추진목표, 공급업자, 중간상 등을 분석한다.

3) 투자국의 환경 분석

(1) 일반 경제환경

일반 경제환경의 분석에 필요한 자료로는 ① 국민소득, 경제성장률, 제조업의 수준, 경제발전 등 현재 경제수준 관련 자료 ② 국토면적, 인구, 천연자원, 지정학적 위치, 교육수준 등 장래의 성장잠재력 ③ 도로, 항만, 공항, 전력, 용수시설 등 사회간접시설 현황 ④ 정부의 경제개발계획, 외국인투자정책 및 개방일정 등 정부의 대외경제정책 ⑤ 은행 및 보험산업, 현지금융, 외환 등 금융환경 분야 등이다.

(2) 산업 및 행정규제, 법률적 환경

산업 및 행정규제, 법률적 환경의 분석에 필요한 자료로는 ① 외국인 전용공단의 유무와 임대료 등 공장입지 관련 요인 ② 회사 설립과 공장건설 및 영업허가상의 용이성 및 비용관계 ③ 건물, 토지 등 부동산 취득의 용이성 및 비용관계 ④ 특허권 등 지적소유권 취득의 용이성 ⑤ 현지 물품 구입에 대한 세금공제 등 외국기업에 대한 세제상의 우대조치 등이다.

(3) 노동환경

노동환경의 분석에 필요한 자료로는 ① 현지국의 노조설립 유무와 노임수준 ② 숙련 및 미숙련 노동자의 수급과 현지국의 임금수준 및 노동의 질 ③ 노동쟁의, 파업, 노동조합 등의 노사관계 ④ 노동자의 사고방식이나 문화차이에 따른 인사관리 문제 등이다.

(4) 시장환경과 경쟁환경

시장환경 및 경쟁환경은 진출기업들의 경쟁정도나 경쟁상황을 평가함으로써 자사의 진출가능성과 현지에서의 경쟁에 대비하기 위한 전략수립에 도움이 될 수 있다.

시장환경과 경쟁환경의 분석에 필요한 자료로는 ① 해당 제품의 현지시장 규모 및 성장 가능성과 당해 제품의 제3국 수출가능성 ② 해당 제품의 현지제조 후 국내반입 가능성 ③ 진출대상 산업의 현지 경쟁상황 및 진출기업의 경쟁력 등이다.

(5) 정치경제적 환경

정치와 경제적 환경의 분석에 필요한 자료로는 ① 정치제도나 체제 및 최고지도자의 급격한 변화 가능성 ② 전쟁, 폭동, 테러, 데모 가능성 ③ 국내 시장개방, 무역, 외국인 투자 등 대외경제정책의 급격한 변경 가능성 ④ 현지국민의 외국기업에 대한 적대감 정도나 폐쇄적 외교정책 ⑤ 물가, 환율, 물류비용 증가의 경제적 변화 등이다.

4) 해외시장의 평가기법

(1) 그리드 방법

그리드(Grid) 방법은 해외시장의 선정에 필요한 몇 가지의 중요한 요인들을 먼저 선정한 다음 이들 요인들에 대한 종합점수를 계산하고 이들 조건에 충족되는 국가시장에 우선적으로 진출하는 방법이다.

이 방법에서는 일차적으로 탈락될 수 있는 예상 국가들을 줄여 나가는 작업이 필요하다. 잠재 예상국가를 선정할 때 우선적으로 고려되어야 할 사항은 해당 국가의 진입 가능성과 불가능성을 판단하는 일이다.

이 방법은 변수가 많아질수록 평가가 복잡한 단점이 있지만, 해당 제품과 기업의 목적에 따라 변수를 달리함으로써 사전 타당성 조사에 유용하게 이용될 수 있다.

(2) 기회-위험 매트릭스

기회-위험 매트릭스는 진입 예상국가에 대한 기회요인을 수평축에 위험요인을 수직축에 위치시킨 후, 요인들에 대한 평가지수를 선정하여 이들 지표에 대한 점수의 합계를 계산하여 사각형에 각 국가의 해당 점수를 도표화하는 방법이다.

이 방법은 여러 요인들이 포함될 수 있고 평가의 정확성을 높일 수 있으며 미래의 위치를 평가함으로써 시장의 선정과 이동에 대한 평가가 가능한 장점이 있다.

(3) 시장포트폴리오 방법

시장포트폴리오는 국가매력도와 경쟁력을 기준으로 각 개별 국가의 전략적 위치 파악 및 평가를 바탕으로 특정 국가 시장별로 마케팅, 재무, 연구개발 투자를 어떻게 시행할 것인가를 결정하는 방법이다.

국가매력도의 측정은 시장규모, 시장성장률, 정부규제, 정치 및 경제의 안정성 등을 수량적 지표로 변환시켜 측정하고, 경쟁력의 측정은 시장점유율, 제품적합성, 이익률, 현지마케팅 능력 및 지원 등을 평가하고 수량화한다.

이 방법에서는 측정된 이들 지표에 국제기업의 특성에 맞게 가중치를 부여하여 이들을 지수화함으로써 개별 국가들이 시장포트폴리오상 투자 · 성장전략, 지배 · 철수전략, 선택전략, 수확 · 철수전략 중 어디에 속하게 되는가를 파악하여 평가함으로써 효과적으로 해외시장을 선택하게 된다.

최근에는 국내시장에서 각 개별 제품에 대한 투자 여부를 결정하기 위한 제품 포트폴리오보다는 특정 제품의 국별 시장에 대한 투자 여부를 결정하기 위한 시장포트폴리오의 중요성이 더욱 부각되고 있다.

7. 해외시장의 진입

국제마케팅 과정에서 이루어지는 해외시장 진입은 해외시장의 세분화→해외 목표시장의 선정과 마케팅전략→해외시장 진입방법의 선택→해외시장 포지셔닝 전략의 단계를 거쳐서 이루어진다.

1) 해외시장의 세분화

(1) 의의

시장세분화(market segmentation)란 전체 시장을 기업의 마케팅 활동에 대해 유사한 반응을 보일 것으로 예측되는 세분시장들로 구분하는 것을 말한다.

시장세분화는 고객의 욕구나 취향이 다르다는 것과 이러한 다양성에도 불구하고 어떤 유사성을 기준으로 하여 집단화가 가능하다는 것을 전제로 하고 있다.

시장세분화는 세계시장을 보는 관점에서 국제시장 세분화와 시장간 세분화를 포함하는 개념이다. 국제시장 세분화는 개별 국가시장을 하나의 시장으로 간주하는 것이고, 시장간 세분화는 개별 국가시장을 여러 개의 세분시장으로 간주하여 전 세계에 걸쳐 동질적인 특정 세분시장끼리 집단화하는 것이다.

(2) 이점

첫째, 마케팅 기회의 효과적 포착이다. 시장세분화를 통해 경쟁기업의 마케팅전략에 대한 세분시장의 만족도와 욕구를 파악할 수 있다. 또 기존 제품에 만족을 느끼지 않는 시장은 기업들에게 새로운 마케팅 대상이 되므로 기업의 시장세분화는 새로운 시장진입을 위한 계획을 수립하는데 도움이 된다.

둘째, 자원의 효율적 배분이다. 한정된 자원으로 모든 시장을 대상으로 마케팅을 전개하는 것은 무리가 있다. 한정된 자원으로 세분시장이 보이는 반응의 차이에 따라 예산 및 인적자원 등을 합리적으로 배분할 수 있다.

셋째, 국제마케팅 전략 조정이다. 기업들은 각 세분시장에 맞는 마케팅전략을 수립할 수 있고 기업의 강점 및 약점에 맞추어 유리한 세분시장을 선택할 수 있다.

(3) 기준

시장세분화의 기준은 지리적 지표(아시아 시장, 유럽 시장 등), 경제발전 지표(1인당 국민소득, 자동차 수 등), 정치적 지표(정치적 위험도, 정치체제), 사회문화적 지표(성별, 연령, 인종, 언어, 종교 등) 등이 있다.

2) 해외 목표시장의 선정과 마케팅전략

(1) 의의

해외 목표시장의 선정이란 시장세분화를 통해 확인된 소비자 집단을 비교 평가하여 가장 잠재력이 큰 하나 또는 복수의 시장을 표적시장으로 선정하는 과정을 말한다.

(2) 의미

해외 목표시장이 선정되었다는 것은 다음과 같은 의미를 가지고 있다.

첫째, 판매시장 및 생산기지가 선정되었다는 의미이다. 이것은 판매시장과 판매제품의 생산지역을 어디로 선택하였다는 것으로 생산 및 판매지역은 상호연계성을 가지고 있다. 왜냐하면 정부의 무역규제나 운송비 부담 등의 문제는 기업들로 하여금 생산 및 판매지역의 동일화를 가져오게 하기 때문이다.

둘째, 경쟁자와 경쟁범위가 결정되었음을 의미이다. 특정 해외시장으로의 진입은 자사와 경쟁기업들과의 경쟁선포를 의미하는 것이다.

셋째, 글로벌 시장 확대전략이 수립되었음을 의미한다. 이것은 전 세계 네트워크를 고려하여 생산 및 판매지역이 선택되었음을 의미한다. 이때에는 투자지역의 환경변화와 생산 및 판매지역의 상황변화에 주목하는 것이 중요하다.

(3) 목표시장의 선정 변수

해외 목적시장의 선정에 영향을 미치는 변수들은 현지국 시장의 잠재력과 적합성, 기업의 목적, 경쟁 환경, 그리고 기업의 자원 등이 있다.

① 시장 잠재력

시장선택에 영향을 미치는 가장 중요한 변수는 해당국가의 시장규모와 시장의 성장률이다. 기업은 현재 및 미래의 잠재력을 고려하여 투자지역을 선정하기 때문에 제품의 소비에 대한 사회 전체의 분위기 파악이 매우 중요하다.

② 사업의 용이성 및 적합성

기업들은 자국과 근접하거나 언어가 비슷한 국가, 1인당 국민소득과 인구가 많은 시장에 우선적으로 접근한다. 특히 지리적 근접은 해외 자회사의 통제 용이성 및 기업관리의 편리성과 깊은 관계가 있다. 지리적으로 인접하면 상이한 국가일지라도 소비자들의 관심사항이나 구매 특징이 유사한 점들이 많다. 이 경우 동일한 소비자 그룹들에게는 같은 전략을 용이하게 활용할 수 있다.

또한 유통체제나 제품 및 광고에 대한 규제 등의 유사성이 하나의 국가와 같은 특성을 보이면 기업들은 동일한 마케팅 전략을 활용할 수 있게 된다.

③ 전략시장 여부

전 세계적인 시각에서 매출과 이익 면에서 중요한 시장은 주요 전략시장이 되기 때문에 진출하는 시장을 선정하는데 중요한 변수가 된다. 왜냐하면 이러한 전략시장은 수익성 증대 및 규모의 경제가 실현될 가능성이 매우 높기 시장이기 때문이다.

④ 비용

기업들은 생산원가를 최소화할 수 있는 지역을 선택하게 된다. 기업들은 노동력, 투입 원자재, 기술 등의 비용뿐만 아니라 이들 자원의 이동에 따른 비용과 세금까지도 고려한 비용을 산출하여 진출시장을 선정하게 된다.

⑤ 기업의 목적

비용 최소화 원칙도 중요하지만 기업들은 그 기업이 추구하는 목적이나 회사의 전략적 동기에 따라 해외시장을 선택하는 경우가 많다. 한때 BMW의 경우는 생산비가 가장 싼 멕시코가 아닌 미국을 생산지역으로 선정하였다.

⑥ 위험과 불확실성

기업들은 투자대상 지역을 선정함에 있어 현지 소비자들과 경쟁대상 기업, 정부규제, 입법 활동 등에 대한 정확한 평가를 통해 위험과 불확실성을 줄이려고 노력하고 있다. 따라서 위험의 정도와 수익성의 정도는 시장을 선택하는 중요한 요인이 된다.

⑦ 기업의 자원

기업들이 보유하고 있는 자원은 해외진출 시장의 선정에 중요한 요인이 된다.

여기에는 기업이 보유하고 있는 자원의 규모와 이전 가능성, 부족한 자원의 획득 가능성이나 개발 여부 등이 포함된다.

⑧ 경쟁 환경

산업구조와 경쟁기업의 전략은 해외진출 시장의 선정에 중요한 요인이 된다.

예를 들어, 해당 산업의 경쟁 정도가 국가별로 제한되고 다수의 중소기업들이 경쟁하고 있는 산업은 해당 국가에서 기업의 전략적 요인들이 많은 영향을 미치게 된다.

또한 해외시장의 선정에는 주된 경쟁기업들의 전략도 고려하게 된다. 경쟁자의 전략적 반응을 고려하여 진입시장을 선택하게 되는 것이다.

(4) 선정과정에서의 마케팅전략

목표시장의 선정과정에서 활용되는 마케팅전략으로는 다음의 전략들이 있다.

① 표준화 마케팅전략

국제 마케팅전략을 표준화하여 모든 국제시장에 차별 없이 동일하게 집행하게 되면 여러 가지 표준화의 이점을 얻을 수 있다.

표준화의 이점은 통일적인 기업 이미지를 확립할 수 있고 규모의 경제를 누릴 수 있으며, 제품판매에서 본사와 해외 자회사가 보조를 맞출 수 있다는 점이다.

이러한 이점에도 불구하고 마케팅전략을 완전히 표준화하는 것은 사실상 불가능하다. 각국의 시장별로 사회·문화적 특성과 마케팅의 제도·관습 등이 다르기 때문이다.

그렇다고 마케팅전략을 각국의 특수사정을 모두 고려하여 완전히 차별화한다는 것도 사실상 불가능하다. 따라서 국제기업은 마케팅전략을 어느 정도 표준화할 것인가 또는 개별시장의 특성에 맞추어 어느 정도 차별화할 것인가를 결정해야 한다.

② 무차별적 마케팅전략

무차별적 마케팅전략은 하나의 제품이나 서비스를 가지고 세분화하지 않은 전체시장을 대상으로 마케팅활동을 전개하는 것을 말한다. 이것은 소비자들의 욕구에서 공통적인 부분에 초점을 맞추는 것으로 단일 제품을 대다수의 구매자에게 대량생산, 대량유통, 대량촉진, 대량판매를 통해 마케팅하려는 대중적인 마케팅전략이다.

③ 집중적 마케팅전략

집중적 마케팅전략(집중화 전략)은 특정 시장, 즉, 특정 소비자 집단, 일부 제품, 특정 지역 등 소수로 세분화된 대상을 집중적으로 공략하는 것을 말한다.

차별화 전략이 전체 시장을 대상으로 한 전략인데 비해, 집중화 전략은 중국시장과 같이 특정 시장에만 집중하는 전략이다. 일반적으로 이 전략을 택하는 기업은 규모가 작기 때문에 광범위한 원가 우위와 차별화 전략을 추구하기 어렵다. 따라서 특화된 영역 안에서 원가 우위나 차별화 중 하나를 선택하게 된다.

④ 차별적 마케팅전략

차별적 마케팅전략(차별화 전략)은 기업이 제공하는 제품이나 서비스를 차별화함으로써 산업전반에 걸쳐 그 기업이 독특하다고 인식될 수 있는 기업 특유의 것을 창조하여 경쟁적 우위를 달성하는 것을 말한다. 예를 들어 고품질, 고급 이미지 등을 통해 경쟁기업과 경쟁에서 차별화를 대가로 고가의 프리미엄 가격을 책정하는 것이다.

3) 해외시장 진입방법의 선택

(1) 의의

기업들은 기업능력과 투자의 정도 등에 따라 가장 적합한 해외시장의 진입방법을 선택한다. 주로 초기에는 사업의 위험부담이 적은 간접수출방식을 선택하여 진출하다가 점차 직접수출방식으로 전환하게 된다.

그 후에는 라이센싱 계약체결이나 해외에 판매지사 등을 설립하며, 경험과 지식이 획득된 후에는 생산 자회사를 설립함으로써 글로벌기업에 진입하게 된다.

(2) 진입방법

① 수출

수출을 통한 해외시장 진입은 해외진출을 시도하는 기업에게는 손실의 위험을 최소화할 수 있기 때문에 가장 쉽고 일반적인 진입방법이다.

② 라이센싱

라이센싱은 커다란 자본투자 없이 해외시장에 발판을 구축할 수 있는 진입방법으로 주요 대상은 특허권, 상표권 및 기술적 제조공정의 사용권리 등이다.

③ 프랜차이징

프랜차이징은 라이센싱의 한 형태로서 프랜차이즈 제공자가 제품, 시스템 및 경영관리 서비스를 표준화된 패키지로 제공하는 대신 프랜차이즈 수혜자는 자본 및 현지의 경영 인력을 제공하는 방법이다.

④ 현지생산

현지생산은 현지에 직접 투자하여 생산하는 방법으로 해외 현지의 저임금을 이용하거나 시장진입을 쉽게 하기 위해 이용한다.

⑤ 합작투자

합작투자는 파트너의 합작투자에 대한 기여도만큼 위험을 줄일 수 있고 직접투자를 할 경우에 부딪힐 수 있는 여러 장벽을 뛰어넘을 수 있는 진입방법이다.

⑥ 컨소시움

컨소시움(Consortium)은 위험을 줄이려는 목적으로 경영관리 자원과 자금을 함께 모아서 공동으로 투자하여 진입하는 방식이다.

4) 해외시장 포지셔닝 전략

(1) 의의

포지셔닝(positioning)은 제품을 구매자 마음속에 확고한 위치를 심어주려는 전략을 말한다. 해외시장 포지셔닝이란 기업이 경쟁사와는 다른 차별적인 특징을 표적시장 고객들에게 인식시켜 주는 한편 그 기업의 전략적 위치를 정하는 전략을 말한다.

(2) 구분

① 경쟁 포지셔닝

경쟁 포지셔닝은 기업이 해외시장에 진입할 때 해외시장에 있는 경쟁기업들과 자사의 경쟁력을 비교하여 경쟁위치를 결정하는 전략이다.

여기에는 선점전략, 대결전략, 적소전략(틈새전략)이 있다. 선점전략은 선도자의 우위를 획득하기 위해 경쟁이 발생하기 전에 시장에 진입함으로써 지배적 위치를 선점하는 것을 목표로 하는 전략이다. 대결전략은 기업이 경쟁기업의 본국시장이나 다른 주요 세계시장에서 경쟁기업과 정면으로 경쟁하는 전략이다.

적소전략은 경쟁이 치열하지 않은 시장에 먼저 진출함으로써 경쟁을 회피하면서 장기적으로는 주요 경쟁자에 대응하기 위한 경험을 쌓는 것을 목적으로 하는 전략이다. 이것은 시장규모가 작고 현지시장 특성에 대한 적응이 요구될 때 적절한 전략이다.

② 기존 제품의 포지셔닝

기존 제품의 포지셔닝은 집중 세분시장 포지셔닝과 광범위한 포지셔닝이 있다.

전자는 전 세계적으로 유사한 특정 소비자 계층들이 자사제품에 대한 동일한 욕구와 반응형태가 비슷하다는 가정 하에, 이들 소비자 그룹들을 대상으로 기업이나 제품 이미지를 형성하도록 노력하는 전략이다.

후자는 소비자들의 사용조건이나 편익조건이 비슷한 제품이나 시장세분화를 하기 어려운 제품의 경우 전 세계 시장을 대상으로 수행되는 동일한 포지셔닝 전략이다.

③ 신시장 진입을 위한 포지셔닝

신시장 진입을 위한 포지셔닝은 선도시장 포지셔닝과 생활양식 포지셔닝이 있다.

전자는 자사제품의 신시장에서의 성공적인 도입을 위해 특정시장에 자사제품을 처음으로 소개할 수 있는 능력을 지닌 개인이나 조직체를 표적그룹으로 선정하여 이들을 대상으로 집중적으로 자사 제품을 포지셔닝하는 전략이다. 후자는 자사 제품의 이미지를 현지국의 생활양식이나 가치성향의 변동과 일치하도록 포지셔닝을 수립하는 전략이다.

제2절 국제마케팅전략

1. 국제마케팅전략의 개념

국제마케팅전략이란 해외시장의 기회를 확인하고 여건을 분석하여 목표를 설정하고 이를 달성하기 위해 글로벌 차원에서 장기적 마케팅 방향을 제시하는 것을 말한다.

즉, 보다 실무적인 측면에서 국제마케팅전략은 어떠한 제품이 좋은가(제품정책), 얼마로 파는가(가격정책), 어떠한 판매경로로 파는가(유통경로정책), 어떠한 판매촉진 수단을 취할 것인가(판매촉진정책) 등에 대한 의사결정 전략을 의미한다.

2. 국제마케팅전략의 수립주체와 태도

1) 수립주체

(1) 본사 중심

본사 중심은 주로 본사의 기획부서에 의해 집중적으로 이루어지는 형태이다.

(2) 현지 중심

현지 중심은 현지시장은 현지인이 잘 안다는 전제로 전략이 수립되는 형태이다.

2) 경영자의 태도

(1) 본사 중심적 관점

본사 중심적 관점은 해외시장을 부차적 시장으로 보기 때문에 국내 수요를 충족한 후 남는 제품을 처리하는 시장으로 간주하는 태도이다.

(2) 현지 중심적 관점

현지 중심적 관점은 해외시장을 각각 독립적인 시장으로 보기 때문에 현지시장의 환경과 정확한 마케팅 전략을 독자적으로 수립하는 태도이다.

(3) 세계적 관점

세계적 관점은 해외시장을 전체적으로 보기 때문에 국내시장과 해외시장을 구분하지 않고 글로벌 관점에서 마케팅 전략을 수립하는 태도이다.

3. 국제제품전략

1) 의의와 대상

(1) 의의

국제제품(product)전략은 해외시장으로 진출할 때 제품에 영향을 미치는 다양한 요소들을 검토하여 대응하는 전략을 말한다.

국제제품전략은 기업의 마케팅전략 중 가장 중요한 요소이다. 왜냐하면 마케팅믹스 중 다른 요인인 가격, 유통, 촉진은 제품이 존재해야만 의미를 가지기 때문이다.

(2) 대상

좁은 의미에서 국제제품전략은 해당 제품의 내구성이나 특성과 같은 품질, 디자인, 상표 및 포장 등을 말하며, 보다 넓은 의미의 국제제품전략은 그 제품에 대한 사후서비스(A/S), 사용방법, 인도(배달), 설치, 환불 및 보증까지도 포함되는 개념이다.

2) 국제제품의 유형과 개발방식

(1) 유형

① 기존제품

기존제품은 이미 세계시장에 소개되어 판매되고 있는 제품을 말한다. 자사의 제품을 수정하거나 개량하지 않고 그대로 해외시장에 판매하는 것이다. 과거 신흥공업국 들은 외국제품을 모방하여 생산된 제품을 그대로 해외시장에 저가로 판매하였다.

② 수정제품

수정제품은 국내 혹은 해외에서 개발되어 판매되는 자사나 타사의 기존제품을 특정 시장에 알맞게 변형한 제품을 말한다.

③ 개량제품

개량제품은 기존 제품의 성능, 용량, 품질, 스타일, 서비스 등을 개선한 제품을 말한다. 과거 일본에서 이루어진 제품의 개량은 기업들 경쟁력의 주요한 원천이 되었다.

④ 신제품

신제품은 세계시장에 처음으로 소개되는 발명품이나 혁신상품을 말한다. 그러나 신제품을 특히 신규 해외시장에 판매하는 것은 위험이 높은 전략이다.

(2) 개발방식

① 국내 개발

국내 개발은 국제기업들이 가장 널리 사용하고 있는 마케팅전략으로 본국시장에서 개발한 상품을 그대로 해외시장에 적용하는 것을 말한다.

② 순차적 개발

순차적 개발은 제품의 기능이나 사용조건 등이 본국과 유사한 국가의 경우 제품을 그 지역의 기능이나 사용조건에 맞도록 일부 수정을 가하여 적용하는 것을 말한다.

③ 국별 개발

국별 개발은 각국 시장에서 제품의 기능이나 사용조건 면에서 큰 차이가 존재할 때, 각국 별로 각기 다른 상품을 개발하여 각 현지국 환경에 가장 적합한 제품을 개발하여 적용하는 것을 말한다.

④ 다국적 개발

다국적 개발은 개발 초기부터 다수의 국가를 대상으로 시장환경에 적합한 상품을 개발하는 것을 말한다. 다국적 개발은 다수국에 대해 제품을 표준화한다.

3) 국제제품전략의 특징과 주요 전략

(1) 특징

국제제품전략은 국내제품전략과 비교하여 다음과 같은 특성을 가지고 있다.

첫째, 제품의 표준화와 차별화에 대한 정책결정이 이루어져야 한다. 국내시장에서 마케팅활동은 동일한 언어와 문화권이기 때문에 제품의 표준화나 차별화 문제가 크게 중시되지 않는다. 그러나 국제시장에서는 각 시장별로 제품을 차별화할 것인지 아니면 세계시장에 걸쳐 제품을 표준화할 것인지에 대한 정책결정이 중요하다.

둘째, 국제 시장 즉, 국가나 민족에 따라 제품의 사용문화가 상이하다는 것을 인식해야 한다. 예를 들어 서양은 육식이 주식이고 쌀이 부식이지만 동양은 그 반대이다.

셋째, 제품을 제조하는 국가의 이미지가 매우 중요하다. 우리나라는 일본제 전자제품을 선호하고 미국은 독일제 기계류를 선호한다. 국제기업들은 특정 국가에서 특정 생산국을 선호하는 경우 선호하는 국가에서 생산된 제품을 판매하는 전략을 구사한다.

넷째, 국제제품의 경우 제품수명주기를 고려해야 한다. 특히 기업들이 마케팅전략으로 노력을 집중해야 할 부분은 도입기와 성장기이다.

(2) 주요 전략

① 제품수명주기전략

제품수명주기전략은 새로운 제품이 시장에 나왔다가 소멸되는 과정을 전제로 제품을 제조하거나 판매하는 전략을 말한다.

② 기존제품 진입전략

기존제품 진입전략은 국내제품을 그대로 해외에 도입하는 전략을 말한다. 이 전략은 추가 비용부담이 없는 장점이 있으나 현지 적응에 어려움이 있는 단점이 있다.

③ 신제품 개발전략

신제품 개발전략은 소비자들의 충족되지 못한 욕구를 채워주기 위해 국내에 없는 새로운 제품을 진출국 시장에 맞게 새롭게 생산하여 판매하는 전략을 말한다.

이 전략은 소비자의 요구에 호응하는 제품 생산이 가능한 장점이 있으나 신제품 창출에서 시장에 소개되기까지 막대한 투자비용과 긴 시간이 소요되는 단점이 있다.

따라서 글로벌 신제품 개발이 성공적으로 이루어지기 위해서는 전담부서를 두어 신제품 아이디어 창출부터 상품화 및 시장진입까지를 전담하도록 해야 한다.

신제품의 개발은 ① 자사의 내부 원천, 고객, 기초 및 응용 연구자료를 통한 신제품 아이디어 창출 ② 기업의 목표·이미지·생산능력 등을 근거로 신제품 아이디어의 선별 ③ 제품개념의 개발과 테스트 ④ 매출액, 비용, 이익의 추정 등 시장성과 사업성 분석 ⑤ 제품개발 ⑥ 시장실험 ⑦ 본격 출시를 통한 상업화의 과정을 거치게 된다.

④ 제품수정전략

제품수정전략은 국내제품을 진출국의 조건에 맞추어 수정(개량이나 변화) 생산하여 판매하는 전략을 말한다. 이 전략은 현지 소비자들의 선호에 맞는 제품을 공급할 수 있는 장점이 있으나 소요비용에 따른 가격상승이 단점으로 작용할 수 있다.

⑤ 제품폐기전략

제품폐기전략은 쇠퇴기에 속한 제품의 처리에 관한 전략으로 시장성이 없는 제품을 시장에서 철수하여 제품을 소거(消去)시키는 전략을 말한다.

제품폐기전략을 적용하는 이유는 마케팅 노력을 불필요한 제품에까지 분산함으로써 효과를 저하시킬 뿐 아니라 경쟁력이 약한 제품을 그대로 보유하고 있는 것은 필요 이상의 비용부담을 가져옴으로써 기업의 수익성을 악화시킬 수 있기 때문이다.

4. 국제가격전략

1) 의의와 가격의 결정요소

(1) 의의

국제가격(price)전략은 해외시장으로 진출할 때 가격에 영향을 미치는 여러 요소들을 검토하여 대응하는 전략을 말한다.

국제마케팅에서 가격결정은 매우 어렵고 복잡한 의사결정 과정을 거치게 된다.

왜냐하면 다른 어떤 것보다도 가격은 소비자들의 구매에 미치는 영향력이 절대적이고 글로벌시장의 환율변동 등도 가격에 영향을 미치기 때문이다.

(2) 가격의 결정요소

국제마케팅에서 가격결정은 국내시장에서 마케팅활동을 전개할 때보다 고려해야 할 요인들이 더 많다. 그 대표적인 요인들로는 수출원가와 부대비용, 현지시장의 인플레이션, 평가절하와 평가절상, 관세와 비관세 등 무역장벽, 정부의 통제와 지원정책, 경쟁자의 행동과 전략, 그리고 시장수요의 변동 등이 있다.

2) 가격의 결정과 주요 전략

(1) 가격의 결정

일반적으로 국제제품의 최적가격은 적어도 원가를 커버하는 최저가격과 경쟁제품들의 가격 및 고객의 지불능력에 기초한 최대가격 사이에서 결정된다.

즉, 국제제품의 가격은 제품의 원가를 하한선으로 하고 거기에 소비자의 지불능력 등 수요측면을 상한선으로 하여 그 사이에서 고객수요, 경쟁상황과 기업의 목표와 전략 등이 종합적으로 고려되어 결정된다.

(2) 주요 전략

① 저가격전략

저가격전략은 기업의 목표를 수익보다는 시장 확보에 둠으로써 단기간 내에 높은 시장점유율을 달성하려고 가격을 가능한 한 낮게 책정하는 전략을 말한다.

저가격전략은 생산이나 판매 측면에서 규모의 경제가 작용하는 경우, 소비자의 상품수용도(상품이 보급되는 속도)가 높거나 현지 소비자의 소득이 낮은 경우, 경쟁업체가 모방상품을 재빨리 시장에 내놓을 가능성이 높은 경우에 적합한 가격정책이다.

② 고가격전략

고가격전략은 신제품을 개발한 기업들이 초기에 그 시장의 고소득층들로부터 투자자금을 회수하기 위해 높은 가격을 설정하는 전략을 말한다.

③ 초기 고가격정책

초기 고가격정책은 제품의 차별성이 높은 경우, 초기에 높은 가격을 책정하여 구매집단 중에서 제일 '알짜' 고객을 대상으로 마케팅을 전개하는 가격전략을 말한다.

이 전략은 판매단위당 높은 마진을 실현하는 것이 목적이며, 점차 세분시장이 늘어나고 경쟁자가 출현하면서 가격을 낮추는 가격정책으로 전환하게 된다.

이 전략은 글로벌 기업들이 자사의 제품이 시장 내에서 독점적 지위를 갖고 있거나, 특정지역 또는 국가시장에서 제품의 차별성이 뛰어나서 단기적으로 경쟁자가 추적해올 때까지의 기간에 최대한의 마진을 얻으면서 수요의 최상위층을 목표로 삼음으로써 전략적으로 제품의 이미지를 제고하고자 하는 경우에 주로 사용한다.

④ 차이가격전략

차이가격전략은 일시적인 판매촉진을 위한 가격전략을 말한다. 이 전략은 일정기간에만 가격을 할인하여 판매하는 가격정책으로 주로 경쟁기업을 이기기 위해 특가로 판매할 때 주로 활용되고 있다.

⑤ 차별가격전략

차별가격전략은 진출하는 각국의 동일 혹은 유사상품의 가격을 기준으로 차별화하여 가격을 책정하는 전략을 말한다. 일반적으로 수요와 공급이 일치하는 점에서 모든 거래는 가격이 결정된다. 그러나 경우에 따라서는 어떤 조건을 붙여 구매력이 있는 자에게는 비싸게 팔고 구매력이 적거나 특별한 자에게는 싸게 팔아서 실질적인 이익의 증가를 꾀하는 경우도 있는데, 이때 사용하는 가격정책이 차별가격정책이다.

이 전략은 탄력적으로 적응할 수는 있는 장점이 있으나 가격 수준이 너무 낮으면 수익성이 없게 되는 단점이 있다.

⑥ 원가가산 가격전략

원가가산 가격전략은 가격결정의 가장 기본적인 방법으로 제품의 생산원가에 부대비용과 기업이 원하는 마진을 더해 가격을 책정하는 전략을 말한다.

이 전략은 쉽고 단순하다는 장점이 있으나 시장환경이나 경쟁환경을 충분히 고려하지 않은 경우는 시장환경에 적합하지 않을 수도 있는 단점이 있다.

5. 국제촉진전략

1) 의의와 필요성

(1) 의의

촉진(promotion)이란 목표시장에 있는 고객들에게 자사의 제품을 알리고 고객들이 자사의 상품을 선택하도록 하는 모든 마케팅활동을 말한다.

촉진의 목적은 정보를 제공하고 호의적인 태도를 가지도록 설득하여 최종적으로는 소비자 행동에 영향을 줌으로써 구매를 이끌어 내는 것에 있다.

국제촉진전략이란 2개국 이상에 재화나 서비스의 판매를 촉진하는 광고, 홍보활동, 인적판매, 판매촉진 등의 모든 판촉활동을 말한다.

(2) 촉진활동의 필요성

촉진활동이 필요한 이유는 기존 고객에게는 인지도를 강화시킬 수 있고 신규구매자에게는 제품에 대한 정보를 제공하여 재구매를 유도하기 위한 것이다.

2) 고려 요소와 종류

(1) 촉진활동의 고려 요소

국제촉진전략은 국내촉진전략에 비하여 진출국의 언어나 문화 등을 고려해야 하는 복잡한 과정이기 때문에 광고매체나 판촉 등을 이용할 때에는 그 국가의 법규정이나 습관, 금기 사항 등을 사전에 파악하는 것이 무엇보다 중요하다.

(2) 종류

국제촉진전략에는 일반적으로 푸시(push) 전략과 풀(pull) 전략이 있다.

푸시 전략은 물품의 판매원이나 중간상이 인적판매, 판매촉진 등의 촉진활동을 사용하여 유통경로에 따라 상품을 밀어내는 전략이다. 이 전략은 제조업체가 유통업체를 대상으로 판촉과 인적판매 수단을 동원해 마케팅 활동을 수행할 때 주로 사용된다.

풀 전략은 광고나 PR 등 대중매체를 통해 수요를 유발시키는 전략이다. 이 전략의 초점은 소비자들이 소매업자들에게 상품을 요구하도록 하는 것이기 때문에 최종구매자들을 대상으로 직접 프로모션을 전개하는 것이다.

풀 전략은 브랜드에 대한 로열티가 높은 제품을 고객에게 직접 판매활동을 하는 경우에 주로 사용된다. 왜냐하면 이러한 제품들은 최종구매자들이 매장에 오기 전에 이미 해당 브랜드에 대한 구매결정을 하기 때문이다.

3) 특징과 주요 전략

(1) 특징

첫째, 국제촉진전략은 서로 다른 문화권에서의 커뮤니케이션이라는 점에서 장벽이 많다. 대표적인 장벽으로는 언어의 차이, 몸짓과 자세 등 비언어적 표현방식의 차이, 정부규제, 매체의 활용가능성(광고에 술이나 담배의 금지), 경제적 차이, 소비자의 기호나 태도 차이, 구매과정의 차이(유통업의 발달 정도나 구매패턴) 등이 있다.

둘째, 국제촉진전략에서는 표준화 전략과 현지적응 전략 중 하나를 선택하는 것이 중요하다. 표준화 전략은 국제광고전략을 실행하는데 있어 전 세계시장에 동일한 촉진 프로그램을 사용하는 전략을 말하고, 현지적응 전략은 목표 대상시장에 맞도록 개별 시장마다 각기 다른 차별적인 프로그램을 사용하는 전략을 말한다.

셋째, 국제촉진전략에서는 촉진 프로그램의 국제이전 문제가 결정되어야 한다. 이것은 자국시장에서의 성공적 프로그램이 다른 해외시장으로도 이전이 가능한가, 가능하다면 프로그램의 어떠한 내용을 이전시킬 것인가 하는 것 등이다.

(2) 주요 전략

① 국제광고전략

국제광고전략은 특정 광고주가 대가를 지불하고 제품이나 서비스, 아이디어 등을 비(非) 인적매체를 통해 알리고 구매를 자극시키는 모든 형태의 촉진활동을 말한다.

이 전략의 목적은 글로벌기업의 마케팅 목표를 달성하는데 있다. 이 전략이 성공하기 위해서는 ㉠ 현지국 국민의 문화적 환경에 대한 올바른 인식 ㉡ 광고매체의 적절한 선정 ㉢ 대상 국가의 광고관계 법률의 올바른 숙지 ㉣ 합리적인 광고비용과 올바른 광고범위 설정 등이 필요하다. 특히 광고 대행사의 선정, 광고 메시지의 선정, 광고 매체의 선정, 광고예산의 결정, 광고효과의 평가 등이 체계적으로 수립되어야 한다.

② 국제홍보(PR)전략

국제홍보전략은 기업이 소비자가 속해 있는 해외의 일반대중, 지역사회, 단체 등과 긍정적인 관계를 개발하여 자사나 자사제품에 대한 내용을 알리는 전략을 말한다.

홍보(Public Relations, PR)는 광고와 달리 매체에 대한 비용지불이 없다는 특징이 있다. 그러므로 기업이 원하는 반응이나 제품이미지와 무관한 메시지가 일반대중들(고객)에게 전달될 수 있다는 점에서 광고와 구별된다.

글로벌 기업은 일반대중, 금융기관, 정부 등과 바람직한 공적관계를 형성함으로써 시장지위를 높여 나갈 수 있도록 전문 홍보요원을 양성하여 관리해야 한다.

③ 국제인적판매전략

국제인적판매(personal selling) 전략은 해외현지에서 기업의 판매원들이 예상구매자를 직접 만나서 수행하는 인적 커뮤니케이션 전략을 말한다.

이 전략은 가장 강력한 판매수단인 동시에 촉진수단이며, 주로 소매보다는 대량구매를 하는 고객 또는 생산이나 재판매를 목적으로는 산업구매자를 대상으로 한다.

이 전략의 장점은 고객의 문제에 즉각적인 응답을 모색하여 고객들의 불만을 사전에 해소할 수 있다는 점이다. 이에 비해 단점으로는 능력 있는 판매요원 선발 및 관리비용이 발생되며 개별고객에 접근하는 비용(노출비용)이 높다는 점이다.

④ 국제판매촉진전략

국제판매촉진전략은 판매촉진을 위해 현지 해외시장에서 시식회, 박람회, 전시회, 사인회 등을 개최하거나 일정량의 판매량을 부과하여 판매를 강제하는 전략을 말한다.

이 전략은 촉진수단 중에서 단기적인 효과가 매우 뛰어난 전략이며 고객의 주의를 집중시키고 구매동기를 제공하는 강력한 수단이 된다.

대표적인 판매촉진 수단으로는 가격 할인쿠폰, 할인판매 등 구매시점에 제공되는 할인혜택들이 있으며 기타 무료샘플, 유사 제품 구매쿠폰 등을 제공하기도 한다.

고객에게 제공되는 판매촉진 이외에 무료 시음회나 시사회와 같은 이벤트 촉진, 유통업자 또는 내부구성원에게 제공되는 내부고객 판매촉진 활동도 있다.

글로벌시장에 판촉촉진전략을 적용하는 경우에는 현지시장의 특성과 문화, 현지국의 정부정책이나 법률, 그리고 비용 등을 충분히 고려하고 수행해야 한다.

⑤ 광고대행사 선택전략

광고대행사 선택전략은 기업들이 직접 광고를 하는 것이 아니라 전문적인 광고업체를 이용하여 판매활동을 활성화하는 전략을 말한다.

자국의 광고대행사는 수출과 같은 제한된 해외 진입전략에 적합하고 현지국가의 대행사나 다국적 대행사들은 현지화가 많이 요구되는 해외시장에 진입할 때 적합하다.

물론 자국의 대형 대행사들도 외국 대행사와 업무제휴를 맺고 있는 경우가 많다.

⑥ 스폰서십 전략

스폰서십(sponsorship) 전략은 매체의 기능과 메시지의 기능을 통해 브랜드 이미지를 형성하는 전략을 말한다. 매체의 기능은 스포츠나 문화예술 등 각종 행사를 지원함으로써 고객에게 쉽게 접근하는 것이고, 메시지의 기능은 사회활동이나 환경프로그램 등 다양한 스폰서 활동을 통해 메시지가 브랜드 이미지 가치로 이전되는 기능이다.

6. 국제유통전략

1) 의의와 주요 내용

(1) 의의

유통은 자사의 제품이나 서비스를 최종소비자에게 어떠한 방법으로 도달하도록 할 것인가를 결정하는 것이다.

그러한 의미에서 국제유통(distribution)전략은 특정기업이 생산한 제품이나 서비스를 해외소비자들에게 이전시키는 것과 관련된 의사를 결정하는 전략을 말한다.

글로벌기업들의 마케팅 능력에서 강조되는 것 중의 하나가 바로 공간효용의 증대인데, 이는 국제유통전략을 어떻게 선택하고 관리하고 통제할 것인가에 의해 좌우된다.

(2) 주요 내용

국제유통전략과 관련된 의사결정의 핵심적인 내용은 다음과 같은 것들이 있다.

첫째, 해외시장진입 방법에 대한 의사결정이다. 이것은 직접수출인가 현지생산인가 등과 같이 해외시장에 진출하기 위해 어떤 경로를 사용할 것인가 하는 것이다.

둘째, 운송수단에 대한 의사결정이다. 운송수단은 육상, 해상, 항공 등 다양한 방법이 있다. 운송수단을 선정할 때에는 계약내용, 비용, 운송기간, 안전성, 거래빈도, 물품의 가치 등을 검토해야 한다.

셋째, 국제유통경로의 선정에 대한 의사결정이다. 이것은 진출한 각 국가 내에서 유통경로를 어떻게 잡을 것인가 하는 것이다. 국제유통전략의 핵심인 유통경로를 설계할 때에는 전체적인 마케팅 목표와 부합되어야 함은 물론, 목적시장의 환경 특성과 소비자의 특성(시장규모, 소득수준 등), 제품의 특성(유행성 등), 생산회사의 특성(중간상의 개입 필요성 등), 정부정책 등을 종합적으로 고려해야 한다.

넷째, 중간업자의 선정과 관리에 대한 의사결정이다. 중간업자들은 제품을 판매하는 과정에서 제조업자의 이익보다 자신의 이익을 추구하므로 유능한 중간업자의 선정을 위해서는 수익성에 대한 확신을 심어주어야 한다. 중간업자가 선정된 이후에는 이들의 판매실적에 따른 적절한 보상이 이루어져야 하며 중간업자와 경로 구성원들을 훈련과 개발을 통해 지속적으로 관리해야 한다.

다섯째, 물적유통(물류)에 대한 의사결정이다. 물류는 제품생산에 필요한 원료의 확보에서부터 생산된 제품을 해외시장에 인도할 때까지의 활동을 의미하며 운송, 포장, 보관, 하역, 정보가 핵심을 이룬다. 물류는 마케팅 각 부문과 연관성이 크기 때문에 이 기능을 전담하는 물류조직을 마케팅 부분에 두는 것이 효율적인 경우가 많다.

2) 유통경로와 유통환경의 변화

(1) 유통경로

첫째, 자사의 현지법인을 이용하거나 유통대리점을 개설하는 방법이다. 이것은 진출기업이 현지의 유통업무를 직접 담당하기 때문에 통제가 용이하다는 장점이 있으나 현지 유통회사 설립과 대리점 개설 등에 많은 비용이 소요되는 단점이 있다.

둘째, 현지의 대리중간업자를 통해 상품을 유통하는 방법이다. 해외의 대리중간업자는 수출자나 수입자의 위탁을 받아 해당 위탁자의 명의와 계산으로 거래(유통)업무를 대리하여 수행하는 자를 말한다.

중개업자나 대리점 등이 현지 대리중간업자에 해당하며 이들은 수출입 유통물량에 해당하는 일정 비율의 수수료를 수취하는 것을 주요 목적으로 하고 있다.

셋째, 독립적인 해외중간업자에게 유통과정을 위임하는 방법이다. 독립적인 해외중간업자는 자기의 명의와 계산으로 수출입 활동을 수행하는 자들을 말한다. 이들은 구입가와 판매가의 차이로 자신의 영업이익을 획득하게 된다. 수입자, 유통업자, 딜러, 도매업자, 외국의 정부 관련기관 등이 여기에 해당될 수 있다.

넷째, 현지생산을 통해 유통비용을 절감하는 방법이 있다. 이것은 현지에서 생산하여 현지에 판매함으로써 유통비용을 절감하는 방법이다. 이 방식은 국제운송비, 관세, 보험료, 재고비용 등이 상대적으로 과다할 경우에 주로 사용될 수 있다.

(2) 최근 유통환경의 변화

정보처리기술이 발전하면서 유통의 주문과 송장(invoice)을 동시에 처리하고 재고부담 없이 경영하는 JIT(Just In Time)의 방법이 지속적으로 개발되고 있다.

또한 케이블 TV 쇼핑이나 인터넷 쇼핑 등 통신을 이용한 유통은 기존의 유통방식을 탈피하고 있다. 게다가 1980년대에 도입된 편의점, 창고형 대형 할인점은 브랜드 이미지와 규모의 경제효과를 바탕으로 기존의 유통개념을 크게 변화시키고 있다.

최근 들어서는 SCM(Supply Chain Management, 공급망관리)의 개념이 등장하여 통신, 정보, 경영이 하나가 되는 유통체제로까지 발전하고 있다.

SCM은 제품생산 중심의 사고에서 제품의 유통과 부품의 조달에 대한 중요성이 부각되어 부분 최적화가 아니라 전체 최적화가 중시됨으로써 등장하게 된 개념이다.

국제마케팅에서 유통의 변화는 체계적인 전략 수립과 적절한 시스템 도입을 요구하고 있는데, 이것은 국제유통전략을 수립할 때 고려되어야 할 변수들이 보다 더 많아졌음을 의미하는 것이다.

학습정리

1. 국제마케팅이란 이익 등 기업목적을 달성하기 위해 개별기업이 전 세계 2개국 이상을 대상으로 하는 마케팅활동을 수행하는 것을 말한다.
2. 국제마케팅은 국내마케팅과는 대상으로 하는 환경 특성이 다르기 때문에 적용되는 관리 및 전략방향 등에서 차이가 나게 된다.
3. 현지중심주의는 해외사업 활동과 관련된 모든 의사결정이 각 현지국의 독특한 특성이 최대한 반영되도록 현지 자회사 중심으로 이루어져야 한다는 사고방식이다.
4. 수출마케팅 단계는 국제마케팅으로 확장되는 처음 단계이다.
5. 범세계적 마케팅(global marketing) 단계는 본국과 외국을 구분하지 않고 전 세계를 하나의 시장으로 간주하여 수행하는 마케팅 활동을 말한다.
6. 국제마케팅 조사는 기업의 마케팅 활동과 관련된 제품, 가격, 판매경로, 판매촉진 방법 등에 관한 정보를 체계적으로 수집·분석·조사하는 것을 말한다.
7. 해외시장 포지셔닝은 세계시장에서 같은 브랜드 이미지를 부각하는 것이다.
8. 국제제품전략은 해외시장으로 진출할 때 제품에 영향을 주는 제요소들을 검토하여 대응하는 전략을 말한다. 이는 마케팅전략 중 가장 중요한 요소이다. 왜냐하면 마케팅믹스 중 가격, 유통, 촉진은 제품이 존재해야만 의미를 가지기 때문이다.
9. 제품수명주기전략은 새로운 제품이 시장에 도입되었다가 소멸되는 과정을 전제로 제품을 제조하거나 판매하는 전략을 말한다.
10. 차별가격전략은 진출하는 각국의 동일 내지는 유사 상품의 가격을 기준으로 차별화하여 가격을 책정하는 가격정책이다.
11. 푸시(push)전략은 생산물품의 판매원이나 중간상이 인적판매, 판매촉진 등의 촉진 활동을 사용하여 유통경로에 따라 상품을 밀어내는 전략이다.
12. 국제광고전략은 특정 광고주가 대가를 지불하고 제품, 서비스, 아이디어 등을 비인적 매체를 통해 널리 알리고 구매를 자극하는 모든 형태의 촉진활동을 말한다.
13. 국제판매촉진전략은 소비자와 유통업자의 수요를 자극하는 인적판매, 광고, 및 홍보의 범주에 포함되지 않는 모든 촉진활동을 말한다.

■ 생각해보기

주제	계약생산과 OEM(Original Equipment Manufacturer)방식에 의한 수출의 관계를 생각해 봅시다.
전문가 의견	계약생산은 국제기업이 진출대상국에 있는 기존의 제조업체로 하여금 일정한 계약조건하에서 제품을 생산하도록 하고, 이를 현지국시장이나 제3국 시장에 판매하는 형태로 이루어진다. 이른바 OEM방식이라고 하며 우리 나라에서 생산되어 수출되는 공산품의 상당량이 외국수입자의 상표가 붙어 세계시장에서 판매되고 있는데 이것도 일종의 계약생산이다.

■ 평가문제

문항	유형	문제
1	객관식	소비자들의 욕구를 채워주기 위해 국내에 없는 새로운 제품을 진출국 시장에 맞게 생산하여 판매하는 전략을 무엇이라고 하는가? ① 기존제품진입전력 ② 제품수명주기전략 ③ 제품수정전략 ④ 신제품개발전략 정답 ④ 해설 신제품 개발전략은 소비자들의 충족되지 못한 욕구를 채워주기 위해 국내에 없는 새로운 제품을 진출국 시장에 맞게 새롭게 생산하여 판매하는 전략을 말한다. 이 전략은 각 국가별 소비자의 요구에 호응하는 제품 생산이 가능한 장점이 있지만 신제품에 대한 아이디어를 창출하는 것부터 시장에 소개되기까지 막대한 투자비용과 긴 시간이 소요되는 단점이 있다.
2	주관식	영업본부는 가맹사에게 상호, 상표 등의 사용권을 허가해 주고, 영업본부의 관점에서 가맹사의 정상적인 경영활동을 지원해 주는 방식을 무엇이라고 하는가? 정답 프랜차이징(franchising) 해설 프랜차이징(franchising)은 특정기업이 갖고 있는 상표나 상호의 사용권을 다른 개인이나 기업에게 허가하는 동시에 원료 및 관리시스템까지 일괄 제공하여 양자가 직접·간접으로 다 같이 경영에 참가하는 방식을 말한다.
3	논술식	① 국제마케팅의 필요성과 국내마케팅과의 차이점을 상세히 설명하시오. ② 국제마케팅의 4가지 발전단계를 비교하여 설명하시오. ③ 국제마케팅의 관리단계를 설명하시오. ④ 국제마케팅 과정에서 이루어지는 해외시장 진입의 단계를 설명하시오.
4	설명식	① 본국 혹은 자국중심주의 ② 범세계적 마케팅 ③ 해외시장 포지셔닝 ④ 신제품개발전략 ⑤ 스폰서십(sponsorship)전략

참고문헌

▣ 국내문헌

곽근재 · 김의동 외, 무역학개론, 박영사, 2018.03.
김희철 · 이신규, 무역학개론, 도서출판 두남, 2009.03.
김희철 · 이신규 · 이응권, 무역학개론, 도서출판 두남, 2017.03.
남풍우, 무역영어, 도서출판 두남, 2017.08.
남풍우, 신무역실무, 도서출판 두남, 2011.02.
박문서 · 이제홍 · 조원길 · 한수범, 최신 무역학개론, 보명 Books, 2006.08.
박문서 · 한수범 · 곽수영 · 유승균, 무역학개론, 학현사, 2015.08.
오원석, 글로벌 무역학개론, 탑북스, 2015.02.
이서영, 무역학개론, 한올출판사, 2017.02.
이제홍, 글로벌 무역학원론, 청람, 2014.03
정재완, 21세기 무역학개론, 삼영사, 2018.01.
한상현, 국제무역보험론, 도서출판 두남, 2023.02.
한상현, 국제운송 · 해상보험, 도서출판 두남, 2024.02.
한상현, 국제운송론, 도서출판 두남, 2024.02.
한상현, 무역거래실무, 관세청, 2005.05.
한상현, 무역실무, 관세국경관리연수원, 2012.10.
한상현, 무역클레임론, 도서출판 두남, 2022.08.

▣ 국외문헌

石原 伸志 · 小林 二三夫他, 改訂 新貿易取引—基礎から最新情報まで, 経済法令研究会, 2019.03.
星野 敦, キチンとわかる! 貿易のしくみ, 第3版, TAC出版, 2012.11.
中矢 一虎, 貿易実務の基本と三国間貿易完全解説, 中央経済社, 2015.04.
曽我しのぶ, 改訂3版 貿易実務の基礎がわかる本, シーアンドアール研究所, 2017.03.
八尾 晃, 貿易取引の基礎, 東京経済情報出版, 2007.10.
八尾 晃, 貿易取引の基礎知識, 東京経済情報出版, 2004.10.
黒岩章, はじめての人の貿易入門塾, 改訂２版, かんき出版, 2010.12.
黒岩章, 貿易実務完全バイブル, かんき出版, 2015.04.

찾아보기

| G |

| H |

| I |

| J |

| K |

| L |

| M |

| N |

| O |

| P |

■ 저자 소개

한상현 (韓祥鉉)

- 건국대학교 무역학과 졸업(상학사)
- 건국대학교 대학원 무역학과(경제학 석사)
- 건국대학교 대학원 무역학과(경제학 박사)
- 강남대학교 경제통상학부 조교수(겸임)
- 건국대학교 상경대학 국제무역학과 교수(강의)
- 남서울대학교 국제통상학과 조교수, 부교수
- Indiana University-Purdue University Fort Wayne, Indiana, Visiting Professor
- 기획재정부 세제발전심의위원회 위원
- 관세사자격심의위원회 위원
- 일반관세사, 특별관세사시험 출제위원, 선정위원
- 관세청 전문관시험 출제위원 및 선정위원
- 관세청 관세공무원 자격시험 출제위원, 선정위원
- 인천공항본부세관 과세전적부심사위원회 위원
- 서울본부세관 이의신청심의위원회 위원
- 안산세관 이의신청심의위원회 위원
- 관세청 품목분류위원회 위원
- 관세청 전문경력관 공무원 출제위원
- 중앙인사위원회 관세직 5급, 7급, 9급 공무원시험 출제위원, 선정위원, 면접위원
- 산업통상자원부 전문임기제 공무원 심사위원
- 충남도청 정책자문위원
- 충남도청 임기제 공무원 면접시험위원
- 사)한국관세학회 논문편집위원장
- 사)국제e-비즈니스학회 논문편집위원장
- 사)한국무역연구원 국문 논문편집위원장
- 사)한국관세학회 회장, 명예회장

[현재]

- 남서울대학교 글로벌무역학과 교수
- 관세인재개발원 운영심의회 위원
- 관세청 심사위원회 위원
- 수원세관 정책자문위원, 심사위원회 위원
- 천안세관 심사위원회 위원
- 평택직할세관 심사위원회 위원
- 한국관세사회 위원회 위원
- 사)한국관세학회 고문
- 사)국제e-비즈니스학회 부회장
- 사)한국국제상학회 부회장
- 사)한국무역학회 부회장
- 사)한국통상정보학회 부회장
- 사)한국무역금융보험학회 부회장

무역학개론

초 판 1쇄 발행 —— 2020년 3월 4일
초 판 2쇄 발행 —— 2020년 3월 25일
초 판 3쇄 발행 —— 2021년 1월 20일
초 판 4쇄 발행 —— 2022년 1월 20일
초 판 5쇄 발행 —— 2023년 1월 15일
초 판 6쇄 발행 —— 2024년 1월 25일
초 판 7쇄 발행 —— 2025년 8월 5일
지은이 —— 한 상 현
펴낸이 —— 전 두 표
펴낸곳 —— 도서출판 두남
서울시 강동구 성내로6길 34-16 두남빌딩
신 고 : 제25100-1988-9호
TEL : 02) 478-2066, 2067
FAX : 02) 478-2068
E-mail : dnbooks@dunam.co.kr
http://www.dunam.co.kr

정가 27,000원

ISBN 978-89-6414-861-7 93320